나나 무스꾸리
자서전
박쥐의 딸

나나 무스꾸리·리오넬 듀로이 지음 | 양진아 옮김

문학세계사

옮긴이 양진아
한국외대 불어과를 졸업하고
단국대학교 대학원 영문학과 석사과정을 졸업하였다.
현재 (주)엔터스코리아에서 전속 번역가로 활동하고 있다.
옮긴 책으로는 『꼬도르』『놀라운 과학과 기술의 발견』
『아름다운 지구와 우주의 얼굴』『신기한 식물과 동물의 나라』
그밖에 다수가 있다.

나나 무스꾸리 자서전
박쥐의 딸

•

초판 1쇄 발행일   2008년 1월 8일

•

옮긴이 · 양진아
펴낸이 · 김종해
펴낸곳 · 문학세계사

•

주소 · 서울시 마포구 신수동 345-5(121-110)
대표전화 702-1800   팩시밀리 702-0084
mail@msp21.co.kr   www.msp21.co.kr
출판등록 · 제21-108호(1979.5.16)
값 13,000원

ISBN 978-89-7075-416-1   03860
ⓒ문학세계사, 2008

Nana Mouskouri
mémoires
La fille de la Chauve-souris
by
Nana Mouskouri and Lionel Duroy

LA FILLE DE LA CHAUVE-SOURIS
by
Nana Mouskouri and Lionel Duroy

Copyright ⓒ XO Editions 2007. All rights reserved.
Korean Translation Copyright ⓒ Munhak Segye-Sa Co. 2008

This Korean edition was published by arrangement with XO Editions
through Sibylle Books Literary Agency, Seoul

이 책의 한국어판 저작권은 시빌 에이전시를 통해
XO Editions와 독점계약한 문학세계사에 있습니다.
저작권법에 의해 한국내에서 보호를 받는 저작물이므로
무단전재 및 복제를 금합니다.

내가 가장 사랑하는 친구, 장-끌로드 브리알리에게

나의 사랑스런 아이들, 레누와 니콜라스에게

내 인생에서 만난 사랑, 앙드레에게
당신 덕분에, 난 평생 '가수' 일 수 있었어요.

나나 무스꾸리 자서전

＊차 례

프롤로그 | 9

1. "전쟁이 뭐야?" | 15
2. 네가 아들이 아니라니 유감이야! | 40
3. 커다란 스크린, 무대와 노래 | 54
4. 온실 밖 세상으로 | 65
5. 기회가 오다 | 76
6. 하나의 노래를 위한 두 사람 | 89
7. 세상 어딘가에 나를 사랑해줄 사람이 있을 거야 | 102
8. 작은 새가 가지를 떠났다! | 116
9. 이방인 | 128
10. 바람이 널 이끄는 곳으로 | 142
11. 푸른 드레스… 흰 드레스 | 158
12. 작은 문이 닫히면 큰 문으로 | 175
13. 세계를 봐 | 182
14. 살기에 너무 늦지 않았어 | 190

박쥐의 딸

15. 기쁨의 길 | 203

16. 착한 사람이야 | 224

17. 나이팅게일 | 242

18. 거센 비가 내릴 것 같아 | 257

19. 네가 웃는 걸 좋아해 | 271

20. 우울한 기억들 | 281

21. 엄마! 엄마! | 294

22. 자유를 위한 노래 | 305

23. 고향으로 돌아갈 거야 | 313

24. 아름다운 추억들 | 324

25. 안녕, 친구들 | 336

26. 전세계의 아이들 | 346

27. 나의 아이들, 나의 사랑 | 355

에필로그 | 365

◇ 감사의 말 | 372

프롤로그

"퀸시, 이상하게 생긴 커다란 안경을 쓴 프랑스 가수가 있는데 노래는 꽤 잘해. 혹시 알아?"

전설적인 음악 제작자 퀸시 존스를 부른 남자는 해리 벨라폰테였다. 그는 우연히 1963년에 유로비전 가요 콘테스트가 열릴 때 런던에 있었다. 해리는 딱히 뭔가 할 일이 없어서 TV를 켰다가 내가 노래하는 것을 보게 된 것이다.

퀸시 존스의 대답 역시 시원치 않았다.

"프랑스 여자…… 안경이라…… 생각이 나질 않는데."

"생각 좀 해 봐! 만약 들어봤다면 안 잊어버렸을 거야!"

"난 안경 쓰고 노래 부르는 여자 가수는 딱 한 사람 아는데, 노래를 아주 잘하긴 해도 프랑스 여자는 아니야."

"이름이 뭔데?"

"나나 무스꾸리."

"그래, 맞아, 그 여자야, 퀸시! 이제 기억난다. 그 사람들이 이름을 그렇게 얘기했었어! 나나! 나나…… 뭐라고?"

"무-스-꾸-리. 하지만 프랑스 사람 아니라니까, 이 바보야, 그리스 여자야! 그리고 내가 또 그 여자라면 잘 알지. 아주 잘 안다니까. 우리는 같이 음반도 냈어."

"안 믿어. 못 믿겠네."

"그 여자, 작년 여름에 나랑 뉴욕에 있었어. 그때 같이 작업한 음반이 지금 막 나왔지."

"그럼 네 얘기가 맞구나. 그럼 말해 봐. 정말 괜찮은 가수야?"

"넌 내가 괜찮지 않은 가수랑 음반을 만들 거라고 생각해?"

"음반 하나 보내줘. 그리고 그 가수에 관한 자료 다 보내줘."

해리 벨라폰테는 이제 막 미리암 마케바와 공연을 마치고 헤어졌다. 그녀와는 이미 미국 투어를 몇 차례 했었다. 그래서 새로운 파트너를 찾고 있던 해리는 퀸시에게 그 사실을 말하면서 당분간은 비밀로 해달라고 부탁했다. 뭔가 일을 시작하기 전에, 그는 내가 그동안 했던 작업과 나에 대한 모든 것을 알고 싶어했다.

그래서 해리는 프랑스의 음반 제작자 루이 아장과 통화를 했고, 아장은 비밀로 해달라는 해리의 부탁을 들어주었다. 또 다른 사람은 머큐리사의 회장 어빙 그린으로, 내가 퀸시와 녹음 작업을 같이 할 때 뉴욕에서 먼저 만난 적이 있었다.

시간이 얼마 지나고 나서, 벨라폰테가 퀸시와 어빙한테 나를 뉴욕으로 데리고 오라고 부탁했고, 퀸시가 현재 진행되는 상황을 처음으로 내게 말해줬다. "해리가 네게 관심이 있대. 유로비전에서 봤는데, 널 만나보고 싶어해. 뉴욕에 며칠 있으면서 같이 의논해보자. 네가 뉴욕에 머무는 동안 음반 녹음도 할 수 있어."

퀸시는 더 이상 말을 하지 않았지만, 그것만으로도 난 가슴이 뛰어서 어지러울 정도였다. 어떻게 해리 벨라폰테가 나에게 관심을 가질 수 있지? 10년 전 작은 아파트에서 살 때 나는 그의 음악을 열심히 들었다. 벨라폰테의 앨범은 나의 보물 중 하나였다. 정말 내가 이 전설적인 가수와 얼굴을 마주 보며 앉아 있을 수 있을까?

퀸시 존스와 어빙 그린이 공항에서 기다리고 있었다. 뉴욕엔 이미 어둠이 깔렸고, 우리는 해리 벨라폰테, 그의 아내 줄리와 함께 플라자 호텔에 있는 폴리네시안 식당인 트레이더 빅스에서 저녁 식사를 하기로 했다. 시내에 가까워질수록 나는 두 남자가 얘기하는 것을 가만히 앉아 듣고 있기가 어려웠다. 하느님, 제가 어떻게 벨라폰테의 눈을 쳐다보죠?

해리는 숨이 막힐 정도로 키가 아주 크고 품위가 있는 남자였고, 아내와 썩 잘 어울렸다. 내가 부끄러워한다는 걸 그들도 한눈에 알아보았던 듯, 나를 아주 따뜻하게 맞아주면서 원래 알고 지내던 사람처럼 그렇게 대해줬다. 우리의 이야기는 점점 음악 쪽으로 흘러갔고, 더 구체적으로 그리스 음악을 이야기하게 되었다. 해리는 내가 태어난 곳과 나의 노래 선생님 이야기를 듣고 싶어했다. 난 아테네 콘서바토리(Conservatory: 음악 학교-역주)를 다니던 시절과 재즈와 엘라 피츠제럴드를 좋아했던 어린 시절, 그리고 아테네의 여러 나이트클럽을 전전하며 고생하던 시절을 말해줬다. 우리가 작별 인사를 할 때쯤 나는 믿을 수 있는 친구들과 함께 있다는 행복감에 푹 젖어 있었다.

우리는 다음 날 오전에 67번가에 있는 해리의 사무실에서 다시 만나기로 약속했다.

내가 거기 도착했을 때 넓은 방 안에는 60명 정도 되는 남자들이 작은 테이블을 둘러싸고 앉아서 잡담을 하고 있었는데, 귀가 멍할 정도로 시끄러웠다. 그리고 바로 뒤에 있는 지휘대에는 부주키(bouzouki, 만돌린처럼 생긴 그리스의 민속악기-역주)를 든 두 남자가 앉아서 기다렸다. 이 연주자들은 분명 나를 위해 온 것이고, 그들과 함께 노래를 하기로 되어 있었던 모양이지만 나는 그 계획을 전혀 몰랐다.

잠시 후에 한 남자가 활짝 웃으며 나에게 와서는 자기가 해리 벨라폰테의 오케스트라 악장이라고 소개하며 인사했다.

"해리가 너무 미안하대요. 지금 이리로 올 수가 없다는군요. 바로 좀 전에 무슨 일이 생겼나 봐요. 우선 여기 사람들과 인사합시다. 그동안 같이 이야기하면서 기다리면 되겠지요."

나는 여기 있는 모든 사람들이 해리를 위해 일한다는 걸 알 수 있었다. 연주자, 조수, 음향 엔지니어, 기술자, 언론 담당자, 그리고 매니저까지 모두 해리의 소속이었다. 대부분 흑인이었고, 백인은 몇 명에 불과했다. 친절한 악장이 나에게 이름이 뭐냐고 물어봤고, 나는 이것저것 말해줬다.

"당신이 그리스 사람이라고 들었어요. 그래서 부주키를 연주할 줄 아는 사람을 몇 명 데리고 왔거든요. 노래 좀 불러볼래요?"

"아뇨! 전 여기에 노래하러 온 게 아니에요."

"어, 해리는 당신이……."

"아니요. 우린 그런 얘기 한 적 없어요."

"저런……. 어쨌거나 이 사람들은 당신이 뭘 부르든 연주해줄 거예요. 우리에게 한두 곡 불러줄 수 있지요?"

"아니요. 전 먼저 맞춰보지 않고 노래 부르고 싶지 않아요."

나는 그때 그 악장이 나 때문에 당황해한다는 것을 느꼈다. 아마도 이 사람들은 내 노래를 들으려고 왔으리라. 물론 내가 지난 밤 해리의 말을 잘못 이해했을 수도 있었다. 그리고 상황이 어떻게 되는 건지 몰라도, 내 입장만 고수하다가는 이 남자만 더 난처해지게 생겼기에 난 노래를 부르겠다고 승낙했다.

"그럼 좋아요. 노래를 부르되, 부주키 반주는 없이 그냥 할게요. 전 반주 없이 하는 게 좋아요."

"와우! 정말 고마워요."

그가 한 손을 쳐들자, 모든 사람들이 한순간에 입을 다물고 나를 쳐다보았다. 작은 단 위에 올라선 나는 눈을 감고서 내가 제일 좋아하는 그리스 노래 여섯 곡, 프랑스 노래 2~3곡 정도를 반주 없이 불렀다. 그러고 나서 내가 눈을 뜨자, 방 안에 있는 모든 남자들이 기립박수를 쳤다. 나는 심호흡을 한 후 시선을 위로 옮겼다. 방 한 구석에 키 크고 잘생긴 해리 벨라폰테가 서 있었다.

모자를 쓰고 가죽재킷을 입은 해리는 내가 전날 만났던 정장을 입은 남자와는 완전히 달랐다. 우리 두 사람의 눈이 마주치자, 해리가 미소를 지었다. 얼마나 오랫동안 거기 있었을까? 언제쯤 방에 들어왔을까?

나중에 누군가가 내게 해리의 '갑자기 생긴 일'이란, 해리가 내게 실망했을 경우에 직접 나를 집으로 돌려보내는 상황을 피하려고 만든 핑계라는 걸 말해주었다. 해리는 옆방에서 내 목소리를 들을 수 있는 장비를 갖추고 처음부터 듣고 있었던 것이다. 일단 내 노래를 듣고 확신을 얻게 되자, 해리는 내가 마지막 노래를 부를 때 이쪽 방으로 들어왔다.

그가 다가와 내 손을 잡고는 물었다.

"자, 이제 몇 곡 더 부를 준비가 되었습니까?"

"준비한 노래가 없는데요."

"알아요. 그런데 퀸시는 당신이 모든 스탠더드 곡들(옛 인기곡들 중 오랫동안 애창되고 연주되는 곡들-역주)을 안다고 하던데?"

"좋아요. 한 번 해봐요."

나와 연주자들은 15분도 채 안 되어 서로 맞춰보는 것을 끝냈다. 누가 그때 〈가끔 난 엄마 없는 아이 같아 Sometimes I Feel Like a

Motherless Child〉를 하자고 했는지 모르겠지만, 우리는 잠시 머뭇거리다가 마치 전날 함께 연습했던 것처럼 하나가 되어 곡을 만들어냈다. 노래가 끝난 후, 나는 〈당신 때문에 정말 기뻐 I get a kick out of you〉를 부르기 시작했고, 연주자들은 어느새 나를 따라오고 있었다. 그들이 입가에 미소를 띤 걸 보자 나도 갑자기 기분이 좋아졌다.

노래를 마치고 우리는 해리의 사무실로 갔다. 거기서 해리가 나와 함께 투어를 하고 싶다고 심각하게 말했다. 해리의 제안은, 내가 아프리카의 유명 가수 미리암 마케바와 같은 위치라는 걸 의미했기에 나는 믿겨지지가 않아서 그냥 잠자코 듣기만 했다. 나는 그렇게 잠시 꿈과 현실 사이를 날아다녔다. 내가 정말 뉴욕의 해리 벨라폰테 사무실에 있는 거 맞아? 해리가 정말 나보고 앞으로 2~3년 동안 그의 투어 파트너가 되어 달라고 하는 거 맞아? 모든 게 말도 안 되는 것 같아서 나는 끝내 기어들어가는 목소리로 이야기에 끼어들었다.

"저기 죄송한데……. 정말 저와 함께 노래하고 싶으세요?"

"그럼, 그게 내가 말한 거잖아요."

"그런데…… 정말이세요? 나중에…….."

"마음 바꿀 거냐고? 아니에요. 그럴 거면 왜 여기까지 오라고 했겠어요?"

그리고서 해리가 날 의심스러운 눈빛으로 쳐다보며 말했다.

"아직 당신 생각은 얘기하지 않았는데……?"

"제가 받아본 제안 중에서 가장 멋진 걸요."

정말 그랬다. 33살의 나는 너무 어렵고 먼 길을 걸어왔다.

1
"전쟁이 뭐야?"

어느 봄날 밤. 극장엔 사람이 하나도 없었고, 영화도 언제 끝이 났는지 벌써 막을 내렸다. 하지만 우리는 집에 돌아가 잠자리에 드는 시간을 자꾸 미뤘다. 땀에 흠뻑 젖은 아버지가 몸을 굽혀 영사실에서 나오더니 야외용 스크린 앞에 앉은 우리에게 다가왔다. 그때 아버지가 보여준 영화가 뭔지 기억은 잘 나지 않지만 틀림없이 좋은 영화였을 것이다. 그게 아니라면 아버지는 우리가 영화를 보도록 내버려두지 않았을 테니까. 엄마는 멀찍이 떨어져 앉은 듯했다. 때때로 산들바람에 머리카락이 흩날릴 때마다 엄마는 익숙한 몸짓으로 머리를 매만져 정돈했다. 언니 유지니아(Euginia)는 별을 유심히 바라보더니 갑자기 영화 이야기를 하기 시작했다. 그녀가 아주 좋아하는 장면을 묘사했는데, 생각해보니 그 영화는 아마 주디 갈란드(Judy Garland)가 나온 〈오즈의 마법사〉였던 것 같다. 우리는 〈오즈의 마법사〉를 아주 좋아해서 여러 번 봤다. 엄마는 이야기하느라 좀처럼 흥분을 가라앉히지 못하는 유지니아를 바라보며 멍한 눈길로 미소를 지었다. 마치 딴 생각을 하는 듯했다. 무슨 생각을 했던 걸까? 아마도 아빠 생각이 아니었나 싶다. 아빠는 우리가 있는 데서 몇 미터 떨어진 무대 위에 앉아 막 담배를 피우기 시작했다. 그러고는 마치 의자가 몇 개인지 세어봐야 하는 것처럼 작은 야외극장의 의자들을 바라봤다. '그런데 의자가 몇 개 있었지? 40개? 50개?' 우리는 비가 내리는 밤이면 항상 아빠를 도와 의자를 접고는 천으로 덮어두었다.

우리 넷은 스크린 밑에 앉아 단 밖으로 다리를 걸치고는 발장난을 했다. 그때 둔한 소음이 하늘 가득 울려 퍼졌다. 마치 폭풍이 몰려오는 것 같기도 했고, 저 멀리서 천둥이 우르르 쾅쾅 울리는 것 같기도 했다. 그때 엄마가 크게 놀랐던 기억이 난다.

"코스타(Kosta), 저 소리 들려요? 저게 뭐예요?" 엄마가 소리쳤다.

그 때문에 유지니아는 이야기를 그쳤고 아빠는 산을 올려다봤다. 소리는 산 쪽에서 들려왔다. "나도 몰라…… 나도 모르겠어." 아빠는 두 번이나 같은 말을 하고는 입을 다물었다. 아빠뿐만 아니라 우리는 모두 알고 있었다. 하늘에는 검은 십자가 모양을 한 그림자들이 가득했다. 그러더니 그 수는 순식간에 별을 가려버릴 정도로 늘어났다.

"오, 하느님! 비행기들이야!" 엄마가 말했다.

육중한 비행기 소리는 온 땅을 뒤흔들었고 우리 영혼까지 관통했다. 아테네 하늘을 날아다니는 비행기를 보며 아빠는 마치 죽은 듯 돌처럼 앉아 있었다. 지금 돌이켜보면 그 후에 일어난 슬픈 일들은 정말 소름이 끼칠 정도로 끔찍한 것이었다. 그러나 그때만 해도 난 겁이라곤 없는 아이였다. 전에 비행기를 한 번 본 적이 있었지만, 이렇게 많은 비행기를 보았다는 것은 우리에게 꽤나 대단한 사건이어서 유지니아와 나는 이리저리 팔짝팔짝 뛰어다녔다. 그런데 이렇게 많은 비행기들이 한밤중에 날아다닌다는 건…… 그건 우리가 상상할 수 없는 엄청난 일이었다. 이 비행기들은 대체 어디서 온 거지? 어디로 날아가는 걸까? 비행기들이 뭘 하는 걸까? 비행기 소리가 저 멀리 사라지자 아버지가 들릴 듯 말듯한 목소리로 중얼거렸다.

"그래, 전쟁이야."

전쟁? 들어본 적이 없는 단어였다.

"전쟁이 뭐야?"

아빠는 내 말이 끝나기도 전에 무대 밑으로 내려갔다.

아빠가 엄마에게 말했다. "알리키(Aliki), 집으로 가자고. 여기에 계속 있으면 안 돼."

그 날 밤 처음으로 폭탄이 떨어졌다. 독일이 그리스를 침공했다는 선전포고였다. 나는 우리 가족의 삶이 완전히 뒤바뀌어버린 그 날을 정확히 기억한다. 1941년 4월 6일, 내가 여섯 살이었을 때였다.

꽤 오랫동안, 나는 아빠가 일했던 작은 영화관 위를 물결치듯이 날던 비행기들을 본 것이 제일 어릴 때의 기억이라고 믿었다. 그 전의 일은 아무것도 기억나지 않았다. 하지만 사실은 그렇지 않았다. 나는 전쟁이 나기 전에 아빠 친구들이 카드놀이를 하러 저녁에 우리 집으로 놀러왔을 때 무척 들떴던 것이 기억났다. 아빠 친구들 중에 서너 분은 엄마에게 모자를 건네기도 전에 담배를 입에 문 채로 콘스탄틴 무스꾸리(Constantin Mouskouri)의 딸인 우리에게 주머니에서 작은 선물들을 꺼내 주기도 했다. 초콜릿 바, 공, 연필……. 카드놀이를 하는 밤이면, 우리는 그 분들에게 기꺼이 우리 방을 내어드리고 부모님 방에 있는 커다란 침대에서 함께 잤다. 우리가 기분이 너무 좋아 킬킬거릴 때면, 유지니아는 벽 너머로 들리는 목소리들을 흉내냈다. "내가 패를 돌리지. 다시 시작하세. 그리고 난……."

우리는 같은 침대에 누워 함께 자는 것도 재미있었지만, 아저씨들의 깊고 나직한 목소리를 들으면 마치 우리가 바깥세상으로부터 보호받는 것 같은 안도감이 들어 평화로웠다. 밤새 닫힌 문틈 사이로 불빛이 새어나왔고, 우리는 점점 방 안 가득 퍼지는 담배 냄새를 맡으며 잠이 들었다.

다음 날 아침, 엄마 목소리를 들으며 잠에서 깨어나면 아저씨들은 벌써 새벽에 가고 없었다. 어느날에는 엄마가 아저씨들이 카드놀이를 했던 방으로 미친 듯이 오르락내리락하기도 했다. 그럴 때면 우리는 꼼짝없이 얼어 버렸다. 밤사이에 엄마는 왜 저토록 변해버린 걸까? 전날 밤엔 따뜻하고 친절했는데 다음 날 새벽에 엄마는 불안에 떨고 있었다. 유지니아는 계속 잠을 잤다. 때로는 나에게 이유를 설명해주지 않으려고 자는 척하기도 했다. 나는 이불 밑에서 몸을 웅크리고는 엄마 아빠의 대화 한 마디 한 마디에 집중했다.

"당신 이렇게 될 줄 알고 있었죠, 코스타! 그렇죠!"

아빠는 거의 들리지 않는 목소리로 대답했다.

"아니, 당신은 어떻게 이렇게 되었는지 모를 거야."

"왜 그만두지 않았어요? 왜 이 지경이 될 때까지 그렇게 오랫동안 계속 했던 거예요?"

"알리키, 카드놀이를 할 땐 말이야… 카드패가 좋은데 그냥 관둘 수 없잖아."

"아녜요, 사실대로 말하자면 그냥 당신이 그만두지 못했던 것뿐이잖아요!"

"조용히 좀 해! 그만 하자고, 알리키, 내가 이렇게 빌게!"

"아뇨, 그만두지 않을 거예요! 난 음식 살 돈도 없고, 애들을 위해 쓸 돈도 없어요. 게다가 당신은 그런 거 따윈 관심도 없죠. 당신이 원하는 건 잠이나 자라고 내가 당신을 내버려 두는 것이라고요."

의자 하나가 내동댕이쳐지는 소리가 들렸다. 그리고 다른 의자도. 이제는 아빠가 소리를 고래고래 지르기 시작했고 난 두 분의 고함소

1932년, 부모님은 첫아이를 얻었고 아버지는 돌아가신 할머니의 이름과 같은 '유지니아'라는 이름을 지어주었다. 아빠 옆이 어린 나의 모습이다.

리를 듣지 않으려고 귀를 틀어막았다. 엄마도 같이 소리를 지르다가 곧 흐느끼기 시작했다.

나는 그 장면을 종종 회상했다. 열 살 때도, 열두 살 때도, 그리고 지금까지도 그때를 기억한다. 그때 나는 두 분이 왜 싸우는지 알지 못했고, 뭐가 문제인지도 몰랐다.

참 이상하게도, 독일군의 침공 때문에 나는 가끔씩 아침마다 부모님을 갈라놓았던 그 무서운 어둠에 이젠 이름까지 붙일 수 있게 되었다. 어느 누구도 우리에게 설명해주지 않았던 그 어둠에 말이다.

1941년 4월 폭격기들이 머리 위를 날던 그 날 밤 이후로 며칠이 지났다. 나는 우연히 부모님 사이가 변한 것을 목격하게 되었다. 엄마는 우는 것을 들키지 않으려고 등을 돌린 채 숨죽여 울었고, 아빠는

박쥐의 딸 19

창가 옆에서 창백한 얼굴로 가만히 서 있었다.

내가 용기를 짜내어 무슨 일이냐고 물어보았을 때, 엄마는 내가 당황해하는 걸 눈치챈 듯했다.

"아빠가 전쟁에 나가신대." 엄마가 말했다.

나는 처음에는 엄마를 봤다가 다시 고개를 돌려 아빠를 쳐다봤다. 그리고 다시 물었다.

"전쟁이 뭐야?"

아빠가 몸을 돌리고서 아주 조용하게 말해주었다.

"그건 사람들이 서로 좋아하지 않을 때 싸우는 걸 말하는 거야, 나니키. 그럴 때 그들은 전쟁을 일으킨단다. 이해하겠니?"

나는 며칠 전 밤에 날아다니던 비행기들이 우리를 싫어한다는 것도 알았고, 우리 아빠가 그들과 싸우려고 전쟁에 나간다는 것도 알았다. 내가 더 혼란스러웠던 건 바로, 뭔가 달라졌기 때문이다. '우리 부모님은 이제 서로 사랑하지 않는 게 분명해. 그래서 두 분이 싸우는 거야. 그래, 그런 거야.' 나는 전쟁이란 단어 설명을 듣자마자, 그 날 아침에 우리를 깨우고 마음 아프게 했던 부모님의 시끄러운 다툼과 그 단어를 연결시켰다. 그러자 내 가슴 한 구석에서 어떤 안도감 같은 것이 피어올랐다. 생각해보니 우리 부모님이 그렇게 별난 사람들은 아니었던 것이다. 이 상황에 딱 맞는 단어가 있다. 그분들은 단지 전쟁을 일으켰던 것이다.

아빠가 전쟁터로 떠나자 엄마는 슬퍼하는 모습을 감추려고 침실로 들어가 버렸다. 유지니아와 나는 울지 않았다. 우리는 위험이 뭔지 몰랐던 것 같다. 지금 생각해 보면, 그때 알고 있던 전쟁의 의미가 오히려 더 마음을 편하게 해준 것 같다. 전쟁도 사랑도 때로는 할 수 있는 거라고 여겼으니까. 아빠가 7개월 동안 전쟁터에서 독일군에 맞서 싸우는 동안 우리는 어떻게 살아남았을까? 비록 야외극장은 문을 닫았지만, 주인인 야노풀로스(Yiannopoulos) 씨는 극장 옆에 있던 집에서 우리를 쫓아내지 않았다. 우리 아빠를 좋아했던 야노풀로스 씨는 전쟁이 너무 오래 가지 않을 것이고, 곧 극장을 다시 열 수 있으리라고 믿었던 것 같다.

우리는 이제 엄마를 자주 보지 못하게 되었다. 엄마는 유지니아에게 나를 맡기고 일을 하러 나갔다. (언니는 나보다 겨우 두 살이 많을 뿐이었다.) 엄마는 그때까지도 영업을 계속했던 어느 극장에서 안내원 같은 일을 했던 것 같은데, 아마도 극장에서 오래 일했던 아빠의 인간관계 덕을 본 것 같다. 그래, 아마 안내원이 아니면 청소부였을 거다. 유지니아와 나는 하루 종일 집에서 강아지와 병아리들을 데리고 놀면서 엄마를 기다렸다. 당시 몇 마리의 닭을 키웠는지 기억은 나지 않지만 아주 많았던 것 같다. 닭들은 가끔 닭장에서 뛰쳐나와 식탁 밑까지 처들어와서는 음식 부스러기를 쪼아 먹었다. 우리는 병아리들을 아주 귀여워해서 손으로 먹이를 주기도 했는데, 그렇게 밖에 나왔을 때면 큰 닭들이 우리 다리를 쪼면서 같이 놀자는 듯 따라다녔다. 그리고 우리는 매일 아침 신선한 달걀을 얻었다. 마당 한 구석에는 아빠 친구분이 주신 비둘기 한 쌍을 위해 아빠가 만들어놓은 비둘기장도 있었다. 비둘기 새끼들이 태어나면서 비둘기장은 가득 채워졌다. 또, 암컷 강아지도 우리와 함께 지냈다.

아주 놀랍게도, 난 이 강아지가 태어났을 때를 기억한다. 아마도 전쟁이 일어나기 한참 전일 거다. 아무튼, 아침이었다. 내가 스크린 밑에 있는 작은 무대에서 한참 재미있게 놀 때, 아래쪽에서 희미하게 낑낑대는 소리가 들려왔다. 무대 양 옆에는 데이지가 만발한 화단과 거기에 심겨진 작은 나무 두 그루가 있었는데, 그 소리는 분명 그 중 한

쪽에서 들려온 것이었다. 무슨 소리인지 알아보기 전에 먼저 유지니아를 부르러 갔던 기억으로 미뤄보아 그때 나는 좀 무서워했던 것 같다. 우리는 화단 위로 몸을 기울이면서 계속해서 들려오는 소리에 귀를 기울였다. 유지니아가 데이지꽃 사이에 뭔가가 웅크리고 있는 것을 발견했다. 야노풀로스 씨의 큰 개가 막 새끼를 낳은 것이었다!

그 강아지는 숨막힐 정도로 너무 예뻤다.

우리는 누가 강아지를 꺼낼지 실랑이를 벌였다.

"네가 먼저 해." 유지니아가 말했다.

"아니야, 나 무서워. 엄마 개가 날 물 거야."

"그 엄마 개는 우릴 알잖아. 그리고 야노풀로스 아저씨가 그러셨는데 그 엄마 개는 절대로 애들을 물지 않는대."

"그래? 언니가 안 무서우면 언니가 꺼내."

"싫어, 네가 먼저 소리를 들었잖아. 네가 꺼내."

그러고는 유지니아가 나를 화단 속으로 떠밀었다. 나는 팔로 조심스럽게 그 강아지를 안아 올렸다. 엄마 개가 좀 으르렁거리긴 했지만 다행히 나를 물지는 않았다.

전쟁이 시작되던 즈음 우리 강아지는 이제 강아지가 아니었다. 엄마는 우리 개가 딸들을 보호해 줄 거라고 생각했는지 어느 정도 안심한 듯했다. 사실, 공습 사이렌이 울릴 때면 우리 개는 우리와 함께 방공호로 들어갔다. 나는 아직도 우리 셋이 한적한 거리를 지나 미친 듯이 픽스 양조장 지하로 달려가던 때를 기억한다. 그 양조장은 집에서 90미터 정도 떨어져 있었다. 유지니아는 더 빨리 달리라고 내 손을 끌어당겼다. "요안나(Ioanna), 더 빨리 달려, 안 그러면 비행기가 우릴 볼 거야." 그러면 우리 개는 천천히 달려 우리와 속도를 맞춰 주었다. 마치 폭탄 화염 속에 우리를 내버려 두지 않을 것처럼 말이다.

유지니아는 정말 씩씩했다! 그 어두운 창고 안에는 때로 초 하나만 켜두기도 했고, 어떤 때는 아예 캄캄한 동굴 같았다. 그리고 여자들의 기도 소리가 안을 가득 채웠다. 유지니아는 그들처럼 기도하지 않았다. 대신, 언니는 엄마가 우리에게 말했던 대로 노래를 불렀다. 겨우 9살이었던 유지니아는 맑은 목소리로 용감하게 노래했다. 우리 머리 위에서 폭탄이 윙윙대면서 떨어지는 소리, 때로는 땅을 진동하는 폭발 소리가 들리는 상황에서도 노래를 불렀다. 조금은 수줍었지만 나도 언니와 함께 노래를 불렀다. 가끔 한두 명의 여자들이 우리와 함께 노래를 하기도 했다.

유지니아와 나는 엄마가 폭탄이 떨어지는 어디엔가 있을 것이라고는 전혀 생각하지 못했다. 엄마는 우리에게 공습 중에는 당신도 노래를 할 것이라고 말했다. 그래서 노래를 부르면 마치 엄마가 우리를 위험에서 보호하는 것처럼 느껴졌다. 아마 그때는 어떤 독일 전투기도 노래만 부르는 사람은 죽이지 않을 거라고 착각했는지도 모른다.

그리고 어느 날 아빠가 돌아오셨다. 아빠는 죽은 자의 땅에서 돌아온 것 같았다. 눈은 퀭하니 어두웠고, 덥수룩한 수염에 머리도 지저분했다. 군복도 더러웠지만 우리는 상관하지 않았다. 그저 아빠를 다시 만나서 너무 기쁜 나머지 울음을 터뜨렸다. '그런데 아빠는 왜 안으로 들어오지 않지? 왜 아빠는 우리에게 와서 안아주지도 않고 무릎 위에 앉혀주지도 않고 그냥 닭장 옆에 서 있을까? 마치 우리를 안 보는 것 같았다. 아니, 우리가 보이지 않는 것 같았다. 그러자 엄마가 아빠에게 다가가서 부드럽게 손으로 아빠의 얼굴을 감싸며 키스를 하고서는 귀에 뭐라고 속삭였다. 아빠는 고개를 들고 입을 열어 중얼거렸는데, 우리에게 가까이 오라고 하는 듯했다. 마침내 우리는 아빠에게 달려가 다리에 매달렸다. 아빠는 우리 셋 모두를 팔로 안아줬다.

그때 있을 수 없는 일이 일어났다. 뭔가 아주 슬픈 일이……. 아빠가 흐느끼기 시작한 것이다. 처음 있는 일이었다. 우린 이전에 아빠가 그렇게 갑자기 통곡하는 걸 본 적이 없었다. 아빠가 울자 우리는 아빠가 집에 돌아왔다는 사실에 느껴지는 즐거운 기분과는 좀 다른 느낌이 들었다. 아빠가 우리처럼 기뻐서 우는 것이 아니라, 알 수 없는 슬픔 때문에 운다는 것을 이해하기라도 한 것처럼 우리는 아빠에게서 물러났다. 그렇게 슬퍼할 때에는 달리 위로할 방법이 없다는 것을 알고 있었기 때문이었다.

아빠는 전쟁에 패한 것 때문에 울었다. 그리고 아내와 딸들, 고국 그리스가 겪어야 했던 그 아픔 때문에 통곡했다. 내가 아빠를 이해하고 그 눈물을 남몰래 함께하는 데에는 수년이 걸렸다. 1968년에 나는 평화로운 스위스에서 첫 아이를 낳았는데, 당시 그리스는 독재 정부가 권력을 잡고 있을 때였다. 그때 나는 우리 부모님이 겪었을 고통을 종종 떠올렸다. 그분들은 아이들이 화염과 피로 얼룩진 유럽에서 견뎌야 한다는 것을 알고 있었다. 1967년, 그 해에 쿠데타로 정권을 잡은 군사 정부 '대령들의 그리스'(1967년 그리스에서 발생한 군부 쿠데타는 미국의 웨스트포인트 사관학교에서 군사교육을 받은 육군 대령들이 중심이 되었다-역주)는 우리에게 치욕이었고, 유럽은 이미 두 조각이 나버렸다. 그렇지만 서유럽은 발전하던 중이었기 때문에 우리는 다행히도 아이들을 위한 평화를 꿈꿀 수 있었다. 히틀러의 군대가 그리스를 침공했던 1941년 가을에 사람들은 어떤 미래를 그려볼 수 있었을까?

아빠가 전쟁에서 돌아왔지만 극장은 다시 열리지 않았다. 야노폴로스 씨가 우리 집에 와서는 아빠와 이야기를 한다며 방으로 들어갔다. 왜 다시 영화를 상영하지 않는지 아무도 우리에게 말해주지 않았다. 한편, 아빠는 전구가 달린 작은 라디오와 친구에게 얻은 전선 한 묶음을 꺼냈다. 그리고는 침실에서 오랫동안 소리를 낮춘 채 라디오를 들었다. 유지니아와 나는 아빠가 시내에 나갈 때마다 라디오에 꼭 붙어서 거기서 흘러나오는 세계 여러 나라 사람들의 목소리들을 들으며 우리 극장의 전성기를 회상하기도 했다.

우리는 이제 외출할 수 없었다. 우리가 독일군에게 잡힐 뻔했다고 엄마가 주의를 줬기 때문이었다. 엄마는 독일군이 사방으로 돌아다니면서 갑자기 건물에 들어가 사람들을 마구 잡아간다고 말해줬다.

"알아." 하고 아빠가 말했다.

"당신도 알죠? 그래도 또 나가잖아요."

"할 일이 있어."

"당신이 체포되면 우리는 어떻게 되는 건데요?"

"걱정하지 마……."

아빠는 무슨 일을 하는지 말해주지 않았지만, 때로 이삼일 동안 집에 들어오지 않기도 했다. 아빠가 아직도 전쟁을 한다는 걸 언니와 내가 어떻게 알게 되었는지 모르겠다. 아마 아빠가 유지니아에게 조용히 말해줬을 거고, 유지니아는 나에게 귓속말로 알려줬을 것이다. 아빠는 외출을 하면 예전에 밤새 카드놀이를 같이 했던 친구분들을 만났다. 적어도 우리는 그렇게 생각했고, 그래서 안심할 수 있었다.

엄마는 계속 여기저기서 일을 했는데, 한번은 피곤에 지친 얼굴로 빈 장바구니를 들고 돌아왔다. 상점에 음식이 하나도 없다고 했다. 엄마는 우리에게 달걀이 있어서 다행이라고 했는데, 가끔 우리가 잘 때까지 기다렸다가 닭을 잡아 음식을 해줬던 것도 같다.

독일군들도 굶주렸던 것이 틀림없다. 하루는 군인들 세 명이 닭장을 부수고 닭들을 다 가져가 버렸다. 우리는 침실에 숨어서 커튼 너머로 그들을 지켜보았다. 우리가 독일군을 그렇게 가까이에서 본 것은 그때가 처음이었다. 엄마가 거기 있었던 것 같지는 않지만, 나중에 빈 닭장을 보고 엄마가 울었던 것은 기억한다.

독일군들은 비둘기들을 건드리지는 않았지만, 이제는 먹을 수 있는 게 없었다. 아빠는 이제부터는 비둘기도 스스로 살 수 있어야 한다면서 비둘기장 문을 열어줬다. 비둘기들은 금방 날아가지 않았다. 너무 빨리 헤어지지 않겠다는 동정심을 보이는 것처럼 말이다. 그래도 비둘기들이 날아가지 않으니까 그렇게 슬프지는 않았.

게다가 비둘기들은 밤이 되면 거의 모두가 다시 돌아왔다. 아빠는 그 모습을 보고 웃었다. 무언가 말하고 싶었던 게 분명하다. 아마도 고맙다는 인사였겠지. 그런데 아빠는 할 말을 찾지 못했다. 우리도 그랬다. 비둘기들을 보며 몇 번이고 그 수를 세면서, 유지니아는 계속 중얼거렸다.

"저걸 봐! 모두 다시 돌아왔어! 믿을 수가 없어. 믿기지 않아."

그러나 그 수는 매일 줄어들었고, 어느 날은 한 마리도 돌아오지 않았다.

엄마는 이제 우리와 함께 식사하지 않았다. 신문지에 싸서 집에 가져온 병아리콩을 삶아서 우리에게 줬는데, 마치 보물처럼 다루었다. 엄마는 유지니아와 나에게 나눠 주면서 배고프지 않은 척했다. 우리는 전쟁 내내 엄마가 거짓말했다는 것을 알지 못했다. 우리는 비가 오는 날이면 신이 나서 달팽이와 개구리를 잡는 데 정신을 팔았다. 그것은 짠맛이 나는 고무 같았다. 우리 배를 채울 만큼 충분히 많았다. 그때 우리에게는 배고픔을 해결하는 게 중요했다. 우리의 작은 개도 굶었기 때문에 우리와 함께 달팽이와 개구리를 먹었다.

엄마는 가끔 우리를 시내로 데리고 나갔다. 분명히 그렇게 한 이유가 있었을 것이다. 왜냐하면 1942년 겨울, 아테네 시내에서는 사람들을 볼 수 없었기 때문이다. 텅 빈 거리는 내게 충격을 주었다. '모두들 어디로 간 거지?' 예전에는 아름다운 레오포로스 싱루(Leoforos Singrou) 거리에 나가면 걸어다니는 사람들 틈새로 지나가기도 어려웠는데……. 이 거리는 우리 집 옆을 지나 피레우스(Piraeus)까지 이어졌다. 지금은 검은 머릿수건을 쓴 여인들 몇 명만이 서둘러 건물 앞을 지나갈 뿐이었다. 문득 길 건너편 바닥에 누워 있는 남자가 보였는데, 그는 마치 잠든 것처럼 움직이지 않았다.

"엄마, 어떻게 된 거야?"

"쉿, 한 마디도 하지 마! 나중에 말해줄게."

그 남자 옆을 지날 때, 뭔가 잘못되었다는 걸 알았다. 옷이 너무 작았거나 아니면 그의 피부가 너무 팽팽한 것 같았다. 마치 몸이 부은 것 같았다.

더 걸어가다 보니, 아까 그 남자처럼 사람들의 몸이 풍선처럼 퉁퉁 부은 채 인도 위에 널브러져 있었다. 우리가 길을 재촉하는데, 트럭 한 대가 막 멈춰섰다. 그리고 차에서 내린 독일군들이 그 사람들의 손발을 아무렇게나 잡고서는 트럭 안으로 던져 넣었다. 유지니아와 나는 무서워서 고함을 지르고 싶었지만 참아야 했다.

"조용히 해, 제발." 엄마가 속삭였다. "입 다물어!"

우리는 가만히 있었다. 그러나 집에 돌아갔을 때 엄마는 약속과 달리 그 일을 설명해주지 않았다. 그리고 우리도 그 무서운 광경을 감히 다시 말할 용기가 없었다. 사람들을 마치 통나무처럼 트럭 안에 던져 넣던 그 광경을 말이다.

그 사람들이 죽은 사람이라는 사실은 서서히 알게 된 것 같다. 부모님의 대화에서, 아니면 우리 집에 온 부모님 친구들을 통해서도 알게 되었다. 그 당시 어른들이 나누던 대화의 화제는 사라진 친구들의 행방이었다. 누군가 그렇게 해서 지난주에 '가버렸다.' 다른 사람은 '불행하게도' '현재 상태를 고려해 볼 때' 그다지 오래 지탱할 수 있을 것 같지 않다. 이 배고픈 사람들이 어디로 '갈 수' 있었을까? 유지니아와 나는 얼마 동안 이것을 두고 고민했다. 우리는 나중에 인도 위에 버려진 그 시체들과 배고픔에서 헤어 나오려고 감행했던 그 알 수 없는 '여행'의 관계를 알아냈다. 그들은 정말 어디론가 '갔던' 것이다. 그러나 사실은 죽음을 향해 가고 있었다. 마치 영혼이 이미 떠나 버린 통통 불은 시체들처럼 말이다. 그들의 '여행'은 단지 이렇게 끔찍한 상황을 어른들이 조금 다르게 표현한 비유에 불과했다.

독일군이 침공한 해에는 겨울 내내 2천 명의 그리스인들이 날마다 굶어 죽었다. 나는 평화로운 시대가 다시 왔을 때야 그 사실을 알게 되었다.

우리 집에 있던 물건들도 하나둘씩 점점 줄어들었는데, 우리는 그걸 알지 못했다. 다만 겨울이 끝날 때면 아무것도 없을 것이고 또 이사를 가야 한다는 것만 알았다. 엄마는 우리 물건들을 모두 팔아서 흰 콩이나 병아리콩을 아주 비싼 값에 사왔다. 엄마는 결혼반지와 원피스 몇 벌, 시계, 접시, 침대 시트, 커다란 옷장(그게 없어진 걸 어떻게 모를 수 있었지?) 그리고 나중엔 부엌에 있던 테이블과 의자, 램프 그리고 우리 옷들까지 다 팔아 버렸다.

엄마는 우리를 살리려고, 하루 또 하루를 살게 하려고 남몰래 전쟁을 치렀던 것이다. 이상하게도, 나는 배고팠던 기억은 없지만, 우리 개가 점점 말라서 깊은 슬픔에 잠긴 눈으로 우리를 쳐다보던 게 아직도 눈에 선하다. 그리고 내가 예전에 닭장 바닥을 열심히 긁어서 반쯤 썩은 옥수수씨앗이라도 찾아내면 개를 다독이면서 그걸 먹였던 것도 기억이 난다. 나는 지금에서야 엄마가 우리를 위해 똑같은 일을 했던 것을 알았다. 우리가 너무 불쌍했기 때문에 엄마는 음식을 얻을 수 있는 모든 것을 팔아야 하는 고통을 감내했던 것이다.

하지만, 더 팔 물건이 없게 된 때가 분명히 왔다. 엄마는 아빠에게 '떠나버린' 사람들처럼 하는 것 말고는 이제 우리를 살릴 방법이 없다고 고통스럽게 말했다. 그렇지 않았다면 아빠가 그의 삶 자체로 생각했던 영화관을 건드릴 생각은 하지 못했을 것이다.

아빠는 엄마에게도 말하지 않고, 영화관에서 의자를 몇 개 없앤 후 돈을 좀 들고 집으로 돌아왔다.

"자 여기 있어, 이걸로 며칠 살 수 있겠지." 하고 아빠가 말했다.

엄마는 돈의 출처를 묻지 않았다. 아마 곧 알게 될 것이라 생각한 듯했다.

다음에 일어난 일은 끔찍했다. 명예와 불명예를 중시했던 우리 부모님이었고, 다른 사람들도 그분들을 그렇게 생각했을 것이다.

극장 주인 야노폴로스 씨는 곧 의자들이 없어진 것을 발견했다. 아마도 아빠가 가족을 살리려고 자기가 그것을 내다팔았다고 고백했을지 모른다. 두 분 사이에 무슨 일이 있었는지 나는 하나도 모른다(아빠는 아무 말도 하지 않았다). 그러나 과격한 장면이 있었다는 것을 상상할 수는 있다. 여기저기서 사람들이 굶어 죽어가는데도, 야노폴로스 씨는 우리의 고통에 그다지 관심이 없었다. '아빠는 가족이 먹을 게 없다는 핑계로 극장에서 사업 밑천을 융통할 수 있을 것이라고 생각했던 것일까? 아빠 소유도 아니고, 단지 힘없는 일꾼이었는데도?' 아빠는 항상 야노폴로스 씨를 친구라고 생각했고 종종 우리에게도 자랑스럽게 말해서 우리는 그렇게 믿었다. 야노폴로스 씨는 평소에 우리 집에 놀러오던 친구들보다 훨씬 중요한 존재였던 게 확실했다. 그런데 실상은 그게 아니었다. 야노폴로스 씨는 아빠의 친구가 아니었고, 이걸 깨달은 아빠는 큰 충격을 받았던 게 분명하다. 그리고 엄마에게 아빠가 잘못 생각했다고 인정했다. 극장 주인은 이제 아빠도 우리도 아는 척하고 싶지 않아 했다. 그리고는 우리에게 일주일 안에 짐을 싸 이 집에서 나가라고 못박았다. 우리는 스크린 뒤에 있는 작은 집을 원래 상태 그대로 돌려줘야 했다. 그는 우리에게 나가라고 말하면서 더는 아무 말도 듣고 싶지 않다고 했다.

난 우리가 그 집을 나온 날을 잊을 수 없다. 우리는 당나귀에 매단 수레에 짐을 모두 실었다. 부모님도 이제는 더 말할 힘이 없어 보였다. 나는 부끄러웠다. 사실, 난 처음으로 이렇게 창피한 경험을 한 것이었고, 그 상황에서 나 자신을 보호하려고 쓸데없이 애썼다. 난 당시 일곱 살이었지만 전쟁 때문에 학교에 가지도 않았고 인생을 알지도 못했다. 그러면 어떻게 손가락질하는 이웃들과 맞서 싸울 것인가? 난 속이 메스꺼웠다.

우리는 근처의 구바(Gouva) 지역까지 걸어갔다. 아빠가 영사 기술을 가르쳐줬던 청년의 부모님이 우리에게 방 한 칸을 빌려주었다. 겨우 방 한 칸이었지만, 가진 물건이 거의 없었기 때문에 어려움 없이 지낼 수 있었다. 우리 침대는 이미 팔았기 때문에 있는 것은 부모님 침대뿐이었다. 밤이 되면 침대를 나눠 썼다. 유지니아와 나는 바닥에 매트리스를 깔고 자고, 부모님은 침대 틀에서 잤다. 옷은 커다란 상자에 다 넣었다.

이 상자에는 엄마가 벌어오는 돈을 숨겨두었다. 독일군이 점령한 그 해 겨울 이후로 몇 달 동안은 엄마가 다시 일을 했는데, 아마 시내 중심에 문을 연 극장이나 음악당이었을 것이다. 엄마는 일터까지 걸어 다녔다. 엄마는 늘 지친 모습으로 집에 돌아왔고, 유지니아와 나는 하루 종일 그런 엄마를 기다렸다. 우리는 밖에 나갈 수 없었다. 구바는 후미진 빈 터가 많고, 아스팔트가 깔린 도로도 없는 가난한 동네였다. 그런데다 공산당 저항세력(레지스탕스-역주)들이 들어와 그들의 요새로 만들고서는 종종 독일군들과 소모전을 벌였다. 총소리가 들릴 때면 엄마는 우리가 총에 맞아 죽을까봐 걱정을 했다.

아빠도 레지스탕스와 같이 일했던 것일까? 난 모르겠다. 아빠는 어리석게도 엄마를 절망 속으로 밀어넣었다. 우리는 또다시 부모님이 다투는 최악의 상황을 견뎌야 했다.

어느 날 아침, 엄마가 일당을 보관하려고 돈 상자를 열었다. 그때, 우리는 엄마의 비명소리를 들었다.

"유지니아, 나나! 내가 여기에 넣어두었던 돈을 누가 가져갔지?"

당연히 우리는 아니었다. 만질 수 있는 사람은 아빠밖에 없었는데, 이틀 동안 집에 없었다.

자정쯤 되어서 아빠가 집으로 돌아왔고, 두 분은 곧 격렬하게 다투기 시작했다. 그동안 엄마가 꼬박꼬박 모아둔 돈을 아빠가 도박으로 전부 잃은 것이다. 엄마는 아빠가 극장 의자를 내다 팔았다는 걸 알았을 때에는 한 마디 질책도 하지 않았다. 그것은 우릴 위한 행동이었다는 것을 알기 때문이다. 하지만 이번 일은……. '어떻게 아빠가 그럴 수가 있었을까? 아빠는 엄마가 가족을 살리려고 있는 힘을 다하는 것을 몰랐던 것일까? 아빠는 가만히 있었다. 그러더니 아빠도 다 안다면서 피곤하니까 자러 가게 해달라고 엄마에게 말했다. 엄마는 정말 아빠를 죽일 것처럼 달려들었다. 유지니아와 나는 그만두라고 소리를 지르며 두 분 사이에 끼어들어 빌었다. 그러나 엄마는 분노와 피곤함과 외로움 때문에 미쳐버린 듯했다. 엄마는 그때 우리가 소리 지르는 것도 듣지 못했던 것 같다. 전쟁 전에는 창피해서였는지 엄마는 우리에게 절대 그런 모습을 보여주지 않으려고 했다. 그러나 이제는 그러지 않았다. 그 날 밤, 우리는 모든 것을 잃어버렸다. 옛 이웃들이 보여주던 존경심까지 잃게 되었다. 그리고 엄마의 곁에서 도와주어야 할 사람은 엄마의 돈을 훔쳤다. 뒤늦게 생각난 것이지만, 엄마는 그 날 밤, 그냥 죽어버리고 싶지 않았을까? 아마도 어두운 삶을 끝내버리고 싶었을 것이다. 엄마는 집 밖에서도 이미 어려움을 겪었다. 우리 집이라고 부르는 이 작은 방에서조차 기만당하고 무시당하면서 엄마는 어떻게 계속 지낼 수가 있었을까? 희망을 버리지 않을 수 있었을까?

아빠는 엄마가 미쳤다면서 소리를 질렀다. 어느새 아빠의 얼굴에 피가 흘렀지만 엄마는 그다지 상관하지 않는 것 같았다.

유지니아가 울부짖었다.

"안 돼! 엄마, 그만 해! 제발 그만 해!"

그리고 갑자기 문이 쾅 닫혔다. 아주 잠깐 엄마는 완전히 넋이 나간 듯했다. 그랬다, 아빠가 가버렸다. 도망간 것이다. 엄마는 침대와 문간을 왔다갔다 하더니 결국 침대 위로 쓰러지고 말았다. 엄마가 느끼던 모든 두려움과 분노는 차츰 흐느낌으로 바뀌었다. 유지니아는 엄마 옆에 누워서 잠들었고, 나는 우리 작은 개 옆에 누웠다.

아빠가 사라진 후, 엄마는 마치 아빠가 아예 없었던 것처럼 행동했다. 아빠 이야기조차 하지 않았다. 우리도 엄마 앞에서 감히 아빠 얘기를 꺼낼 수 없었다. 이 단절된 상태와 엄마의 침묵이 얼마나 오래 지속되었는지는 기억이 희미하다. 아마 2~3주 정도였을 것이다.

그래도 엄마가 결국 아빠를 걱정하는 마음을 드러낸 날에는 무척이나 안도감을 느꼈던 것으로 기억한다.

"아빠가 너희랑 연락하니?" 어느 날 아침 엄마가 우리에게 물었다.

우리가 대답하기도 전에 "적어도 난 아빠가 어디로 갔는지는 알아야 해."라고 엄마가 말했다.

　며칠 동안, 엄마는 아빠를 찾아 다녔다. 마침내 아빠의 친구들이 찾을 만한 곳을 알려줬고, 어느 날 밤 엄마는 아빠를 집으로 데려왔다.

　아빠는 이전보다 더 말랐는데, 면도도 하지 않았다. 마치 전쟁에서 돌아왔을 때의 모습 같았다.

　'엄마는 아빠가 영화관을 떠나게 된 후 절망감에 빠져서 도박판으로 돌아간 거라고 생각했던 걸까? 아니면 아빠를 위해 내가 핑계를 하나 만들려는 목적으로 그렇게 생각한 걸까?' 아직도 모르겠다. 지금까지도 난 그런 식으로 이해한다. 아빠는 당신의 열정이었던 영화관을 잃어버리고 분별력을 상실한 거라고 말이다.

　어쨌든 아빠는 다시 집으로 돌아왔고, 우리는 슬슬 당시에 지켰던 이상한 하루 일과로 돌아갔다. 유지니아와 나는 그때까지도 외출을 못했다. 우리는 그 작은 방에 틀어박힌 채로 부모님 침대 옆에 나란히 누워서 하루를 보냈다. 잠을 자다가 일어나면 수다를 떨기도 하고, 노래를 부르기도 하고, 때로는 놀이를 하다가 그냥 방 안에서 돌아다니기도 했다. 그리고는 다시 잠들었고, 눈을 뜨면 저녁 시간이었다. 하루 종일 거의 아무것도 먹지 않았던 날도 있었다. 사실, 우리는 마치 촛불의 불꽃이 산소 부족으로 점점 약해지는 것처럼 서서히 꺼져갔다. 다만 우리가 몰랐을 뿐이다.

　우리는 가끔 창틀에 가만히 기대앉아서 피곤해질 때까지 바깥을 뚫어져라 쳐다봤다. 우리 방에서는 중앙에 우물이 있고 바닥이 울퉁불퉁한 작은 광장이 보였다. 우리는 그 우물에서 마시고 씻을 수 있는 물을 떠 왔다. 독일군도 식수 때문에 그곳에 왔는데, 동료가 물을 긷는 동안 가끔 트럭 옆에서 수다를 떨며 빈둥거리기도 했다.

　지금도 나를 괴롭히는 사건 하나가 있다. 당시에는 내가 지옥에 빠지지 않도록 평생 보호해 주던 보이지 않는 경계선을 넘은 것 같았다.

그때, 유지니아와 나는 우물가에 있는 군인들을 지켜봤다. 우리는 숨바꼭질 놀이를 하는 듯했다. 그런데 갑자기 굉장히 큰 폭발음이 들리면서 창문이 깨져버렸다. 우리가 땅에 내동댕이쳐진 게 폭발 때문인지 두려움 때문인지는 잘 모르겠다. 우리가 밖을 보려고 일어났을 때, 광장의 모습은 공포 그 자체였다. 독일군 한 명이 바닥에 쓰러졌는데, 다리가 하나 없어졌고 피가 철철 흘렀다. 다른 군인들은 다친 사람을 덮을 것을 찾아 허둥댔다. 그리고 총소리와 사이렌 소리가 여기저기서 들려왔다.

그때 군인들을 가득 태운 트럭 두세 대가 큰 소리를 내며 광장에 들어와 멈췄다. 곧 우리 집 현관문을 세차게 두드리는 소리가 났다. 전에 엄마가 이런 말을 해준 적이 있다. "만약 독일군이 집에 오면 빨리 내려가서 문을 열어줘. 그 군인들이 너희가 집 안에 숨은 거라고 생각하게 하면 절대 안 돼." 우리가 문을 열어주는데 독일군들이 우리를 홱 밀어제치고 들어와서는 온 방을 다 뒤지기 시작했다. 그런데 그 중 한 명이 갑자기 몸을 돌리더니 총 개머리판으로 우리 머리를 세게 내리쳤다. 유지니아는 바로 쓰러져버렸고 나는 다시 벽에 머리를 부딪쳤다. 하지만 그 군인도 일부러 한 것 같지는 않았다. 그 군인은 나와 유지니아가 그의 발밑에 거의 의식 없이 쓰러진 것을 보고 무척 놀라고 당혹스러워했으니까 말이다. 그러다가 나는 그만 그와 눈이 마주쳐버렸다. 그때의 몇 초 동안은 아직도 눈에 선하다.

우리는 그들이 찾는 대상이 아니었다. 그들은 남자들을 찾았던 것이었다. 그들이 이웃집들을 돌아다니며 찾아낸 남자들을 광장으로 집합시키는 것을 보고서야 우리는 그걸 알았다. 그 중에는 심지어 유지니아보다 겨우 몇 살 많은 소년도 있었다.

독일군들은 총부리로 남자들의 등이나 다리를 툭툭 치면서 줄을 세웠다. 나는 자꾸만 가슴이 두근거렸다. 유지니아는 얼굴이 유령처럼 창백했다. 폭탄을 던진 사람을 찾는 게 분명하다고 속삭였다.
"그 사람을 찾으면 어떻게 할까?"
"나도 몰라." 유지니아가 말했다.
독일인들은 고함을 치면서 총 개머리판으로 남자들을 한참동안 때렸다. 너무 무서워서 숨을 쉴 수가 없었지만, 눈을 피할 수도 없었다. 그 남자들이 정말 우리 오빠이고 아빠인 것처럼 느껴졌던 것이다. 등을 돌려 다른 것을 생각하는 건 불가능했다.
갑자기 독일군이 다른 사람들이 모두 보는 데서 한 남자를 총으로 쏴 죽였다. 그리고 또 한 명을 죽였다. 우리는 흐느끼면서 창문 밑으로 숨어버렸다. 그 장면은 너무 무서웠기 때문에 머리를 벽에 부딪쳐서라도 지우고 싶었다. 이 일은 지금도 정말 미칠 것같이 나를 괴롭힌다. 하느님은 그 일이 일어났을 때 다른 곳에 있었겠지? 정신을 차리고 보니, 우리는 흐느끼면서 서로 꼭 부둥켜안은 채였다. 군인들은 나머지 사람들을 트럭에 태워 데려갔다.
그 날 밤, 우리는 엄마에게 독일군이 집에 들어왔었고, 한 군인이 다리를 잃어버렸고, 그들이 이웃집 남자들을 모두 체포해 갔다는 것 등 본 것은 그대로 다 말했다. 그러나 우리는 총살당한 남자 이야기는 하지 않았다. 그리고 유지니아와 내가 무서워서 창문 밑으로 숨었을 때 총에 맞았을 또 다른 남자 이야기도 꺼내지 않았다. 아마도 엄마한테 다 말하는 것이 좋았겠지만 우리는 그럴 수가 없었다. 적절한 단어를 알지 못했으니까. 비록 설명은 할 수 없었지만 고통이 딱딱한 껍질처럼 우리 가슴 속에 남아 움직이지 않는 돌이 되어버린 것 같았다.

유지니아도 나도 그 사건을 다시 입 밖으로 꺼낼 엄두가 나지 않았다. 그 장면을 기억하고 글로 쓴 것은 이 회고록이 처음이다. 나는 아마도 나를 계속 괴롭혀왔던 어떤 꿈을 스스로 이해하고 싶어서 이야기하는 것 같다. 나는 그 꿈에서 아이가 되어 광장의 우물가 주위를 뛰어다닌다. 그리고 꿈이 길어질수록 나는 무서움에 미쳐버린다. 내가 지나온 길에서 무슨 일이 일어났던 걸까? 내가 이성을 잃었나? 내 공포심은 더 커지고, 속이 쓰려온다. 쉬지 않고 달리던 나는 숨이 막혀오고, 심장이 꼭 터져버릴 것 같다. '하느님, 내가 여기서 도망가지 못하면 난 어떻게 될까요?' 그리고서 그 우물이 나를 끌어당기기 시작한다. 나는 또 거기에 빠질까봐 벗어나려고 애를 쓴다. 나는 차갑고 컴컴한 우물의 입구가 정말 싫은데, 우물은 자꾸 나를 끌어당기려고 한다. 점점 더 무서워지긴 하지만 나는 오직 그 우물만이 이 악몽에서 빠져나오는 유일한 길이라는 것을 깨닫게 된다.

엄마는 우리 이야기를 듣고 나더니, 아빠가 집에 있었더라면 체포되어서 아마도 총살되었을 것이라고 했다. 우리는 이 저주받은 지역에서 벗어나려고 집을 떠났다. 어쨌든, 우리가 자리를 잡은 새 집은 옛날 동네와 더 가까웠다. 필로파푸(Filopapou) 언덕 주위에 있던 동네인데, 아빠의 친구 집이었다. 내 기억이 정확하다면 옛날 주인들보다 훨씬 따뜻한 분들이었다. 그 집에는 키가 큰 아들이 두 명 있었다. 그런데 우리는 몇 년 후 내전에서 그들의 운명이 서로 엇갈리는 것을 보고 놀랍고 안타까웠다. 그들의 삶은 그리스의 비극 그 자체였다. 형은 국왕에게 충성하는 관리가 되었고, 동생은 공산당원이 된 것이다. 결국 그들은 서로 무척이나 경멸하게 되었고, 형이 전투에서 죽자 동생은 기뻐하기까지 했다.

하지만 1943년 우리가 그들을 처음 만났을 때에는 따뜻한 마음으로 우리를 받아주었다. 형은 모두를 위한 식량을 찾아다니느라 고생했다. 그는 때로 산에서 야생식물을 가져오기도 했는데 난 그게 제일 맛있던 걸로 기억한다. 그의 어린 부인은 우리에게 정말 친절했고, 그녀에게서 육체적인 사랑과 욕망을 처음으로 듣게 되었다. 나는 어떻게 아기가 만들어지는지 궁금해했다. 그러면 그녀는 아주 상세하게 설명해줬고 나는 상상의 나래를 펼쳤다. 사실 남편을 바라보는 그녀의 시선과 부드러운 몸짓을 보면서 나는 우리 부모님이 키스를 하거나 심지어 손 잡는 것도 본 적이 없다는 사실을 깨닫고 충격을 받았다.

1943년이 되자 독일의 압제는 좀 약화되었다. 나는 아홉 번째 생일 바로 전 가을에 처음으로 학교에 가게 되었다. 유지니아는 나보다 2학년이 높았는데, 전쟁 전에 학교를 들어갔기 때문이다.

나는 호기심에 흥분했던 것을 기억한다. 우리는 책상 하나를 세 명이서 나눠 썼다. 그리고 처음으로 우리를 돌봐주는 사람이 있었다. 유쾌하지만 까다로운 부인이었다. 이제는 나도 잠만 자거나 아니면 아빠가 밤에 돌아오실지 궁금해할 만한 시간이 없었다. 우리가 배워야 할 것들이 갑자기 너무 많아졌으니 말이다. 나는 그동안 쭉 늘어져서 무기력했던 상태에서 막 빠져나온 것 같았고, 선생님이 하시는 말씀이면 항상 열심히 집중해서 들었다.

우리는 공책을 살 돈이 없었기 때문에, 아빠가 가진 옛날 영화 대본의 뒷면에 글자 쓰기 연습을 했다. 당시 상영 예정이었던 영화는 모두 원고가 있었고, 다행히 아빠가 그걸 모두 보관했던 것이다.

그런데 야노풀로스 씨가 어떻게 우리를 다시 찾아냈을까? 그렇게 못되게 굴었던 그 아저씨가 놀랍게도 '사과' 하러 왔었다고 아빠가 말해줬다. 아빠에게 영화관을 다시 맡길 테니 옛집으로 돌아오라고 했다는 것이다. 그 이야기를 들으면서, 나는 내가 얼마나 그 옛집을 사랑하는지, 얼마나 그리워하는지 깨달았다. 스크린 뒤에 있던 작은 무대! 영화들! 그리고 영화에서 배운 이 세상의 위대함과 아름다움, 삶의 신비함, 사람들의 사랑, 옷 입는 법, 걷는 법, 춤추고 노래하는 법 등 모든 것들……. 그때 나는 그 작은 무대에서 남몰래 〈모두가 노래해 Everybody's Singing〉와 〈오즈의 마법사〉에 나온 주디 갈란드나 〈상하이 익스프레스 Shanghai Express〉, 〈푸른 천사 The Blue Angel〉에 나온 마를린 디트리히(Marlene Dietrich)를 흉내냈다. 오, 마를린 디트리히! 그 독특한 몸짓과 긴 속눈썹, 그리고 멋지게 담배를 든 모습이란…….

우리는 야노풀로스 씨가 정말로 우리를 위해 이 작은 에덴동산을 재건해 놓은 건지 믿기 어려웠다. 하지만, 그는 정말 그렇게 했다. 몇 주가 지나서 우리는 영국군 탱크가 아테네로 들어오는 것을 봤다. 엄마는 감격해 울었고 우리는 박수를 쳤다. 군인들은 키스를 날리며 우리에게 초콜릿 바랑 쇠고기 통조림을 던져주었다.

곧 수프를 배급해주는 식당이 열린다는 소문이 돌았다. 엄마는 닭에게 모이 줄 때 썼던 금이 간 그릇 하나를 찾아내서 들고 갔다. 그 그릇이 너무 작았을까? 아니면 배급 비율이 너무 엄격했던 것일까? 모르겠다. 아무튼 전쟁이 끝나고 우리 네 명이 이전처럼 한 상에 둘러앉았던 그 행복한 날은 기억한다. 그런데 유지니아와 나만 먹고, 부모님은 그 수프를 먹지 않았다. 밥 먹을 생각이 없다는 부모님에게 유지니아와 나는 아무 말도 하지 않았다. 우리는 그것이 불공평한 일임을 알았지만, 만약 몰랐더라도 우리가 할 수 있는 건 서로 바라보는 것뿐이었다. 부모님의 푹 꺼진 커다란 눈은 수프 냄새 때문에 미칠 것 같다는 것을 말해줬다.

"체하니까 너무 급하게 먹지 마." 엄마는 이 말만 했다.

어떻게 우리는 그렇게 이기적일 수 있었을까?

나중에 나는 자신에게 화가 났다. 분노가 막 치밀어올랐다! 그리고 앞으로 나의 순진함과 유치함 때문에 부모님이 당한 수많은 상처들과 나의 잘못들을 평생을 걸려서라도 고치겠다고 결심했다.

2
네가 아들이 아니라니 유감이야!

'아빠가 1945년 영화관을 다시 열었을 때 상영했던 영화 제목이 뭐였더라? 그게 데이비드 버틀러(David Butler)가 셜리 템플(Shirley Temple)과 함께 연기한 〈꼬마 반역자 The Littlest Rebel〉였나? 아니야, 난 그걸 전쟁 전에 본 것 같아.' 아마도 영국 영화였을 것이다. 그때는 영국군이 우릴 해방시켜주고, 임시지만 나라를 다스렸기 때문이다. 그래서 나는 앤소니 애스퀴스(Anthony Asquith)와 스튜어트 그랭거(Stewart Granger)가 나온 〈가스등 옆의 패니 Fanny by Gaslight〉에 푹 빠졌다.

아빠와 함께 영사관실 문을 잠그고 필름을 정리한 후, 나는 무대 위에 섰다. 빈 좌석들을 쭉 둘러보는데 목구멍에서 웃음인지 울음인지 알 수 없는 뭔가가 올라오는 것을 느꼈다. '아무 일도 없었던 것처럼, 예전처럼 살 수 있을까?' 아빠가 좌석 개수 세는 것을 도왔던 마지막 날이 바로 비행기 수백 대가 갑자기 하늘을 가득 채웠던 1941년 4월의 어느 밤이었다. 그때 나는 6살이 조금 넘었는데, 이제는 10살이다. 난 어두워지면서 오게 될 관객들을 기다릴 때 느꼈던 감정이 다시 생겨나기를 바랐던 것 같다. 내가 지금도 어릴 때 느꼈던 똑같은 호기심과 흥분에 사로잡힐 수 있을까? 마치 그 후로 견뎌왔던 모든 일들을 없었던 것처럼 할 수 있을까? 그래, 옛날에 느낀 감정들은 변함없이 그대로인 것 같았다. 오, 제일 처음 커플 관객이 들어올 때의 그 떨림이란……. 아가씨가 제일 좋은 자리를 찾으려고 두리번거릴 때 나는 들키지 않으려고 나무 뒤로 뛰어내렸다.

나는 쿵쾅거리는 가슴으로 데이지 화단에서 그들을 지켜보았다. 영화관에 온 연인들과 가족들은 모두 좋은 자리를 고르려고 분주했다. 아는 사람을 만나 서로 인사를 나누기도 했다. 10살 소녀의 눈으로 그들이 4년 동안 어떻게 변했는지 알 수가 있을까? 그 당시를 다시 떠올려 보면, 그들이 겪었을 일들을 추측해볼 수밖에 없었을 것이다. 모두 굶주렸고, 사랑하는 사람을 잃었다. 아이, 엄마, 아빠……, 가족 모두와 재산도 다 잃었다. 1945년의 그리스는 슬픔에 가득 차고 메말랐다. 그러나 당시의 내 눈에는 그들이 그렇게 충격을 받은 것 같지는 않았다. 오히려 기대감에 가득 찬 표정으로 영화를 보는 그들의 모습에 놀랐다. 그들 모두 영화가 현재와 전혀 다른 세계로 그들을 데려가 줄 거라고 갈망했던 것이다. 자리를 고르고 앉아서 만족스럽게 화면을 바라보던 눈빛에서 나는 그 느낌을 알 수 있었다. 그건 변하지 않았다. 그들은 여전히 쇼가 시작되기를 애타게 기다린다. 전쟁도 이 기대감을 부숴버리지는 못했다.

〈가스등 옆의 패니〉는 영국의 한 장관의 삶을 이야기한 영화였는데, 이 장관은 자신의 사생아 딸을 도우려는 마음에 그 딸을 어느 귀부인의 하녀로 채용한다. 그러나 남편의 사생아가 있었음을 모르던 부인은 남편을 의심했고, 결국 이혼을 요구했다. 커다란 혼란에 빠진 장관은 자살을 하고 만다. 이 영화에서 스튜어트 그랭거는 주연을 맡지 않았지만, 나는 그 젊은 남자에게 완전히 빠져버리게 되었다. 그 이후 나는 그 미남배우의 새 영화를 커다란 흥분 속에 기다리게 될 것임을 알았다.

영화가 끝나고, 나는 스크린 밑 내 은신처로 돌아갔다. 나는 거기에서 마치 행복한 잠에서 막 깨어난 듯한 관객들이 천천히 현실로 돌아와 자리에서 일어서는 것을 보았다. 전쟁 전에는 알지 못했지만 이제는 뭔가 알 수 있었다. 그들은 이전과 같은 사람들이 아니었다. 영화가 그들을 바꾸어 놓았다. 얼굴에서 긴장감이 사라졌고, 이제 그들은 나른한 게으름과 태평스러움 사이를 떠다니는 듯했다. 자신의 고통에서 떨어져 나와 이제는 아이 같은 눈으로 세상을 보게 된 것이다.

아빠 역시 변했다. 나는 아빠가 젊어졌다고 단언할 수도 있었다.

"아빠, 사람들이 영화 시작할 때와 끝날 때 좀 달라진 것 같은데, 보셨어요?"

"글쎄, 넌 뭘 느꼈지? 그들이 좀 변한 것 같니? 그들은 늘 똑같아!"

엄마도 아빠도 내가 말하려는 것을 이해하지 못했고, 이해하려고도 하지 않았다. 그래서 사람들이 영화를 보면서 변화되는 것은 어린 나의 마음에 대단히 중요한 그 무엇으로 작용했다. 마치 어느 누구와도 공유할 수 없지만 끊임없이 나를 매혹시키는 발견처럼 말이다. 왜 그랬을까? 영화의 신비한 힘에 대한 나의 호기심 때문에 잠재된 욕망과 꿈이 드러난 걸까?

나는 몇 달 후에 그 답을 알게 되었다. 아빠가 우리에게 표를 구해다준 버라이어티 쇼를 보면서였다. 내가 실제 공연을 진짜 극장에서 본 것은 처음 있는 일이었다. 쇼는 코미디와 촌극, 곡예, 발레, 노래로 구성되었다. 나는 금세 울음을 터뜨리고 말았다. 절대 지겹거나 무서워서가 아니었다. 내가 무대에 있지 않았기 때문에, 그리고 연기자들과 내가 멀리 있었기 때문에 운 것이었다.

50년도 훨씬 지난 지금, 나는 이제 그 날 밤의 경험을 간단하게 말할 수 있다. 하지만 나는 당시에 나의 바보 같은 모습과 나 때문에 엄마가 느꼈을 당혹감 때문에 무척이나 창피했다.

"왜 공연 내내 울기만 했니, 나나? 별로 재미없었어?"

"몰라."

"아빠가 이 표를 구해주셔서 정말 좋아했잖니."

"내가 울었다고 말하지 마. 나 그냥 모른 척할 거야."

유지니아는 정말 좋아하면서 집에 도착하자마자 혼자서 이야기를 늘어놓았다. 내가 침실에서 슬픔을 삭이는 동안 말이다.

그 날 이후로 엄마는 몇 차례나 내게 말을 걸었다. 엄마는 나를 이해하고 싶어했고, 나도 그랬다. 10살이나 먹은 아이가 쇼를 보면서 울다니, 정말 이상한 일이었다.

나는 눈이 퉁퉁 부어서는 달팽이처럼 풀이 죽었고, 엄마는 나를 다시 주시하기 시작했다. 나는 실제로 미움으로 가득 찬 분노가 다시 올라오는 것을 느꼈다.

"나 이렇게 살기 싫어!" 나는 그만 폭발해버렸다.

"이렇게 살기 싫다고, 나나? 네가 인생을 얼마나 알기에 그런 말을 해? 이제 막 전쟁도 끝났잖아. 모든 게 훨씬 좋아질······"

"엄마는 몰라. 난 관객 속에 있고 싶지 않아." 나는 엄마의 말을 자르고 소리를 쳤다.

"그럼, 넌 어디에 있고 싶은데?"

"무대 위에!"

"무대 위에? 뭘 하면서?"

"몰라. 아무 거나. 아무튼 난 더 이상 관객이고 싶지 않아. 관객들과 함께 있는 건 너무 끔찍해."

"어떻게 그렇게 말할 수 있니? 모두 즐겁게 웃고 박수도 쳤잖아."
"알아, 그런데 난 좋지 않았어!"
"그래, 그건 누가 봐도 알겠더라."
"난 극장을 나왔을지도 몰라."

사실 난 마지막 말을 크게 하지는 않았다. 갑자기 내가 질투한다는 게 창피해졌기 때문이다. 그랬다. 나는 쇼를 보면서 쓰라림과 질투심을 느껴서 울어버렸던 것이다. 내 가슴이 그런 미움과 경멸감으로 가득 찼다는 것을 인정할 수 있을까? 나는 지금은 질투심 많은 사람을 불쌍하게 생각한다. 그러나 내가 진작부터 가고 싶었던 길로 나를 인도한 것은 바로 그 질투였다. 그때는 그걸 몰랐다. 나는 연주자의 편에 있고 싶었다. 우리를 현실에서 들어 올려 몇 시간 동안이라도 변화시키는 그 사람들과 함께 말이다.

부모님은 이 문제에 대해서 무슨 얘기를 했을까? 틀림없이 영화와 연주자에 푹 빠진 나를 걱정했을 것이다. 나는 공부를 잘했지만, 작은 무대에서 〈소공녀 Poor Little Rich Girl〉에 나오는 셜리 템플을 따라하거나 〈오즈의 마법사〉에 나오는 노래 〈오버 더 레인보우 Over the Rainbow〉를 외워서 불러보는 데에 더 많은 시간을 보냈다. 보다 못한 엄마가 결국엔 아빠에게 내가 극장에서 울었다는 걸 말해버렸다. 그 얘기를 들은(아빠로서는 정말 이해하기 어려웠을 것이다) 아빠는 친절한 이웃에게 조언을 구했고, 콘서바토리(Conservatory: 음악 학교-역주)라는 단어가 처음으로 나왔다. 나는 그때 처음으로 '콘서바토리'라는 단어를 들었다.

그 이웃 사람들은 우리처럼 수수하게 생활하지 않았다. 그들은 멋진 난간이 있는 집에서 살았다. 종종 영화관에 왔는데, 올 때마다 아빠에게 인사하느라 내 문제를 물어봤고, 엄마에게는 학교 성적을 물어봤다. 또 가끔은 우리랑 말을 하기도 했고 놀리기도 했다.

아빠는 이웃에게 내가 영화에 열정이 있고 헐리우드의 젊은 스타 배우들을 무대에서 흉내낸다고 말했다.

"알겠네. 아마 그 애는 영화배우가 되고 싶은가보군." 이웃은 이렇게 말했을 것 같다. "하지만 위험도 많고 무명 배우들도 많다고. 그쪽 길은 생각하지 않는 게 좋을 거야. 그런데 딸이 또 뭘 좋아하나?"

"말한 것처럼 춤추는 거, 그리고 노래도 좋아하지. 엄마처럼."

"맞아, 자네 부인 목소리는 아주 좋더군. 가끔 노랫소리가 우리 집에서도 들려."

"나나도 그래. 하루 종일 노래를 부르지."

"그럼 콘서바토리에 보내는 게 어때?"

난 그때 10살밖에 되지 않았는데도, 아빠가 이 이야기를 할 때 엄마가 몹시 흥분했던 게 기억난다. '가수로 키워주는 학교도 있구나!' 엄마는 처음 들어본 학교인데도 즉시 찬성했다. 그리고 유지니아와 나는 노래를 정말 잘하니까 그 학교에서 분명히 받아줄 거라고 했다. 엄마는 무척 행복해하면서 흥분에 가득 찼다. 난 이 날 엄마가 "나도 음악을 공부할 수 있었더라면……." 하고 말하는 것을 들은 것도 같다.

아무튼, 엄마의 그 말 때문에 갑자기 엄마가 다르게 보였다. 마치 엄마가 우리를 낳기 전에, 심지어 아빠를 만나기 전에 살았던 삶을 알게 된 것처럼 말이다. 왜 엄마는 자신의 이야기는 거의 하지 않았을까? 아마도 전쟁 때문이거나, 아빠와 살면서 느꼈던 실망감 때문일 거다. 당시 우리는 엄마가 코르푸(Corfu) 지방 출신이라는 것만 알았다. 유지니아는 1939년에 엄마의 고향에 가서 삼촌과 이모를 만났던 걸 기억했지만, 난 너무 어려서 모르겠다.

엄마는 노래를 배우고 싶어했을 것이다. 만약 공부할 수 있는 것만 알았다면, 콘서바토리에 들어가서 가수가 되었을지도 모른다. 나는 콘서바토리에 첫발을 내딛었을 때, 마치 가느다란 실을 천천히 뽑아내는 것처럼 내가 어디서 왔는지 조금씩 알게 되었다.

엄마는 코르푸 시내에서 걸어서 한 시간 정도 걸리는 학교에서 2-3년 공부하면서 읽고 쓰는 법만 겨우 배웠다고 했다. 엄마는 무려 9남매였는데 그 중 몇째인지도 몰랐다. 남자아이들은 밭에서 일하며 올리브 열매 압착기를 다뤘고, 여자아이들은 코르푸 시 여기저기에서 하녀로 일했다. 그래서 9살인가 10살이 되던 해, 엄마는 삼촌과 외숙모를 돕게 되었다. 삼촌 부부는 카포디스트리아스 백작 집에서 일을 했는데, 이 집안은 그리스에서 꽤 유명했다. 이오아니스 카포디스트리아스(Ioanis Kapodistrias) 백작은 1827년에 독립한 그리스를 처음으로 다스린 사람이었다. 그는 4년 후 암살되었다. 엄마는 18살이 될 때까지 이 부부와 함께 지내며 집안일을 돕고 주방일을 했다.

다른 사람들도 노래를 잘했던 엄마를 인정할 정도였다는 이야기도 해줬다. 그러나 당시에는 가수가 되어 목소리로 돈을 벌 수 있다는 것은 꿈에도 생각하지 못했을 것이다. 그럼 엄마는 그때 어떤 미래를 꿈꿨을까? 엄마는 작은 코르푸 섬을 떠나 그리스 본토로 가고 싶어했다. 그리고 엄마는 어떤 선원과 눈이 맞아 달아날 만큼 가까워졌던 것 같다. 18살 먹은 예쁜 소녀인 엄마 곁에서 선원들이 서로 눈독을 들였을 게 틀림없다. 아마 엄마는 그 선원을 다시 만났을 거고 엄마 자신과 희망도 그에게 주었을 것이다. 그러나 엄마는 망설였다. 엄마는 마지막 순간에 그와 함께 가지 않겠다고 결심했고, 그 선원의 배는 항구를 떠나버렸다.

이렇게 실망한 뒤로, 엄마는 아직 결혼 전이었던 마리아 카포디스트리아스(Maria Kapodistrias)를 만나러 갔다. 엄마보다 나이가 그리

많지 않았던 마리아는 엄마를 잘 알았다. 외숙모가 종종 엄마를 데리고 가서 요리와 다리미질을 시켰기 때문이다. 마리아는 막 아테네로 떠나려던 중이었고, 아테네를 보고 싶어했던 엄마는 마리아에게 혹시 하녀가 필요하냐고 물어봤다.

마리아는 "한 번 생각해 볼게."라고 말하고는 며칠 후 "좋아, 네가 그렇게 가고 싶다고 하니까 데리고 갈게."라고 했다.

엄마가 아테네에 처음 온 건 1924년이었다. 그 1년 전에는 케말 아타튀르크(Kemal Ataturk)가 지배하는 터키가 그리스에 인구 교환을 요구했다. 그래서 터키 이슬람 40만이 고향을 향해 그리스를 떠났고, 150만이나 되었던 그리스인들은 터키에서 추방당했다. 이 난민들이 전부 아테네와 피레우스 항구에 모여서 일자리를 구하느라 그곳은 완전 북새통이었다. 가난한 사람들은 길가나 근교에 지어진 공동 건물에서 생활했다. 엄마는 가난과 집단 싸움 등 이전에는 전혀 알지 못했던 고난 때문에 굉장한 충격을 받았다. 코르푸에서도 삶이 쉽지는 않았지만 그래도 모두가 일자리를 얻을 수는 있었다. 그런데 아테네에서는 이미 바다를 건너온 사람들이 아이들을 굶기지 않으려고 아테네 본토 사람들에게 구걸을 했다. 엄마는 괜히 가족을 떠났다고 아쉬워했을까? 아무래도 정말 힘들어했을 것 같다. 그래도 엄마는 마음을 굳게 다지고서 홀로 서는 법을 배워갔다.

마리아 카포디스트리아스와 헤어져야 했을 때, 엄마는 일자리를 얻으려고 고군분투했다. 그리고 마침내 엄마는 아테네 시내에서 아이디얼(Ideal)이라는 커다란 영화관 안내원 일을 얻었다. 1929년, 엄마는 여기서 아빠를 처음 만났다. 아빠는 영화관에서 영사 기사로 일했다. 엄마는 아빠의 평판이 좋았던 걸 기억했다. 당시에는 실력 있는 영사 기사를 찾기가 어려웠기 때문이다.

콘스탄틴 무스꾸리는 당시 23살로, 엄마보다는 한 살이 어렸다. 그리고 아빠 부모님의 고향은 펠로폰네소스 섬이었지만 아빠는 아테네에서 태어났다. 가족이 왜 아테네로 옮겨왔는지는 아빠가 알려주지 않았다. 아마도 슬픈 사건들이 있었을 거다. 할머니는 세 형제와 딸 하나를 남겨놓고 아빠가 14살 때 돌아가셨다고 했다. 딸은 고아원으로 보내졌고, 세 형제는 독립해야 했다. 아빠는 그나마 읽고 쓸 줄은 알았다. 그때 아빠는 전기 기구를 고치는 일을 하기도 했는데, 아빠가 일하는 모습을 보고 한 고객이 아빠를 영사 기사에게 소개시켜 주려고 영화관에 데리고 갔다고 했다. 아빠는 유명한 극장 주인이었던 다마스키노스(Damaskinos)와 미가엘리디스(Michaelidis)의 눈에 띄었고, 아이디얼 영화관에 와서 영사 작업을 맡게 되었다.

엄마는 극장에서 아빠에게 관심을 바로 보였지만, 수줍어하던 아빠는 엄마를 카페 테라스로 초대할 용기를 내려고 며칠을 망설였다고 한다. 엄마는 자기를 보호해주고, 함께 가정을 꾸릴 수 있는 남자를 만나고 싶어했을 것이다. 당시 젊은 여성들은 그들의 명예를 실추시킬 남자는 매우 꺼려 했다. 그래서 엄마는 아빠가 자기를 사랑한다면 반드시 결혼해야 한다고 강하게 주장했다. 아빠가 거기에 동의하면서 1930년 봄에, 서로를 잘 알지도 못한 채 두 분은 평생의 인연을 맺었다.

1932년에 첫아이가 태어났고, 이름을 유지니아로 지었다.

그때 마침 다마스키노스와 미가엘리디스는 야외극장을 막 개관하려던 참인 카니아(Khania)로 아빠를 파견 보냈다. 원래 아빠는 그곳에 오래 머무를 계획이 아니었다. 그저 관리인을 도와 설치 기술과 극장의 공식 개관 문제를 해결하기로 하고 간 것이었다.

아마도 엄마의 환상이 처음으로 깨져버린 게 이때였을 것이다. 아

나의 아버지 콘스탄틴 무스꾸리는 스물세 살 때
나의 어머니 알리키를 만났다.
아버지는 아름다운 어머니에게 한눈에 반하고
말았지만 워낙 여자들에 대해 소심했던 분이라
어머니를 어느 카페의 테라스로 초대하기까지는
며칠 동안을 망설여야 했다.
두 분의 만남에 대해 아버지에게서 들은
이야기는 여기까지다. 그로부터 몇 달 후인
1930년의 어느 봄날, 두 분은
서로에 대해 깊이 알지도 못한 채
백년가약을 맺었다.

빠는 엄마의 곁에 잘 있어주지도 않았고, 일단 친구들만 만나면 집에 일찍 들어오지 않았다. 게다가 두 분 다 좋은 직장에 다녔기 때문에 먹고 살기에 충분한 돈을 벌었지만, 이상하게도 돈은 쉽게 모이질 않았다. 아빠는 종종 다음달의 월급을 가불하기도 했다. 부모님은 카니아에서 처음으로 부부싸움을 한 것 같다. 엄마의 잔소리는 정이 많았던 아빠가 스스로를 책망하는 화로 바뀌었기 때문이었다. 아빠는 엄마에게 차근차근 말로 설명하는 방법을 알지 못해 그저 화만 버럭 냈다. 나는 나중에 두 분이 서로 비난하는 것을 보며 내가 태어나기 전에 두 분 사이가 어떠했는지 짐작할 수 있었다.

아빠는 아들을 원했다. 유지니아를 무릎에 앉혀 놓고 달랠 때도 그런 마음이 느껴졌고, 임신한 엄마의 배에 귀를 대고서도 몇 번을 말했다. 물론 엄마도 아빠가 원하는 아들을 선물로 주고 싶었을 거다. 또한 나의 성별에 상관없이 엄마가 그냥 아들을 원했을 수도 있다.

엄마의 산통이 시작된 날 밤에 아빠는 극장 안에서 친구들과 한참 카드게임을 하던 중이었다. 엄마는 유지니아를 보내 도움을 요청했고, 곧 관리인과 그의 부인이 달려왔다.

"난 코스타를 부를게."라며 관리인은 아래로 뛰어 내려갔다. 아빠는 그제야 카드판에서 일어나 상황을 보려고 올라왔다.

고통스러워하는 엄마의 표정을 보면서 아빠는 분명히 "산파를 데리러 갈게."라고 말했다. 그런데 서둘러 내려온 아빠는 게임판이 어떻게 돌아가는지 너무 궁금했다. 그래서 결국 카드판에 다시 앉아 패를 집어 들고 말았다. 그러다가 오히려 다른 친구들이 나서서 아빠에게 엄마의 상황을 주지시켜준 후에야 아빠는 겨우 일어났다. 그러나 아빠가 산파를 데리고 돌아왔을 때는 이미 너무 늦었다. 엄마는 관리인의 아내와 그의 큰딸 요안나(Joanna) 도움으로 나를 낳았다. 산파가 한 일은 출생일을 등록하고 산후 조리를 도와준 것뿐이었다. 그렇게 1934년 10월 13일에 내가 태어났다.

그 날 밤에 일어났던 일을 알게 된 엄마가 얼마나 분노했는지 나는 잘 안다. 그리고 아들을 원했던 아빠가 실망한 것도 아주 잘 안다. 내가 말귀를 알아들을 만큼 크자, 아빠는 종종 "네가 아들이 아니라니, 정말이지……"라고 말했다.

우리가 카니아에서 돌아오자, 야노풀로스 씨는 아빠에게 야외극장의 영사 일을 맡겼다. 극장에 딸린 집은 너무 작았지만, 돈이 한푼도 없던 부모님에겐 하늘의 선물과도 같았다. 바로 1936년, 그리스가 사

유지니아 언니와 어머니, 그리고 나. 조국을 위해 전사한 군인들을 추모하기 위해 아테네에 있는 이름 없는 병사들을 위한 기념비를 찾았다.

회·경제적으로 위기에 빠졌을 때였다. 아테네 생활은 쉽지 않았다.

유지니아는 다재다능하고 부지런한 딸이었다. 그래서 나는 아들의 역할을 해야 했다. 내가 남자가 아니어서 아빠가 실망한 것을 알기 때문에 나는 아빠의 사랑을 받고 싶어 마치 남자아이처럼 행동했다.

하지만 가슴 한쪽에서는 아쉬움이 나의 자존감을 갉아먹고 조금씩 나를 무너뜨렸다. 나는 부모님에게조차 거절당한, 아무짝에도 쓸모없는 실패작이었다. 그냥 사라지고만 싶었다.

우리 부모님은 사람들에게 "저 아이는 우는 때가 아니면 헤헤 웃기만 한답니다. 말도 안 하고, 구석에 처박혀 있기만 해요."라고 말하기도 했다. 물론 내가 말이 많지 않았던 건 사실이지만, 나는 좋아서 웃었던 것이었다. 영화를 볼 때면 나는 정말 행복해져서 웃기만 했다. 나는 배우들의 연기를 보며 슬픔에서 빠져나와 꿈속 세계에서 날아다녔다.

내가 콘서바토리에 갈 수 있을 만큼 노래를 잘한다는 걸 아빠가 알아본 덕분에, 어둡던 나의 어린 시절에도 드디어 밝은 빛이 비춰졌다. 나는 노래를 통해 아빠에게서 인정받을 수 있을 거라고 생각했다. 그리고 내 앞에서 아빠가 크게 웃는 모습을 상상했다.

콘서바토리에서 우리와 만난 독일인 여자는 겉으로는 웃었지만 엄한 분위기가 풍겼다. 그녀는 나와 유지니아의 노래를 듣고서 평가를 내렸다. "동생은 멜로디를 느낄 줄 알지만 목소리가 약간 거칠군요. 언니의 목소리는 훌륭하고 폐활량이 좋네요." 나는 그때 '노래도 유지니아보다 못하는구나.' 라고 생각했다(하지만 조금의 질투심도 없었다). 하지만 우리가 콘서바토리까지 온 것은 유지니아가 아닌 내 문제였기 때문에 엄마는 그 여자에게 내 이야기를 해줬다. 그 여자는 금방 이해하고서 아직은 우리가 입학하기에 너무 어리니까 1~2년 더 기다려야 한다고 말했다. 나는 나중에서야 유지니아가 그때 입학할 수 있었지만 어느 누구도 그걸 강요하지 않았다는 걸 알게 되었다.

아무튼, 난 학교에서 상냥한 학생으로 지내야 했다. 언니와 나는 전쟁 전에 학교를 다니지 않아서 친구들보다 2살이 많았다. 나는 다른 사람이 나의 배경을 알게 되는 것이 싫었기 때문에 사람들의 주목을 받지 않으려면 모범생이 되는 수밖에 없었다.

나는 내 모습이 싫었다. 표정 없는 얼굴에 두 눈은 벌어졌고, 볼은 터질 것 같았다. 내가 12살 때 학교에서 있었던 일이 기억난다. 나는 나이가 많아서 늘 뒤에 앉았는데, 하루는 선생님이 칠판에 쓴 질문을 내게 물어보았다. 그러나 질문 글자들이 잘 보이지 않았다. 그 날 저녁 나는 빨리 안과 의사를 만나보라는 선생님의 쪽지를 들고 집으로 돌아왔다.

아빠는 굉장히 화를 냈다.

"나니키(Naniki), 너 어렸을 때는 멀리까지 잘 봤잖아."

"그런데 왜 이제는 칠판이 잘 안 보이는 거죠?"

"이유를 알고 싶니?"

"네, 아빠."

"그건 네가 늘 영화를 스크린 바로 뒤에서 봐서 그런 거야."

"매번 그러지는 않았어요. 난 앞에서 본 적도 많은 걸요."

"알아, 하지만 아빠가 영화를 보지 말라고 할 때도 스크린 뒤에서 봤잖아. 내가 못 봤을 거라고 생각하니?"

"죄송해요."

"의사 선생을 만나보자. 내가 막았어야 했는데, 다 내 잘못이야."

아니, 그건 분명히 내 잘못이었다. 의사 선생님은 내 눈이 근시라는 것을 알려주었다.

안경을 처음 쓴 날, 나는 거울을 보며 이제 희망은 없다고 중얼거렸다.

3
커다란 스크린, 무대와 노래

그리고 얼마 후 유지니아와 난 콘서바토리에 입학했다. 우리 둘이 서로 다르다는 것은 우리의 첫 공연에서 모든 사람이 단번에 알아봤을 것이다. 그리스의 민담을 뮤지컬로 만든 것이었는데 유지니아는 사제 역할을 맡았고, 나는 죄를 짓고 사제에게 용서를 구하는 소년 역할을 맡았다. 나는 무대 공포증을 이겨내야 했다. 첫 음이 약간 흔들렸지만, 다행히도 곧 감정의 물결에 파묻혔다. 그리고 나는 완전히 그 소년이 되어버렸다. 내가 열정적으로 읊은 대사는 마치 분노에 가득찬 울부짖음과도 같았다. 무겁고도 무거운 고요함이 장내를 메웠고, 아무도 박수를 치지 않았다. 부모님은 창피해서였는지 우는 것 같았다. 그리고 켐퍼스(Kempers) 여사는 마치 돌이 된 것처럼 무표정했다. 그러다가 갑자기 그녀가 일어나서 박수를 치기 시작하자 사람들이 그녀를 따라 기립 박수를 쳤다.

난 그 첫 '공연'을 잊을 수 없다. 그리고 일 년 후엔가, 나는 김나지움(Gymnasium)이라고 하는 고등학교에 입학했다. 초등학교에서 나는 언제나 혼자였는데, 고등학교에 들어와서는 친구를 사귈 수 있었다. 게다가 음악 선생님이 내 노래 실력을 알아보고는 작은 합창단을

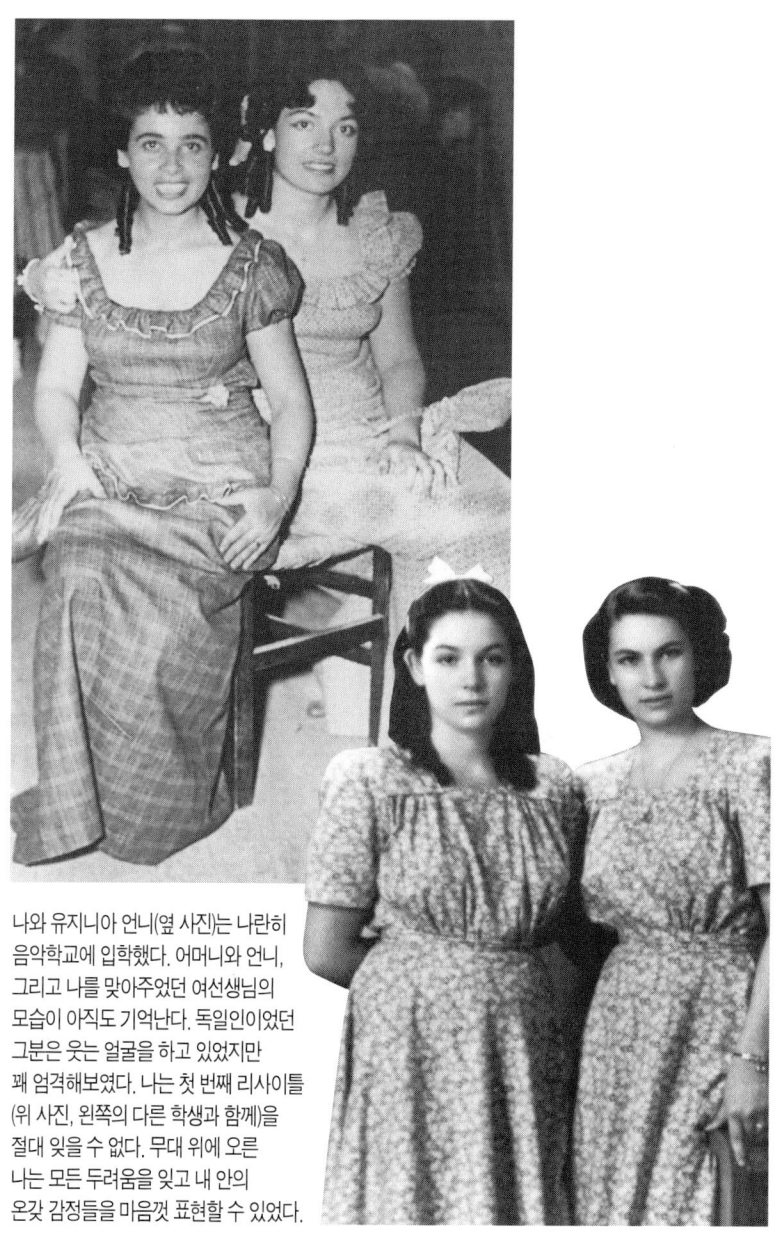

나와 유지니아 언니(옆 사진)는 나란히
음악학교에 입학했다. 어머니와 언니,
그리고 나를 맞아주었던 여선생님의
모습이 아직도 기억난다. 독일인이었던
그분은 웃는 얼굴을 하고 있었지만
꽤 엄격해보였다. 나는 첫 번째 리사이틀
(위 사진, 왼쪽의 다른 학생과 함께)을
절대 잊을 수 없다. 무대 위에 오른
나는 모든 두려움을 잊고 내 안의
온갖 감정들을 마음껏 표현할 수 있었다.

노래는 마치 기적처럼, 닫혀 있던 내 자신을 활짝 열어주었고 같은 반 친구들의 마음을 움직여주었다. 초등학교를 다니는 내내 혼자였던 나는 김나지움의 음악시간에 처음으로 친구들을 사귀었다. (오른쪽이 나나 무스꾸리)

만드셨다. 나에게 김나지움은 꼭 교회 같았다. 나는 그렇게 학교에서 자신감을 얻고 인정을 받는다는 기쁨을 누릴 수 있었다.

1946년 즈음에 아빠가 직장을 옮기게 되면서 우리는 어린 시절을 보낸 야외극장과 그 작은 집을 떠났다. 그리고 네오스 코스모스(Neos Kosmos) 구에 있는 한 초라한 집의 지하실을 얻었다. 방 두 개와 부엌이 딸렸을 뿐, 욕실은 없었다. 처음에 난 그 집을 보고 별 느낌이 없었다. 하지만 환경을 개선하려고 애를 쓰는 친구들을 보고 놀랐다. 우리 가정은 그냥 살아가는 데 만족할 뿐이었으니까. 마치 동굴에 사는 원시인처럼. 아빠가 가족을 위해 써야 할 돈을 도박판에서 날려버렸기 때문에 뭔가 할 수도 없는 상황이었다.

내가 기억하기로 그 네오스 코스모스의 지하실 집은 늘 물이 샜다. 어느 날 저녁에 엄마는 수프를 만들고 우리는 야채를 손질하는데, 갑자기 진흙 바닥에 물이 고이기 시작했다. 어디서 물이 새는 것인지 알

나는 초등학교를 졸업하고 그리스에서는 '김나지움'이라고 부르는 중등학교에 진학했다. 한 학년이 끝날 때마다 우리는 칼리마르마로 스타디움에서 행진을 했다.

수 없었던 우리는 빗자루와 양동이로 물을 퍼내려고 했다. 하지만 물은 곧 발목까지 차올라왔다. 우리는 그때야 밖에 엄청난 비가 내린다는 것을 깨달았다. 물은 부엌문이 아니라, 벽을 통해서도 새어 들어왔던 것이다.

저녁 내내 물을 퍼내야 했다. 무서웠고, 또 더럽고 버림받은 느낌이 들었다. 부모님은 그래도 집을 옮길 생각을 하지 않았고, 유지니아와 나는 이상하게도 불평 한 마디 없이 그 상황을 있는 그대로 받아들였다. 아마도 아빠의 무책임한 태도에 하늘이 벌을 내리는 거라고 생각했나 보다.

왜 나는 그때 집에 물이 새는 것과 아빠를 연관시켰을까? 사실 그런 상황이라면 다른 아빠들은 당연히 이사 갈 생각을 했을 것이다. 난 주변 사람들에게 아빠가 도박을 한다는 사실이 알려지는 것이 싫었고, 비만 오면 금세 물에 잠겨버리는 집에 산다는 것이 알려지는 것도 두려워했다.

두세 해가 지났을 때였는지, 나는 밤중에 또 집안의 물기를 닦아내다가 갑자기 우리가 부모님 때문에 시련을 겪는다는 것을 깨닫게 되었다. 나는 바로 유지니아에게 달려가서 단호하게 말했다.

"언젠가 결혼해서 아이가 생기면, 난 맹세코 내 아이들에게 이런 일을 시키지 않을 거야. 그럴 수 있도록 뭐든지 할 거야." 그래, 난 말을 잘 듣는 예의바른 수줍은 아이였다. 그런데 이 시기에 갑자기 유지니아가 변했다. 남자애들을 알아가고 점점 삶에 갈망을 느끼게 된 유지니아는 심하게 반항하지는 않았지만, 자신의 날개를 시험해 보고 싶어했다. 언니는 별다른 설명 없이 집에 늦게 돌아와도 되길 바랐다. 하지만 엄마는 언니와 나까지 묶어놓고서는 밖에 나가지 못하게 했다. 우리가 어느 정도 풀이 죽자 엄마는 아직 뭘 몰랐던 나부터 먼저 풀어줬다. 나는 유지니아의 편을 들어주고 싶었지만 또 엄마와 큰 소리로 다투게 될까봐 두려워서 감히 입을 열지 못했다.

어느 날인가, 엄마는 이제 우리를 콘서바토리에 보낼 돈이 없다고 말했다. 엄마가 켐퍼스 여사에게 그 말을 전할 때 나는 엄마 곁에 함께 있었다. 켐퍼스 부인은 마치 우리를 처음 봤을 때처럼 알 수 없는 표정을 지었다. 엄마가 사정을 말하자, 부인의 얼굴은 천천히 알 것도 모를 것도 같은 어두운 표정이 되었다. 부인은 우리가 얘기를 마치고 일어나려고 할 때야 비로소 입을 열었다.

"솔직히 말씀드려서……." 선생님이 말을 시작하자 엄마는 그 자리에 박힌 듯 멈춰 섰고, 나도 그랬다. "솔직히 말씀드려서 큰딸이 학교를 그만둬야 하는 건 정말 마음이 아픕니다. 훌륭한 목소리와 가능성을 가졌으니까요. 그러나 둘째따님이 그만둬야 한다면, 그건 더 안 좋은 일일 거예요. 둘째따님이 노래를 할 수 없게 된다면 앞으로 무엇을

우리 모두 제니라고 불렀던 나의 언니 유지니아. 언니는 집안의 장녀답게 부지런했고 재주도 많았다. 어머니는 그런 언니에게 자수며 뜨개질 같은 것들을 가르쳤다.

할 수 있을지 모르기 때문입니다."

부인은 엄마를 응시했다. 그리고 엄마는 여전히 마비된 것처럼 움직이지 않았다.

"큰따님이 재능이 더 많은 건 맞아요. 하지만 그녀가 정말 노래를 부르고 싶어하는지는 모르겠습니다. 그런데 둘째따님의 목소리는 언니만큼 훌륭하지는 않아도 정말로 노래하고 싶어하는 욕구가 느껴진 답니다. 그리고 이 아이는 그 욕구를 불태울 줄 알아요. 제 말, 이해하실 수 있나요, 무스꾸리 부인?"

엄마는 고개를 끄덕였다. 엄마도 나만 했을 때, 가수를 꿈꿨는데……. 한 번도 그런 칭찬을 받아본 적이 없던 나는 머리가 다 빙빙 돌 지경이었다.

"알아요." 엄마가 조용히 말했다. "알긴 알지요. 하지만 저희들 사정이……."

박쥐의 딸 59

"네, 그 말씀은 이미 들었습니다. 그럼, 제가 제안 하나 할까요? 유지니아가 원한다면 여기를 그만두어도 좋습니다. 하지만 둘째따님은 여기 남고, 어머니는 나중에 여건이 될 때 학비를 내세요."

"그건 안 됩니다!"

"무스꾸리 부인, 가능해요. 제가 제안하는 거니까 괜찮습니다. 저한테 고마워하실 필요도 없어요. 나나를 위해서 그러는 겁니다. 이 아이는 자격이 있으니까요."

그 날 밤, 난 유지니아와 오랫동안 이야기를 나눴다. 나는 켐퍼스 부인의 말처럼 정말 언니에게 노래를 하고 싶어하는 열정이 없는지 확인하고 싶었다. 그런데 언니는 오히려 내 생각을 물었다.

"넌 어떠니? 노래를 그만둬야 한다면 어쩌겠어?"

"나도 몰라, 아마 끔찍하겠지. 난 노래가 너무 좋아. 사실 난 노래하고 싶어 사는 거니까."

"그럼 선생님 말씀이 맞네. 넌 학교에 남아야겠어, 나나."

"언니는 나랑 달라?"

"응. 노래를 그만두는 건 어렵지 않아. 나중에 가수가 되고 싶은지도 난 잘 모르겠어."

"정말? 그냥 말하는 게 아니지, 그렇지?"

"난 놀러 다니는 게 좋아, 다른 것도 알고 싶은 게 많고. 아직 날 모르겠니?"

유지니아는 정말 무슨 생각을 했던 것일까? 언니는 몇 년 후에 노래가 나에게 얼마나 중요한지 알았기 때문에 그때 나를 위해 희생했다고 고백했다. 당시에 그걸 알았더라면 난 노래보다는 놀러 다니는 게 좋다던 언니의 말에 동의하지 않았을 것이다. 하지만 그러고 나서 나는 아마도 무척 침울해했을 것이다. 그때, 나는 무의식중에 내 인생

전체가 언니의 결정에 달렸다고 생각했던 것 같다.

그때부터는 나 혼자 캠퍼스 부인에게 노래를 배우기 시작했다. 우리의 뜻과는 달리, 언니와 나는 서로 인생길이 갈라졌다. 나는 노래와 음악에 더 매진했고, 자유롭게 살기로 결심한 유지니아는 나중에 남편이 될 남자를 만났다.

어느 날, 나는 라디오에서 '탕헤르(Tangier)' 채널을 들으며 혼자 집에 있었다. 이 방송국은 미국에서 인기 있는 팝송과 재즈를 틀어줬다. 나는 영어를 알지 못했지만 발음이 들리는 대로 가사를 받아 적고서 엘라 피츠제럴드(Ella Fitzgerald)나 빌리 할리데이(Billie Holiday) 아니면 마할리아 잭슨(Mahalia Jackson)의 노래가 나오면 따라 불렀다. 캠퍼스 부인은 내가 영국과 미국의 팝송과 재즈를 좋아하는지 전혀 몰랐다. 아마 알았으면 그다지 맘에 들어 하지 않았을 거다. 그래서 난 부인에게 그 사실을 비밀로 했다. 라디오는 그렇게 나의 비밀 음악 학교가 되어줬지만, 나는 여전히 예술 가곡도 사랑했다.

콘서바토리의 다른 학생들과 달리 나에겐 피아노가 없었다. 그래서 엄마는 생각 끝에 집에 피아노가 있는 친척 어른에게 전화를 해서 부탁을 했다. 마침내, 큰이모가 일주일에 한두 번 자기 집에 와서 피아노를 쳐도 좋다고 허락해줬다. 그런데 이모는 이모부의 일을 방해하지 말라면서 소프트 페달을 밟고 치라고 하셨다. 사실 난 음을 크게 듣고 싶었다. 화창한 봄날, 창문을 열어두고 노래를 크게 부르면서 피아노를 치고 싶었지만, 없는 것보다는 낫다며 마음을 다잡았다.

피아노를 혼자 배운 것처럼 나는 영어도 혼자 익혔다. 가사도 이해하지 못하면서 엘라 피츠제럴드의 노래면 그저 들리는 대로 받아 적고서 따라 불렀다. 아빠는 내가 팝송과 재즈를 부르는 걸 무척 좋아해서 가끔 부엌에서 아빠를 위한 작은 음악회를 열기도 했다. 한 번은 아빠가 친구들에게 내 자랑을 했는데 그 중 어떤 분이 영어를 공짜로 가르쳐줄 맹인 어른이 있다고 알려줬다.

나는 이 선생님이 오즈의 마법사 같을 거라며 며칠 동안 혼자 기적을 꿈꿨다. 그리고 실제로 기적이 일어났다. 그분이 날 만나고 싶어 한다는 소식이 온 것이다. 나는 이 늙은 신사분을 만나고 나서 그분이 전직 해군 장교로 영국령 항구에서 오래 근무했다는 것을 알게 되었다. 우리는 금세 친해졌다. 선생님은 영어를 대하는 호기심 있는 나의 태도, 특히 내가 엘라 피츠제럴드와 엘비스 프레슬리의 노래를 부르고 싶어서 영어를 배우려 한다는 점을 아주 마음에 들어 했다. 나는 영어 수업이 끝나고 집에 돌아올 때마다 늘 일이 잘 되어간다는 희열을 느꼈다.

그런데 어느 날, 갑자기 한 가지 생각이 머리를 스쳤다. 선생님이 날 좋아하는 건 확실한데, 날 보지 못한단 말이지? 그럼 나의 내면이 아름답다는 뜻이 아닐까? 분명히 그분이 앞을 볼 수 있었더라면 그런 생각은 하지도 않았을 것이다. 사실 나는 내 외모가 맘에 들지 않아서 거울보기를 싫어했다. 하지만, 선생님 덕분에 내가 사랑받을 수 있는 사람이라는 것을 알게 되었다. 사춘기를 지나면서 살이 붙어서 통통해진 내가 그렇게 생각할 수 있어서 정말 다행이었다.

이런 깨달음을 얻고 나서야 나는 평생 연주자로 살겠다고 마음먹었다. 내가 비록 뚱뚱하고 안경을 썼지만 음악과 노래로써 내 속의 아름다움을 표현하면 사람들이 나의 내면과 나를 좋아해줄 것이라고 생각했다.

한편, 나는 재즈와 로큰롤에 흠뻑 빠지긴 했어도, 내가 가야 할 길은 이미 공연 가수로 정해진 것 같았다. 아니면 유명한 마리아 칼로게로풀로스(Maria Kalogeropoulos) 같은 오페라 가수가 되고 싶었다.

부모님은 나를 두고 이렇게 말씀하셨다. "얘는 가만히 있는 법이 없어요. 울지 않으면 웃고 있지요. 우는 때가 웃는 때보다 많아요. 말도 별로 하지 않고. 자기만의 세계에 빠져 있는 아이 같아요." 그렇다. 나는 말이 없는 아이였다. 그러나 영화를 볼 때만큼은 나의 고민을 훌훌 털어버리고 배우들과 함께 상상의 세계로 떠나곤 했다.

게다가 오페라 가수는 오페라를 마치 종교처럼 좋아하던 부모님의 꿈이었다. 부모님은 헛된 꿈만 꾸다가 실망하고 싶지 않아서 내게 기대를 너무 많이 하지 않으려 했다. 그래서 나의 미래를 이야기할 때면 종종 서로 실랑이를 벌였다.

"우리 딸이 솔리스트가 되지 못한다고 해도, 적어도 합창단에는 들어갈 수 있을 거야."라고 아빠가 말하자, "우리 딸이 합창단원이라니! 그것만도 정말 대단하지, 안 그래요?"라고 엄마가 맞장구를 쳤다. "당연하지, 그런데 우리 애가 합창단 그 누구보다 더 잘할 거라는 거 당신도 알지?" "오, 코스타, 그건 켐퍼스 부인이 결정할 일이에요." "하긴 그래, 하지만 나나가 솔리스트가 되고 싶다면, 충분히 할 수 있을 거라고 봐."

내가 그 당시에 마음을 '결정' 했던가? 사실 난 바로 몇 달 후의 일도 계획해 놓지 않았다. 2학년이 되기 전이었고, 난 벌써부터 재즈와 로큰롤 그리고 클래식 음악 사이에서 고민하고 싶지 않았다. 공식적으로 나는 클래식 음악을 공부하는 중이었다.

아마 켐퍼스 부인도 우리 부모님과 같은 소망을 품었겠지만 그분은 자신의 방법만 고집하는 분이 아니었다. 만약 켐퍼스 부인이 콘서바토리에서 나의 미래를 계속 이끌어줬다면 내 운명은 어떻게 되었을까? 그런데 하느님은 그걸 원하지 않으셨다. 부인은 그 해 천국으로 떠났다. 나는 정직하고 친절한 부인을 갑자기 빼앗겨버린 것이다. 그분이 아니었다면 난 절대로 가수가 될 수 없었을 것이다.

나는 부인의 죽음이 너무 슬퍼 기억에서 지워버리려고 무진장 애를 썼다. 머릿속에 떠오르는 노래는 뭐든지 계속 불러댔다. 베씨 스미스(Bessie Smith)와 빌리 할리데이의 노래에서부터 오페라 〈피가로의 결혼 The Marriage of Figaro〉에 나오는 아리아 〈그대는 아는가 사랑의 괴로움을 Voi che Sapete〉까지. 낮에는 노래를 부를 수 있어서 괜찮았다. 그러나 밤이면 늘 옛날의 악몽에 시달렸다. 꿈속에서 나는 또다시 독일군이 젊은 남자를 총살하던 그 광장에서 우물가를 뛰어다니던 작은 소녀에 밤새 쫓겨 다녀야 했다.

4

온실 밖 세상으로

　나는 다시 콘서바토리로 돌아갈 생각을 하지 않았다. 이전에는 캠퍼스 부인이 친절하게도 학비를 면제해줬지만, 이제는 그 같은 일을 기대할 수 없었다. 그 대신, 아빠가 대책을 세워줬다. 아빠의 동료가 예전에 음향 기술자로 일할 때 알게 된 분이 있는데 그분이 지금은 콘서바토리 교수라고 했다. 그리고는 그분이 혹시 나를 제자로 받아줄 수도 있을 거라고 말해준 것이다. 아빠는 바로 그분을 뵈러 갔다. 그때 아빠가 무슨 말을 했는지는 모르지만, 아무튼 그분이 날 만나보겠다고 했다.
　"이젠 네가 그분의 마음을 얻어야 한다." 하고 아빠가 말했다.
　"나 무서워. 말 한마디 못할지도 몰라. 내가 부끄러움 많은 거 알잖아, 아빠."
　"그러니까 말하지 말고, 그냥 노래해! 들어만 달라고 부탁했어. 일단 네 노래를 들으면, 그 사람 마음도 변할 거다."
　정말 아빠가 옳았다. 무섭고 바빠 보이던 그 아저씨가 내 노래를 듣고서는 완전히 다른 태도를 보였다. 갑자기 수다스러워지면서 첫 레슨으로 오디션을 연장하자고 제안한 것이다.

새로운 선생님은 처음 만났던 선생님과 사뭇 달랐다. 나는 두 번째 선생님과 수업을 하면서 캠퍼스 부인이 내게 노래가 생명과도 같다는 걸 알고 그래서 나를 위해 희생했다는 것을 더 잘 알게 되었다. 조르조스 주아네아스(Giorgios Djouaneas) 씨는 독단적이고 통제하려는 기질이었다. 나는 자연스럽게 그분의 소유물이 되어버렸다. 그분은 내가 점점 발전한다고 생각했고 우리 부모님처럼 솔리스트가 되길 기대했다.

한편, 두 번째 선생님은 차분하고 신중했던 캠퍼스 부인보다 인생에 덜 엄격하면서도 더 개방적이었다. 특히, 그는 라디오 음악 프로그램 합창단에서 노래를 했다. 하루는 나를 라디오 방송국으로 초대해줬다. 나는 그 날 선생님이 합창단과 공연하는 것을 생방송으로 봤을 뿐만 아니라, 앞으로 갈 길도 결정하게 되었다. 그리고 그 결정으로 나는 결국 두 번째 선생님과 헤어지게 되었다.

몇 달 동안 한 라디오 생방송 음악 퀴즈 프로그램에서 시청자들을 초청했기 때문에 나는 계속해서 라디오에서 귀를 떼지 않았다. 나는 어떤 질문에라도 답을 할 수 있었고 참여하고 싶은 마음이 간절했다. 만약 주아네아스 선생님이 나를 방송국으로 초대하지 않았더라면 나는 아마도 여전히 방송국 출연은 꿈도 꾸지 못했을 것이다.

하지만 일단 방송국과 친해진 나는 몇 번이고 다시 가보려고 노력했다. 그때 나는 스스로 '어린 나나'가 가야 할 길에서 벗어났다는 느낌에 움츠러들었다. 그렇지만 방송국에 가면 많은 사람들이 내가 쌓아온 풍부한 음악 지식을 알아보았다. 아니면 그 사람들은 내가 노래하는 모습에 감탄했을 수도 있다. 쇼가 끝났을 즈음, 한 남자가 나를 구석으로 데리고 가서 이것저것 물어봤다. 라디오에서 솔리스트를 찾는데 지금 정기적으로 오디션을 한다고 말했다.

"네 이름을 알려주겠니?" 하고 그가 말했다. 나는 너무 혼란스러워서 대답을 하지 못했다. 그 남자는 아마도 나를 바보라고 생각했을 것이다.

"오디션에 나와야 한다." 그가 다시 말했다. "좋은 기회가 될 거야. 알겠니? 오디션이 뭔지는 아니?"

난 고개를 끄덕였다. 하지만 나는 그 부담스런 자리에서 벗어나고 싶어 미칠 지경이었다.

"다음 오디션 날짜를 알고 싶니?"

"어어, 그런 것 같아요." 나는 그렇게 중얼거리면서 왠지 내가 용서받을 수 없는 죄를 짓는 듯한 느낌에 갑자기 두려워졌다.

나는 재빠르게 그 자리를 빠져나와 집으로 마구 내달렸다. 숨이 턱에 차서 헐떡이며 방으로 들어온 나는 두근거리는 가슴을 쓸어내리며 손에 구겨 쥔 종이를 살며시 폈다. 다음 오디션 날짜가 적힌 종이 말이다. '쿵쾅쿵쾅.' 부끄러움을 많이 타는 내가 그런 데에서 우승할 거라고는 상상할 수도 없지만 이상하게도 마음 한쪽에서는 기대감이 피어올랐다.

내가 부모님께 이번 오디션 이야기를 알려드렸나? 아니다, 아마도 몰래 했던 것 같다. 나는 당시에 김나지움에서 마지막 학기를 다녔고, 대학 입시를 준비했다. 그래서 나는 부모님이 내가 다른 길로 빠져나가는 것을 알면 노여워하실까봐 걱정되었다. 나는 주아네아스 선생님께도 말하지 않았다. 내 스스로 날아보려고 하는 시도를 그가 좋아하지 않을 것 같았다. 만약 그가 이 사실을 알게 된다면, 내가 클래식 아리아 대신에 그리스 민요나 인기 가요를 불렀다는 것도 알게 될 테고, 결국 인정하지 않을 거라고 생각했다.

나는 결국 오디션을 보러 가고 말았다. 심사위원단에 내가 소개될 때 나는 머리부터 발끝까지 덜덜 떨었다. 그래서였는지 막상 오디션에서는 노래를 잘 부르지 못했다. 나는 그리스 노래보다 외국 노래를 더 잘했는데, 그들은 하필 그리스 노래를 듣고 싶어했다. 내 목소리는 너무 작았고 힘도 없었다. 두려움이 커질수록 목소리는 점점 작아졌다. 나는 결과를 듣기도 전에 이번 기회를 날려버렸다는 것을 직감했다. 역시, 예상대로인 결과에 나는 계속 후회를 하면서 집까지 터벅터벅 걸어올 수밖에 없었다.

그러나 적어도 대학 입시는 통과했다! 공부를 계속할 수 있게 되었으나 이제는 생계비 문제가 눈앞에 있었다. 1954년, 그 해에 유지니아는 결혼을 했다. 그래서 부모님의 경제적 부담이 좀 줄어들었지만 두 분은 내가 이제부터 생활비의 일부를 벌어오길 원했다.

나는 형부를 통해 미국 대사관에서 그리스 출신 비서를 구한다는 것을 알게 되었다. 그땐 비서가 하는 일이 뭔지도 몰랐지만, 아무튼 난 영어를 할 줄 알았고 면접 대상에 포함이 되었다.

내가 만난 여자는 매우 친절했다. 영어로 간단한 대화를 나누고 나서 그 여자가 지금 나를 평가한다는 걸 알아차렸고, 내가 통과했을 거란 확신이 들었다.

"아주 좋아요. 이제 당신 일을 감독할 사람을 소개할게요."

또 다른 여자와 잠시 이야기를 하면서 나는 일이 잘 풀린다고 느꼈다. 그 여자는 편안하게 웃었다. 마지막으로 그녀가 말했다.

"이제 당신이 무슨 일을 할 수 있는지 봅시다."

그리고는 나를 다른 방으로 데려가 타자기 앞에 앉혔다.

"자, 종이를 끼워 넣고 짧은 편지글을 받아 쳐보세요."

어머나 세상에, 이런 낭패가. 난 이런 기계를 만져본 적도 없는데!

"죄송하지만 전 할 수가 없는……"

"네? 종이를 못 끼운다고요?"

"아니요, 아무것도 못해요. 저는 타자기로 어떻게 일하는지도 몰라요……."

단번에 내가 멍청해 보였다는 것을 알았다. 타자기를 사용하지도 못하는 비서가 무슨 쓸모가 있을까? 그 여자 역시 무척 놀란 듯했다.

"타자를 못하면 당신을 고용할 수 없어요. 말도 안 되죠."

난 창피해서 온몸이 부서지는 것 같았다. 왜 그들이 원하는 걸 미리 알지 못했을까? 난 왜 이 친절한 여자들의 일을 방해한 걸까?

"죄송해요, 용서해주세요." 난 간신히 그렇게 중얼거리기만 했다.

결국 나는 땀으로 범벅이 될 정도로 뛰어서 대사관에서 도망쳐 나왔다.

다음 날, 나는 바로 타자법과 속기를 독학하려고 책을 구입했다. 어제 일로 나는 내 자신에게 화가 났다. 그리고 또다시 기회를 얻고 싶었다. 그런데, 대사관에서 비서가 되면 가수 활동을 할 수 있을까? 20살의 인생은 아직도 불확실했다.

곧 두 번째 기회가 주어졌다. 이번에는 라디오를 통해서였다. 대사관 면접을 본 이후에, 나는 다른 곳에서 오디션을 보라는 제의를 받았다. 만약 그곳에서 내가 뽑힐 수만 있다면 그 대가는 훌륭했다. 한 달에 한 번 라디오 생방송 프로그램에서 노래를 하고 약간의 돈도 받는 것이었다. 이번에는 부모님에게 그 이야기를 했고, 두 분의 확실한 지지를 얻었다.

사람들 앞에서 무척이나 수줍음을 탔지만 그때는 아마도 간절한 상황 때문에 무대 공포증을 이겨낼 수 있었던 것 같다. 이번만큼은 아빠 앞에서 부르는 것처럼 노래를 정말 잘 불렀는데, 실력이 대단한 지원자들도 있어서 나는 조금 불안했다. 오디션을 진행한 담당자들은 며칠 후에나 연락을 준다고 했다.

당시 우리는 네오스 코스모스에서 계속 살았는데, 집에 전화기가 없어서 옆 가게의 전화기를 다른 이웃들과 함께 썼다. 그래서 난 그 가게의 전화번호를 방송국에 줬다. 물론 그게 나중에 이웃에게 엄청난 영향을 줄 거라고는 전혀 상상도 하지 못했다.

가게 주인이 막내아들을 보내서 라디오 담당자가 방송 출연 날짜가 잡혔다는 전화를 했다고 알려줬다. '하느님, 감사합니다!' 엄마는 울음을 터뜨렸고, 나는 그저 멍하니 서 있었다. 그 꼬마 아이가 물었다.

"기쁘지 않아요? 우리 아빠가 대단한 일이라고 그러시던데……."

"응, 나 진짜 기뻐! 고마워. 아빠한테 고맙다고 전해드려."

그 소식은 가게 주인집과 동네 주민들에게 그 주의 사건이었다. 어린 무스꾸리가 라디오에서 노래를 한다니! 순식간에 온 동네로 소식이 퍼졌고 우리 집 주인에게까지 들어갔다. 그 사람은 우리에게 더 잘해주지 않아도 되겠다고 생각을 했던지 다음 주부터 집세를 올리겠다고 통보했다.

내 보수는 적었지만 첫 방송은 기막히게 잘했다. 나는 거기서 엘라 피츠제럴드의 노래와 그리스 노래를 몇 곡 불렀다. 그리고 재즈와 록 음악도 불렀다. 관중들은 환호하며 노래 제목을 외쳤고 나는 그 노래들을 불러주었다. 이 수줍음 많은 소녀는 갑자기 무대가 하나도 두렵지 않았다.

내 노래가 몇몇 사람들에게 강한 인상을 남긴 듯했다. 쇼가 끝나자 밴드의 리더가 나를 보자고 했다. 그는 민요나 인기곡 외에도 미국의 재즈를 연주할 수 있다고 내게 말했다.

"안 될 이유가 있겠어요? 저도 좋아요. 그런데 잘 모르……."

나는 그때까지 첫 방송을 했다는 희열에 사로잡혀서 무슨 생각을 하는지도 몰랐다.

어떤 경로를 통해서였건, 바로 다음 날부터 다른 라디오 프로그램에서 나에게 출연 요청을 하기 시작했다. 나는 늘 안경을 쓰고, 단벌 외출복인 감청색 실크 드레스를 입고 노래를 불렀다. 그런데 매번, 작은 기적이 일어났다. 내 노래를 듣는 사람들의 표정에 변화가 생긴 것이다. 마치 작은 야외극장에서 영화를 보고 나오는 사람들의 얼굴처럼 말이다. '내 목소리가 사람들을 상상의 세계로 이끌어주는 신비한 힘을 갖게 될 수 있을까?'

그때는 전혀 알아차리지 못했지만, 내 주위에서는 폭풍이 조금씩 일기 시작했다. 연주자들은 방송이 끝나면 이런저런 재즈 클럽을 아느냐고 물었다. 그러면 나는 "아니요, 전 클럽에 가지 않아요." 하고 대답했다. 그 사람들은 내가 어떻게 클럽에서 배운 것처럼 노래 부를 수 있는지 궁금해했다. 그래도 나는 라디오나 캠퍼스 부인에 관해서는 절대 말하지 않았다. 그들은 가끔 쪽지에 자기들 이름과 클럽 이름을 적어줬다. 나는 이제 스무 살이었지만, 엄마가 나 혼자 외출하는 것을 싫어했기 때문에 그들의 음악을 들으려면 몰래 다녀야 했다. 클럽에 가면 돈이 없어서 가만히 서 있던 나를 그들이 먼저 발견하고 같이 연주하자고 졸랐다. 무대에 서는 일은 여전히 떨렸지만, 일단 첫 음을 내고 나면 나는 다른 사람이 되어버렸다. 내가 노래를 부르기 시작하면 수다를 떨던 사람들도 나를 바라봤고, 그들의 얼굴에서는 내가 느끼는 감정과 똑같은 것이 서서히 드러났다.

재즈 클럽이나 그리스 음악을 연주하는 클럽에서의 마지막 노래는 제일 길게 박수를 받은 곡으로 마무리를 했다. 가끔 잘 알려지지 않은 가수를 무대에 올렸다는 이유로 손님들에게 미안해하던 주인들도 있었다. 하지만 그들도 내가 노래를 마치고 나면, 손님들에게 라디오 프로그램에 고정 출연하는 가수라고 알려주기도 했다.

오래지 않아 클럽 주인들이 나에게 고정 출연을 해줄 수 있는지 물었다. '그럼요! 하고말고요!' 이렇게 해서 나도 이제 돈을 벌 수 있다는 것을 알게 되었다. 적어도 부모님을 돕고 콘서바토리 레슨비를 충당할 수는 있었다.

나의 생활은 그렇게 조금씩 채워져 갔다. 나는 라디오에서 오후 시간을 보내고 밤에는 여타 클럽과 타베르나(Tavernas. 그리스에서 작은 음식점을 가리킴-역주)에서 일했다. 사실 특별한 장소를 맘에 두고 있지는 않았다. 그저 라디오에서 노래를 부른 후에는 다른 클럽으로 달려가서 노래를 불렀다. 나는 거의 매일 밤 익숙한 얼굴들을 보게 되었고, 나이트클럽 세계가 아주 좁다는 것을 알게 되었다.

아마 미미스 플레사스(Mimis Plesas) 아니면 다른 연주자였을 것이다. 한 남자가 나에게 일요일 아침 렉스(Rex) 영화관에서 있는 '잼 세션(Jam session)'에 참여하는 게 어떤지 물어보았다. 당시 미미스는 그리스에서 제일 유명한 피아니스트였고, 렉스에서 그런 연주회를 지원했다. 그래서 유명해지려는 젊은 연주자들은 모두 거기로 모였다. 라디오 방송국에서 마주칠 때마다 그는 나에게 별다른 칭찬이나 말을 하지는 않았지만 어쨌든 그는 나의 슈퍼스타였다. 나는 당당하게 렉스 영화관의 문턱을 넘어섰다. 연주회 분위기는 정말 환상적이었다! 그곳에서는 모든 스타일의 음악이 연주되었다. 나는 무대에서 로큰롤을 불렀다. 그들은 무척 맘에 들어 하면서 다음 주 일요일에도 오라고 말했다. 두 번째 주에는 그리스 노래를 불렀다.

내가 처음 칸초네 트리오(Canzone Trio)를 만난 것도 이 모임에서였다. 세 청년으로 구성된 이 그룹은 원래 데살로니카(Thesalonika)에서 시작했다. 그들은 멕시코와 스페인의 노래를 그리스 전통 가락

아테네의 선술집과 나이트클럽에서 만난 칸초네 트리오. 우리는 곧 의기투합했고 나는 조지(가운데), 코스타스(왼쪽), 필리포스(오른쪽) 이 세 명의 친구와 함께 노래를 불렀다.

으로 바꿔서 연주했다. 바로 다음 차례인 나는 그들의 노래를 들으면서 조금 긴장을 했다. 이번에 나는 재즈와 슈베르트 가곡 두 개를 부르려고 했다. '안 될 게 뭐 있어?' 세 남자의 노래가 끝났다.

나는 노래를 마친 후, 조용히 내 자리로 돌아왔다. 그때였다. 휴식 시간에 트리오 멤버 중 한 청년이 나에게 다가와 갑자기 손가락을 내밀어서는 내 목을 만졌다. 그는 만족해하는 웃음을 지으며 말했다.

"방금 당신 노래를 들었어요, 아가씨. 목구멍 안에 황금 덩어리가 들어 있는 줄 알았어요."

"네?" 난 뒤로 물러섰다.

"미안해요, 놀라게 할 생각은 없었어요. 당신 목소리에 너무 감동받았거든요."

"아, 감사해요. 정말 감사합니다!"

그는 머리를 가로저으면서 가버렸고, 난 도망치고만 싶었다.

이 청년의 이름이 조지 페칠라스(George Petslias)라는 걸 몇 달이 지난 후에야 알게 되었다. 그 후로 몇 년 동안 이 청년은 내 삶에 조금씩 자리를 차지하더니 어느 날 내 남편이 되었다.

내가 집에 돌아가면, 엄마는 피곤하고 걱정스러운 얼굴로 문간에서 나를 기다렸다. 아마 엄마는 내가 노래에만 관심을 보이고 또 돈을 벌어온다는 것에 마음을 놓은 것 같았다. 돈을 벌면 내 몫을 챙기지 않고 모두 엄마에게 주었다. 그런데 뜻밖에도 주아네아스 선생님은 이런 상황을 별로 상관하지 않았다. 그는 내가 라디오에서 데뷔를 한 것을 이미 알고 있었다. 물론 그것만으로도 충분히 나쁜 상황이었다. 그런데 선생님은 내가 타베르나와 클럽에서 그가 좋아하지 않는 종류의 노래를 부른다는 것까지 알았다! 아무 말도 안 했지만 나는 그의 분노가 점점 쌓여가는 것을 느낄 수 있었다.

"재즈를 노래하면 네 목소리는 망가진다. 게다가 넌 잠도 충분히 못 자잖니. 연주에 무리가 될 거야."

"전 일을 해야 해요."

"너 오페라 가수가 되고 싶긴 한 거니? 모든 건 네게 달렸다."

선생님의 어조는 시간이 갈수록 강해졌다. 그리고는 결국 최후통첩을 내렸다.

"우리가 이런 식으로 함께 할 수는 없다, 나나. 네가 콘서바토리에 남고 싶으면 나이트클럽을 포기해라. 라디오와 렉스까지는 봐줄게. 하지만 클럽은 안 돼!"

"안 돼요, 선생님. 그러면 레슨비도 못 낼 걸요."

"그 이야긴 다시 하지 마라. 난 그걸로 다투는 데 지쳤다. 일주일 동안 잘 생각해 봐."

나는 너무 당황해서 다른 선생님을 찾아가 나를 봐줄 수 있는지 알아봤다. 하지만 그 선생님 역시 안 된다고 했고, 그 일주일 동안 나는 너무 힘들었다.

주아네아스 선생님과 마지막으로 만난 날은 최악이었다. 겨우 30분을 이야기한 뒤에 나는 어디 호소할 곳도 없이 콘서바토리를 영원히 떠나야 했다.

이제 소프라노 가수는 영영 될 수 없는 걸까? 나는 속으로 그렇지 않을 거라고 되뇌었지만, 부모님께 죄송한 마음으로 어찌할 줄 몰랐다. 두 분은 타베르나에서 일하는 가수들을 무시했지만, 이제 내가 갈 수 있는 곳은 그런 나이트클럽밖에 없었다.

하지만 운명은 바로 그때 내게 손짓했다. 부모님께 할 적당한 말을 찾던 중에 아테네의 유명한 나이트클럽인 모카보 리도(Mokabo Lido)에서 계약을 하자고 연락이 온 것이다. 나는 밴드의 리드 싱어로 월급을 받게 되었다.

부모님께 이 좋은 소식과 함께 콘서바토리 이야기를 했다. 아버지는 바로 쓰러지고 말았다. 돈이 있었다면 이런 일은 없었을 거라며 죄책감을 느끼고 화를 냈다. 하지만 엄마의 고통은 좀 다른 것이었다. 많이 실망했으면서도 엄마는 내가 나이트클럽의 세계에서 길을 헤매지는 않을까 걱정했다.

5
기회가 오다

"무스꾸리 양, 연락이 안 될까봐 걱정했어요. 7월 4일 밤에 공연할 수 있나요?"

"공연이요? 7월 4일에요? 바로 내일이잖아요, 맞죠?"

"네, 너무 늦게 연락해서 미안해요. 예정된 가수가 펑크를 냈어요. 당신이 대신할 수 있을 것 같은데요. 당신이 영어 노래를 완벽하게 한다고 들었어요."

"그런데 저는 아직 당신이 누군지도 모르는데요."

"아, 미안해요. 제 소개를 깜박 잊었네요. 전 타키스 캄바스(Takis Kambas)라고 합니다. 공연 진행자예요."

"아, 네, 저 영어로 노래할 수 있어요."

"너무 다행입니다! 그럼 내일 저녁 시간 되는 거죠?"

"아직 잘 몰라요. 제가 지금 일하는 곳에서도 대타를 찾아야 하니까요. 그런데 캄바스 씨, 내일 어떤 공연을 하게 되는지 아무것도 설명해 주지 않으셨어요."

"죄송합니다. 너무 신경을 썼더니 죄다 잊어버렸네요. 자, 들어보세요. 당신은 내일 미국 항공모함 위에서 해군 4천 명과 유명 인사들 앞에서 노래하게 될 거예요. 이런 거에 익숙하죠? 개인적으로는 잘 모르지만, 무스꾸리 양 얘기는 많이 들었어요."

"하지만 저는 4천 명이나 되는 사람들 앞에서는 노래해 본 적이 없어요······."

"내빼려고 하지 말아요! 난 정말 부탁할 사람이 없다니까요!"

"걱정 마세요, 내일 뵐게요."

"오후 시간까지 배로 와야 해요. 배 이름은 포레스탈(Forrestal)이에요. 금방 알아볼 수 있을 겁니다. 엄청 크거든요. 피레우스 항으로 가시면 미 해군 선창에서 대형 보트가 당신을 태우고 항공모함으로 데려갈 겁니다. 그리고 전 배 위에서 당신을 기다릴 거고요. 공연 시작 전에 딱 2시간 동안 밴드와 연습해 볼 수 있어요."

"어떤 노래를 부를까요?"

"사람들이 그러는데, 엘라 피츠제럴드와 똑같이 부른다면서요?"

"그분은 제 우상이에요."

"오, 당신이 나를 악몽에서 구해주는군요. 어떻게 감사를 해야 할지······."

"최선을 다할게요."

"최고예요! 좋습니다, 그럼 내일 오후 4시쯤에 배에서 기다리고 있겠습니다."

1957년 7월 4일은 미국의 국경일이었다. 타오르는 7월의 태양 아래서, 나는 미 해군 보트가 오길 기다리며 항만을 걸었다. 날 기다리던 해군 세 명을 만나 모터보트를 타고 항공모함으로 이동했다. 나를 처음 본 타키스 캄바스의 표정을 잊을 수가 없다. 그는 허리가 가늘고 다리도 늘씬한 헐리우드의 금발 여인을 기대한 것이 틀림없었다. 그런데 금발은커녕 커다란 검은 뿔테 안경을 쓰고 갈색 머리에 통통하기까지 한 아가씨가 온 것이다.

"웬 폭탄이람." 그는 실망감을 감추지 못하고 중얼거렸다.

그는 환영한다고도 말하지 않았다. 더구나 나를 보면 볼수록 경멸하는 표정이 더 짙어져 갔다. 물론 나도 그의 생각을 바꿀 마음 따윈 없었다. 그래서 그저 돌처럼 가만히 서서 물끄러미 그를 바라봤다.

"정말 엉망진창이군! 그 여자는 왜 오늘 갑자기 아픈 거야?"

그가 다른 가수를 말하기에 나는 저절로 입을 열게 되었다.

"전 형편없는 가수가 아니에요. 그렇게 흥분하실 필요 없습니다."

"알아요, 나도 알아. 많은 사람들이 당신이 노래를 잘한다고 했어요. 하지만 그게 다가 아니에요."

"안경엔 신경 쓰지 마세요. 일단 노래를 들으면 사람들은 안경에 신경 쓰지 않을 거예요."

"나, 참, 이거, 어떻게 해야 할지 모르겠군요."

"캄바스 씨, 이제 리허설 시간이에요. 밴드 쪽으로 데려가 주시겠어요?"

"아, 네, 네. 어찌되었든 이 일은 아주 어려운 일입니다. 당신이 고집을 피워서 상황이 더 나빠지기라도 하면 어쩔 겁니까?"

그는 나를 데리고 가면서 연신 얼굴에서 땀을 닦아냈다. 키가 작고 뚱뚱한 그는 극도로 예민해진 상태였다.

"대사 부부와 제독님까지 참석할 거란 말입니다!" 그는 절망에 빠진 목소리로 말했다.

하지만 다행히도 연주자들의 분위기는 훨씬 부드러웠고, 첫 곡을 마칠 때쯤에는 더 화기애애해졌다. 그러나 캄바스 씨는 첫 곡을 듣기도 전에 자리를 떠나버렸다.

무대는 다리 위에 세워졌다. 유명 인사들은 빨간 벨벳천을 덮은 아래쪽 갑판 위 첫 번째 줄에 앉을 예정이었다. 나는 가장 마지막에 노래를 하게 되었는데, 내 앞이 아테네 발레단이었다.

항공모함의 밴드가 행사를 시작했고, 한 남성이 맑고 깊은 목소리로 프로그램 순서를 읽었다. 내 이름이 들릴 때는 심장이 멈추는 것 같았다.

내 차례가 다가올수록 캄바스 씨는 꼭 금방이라도 털썩 주저앉아 버릴 것 같았다. 그리고 가끔 물에 빠져 죽어가는 사람처럼 나를 쳐다봤다. 내 외모로 무대에 입장하는 것을 끔찍하게 여기는 듯했다. 그래서 내가 안경을 벗어보겠다고 말했지만, 그는 그래도 별반 달라질 게 없다고 생각하는 것 같았다. 불쌍하기 그지없어 보이는 그 때문에 나는 오히려 무대공포증을 잊을 수 있었다.

"캄바스 씨, 제게 실망하신 건 잘 알아요. 하지만 좀 믿어주세요."

"마릴린 먼로 본 적 있어요? 미국 사람들은 그런 여자를 좋아한단……."

"네, 알아요, 하지만 엘라 피츠제럴드도 좋아하잖아요. 그녀는 금발도 아니고 날씬하지도 않아요, 안 그런가요?"

내 말에 그의 얼굴이 잠시 펴지는 듯했다. 하지만 금세 부들부들 손을 떨기 시작했다. 나는 결국 그에게서 등을 돌렸고, 실망하는 그의 모습 때문에 괜히 내 공연을 망치지 않겠다고 굳게 결심했다.

마지막으로 내 차례가 왔다. 난 무대로 걸어 나가면서 눈을 감았다. 관객들의 숨소리가 생생하게 들려왔고, 그들이 나를 보는 시선 때문에 어지러워서 꼭 넘어질 것만 같았다. 나는 간신히 마이크 쪽으로 가서는 음악을 기다리지도 않고 무반주로 엘라 피츠제럴드의 〈피트 켈리 블루스 Pete Kelly Blues〉 첫 소절을 시작했다. "나쁜 일도 있고, 슬픈 일도 있어요. 그리고 블루스가 있어요……. (There's a bad thing, there's a sad thing, there's the blues…….)"

노래가 끝난 바로 그때, 귀가 터질 것처럼 우레와 같은 박수가 터졌다! 나는 눈을 뜨고 수백 명의 남자들이 해군모를 하늘 높이 던져 올리는 것을 봤다. 그들이 기뻐하는 모습은 정말이지 가슴 벅찬 선물과도 같았다. 뒤이어 오케스트라가 연주를 시작했고, 떨리는 마음은 모두 사라졌다. 나는 홀로 음악과 함께, 마치 내 영혼만이 노래를 하는 느낌이었다.

〈피트 켈리 블루스〉의 마지막 소절에서 해병들은 모두 일어나 박수가 아닌 함성을 질렀다. 다음 곡은 〈버드랜드의 자장가 Lullaby of Birdland〉였는데, 해병들은 리듬을 따라 몸으로 박자를 맞췄다. 그리고 앞줄에 앉은 유명 인사들을 흘끗 보니, 역시 흥에 겨운 표정이 얼굴에 가득했다.

나는 이미 오케스트라에 곡 목록을 전달한 상태였다. 그러므로 내가 얼마나 오래 노래를 부를 것인지는 캄바스 씨가 결정해야 했다. 네 곡을 부르고 나서 잠시 무대 뒤에서 만난 그는 완전 딴 사람이었다. 얼굴이 기쁨으로 가득 찼는데, 마릴린 먼로가 왔다고 해도 이보다 더 기뻐할 수는 없을 것 같았다.

"당신 정말 끝내줬어요!" 그는 내 귀에 대고 소리쳤다. "무대로 돌아가서 부르고 싶은 곡 아무 거나 부르세요. 그냥 계속해요!"

나는 한 시간 이상 노래했고 여태까지 이보다 더 잘 부른 적은 없었던 것 같았다. 나는 그 무대에서 사춘기 이후로 내 곁에서 쭉 함께 했던 노래들을 불렀다. 빌리 할리데이, 냇 킹 콜(Nat King Cole), 마할리아 잭슨 그리고 엘라 피츠제럴드…….

마지막 커튼이 내려진 후의 나는 이제 예전과 완전히 다른 사람이었다. 진정한 나 자신을 발견했고, 관중에게 나를 보여주고 사랑받을 수 있다는 것도 알게 되었다. 사실 무대에 올라갈 때만 해도 나 자신을 그다지 좋아하지 않았지만 이제는 다른 사람들의 눈을 통해 나 자신을 사랑할 수 있었다. 이 기적은 바로 내 목소리 덕분이었다. 사람들은 내 목소리를 들으면서 나의 못생긴 외모와 어두운 얼굴을 잊어버릴 수 있었다.

공연이 끝나고, 나는 등장했을 때처럼 그냥 사라지고 싶었다. 하지만 제독이 나에게 축하의 말을 해주고 싶어했다. 그리고 대사 부부와 다른 유명 인사들도 나에게 미소를 지으며 함께 이야기하고 싶다고 했다. 나는 그만 분위기에 압도되어 할 말을 잃어버렸다. 꼭 술에 취한 여자처럼 캄바스 씨의 팔에 매달려 정신없어했다.

그 후 며칠 동안, 그리스 라디오 방송국은 내 노래를 포함한 그 공연의 하이라이트를 다시 틀어줬다. 나는 그때 녹음되는 줄도 몰랐다. 사람들은 모카보 리도에서 온통 그 이야기만 했고, 주인은 바라던 대로 새로운 손님들을 얻게 되었다. 이웃들도 나를 예전과 다르게 보았다. 하루는 코너에 있는 가게에서 주인과 얘기를 하는데, 다른 손님들이 우리 둘의 대화를 엿들었고 이내 사람들이 주위로 모여들었다. 대부분 주부들이었고, 그 중에는 과거에 나를 무시했던 부인들도 있었다. 그 부인들은 나를 보고서는 놀라 뒤로 자빠지려 했다. 하지만 나는 너무 부끄러워서 아무 말도 하지 못했다.

부모님도 처음에는 내가 클럽에서 일하는 것을 창피하게 여겼다. 하지만, 포레스탈 공연 이후에 부모님은 하룻밤 사이에 갑자기 어깨가 으쓱해졌다. 그리고 나는 오페라 가수는 아니었지만 생전 처음으로 라디오 방송국에서 '그리스의 젊은 가수'라고 소개되었다.

몇 주가 지나, 작은 음반사 오데온(Odeon)에서 첫 음반을 내자며 나에게 접근했다. 그들은 이미 내 이야기를 알았고, 라디오에서 내가

〈패씨네이션 Fascination〉을 부른 것을 들었다. 그들은 음반 한 면에는 영어 노래를 녹음하고, 다른 한 면에는 그리스 노래를 녹음하자는 생각이었다. '안 될 게 뭐 있어?' 나는 법적 사항도 전혀 모르는 상태에서 계약서를 읽어보지도 않고 오데온과 계약했다. 음반은 녹음이 끝나자마자 바로 출시되었다. 겉표지에는 내 사진이 없었고, 이름과 노래 제목만 수록되었다. 나는 녹음의 대가를 받지 않으려고 했는데, 사실 음반사는 내게 계약금을 주지 않으려고 내가 알아채지 못하게 일을 진행했다. 후에 내가 더 유명한 회사와 음반을 녹음하려고 하자, 오데온은 나와 독점계약을 했다고 주장하면서 온갖 문제를 일으켰다. 불행히도 그 사건을 통해 아무것도 깨닫지 못한 나는 다음 계약 때에도 역시 계약서를 한 글자도 읽지 않는 실수를 저지르고 말았다.

엄마는 우리가 가진 돈을 몇 번이고 확인해보더니, 마침내 이사를 갈 수 있겠다고 결론을 내렸다. 물론 내가 도왔기 때문에 가능한 일이었다. 드디어 우리는 네오스 코스모스의 그 끔찍한 지하실 집을 떠나 일리아누(Ilianou) 구로 이사 갔다. 부모님은 4층짜리 아파트에서 작은 방이 둘 있는 1층에 집을 구했다. 옛날 집에서처럼 내 방은 없었고, 거실에 둔 접는 침대에서 자야 했다. 가장 큰 변화는 욕실이 생겼다는 점이었다.

행운은 행운을 불러들인다고 했던가. 아테네에서 가장 유명한 클럽 중 하나였던 아스티르(Astir)가 내게 오디션을 보자고 했다. 실제 계약자는 악단 리더이면서 피아니스트인 스파르타쿠스(Spartacus)였다. 그는 아테네의 엘리트들이 제일 좋아하는 음악가였다.

"당신이 요즘 화제던데, 오디션을 한 번 보면 좋겠어요."라고 그가 말했다.

"감사합니다."

오디션 결과 아스티르는 나를 채용했고, 나는 매일 밤 악단과 스파르타쿠스의 피아노 반주에 맞춰 노래를 불렀다. 때로는 이 교양 있는 남자가 나의 뚱뚱한 몸매와 평범한 드레스를 곁눈질한다는 것을 눈치챘지만, 일단 내가 노래를 하면 그는 내가 어떻게 생겼는지 잊어버렸다.

어느 날 저녁, 나는 마리아 칼라스(Maria Callas)가 당시의 남편이었던 아리스토텔레스 오나시스(Aristotle Onasis)와 함께 온 것을 봤다. '오, 하느님, 내가 어떻게 칼라스 앞에서 노래를 부를 수 있나요?' 그녀는 내가 콘서바토리에 다닐 때부터 나의 우상이었다. 마리아 칼라스! 스파르타쿠스 씨는 자연스럽게 그녀에게 인사를 하러 갔다. 나는 그들이 대화하는 것을 보면서 그녀 앞에서 노래 부를 자신이 없어지는 것을 느꼈다. 나는 눈을 꼭 감고 무대에 올랐다. 오케스트라가 첫 화음을 내고, 나는 음악에 몸을 맡겼다. 이제는 마리아 칼라스도 나 자신도 생각나지 않았다.

짧은 휴식 시간이 끝나고 무대로 돌아가는데, 클럽 지배인이 나에게 쪽지 하나를 건네주었다.

"이 노래 알아요? 칼라스 여사가 당신이 무대에서 이걸 불러주면 정말 고맙겠다고 하던데."

칼라스는 옛날 그리스 노래를 적어주었는데, 그 곡은 어릴 때 엄마가 불러줬던 것이었다. 고개를 들어보니 그 위대한 프리마돈나가 나를 보고 온화한 미소를 지었다.

나는 얼굴이 빨개지는 것을 느끼면서 그녀에게 살짝 고개를 끄덕여 보였다.

그녀는 며칠 동안 클럽에 계속 왔고, 나는 다행히 그녀가 부탁한 노래의 가사들을 전부 기억했다.

그녀가 혼자 온 날, 그녀가 건네준 쪽지에는 노래 제목 대신 "휴식 시간에 나와 이야기할 수 있어요?"라는 말이 적혀 있었다.

"이리로 앉아요. 그동안 부탁한 노래들을 불러줘서 고맙다고 인사하고 싶었어요. 어린 시절 자장가들이죠. 당신도 그 노래들을 기억하는군요?"

"네, 엄마가 언니와 제가 어릴 때 불러주셨던 노래들이에요."

"당신 평판이 참 좋던데요. 그리고 다양한 장르의 곡들을 부를 수 있다고 하던데, 어디서 노래를 배웠나요?"

"처음엔 혼자 했어요. 잠시 콘서바토리에 다니기도 했죠."

"정말요? 오페라 가수가 되고 싶었군요?"

"한때는 그랬어요. 그런데 제가 돈을 벌기 위해 나이트클럽에서 노래하는 것을 선생님이 허락하지 않으셔서 쫓겨났어요."

"이해해요."

그녀는 가만히 앉아서 심각한 표정으로 날 바라보았다. 그리고는 나의 손을 따뜻하게 잡고서는 친근하게 '그대'라는 표현을 쓰면서 말했다.

"이미 알겠지만, 그 시절은 선물일지도 몰라요. 〈노르마 Norma〉, 〈토스카 Tosca〉, 〈라 트라비아타 La Traviata〉를 부르고 싶어하는 사람은 정말 많아요. 하지만 우리 클래식 음악계는 너무 잔인해요. 이젠 소수만 그런 노래를 할 수 있죠."

잠시 멈춘 그녀는 다시 말했다.

"요즘 시대에는 무명 오페라 가수보다 유명한 대중 가수가 되는 게 더 좋아요. 무엇을 하느냐보다 그것을 얼마나 잘하는가가 중요한 거랍니다."

난 뭐라고 대답해야 할지 몰라서 그냥 고개만 끄덕였다. 그리고 세월이 많이 지나고 나서, 그때 그녀가 했던 말이 모두 사실이라는 것을 깨달았다.

한 달쯤 지나, 스파르타쿠스가 나를 불렀다. 나는 칭찬을 받을 거라 생각해서 웃으며 자신 있게 그를 만나러 갔다.

"당신을 해고해야겠소. 정말 미안하지만, 우리의 기대치에 미치지 못했어요. 이제부터 당신을 대신할 가수로 공연을 할 거요."

너무 큰 충격이라 나는 거의 정신을 잃을 뻔했다.

"어떻게 그럴 수가 있죠? 클럽에 매일 손님이 꽉 차는데요. 그리고 항상 앙코르를 받았잖아요. 이해가 안 되네요."

"당신이 장부를 책임져야 한다면 이해할 겁니다."

"단지 돈 문제라면, 제 월급은 깎으셔도 돼요. 저는 여기에서 노래 부르는 게 정말 좋아요."

"아니요. 그건 안 됩니다."

나는 스파르타쿠스 씨가 뭔가 숨긴다는 걸 눈치챘고, 화가 나기 시작했다.

"잘 들으세요. 저에게 지금 바로 사실을 말하는 게 나을 거예요. 조만간 제가 알아낼 테니까요. 제가 대타 남자 가수보다 노래를 잘한다는 걸 알아요. 그런데도 당신은 나를 내보내고 그를 붙잡는다니, 정말 말도 안 돼요. 돈 때문이라고 생각할 수 없어요. 솔직하게 말씀해 주세요. 왜 저를 해고하는 거죠?"

"제발, 나나, 그냥 그만두도록 해."

"스파르타쿠스 씨, 진짜 이유를 말씀해 주세요. 그럴 때까지 나가지 않겠어요!"

내가 그렇게 화를 낼 수 있는 사람인지 몰랐다. 하지만 나는 확실히 해고당할 이유가 없었다. 그는 조용하고 순종적이라고만 생각했던 처녀가 크게 화를 내는 것을 보고 어쩔 줄을 몰라 했다. 그는 방 안에서 이리저리 왔다갔다 했다. "네가 사실을 말해달라고 하니 어찌할 바를 모르겠다. 너로선 받아들이기 어려울 거란 말이야." 그가 소리쳤다. "사실, 많은 여자 손님들이 네가 그리 예쁘지 않다고 불평을 해왔어. 이곳 손님들이, 그러니까 아주 우아하고, 교양 있고……"

"뭐라고요? 내가 너무 못생겨서 불만이래요? 그건 말도 안 돼요!"

나는 소리 지르는 걸 싫어했지만 이런 때에는 목소리가 커지게 마련이다. 나는 울지 않으려고 소리를 질렀다.

"그래, 그 사람들은 네 목소리에는 불만이 없어. 사실 나도 네가 노래를 더 잘한다고 생각한다. 하지만, 가수는 목소리 말고 뭔가 더 보여줘야 해. 손님들은 네 얼굴, 네 의상, 머리 스타일, 안경 모두를 맘에 들어 하지 않아. 제발 그만하자."

내가 어떻게 거기를 빠져 나왔을까? 모르겠다. 눈물 때문에 목이 꽉 막혔다. 정신없이 뛰어나와 집으로 가는 버스를 탔다.

부모님은 그 소식을 듣고 마음이 무너져 내린 듯했다. 하필이면 내 드레스를 만들어주던 디자이너도 그 날 우리 집에 놀러왔다. 그녀가 내 이야기를 듣고는 울어버려서, 나는 그녀에게 옷이 아닌 내가 문제라고 말하며 위로해줬다.

아스티르의 연주자들도 충격을 받아 나에게 매니저를 찾아가 따져보라고 부추겼다. 부모님도 그 생각에 동의했고, 아빠가 함께 가주기로 했다.

매니저는 우리를 만나줬다. 하지만 아빠는 그를 보자마자 벙어리처럼 가만히 있어서 내가 이야기를 시작해야만 했다. 나는 그에게 단지 외모 때문에 연주자를 해고하는 것은 부당하다고 말했다. 만약 불만을 가진 여자 손님이 나에게 직접 와서 얘기했더라면, 나는 무대 위에서 좀더 잘 보이려고 노력했을 것이다. 성장 환경이 불우해서 멋을 내는 게 어색하다면, 무시하기보다는 도와줘야 하는 게 아닌가? 나는 가수였고 모두가 나의 실력을 인정했다. 그리고 마지막으로, 어떤 사람들이 내 외모를 싫어한다고 해서 내가 생계를 잃어야 한다면 그건 공정하지 않다고 주장했다.

클럽 매니저도 내 말에 동의하기는 했지만, 그 일은 자기 소관이 아니라고 단호하게 못박았다. 스파르타쿠스 씨가 담당자이니 그의 결정에 달렸다는 것이었다. 내가 호소해도 소용없었다. 단박에 거절당한 우리는 초라하게 밖으로 나왔다.

나중에야 나를 해고하라고 부추긴 사람들이 아스티르 클럽 이사들 부인이라는 걸 알았다. 특히 매니저의 부인이 중심이었다. 그리고 스파르타쿠스 씨가 자신의 일자리를 잃을까봐 나를 보호하지 않았다는 것도 알게 되었다. 2년 후 내가 제1회 그리스 노래 페스티벌에서 우승했을 때, 스파르타쿠스 씨가 나에게 돌아오라고 제의했지만 이번에는 내가 단번에 거절했다.

나는 포레스탈 항공모함 공연과 아스티르 활동으로 더 유명해져서 타베르나와 다른 나이트클럽에서 고정적인 일을 쉽게 찾을 수 있었다. 그러는 동안, 나는 칸초네 트리오와 여러 번 만나게 되었다. 조지 페칠라스는 항상 내게 친절하게 대했다. 하루는 라디오 방송국에서 그들과 화음을 맞춰 노래하면서 즉흥적으로 곡을 하나 만들어낸 적이 있다. 스튜디오에 온 관객들은 열광적으로 박수를 쳐주었고 우리는 프로그램 내내 함께 노래를 불렀다.

미미스 플레사스가 듣다가 획기적인 아이디어를 제시했다.

"나쁘지 않군. 4중창을 만드는 건 어때?"

다른 사람이 그런 얘기를 했다면 우리는 말도 안 되는 것으로 치부

해 버렸을 것이다. 그러나 유명한 작곡가이자 피아니스트인 그가 이야기한 것이라면 괜찮다는 생각이 들었다. 결국, 우리 네 사람의 재능을 모으자는 거 아닌가?

  이때 운명은 아직 신인인 나에게 미소를 지어줬다. 그리고 한 남자가 내 인생에 들어왔다. 그는 나에게 세계의 문을 열어줄 사람이었다. 그의 이름은 마노스 하지다키스(Manos Hadjidakis)였다.

# 6
하나의 노래를 위한 두 사람

하루는 라디오 방송국의 연주자가 와서 마노스 하지다키스가 나를 찾는다고 알려주었다.
"그가 널 만나고 싶어해."
"마노스 하지다키스? 그게 정말이야?"
"응. 내가 널 만날지도 모른다고 그에게 말했어."
"혹시 농담하는 거야?"
"아니야, 진짜야."
"그런데 왜 날 보고 싶어할까? 원하는 가수들을 다 거느렸으면서. 난 그 사람들에 비하면 아무것도 아닌데……."
"네 노래를 들어봤다고 하던데?"
"말도 안 돼!"
"내일 시간 되면 그 사람 만나게 해줄게."
"정말? 그런데 그가 원하는 게 뭐야?"
"내 생각엔 영화 음악을 부를 사람을 찾나봐."
내가 그 날 저녁에 만난 칸초네 트리오에게 앞으로 하지다키스와 영화 음악을 하게 될지도 모른다고 말했을 때, 그들은 반대했다. 하지다키스는 성공한 매력적인 남자로 알려졌다. 영화배우들과 함께 잡지에 나오기도 하는 그런 사람이었다. 그리고 국무총리와 식사를 할 정도로 유명한 사람이기도 했다. 그는 다른 세상에서 살고 있었다. 그는 유명하고 부자였지만 '상업적'인 사람이었고, 우리는 유명하지도 않고 가난했지만 진정한 '예술가'들이었다.

"말해 봐! 내일 그 사람 만나러 가지 않을 거지?"

"왜 안 돼?"

"넌 예술가잖아. 그 사람은 부르주아라고."

"당신이 나보다 그에 대해서 더 잘 아는 것도 아니잖아. 유명해지기 전에는 그 사람도 우리처럼 음악가였어."

칸초네 트리오는 '우리처럼'이란 말을 인정해주지 않았고, 우리가 헤어질 때쯤 그들은 결국 내가 그들의 생각을 따르지 않을 걸 알았다.

하지다키스를 소개해준 연주자는 나를 집이 아닌 대형 영화사 피노스(Pinos)로 데려갔다. 그 사람은 문까지만 바래다주고 가버렸다.

나는 무척 쑥스러워하면서 마노스 하지다키스를 찾았다.

"약속하셨나요?"

"나를 보자고 했다는 걸로 아는데요. 전 가수예요."

"아, 네. 이쪽이에요."

젊은 여자가 문을 열어 주었고, 담배 연기가 자욱한 큰 방에서 남자 여럿이 얘기를 하던 중이었다.

"피아노 의자에 앉은 분이에요."

얼굴이 동그란 그는 입에 시가를 물었다. 나는 호기심에 몇 발자국을 앞으로 내딛었다.

갑자기 그가 날 알아보면서 남자들은 대화를 멈췄다.

"아, 그녀가 왔네! 자네들, 아테네에서 가장 멋진 목소리를 듣게 될 거야."

나는 제작자 피노스를 금방 알아보았고, 그도 나를 알아보았다.

"저 여자였어? 난 그녀를 잘 알지. 바로 박쥐의 딸이라네."

피노스는 크게 웃으면서 환영의 의미로 팔을 넓게 폈다.

나는 그의 말에 너무 창피해져서 움직일 수가 없었다. 내가 어렸을 때 이 남자는 나를 무릎에 앉혀 놀아줬다. 그런 그가 어떻게 아빠를 그렇게 모욕적으로 표현할 수 있을까? 나는 사람들이 아빠를 '박쥐'라고 불렀던 것을 익히 들어 알았다. 아빠가 밤마다 도박판에서 시간을 보냈기 때문에 그런 별명이 붙은 것이다. 하지만 피노스 씨는 아빠가 아테네에서 제일가는 영사 기사라는 것도 잘 알고 있었다. 그런데 왜 그는 "난 이 애가 영사 기사 코스타의 딸이라는 걸 알지."라고 말하지 않았을까? 그럼 모든 게 달랐을 텐데. 나는 그만 뻣뻣하게 굳어 버렸다. 그곳에 모인 다른 사람들 앞에서 너무 창피하고 부끄러웠다.

다행히, 피노스 씨는 내가 쑥스러워 움직이지 않는 거라고 생각했고, 난 이내 정신을 되찾았다.

"가까이 와 봐. 창피해 하지 말고. 마노스가 지난 삼일 동안 네 얘기만 하더라."

마노스는 악수를 하려고 일어났다가 다시 피아노 의자에 앉았다.

"들어 봐요." 그가 새로운 멜로디를 들려주면서 말했다.

"이걸 부를 수 있겠어요?"

"네, 그런 거 같아요."

"아직 가사는 없으니 그냥 라라라 하고 불러 봐요."

"네."

"준비되었죠? 시작합니다!"

나는 그의 반주에 맞춰 세 번을 불러 보았다. 노래를 마치자, 그는 환하게 웃는 얼굴로 나를 쳐다봤다. 그리고 피노스 씨는 나를 안아주었다.

"봐요! 끝내주지 않아요?" 마노스 씨가 말했다.

그리고는 "내일부터 우리 집에서 리허설이 시작돼요. 이 일을 할 수 있겠죠?"라고 물었다.

"네, 그런데 우리가 방금 했던 노래가 뭔가요?"

"난 피노스가 만드는 영화에 들어갈 음악을 작곡하는 중이에요. 그 영화에서 당신이 이 노래를 불러주었으면 해요."

"좋아요."

"그럼 내일 봅시다."

다음날, 마노스 씨의 어머니가 문을 열어줬다.

"들어와요. 당신을 기다렸어요."

그는 이미 피아노 앞에 있었다. 담배 연기에 휩싸인 채 연주하던 그는 어머니와 나를 보자 바로 멈췄다.

"왔군요! 이리 와요, 어서! 어머니, 미안해요. 우리 지금 시작해야 하거든요. 문 닫고 나가시는 거 잊지 마세요. 고마워요, 어머니."

그는 내게 악보 한 장을 건네줬다.

"여기를 불러 봐요. 노래의 첫 부분이에요."

그러고는 바로 일을 시작했다. 그는 긴장해서 열이 오른 상태였다. 우리가 곡을 마치기 전에는 쉬지 않을 것이 분명했다.

우리는 한 번에 그 곡을 완성했고, 마치 광란의 즉흥 연주 같았다. 몇 번이고 노래를 불러보면서 가사를 지어 멜로디와 섞었다. 중간 중간에 그는 머리를 쥐어뜯으며 "아니야! 이건 틀렸어!"라고 소리치기도 했다. 그리고 나면 담배를 물고 다시 처음부터 시작했다.

나는 여태까지 곡을 쓰는 것을 본 적이 없었다. 마노스 씨가 거의 미쳐서 곡을 쓰는 모습이 아주 매력적으로 느껴졌다. 그리고 처음부터 나를 믿어준 그가 너무나 고마웠다. 그를 보면서 예술가가 일에 빠졌을 때는 명예도, 이전의 작품도 모두 잊어버린다는 것을 깨닫게 되었다. 그와 함께 작업할 때 나는 완전히 다른 세상에 있었다. 나 또한 이 곡을 위해 모든 것을 희생할 준비가 되어 있었다. 우리 두 사람에게 이 음악은 구원자였다. 마침내 노래가 완성되었고, 제목은 〈장미 덤불 뒤에서 Behind the Rose Bushes〉로 지었다. 영화 속 그 음악이 나오는 장면에 내 모습이 잠깐 나오게 되었다. 그리고 그 날 저녁, 마노스는 우리가 함께 녹음할 음반에 그 곡을 수록하자고 했다.

내가 그 날을 잊을 수 없는 이유가 또 하나 있다. 시인 니코스 갓소스(Nikos Gatsos)를 만난 것이다. 마노스가 세계로 가는 문을 열어주었다면, 니코스는 나의 영혼에 문을 열어준 분이다. 그는 나 자신을 아는 법과 나를 있는 그대로 받아들이는 방법을 가르쳐줬다.

마노스가 그 날 밤 나에게 플로카 카페에 가자고 했을 때, 온몸에 소름이 돋는 것 같은 전율이 흘렀다.

"같이 갑시다. 내 친구들을 소개해주지."

나는 날아갈 것 같은 기분을 느끼며 고개를 끄덕였다. 마치 그의 애완견처럼 어디든지 따라갈 수 있을 것 같았다. 작업을 다 마친 마노스 씨는 그가 익숙한 시끄러운 세상으로 어느새 다시 돌아와서는 떠들어대며 웃었다.

플로카는 파리 생제르맹 가의 카페 드 플로르(Café de Flore)같이 유명한 예술가와 작가, 음악가, 화가들이 모이는 곳이었다. 나는 이전에는 그곳에 혼자서 갈 엄두도 내지 못했다. 사람들이 저급한 클럽 가수인 나를 어떻게 생각할지 두려웠던 것이다.

마노스 씨는 나보다 스무 살 정도 나이가 많았기 때문에 그의 친구들이 어떤 사람들인지 나는 도저히 종잡을 수가 없었다. 우리가 들어오는 걸 보고서는 쏜살같이 달려와 마노스를 껴안은 독수리같이 생긴 남자가 누구인지 알아차렸을 때 나는 숨이 넘어갈 듯 너무 놀랐다. 니코스 갓소스는 그리스에서 존경받는 시인 중 한 사람으로, 『아모르고스 Amorgos』라는 시집을 출판하면서부터 대중의 인기를 얻기 시작했다. "그리스가 가장 암울했던 독일 치하에서 쓴 『아모르고스』는 저항의 노래로, 국수주의에 반대하면서도 언어의 생명을 훌륭하게 노래했다."라고 자크 라까리에르(Jacques Lacarier)가 프랑스어판 서문에서 평한 바 있다.

　니코스 씨는 나를 어떻게 봤을까? 나는 그가 나를 유심히 관찰하던 걸 기억한다. 『아모르고스』의 저자는 세련된 매너의 남자였다. 그는 한참을 쳐다보더니 내게 가수가 된 연유와 어떤 음악에 영향을 받았는지를 물어봤다. 부끄러움에 말을 못하던 나는 횡설수설 중얼거리기만 해서 마노스 씨가 내 이야기를 대신 해줬다. 니코스 씨는 가끔 고개를 끄덕이기도 하면서 이야기를 경청했다.

　마노스 씨가 그 자리에서 갑자기 나에게 앨범을 만들자고 제안했을 때 정말 하늘이 빙빙 도는 듯 어지러웠다. 그리고 니코스 씨가 나를 '평가' 했을까봐 두려웠다(하지만 사실 그는 그런 사람이 아니었다).

　"좋아. 그럼 앨범에 어떤 곡을 넣을까?"

　그때 〈페이퍼 문 Paper Moon〉을 넣자고 했는지 기억은 잘 나지 않는데, 아무튼 이 곡이 앨범에 포함되었다. 아름답고 시적인 이 곡은 나와 니코스 씨가 우정을 맺기 시작한 것을 의미했다. 그리고 수년 간 우리 관계를 힘들게 했던 멜리나 메르꾸리와 경쟁 관계가 드러난 곡이기도 했다. 나중에 멜리나가 내 친구가 될 때까지 말이다.

　〈페이퍼 문〉! 니코스 씨가 멋진 가사를 쓰고, 마노스 씨가 곡을 붙인 노래다. 원래 두 남자의 친구였던 멜리나 메르꾸리를 위해 이 곡을 지었던 것인데, 마노스 씨는 내게 이 곡을 제안했다. 아직 멜리나가 대외적으로 발표하지 않은 상태였다. 하지만 나는 어쨌든, 그녀가 그걸 나쁘게 받아들일지 모른다고는 상상도 하지 못했다. 너무도 순진하게 녹음을 하겠다고 말해버린 것이다.

지금 생각해보면, 이 사건은 마노스 씨가 무명 가수였던 나를 만나서 기분이 너무 좋았다는 걸 확실하게 보여준다. 그렇지 않고서야 어떻게 다른 사람을 위해 만든 곡을 나에게 줄 수 있었겠는가? 그렇지만 이미 유명했던 멜리나에게 이 일은 모욕과도 같았다. 게다가 마노스 씨는 자신이 요령이 없다는 것도 잘 몰랐다. 하지만 니코스 씨는 그의 태도가 예의에 벗어난다고 생각했고, 그래서 아마도 처음에 내 노래를 듣고는 창법을 별로 탐탁치 않게 생각했던 것 같다. 내가 〈페이퍼 문〉을 녹음할 때, 스튜디오에 함께 있었던 그는 기분이 좋지 않아 보였다. 휴식 시간에 니코스 씨가 드디어 입을 열었다.

"당신은 이 곡을 완전히 잘못 해석했소." 그가 내게 말했다.

그런데 내가 답하기도 전에 마노스 씨가 끼어들었다.

"니코스, 나나의 해석은 정확해요."

"그렇게 생각해? 내가 유심히 들어봤는데, 가사가 힘이 없게 느껴지던걸?"

나는 대화를 들으면서 이들이 나와 멜리나의 창법을 비교한다는 것을 알아챘다. 멜리나는 배우였다. 나중에 그녀의 노래를 들어본 나는 내겐 없는 어떤 극적인 힘을 느꼈다. 아마도 니코스는 그런 극적인 해석을 원했던 반면, 마노스는 내 노래의 단순함을 더 좋아했던 것 같다. 니코스가 생각을 바꿔서 내 해석을 인정해주기까지는 거의 1년이란 긴 시간이 걸렸다. 그가 나의 노래를 인정해준 날은, 1992년에 그가 세상을 떠날 때까지 계속되었던 우리의 삼십 년 우정이 시작된 날이었다.

그러던 중, 드디어 내 음반이 나왔다. 처음에 오데온과 만든 〈패씨네이션〉까지 센다면 두 번째 음반이었다. 첫 음반은 모두 알듯이 완전히 실패작이었다. 하지만 하지다키스와 갓소스라는 이름이 붙으면 어떻게 될까? 마노스는 부주키와 비잔틴 음악, 포크 음악, 재즈, 클래식을 섞어서 새로운 음악을 시도해보려고 했다. 칸초네 트리오가 그를 뭐라고 말했건 간에, 마노스는 그리스 음악을 새롭게 변화시키는 작곡가이자 대단한 예술가였다. 그리고 니코스는 칭송받는 시인이었다. 시인이 자신의 작품을 작곡가에게 주는 일은 흔하지 않았다. 비록 나는 유명하지 않았기 때문에 앨범 재킷의 내 이름은 별 의미가 없었지만, 음반 작업을 했다는 사실은 내게 의미가 남달랐다. 그들과 함께 한 작업 시간은 내가 콘서바토리에서 배운 것이 헛되지 않았다는 것을 알게 해주었다. 마노스는 옛날 악기와 현대 악기를 다양하게 사용하면서, 동시에 내 목소리의 잠재력을 발견하고는 여러 장르의 노래를 불러보도록 했다. 나는 먼저 팝 가수가 되었고, 다음은 오페라 가수, 그 다음으로는 엘라 피츠제럴드의 딸이 되었다. 지금 마노스 씨의 작곡 방법을 회상해 보니, 그가 나를 발견해서 얼마나 기뻤을지 상상이 간다. 나는 한 가지 스타일에 집착하지 않았고, 부를 수 있는 모든 노래를 좋아했기 때문이다.

그때부터 나는 매일 밤 자키 타베르나(Djaki Tavernas)에서 일을 마치면 이 두 남자를 만나러 카페 플로카에 갔다. 두 분은 나를 끔찍하게 예뻐했다. 니코스 씨는 선입견 없이 조용하게 세상을 관찰하는 사람이었다. 그리고 우울한 낭만주의에 몰두해 서너 단어로 된 표현으로 바람마저 잔잔하게 하는 사람이었다.

그들은 나를 여동생처럼 또는 여신처럼 받아들여주었다. 나는 변한 것이 없었다. 똑같은 드레스에 안경을 썼지만, 마노스 씨는 내가 유일하게 그의 노래를 그의 의도대로 부르고 노래에 혼을 불어넣을 줄 아는 가수라고 말해줬다.

하루는 플로카에서 두 남자가 〈더 네이키드 씨티 The Naked City〉를 만든 줄스 다신(Jules Dassin)이라는 미국인 감독과 함께 있었다. 이 감독은 그의 연인 멜리나 메르꾸리와 함께 찍은 영화 〈법 The Law〉의 작업을 막 마친 참이었다. 나는 기가 죽어서 그들의 대화를 듣기만 하면서 가만히 있었다. 나는 다신이 멜리나와 다른 영화를 찍는 중이며 마노스가 영화 음악 작업을 자꾸 늦춰서 불만스러워하고 있다는 것을 알게 되었다. 마노스는 할 일이 많기도 했지만, 사실 기한이 다가올 때 밀려드는 그 압박감을 느끼면서 작업하길 좋아하는 사람이었다.

줄스 다신이 집으로 돌아가고 나와 니코스 씨도 각자 택시를 타고 집으로 돌아왔다.

새벽 네 시가 다 되어 침대에 누우려는데, 전화가 울렸고 엄마가 일어나 받았다.

"나나, 하지다키스 씨야."

"네?"

정말로 마노스 씨였다.

"지금 곧 이리로 와줘. 나나가 있어야 해."

"무슨 일이에요? 방금 당신과 헤어졌잖아요. 아픈 건 아니죠?"

"언제까지 올 수 있을까?"

"몰라요. 막 자려던 참인데……. 잠옷까지 입었는데요."

"다시 옷 갈아입고 얼른 택시 타고 와요. 기다리고 있겠소."

엄마는 다시 옷을 갈아입는 나를 보고는 까무러칠 듯 놀랐다.

"나나, 너 집에 방금 들어왔잖아. 또 나가려는 건 아니겠지?"

"마노스 씨가 좀 이상해요. 뭔지 모르겠어."

"그는 어른이야. 혼자 할 수 있어. 네가 지금 나가는 걸 보고 사람들이 뭐라고 하겠니?"

"엄마, 난 이제 24살이야. 그리고 다른 사람들한테 설명할 필요는 없어요."

나는 결국 택시를 잡아타고 갔다.

마노스 씨의 어머니가 문을 열어주었다.

"나나, 어서 와요. 왜 저러는지 모르겠어. 한 번도 이런 일이 없었는데……."

나는 그가 음악실에서 소리 지르는 것을 들었다.

"그 애를 얼른 이리로 보내요, 어머니. 이야기는 나중에 하시고, 지금은 커피 좀 갖다 주세요."

"나나, 이걸 들어본 다음에 한 번 불러 봐요. 알았지?"

그때 나는 몇 달 후 세상에 발표되어 20세기 가장 유명한 곡 중 하나가 된 노래의 첫 소절을 들었다. 노래 이름은 〈피레우스의 아이들 Les Enfants du Piree〉이었고, 영화 〈일요일은 참으세요 Never on Sunday〉의 주제곡이었다.

"자, 이제 해 봐요. 가사는 나중에 붙이고."

나는 노래를 시작했고, 마노스 씨의 얼굴이 부드러워지면서 밝아지는 것을 보았다.

"그래, 바로 그거야. 자, 다시 해 봐요. 괜찮지? 커피 한 잔 줄까? 아니면 물 마실래?"

"아니에요. 괜찮아요. 곡의 멜로디가 정말 사랑스러워요. 언제 쓴 거죠?"

"몇 시간 전에. 플로카에서 집으로 걸어올 때. 자, 얼른 하자구. 준비됐지?"

나는 다시 불렀고, 노래는 완벽했다. 사람의 마음을 끄는 매력이 있으면서도 비통한 느낌을 주는 곡이었다. 마노스 씨의 눈가가 젖어 있었다.

"그들이 들어봐야 해." 그는 전화기를 들었다. "지금 당장 들어야 한다고!"

"마노스 씨, 누구에게 거는 건지는 모르겠지만 지금은 새벽 여섯 시라고요!"

그는 내 말을 무시했다.

"줄스! 당장 오게나. 굉장한 소식이야. 드디어 해냈어!"

30분 후에, 멜리나와 줄스가 도착했다. 그들은 침대에서 바로 나와서 옷을 갈아입을 틈도 없었다. 슬리퍼에 머리는 엉클어졌고, 잠에 겨워 눈꺼풀도 무거워 보였다.

"아무 말 하지 말고, 그냥 들어 봐! 준비됐지, 나나?"

난 노래를 부르면서 마노스 씨만 쳐다봤다. 그리고는 끝나자마자 다른 두 사람을 향해 눈을 돌렸다. 그들의 표정은 마치 어린 시절 영화관에서 봤던 사람들을 떠올리게 했다. 멜리나의 눈은 반짝였고, 졸음을 이기지 못했던 줄스는 잠에서 완전히 깨어 그의 잘생긴 얼굴이 환하게 빛났다.

"훌륭해! 아주 훌륭해!" 그가 감탄했다.

"당신은 정말 대단해, 마노스, 내 사랑! 최고야!" 멜리나는 감동해 울어버렸다.

마노스 씨가 자리에서 일어나자 멜리나는 손을 뻗쳐 그를 안았고,

그의 가슴에 머리를 묻고서는 흐느꼈다.

수년 후에, 마노스 씨는 젊은 시절 멜리나와 뜨겁게 사랑했다고 고백했다. 그는 반은 진담, 반은 농담조로 말했다. "그녀와 헤어진 후, 다른 여자가 눈에 들어오지 않더라고. 그래서 젊은 남자들을 좋아하게 된 거지."

다음 날, 행복감에 만취되었던 우리에게 마노스 씨는 너무도 뜻밖의 제안을 했다. 나보고 다신의 영화 〈일요일은 참으세요〉의 주제곡인 〈피레우스의 아이들〉을 부르라는 것이었다. 멜리나는 믿을 수 없다는 얼굴이었다. 그녀가 영화의 주인공이었고 그녀가 노래를 부르는 게 당연했다.

"마노스, 나보고 나나의 목소리를 립싱크하라는 건가요?"

"응, 바로 그거야."

"미쳤어요? 내가 가수라는 거 잊었어요?"

"난 당신 노래를 아주 잘 알아. 그리고 아주 잘 부른다는 것도. 그런데 이 곡에는 나나의 목소리가 더 좋아."

나는 몇 달 전에 그녀에게서 〈페이퍼 문〉을 가로챘는데 또 그렇게 해야 한다니! 그건 너무했다. 하지만 상황은 아주 자연스럽게 진행되어서 마노스는 멜리나가 이 노래를 부르는 것에 찬성하게 되었고, 다신은 감사를 표했다. 물론 이 때문에 내가 〈피레우스의 아이들〉을 못 부른 것은 아니었다. 단지 레코드판에서였지만.

1960년 〈일요일은 참으세요〉가 칸 영화제에 소개되었고 멜리나는 여우주연상을 수상했다. 그리고 1961년 이 노래는 헐리우드의 아카데미 시상식에서 최우수 주제가상을 수상했다.

내가 처음으로 커다란 성공을 거둔 데에는 마노스 하지다키스 씨의 공이 컸다는 것을 분명히 밝혀야겠다. 〈일요일은 참으세요〉의 시사

서툰 가수에 불과했던 나의 인생에 마노스 하지다키스가 등장했다. 그리고 그는 내게 세계로 향한 문을 열어주었다. 위 사진은 마노스가 영화음악용으로 작곡한 우리의 첫 노래 〈장미 덤불 뒤에서〉를 함께 부르는 모습. TV화면에 내 모습이 살짝 비쳤다. 1960년 7월, 제2회 그리스 상송 페스티벌에서 마노스는 나와 함께 무대에 올라 두 곡의 노래를 연주했다.

회를 하기 몇 달 전에, 나는 〈세상 어딘가에 날 사랑해줄 남자가 있어 Somewhere in the World There's a Man Who Will Love Me〉란 곡으로 제1회 그리스 노래 페스티벌에서 1등을 차지했다. 마노스 씨가 특별히 나를 위해 써 준 곡이었다.

박쥐의 딸　101

7
세상 어딘가에 나를 사랑해줄 사람이 있을 거야

그리스 노래 페스티벌이라는 아이디어는 그리스 국영 방송국 이사였던 스피로밀리오스(Spiromilios)가 생각해낸 것이었다. '1959년 9월 3일', 드디어 제1회 페스티벌의 날짜와 장소가 발표되었다.

스피로밀리오스는 마노스를 굉장히 존경했기 때문에 아마도 그의 명성을 빌려 처음 열리는 페스티벌을 성공시키고 싶었던 것 같다. 그래서 마노스도 페스티벌에 참가하게 되었다. 아무튼 마노스는 단숨에 〈세상 어딘가에 날 사랑해줄 남자가 있어〉란 곡을 써내고는 나와 함께 연습했다. 마노스는 내가 누구와도 일을 잘할 수 있다는 것을 알았지만, 내가 그의 노래를 다른 사람과 함께 부르는 것은 절대 허락하지 않았다.

미미스 플레사스도 페스티벌에서 그의 노래 〈아스테리 아스테라키 Asteri Asteraki〉를 불러줄 수 있는지 물었다. 그는 예전에 트리오와 내가 이 노래를 같이 부르는 것이 어떻겠느냐고 제안한 적이 있었는데, 나는 그때 이미 수락했었다. 그래서 나는 노래 두 곡을 준비해서 페스티벌에 참가했다.

몇 달이 지나면서 나의 생활은 점점 둘로 쪼개졌다. 한편으로 나는 마노스와 니코스의 제자이기도 했고, 다른 한편으로는 칸초네 트리오와 한 팀이었다. 트리오가 워낙 마노스를 좋지 않게 생각하기도 했지만, 두 그룹의 성격이 너무 달랐던 탓이 더 컸다.

트리오, 특히 조지는 플로카의 고객들이 진정한 예술가들이 아니라 돈의 노예이고 상류층의 기업가나 정부와 관계를 맺은 기득권의 주류라고 생각했다.

한편, 마노스는 나와 트리오의 관계에 별 말이 없었다. 단지 자신의 노래를 내가 다른 그룹과 함께 녹음할 수 없다고만 말했다. 나의 친구들을 그다지 높게 평가하지 않았던 것이다. 어느 쪽도 상대편을 잘 알지 못했다. 서로 등을 돌린 채 다른 세상을 살고 있어서, 아마 내가 없었다면 양쪽에 어떤 연결고리도 생기지 않았을 것이다. 나는 중간에서 서로의 특징을 조금씩 섞어주는 역할을 했다.

나는 조지와 필리포스 파파테오도로우, 코스타스 트룹시오와 저녁에 만나 시간을 보내다가 자정쯤이 되면 플로카로 달려갔다. 필리포스와 코스타스는 둘 다 결혼한 지 얼마 되지 않아서 집에 일찍 돌아가야 했다. 그러나 조지는 혼자였고, 내가 플로카에 갈 때가 되면 뭔가를 원하는 눈빛으로 나를 쳐다봤다. 그가 나와 더 오래 있고 싶어한다는 걸 나도 잘 알았다. 하지만 그는 한 번도 나와 함께 플로카에 가자고 하지 않았고, 나도 그렇게 할 생각이 없었다.

1959년 여름, 우리가 그리스 노래 페스티벌 준비를 하던 때였다. 내 기억이 맞는다면, 나는 그때 아직은 조지와 교제하지 않았다. 단지 그는 서서히 내 삶의 일부가 되었고, 오랫동안 우리는 정신적으로 친밀한 관계였다. 나는 마노스, 니코스와 함께 있으면 다른 사람들 생각은 잊어버렸다. 두 사람은 나의 호기심과 기대감을 충분히 채워줬다. 나는 부모님과 학교, 콘서바토리에서 배울 수 없었던 것을 그들에게서

머리에 떠오르는 말들을 적어 음정을 붙이는 것. 그것을 철저하게 분석하여 완전히 내 것으로 만드는 것. 아니면 그걸 둥글게 만들어 태양을 향해 날아가는 풍선처럼 놓아버리는 것. 그리고 또 가끔씩은 처음으로 되돌아가 여기저기의 운율을 손보는 것. 나는 이런 것을 해본 적이 없었다. 그러나 마노스의 곡을 부르며 느낀 일종의 희열은 나에게 숨 돌릴 틈을 주지 않았…… 노래는 이렇게 태어나는 것이었다. 연주자들을 지휘하는 마노스와 내 모습을 그린 캐리커처. '뚱보들'이라는 별명이 붙어 있었다.

얻었다. 그러니까, 두 사람은 내게 세계를 보여주고 그 세계로 가는 열쇠를 쥐어준 분들이다.

나는 그때 사랑을 하기엔 너무 정신없이 바빴다고 말하고 싶다. 물론 어찌 보면, 그건 핑계 또는 반 거짓말일 수도 있다. 사실은 난 너무 오랫동안 혼자 지내왔고, 누군가 나를 좋아할 거라고는 한 번도 생각해보지 못했기에 내가 한 남자의 사랑을 받는다는 건 상상할 수 없었다. 안경 쓴 뚱뚱한 여자를 누가 섹시하다고 할까. 여자는 스스로 자신을 사랑할 수 있기 전까지는 남자와의 로맨스를 기대하기 어렵다. 1959년 나는 25살이었고 키스를 해본 경험도 없었다. 그러나 마노스 씨와 니코스 씨는 나에게 세상의 문을 열어주고 다시 태어나게 해줬다. 또, 나 자신을 사랑하는 법도 가르쳐줬다. 덕분에 나는 점차 사람 간의 관심을 이해할 줄 알게 되었다. 그러면서 조지의 마음을 서서히 받아들이게 되었다. 조지는 인내심을 가지고 믿음직스럽게 나를 기다려줬다.

1959년 9월 3일, 그리스 노래 페스티벌 당일 아테네에 비가 내려서 결국 행사에 차질이 생겼다. 우리는 아티네아(Athinea)의 멋진 해변을 떠나 킹 조지 호텔의 리셉션 홀로 이동했다. 비가 오히려 나에게 행운을 가져다준 것일까? 아니면 엉망진창이 된 행사 준비 때문에 무대공포증이 어느새 슬며시 사라져버렸을 수도 있다. 나는 마노스의 손을 잡고 무대에 올랐다. 노래가 끝나고 우리는 관객들의 박수를 받으며 퇴장했다. 이건, 좋은 의미인 걸까? 다른 연주자들도 이런 반응을 받았을까?

나중에 나는 두 번째로 트리오와 함께 미미스 플레사스 씨의 〈아스테리 아스테라키〉를 불렀다. 이번에도 같은 박수와 호응을 받았다. 나는 다른 연주자들의 공연을 보면서 결과가 나올 때까지 조용히 기다려야 했다.

　수상자가 발표되었고, 나는 할 말을 잃었다. 나는 마노스 씨의 노래로 1등을, 미미스 씨의 노래로 2등을 차지했다. 어떻게 이럴 수 있지? 나는 순간 멍해져서 할 말을 잃었다. 스피로밀리오스 씨가 내게 무언가 찬사의 말을 하며, 꽃다발을 안겨줬다. 그 날 밤, 나는 무슨 일이 일어났는지 깨달을 겨를이 없이 그냥 잠자리에 들어버렸다.

　다음 날 아침, 모든 신문에 내 사진이 실렸다. 내가 유명해지자 엄마의 생활도 달라졌다. 우리 부모님은 페스티벌 현장에는 없었지만, 점차 그 사건의 의미를 알게 되었다. 이후 나는 사람들이 나를 다르게 바라본다는 걸 깨달았다. 클럽 자키에서 내가 공연하는 날이면 손님들이 꽉 들어차 빈 좌석을 찾아볼 수 없었다. 클럽 주인은 이전보다 훨씬 잘 대해주면서 내게 매일 밤 노래를 불러달라고 부탁했다. 못생겼다며 나를 쫓아냈던 스파르타쿠스 씨도 함께 듀오를 만들자면서 아스티르에 오면 월급을 두 배로 주겠다고 제안했다. 하지만 나는 단호하게 거절했다. 게다가 다른 클럽들도 나를 원했다. 이제 나는 가고 싶은 곳을 선택할 수 있게 되었고 엄마를 기쁘게 해줄 돈도 생기게 되었다.

　모든 게 좋았다. 하지만 내 인생에 뚜렷한 변화는 없었다. 그냥 계속 클럽에서 노래를 부르며 부모님과 함께 살았고, 여전히 마노스와 니코스에게 노래와 인생을 배우는 중이었다.

　그리고 이때, 나는 평생 잊지 못할 사람을 만났다. 콘스탄틴 카라만리스(Constatin Karamanlis). 그는 국왕 폴 1세가 임명한 수상이었다. 나는 그리스 노래 페스티벌 전에 수상을 한 번 만난 적이 있다. 데살로니카에서 열린 기자단 파티에서 노래를 한 적이 있는데, 내 노래가 끝나고 수상이 나를 자기 테이블로 불러서 우리는 오랫동안 이야기를 나눴다. 그는 젊은이들 생각을 알고 싶어했다. 어떻게 사는지, 꿈은 무엇인지를 듣고 싶어했다.

하루는 수상 부부가 자키(Djaki) 클럽으로 왔다. 휴식 시간에 다시 만난 우리는 담소를 나눴다. 그는 내게 페스티벌에서 상을 받은 것에 대해 축하하면서 평생 잊을 수 없는 칭찬을 해줬다.

"어떤 노래도 당신의 노래만큼 날 감동시키지 못했어요. 마노스는 정말 다재다능한 사람이오. 하지만 당신과 함께 일하게 된 건 그에게 큰 행운일 겁니다. 당신은 정말 훌륭한 가수입니다."

몇 주 후에 나는 수상 부부의 저녁 초대를 받았다. 그 날 이후로 수상 부부는 진실한 친구가 되었다. 나는 그들에게 나의 어린 시절과 아빠의 작은 영화관에서 느꼈던 그리스의 모습을 이야기해줬다. 가만히 이야기를 듣던 콘스탄틴 수상은 내 생애에서 노래와 무대가 가장 중요하다는 것을 알아차리고는 평생 가슴에 남을 조언을 해줬다.

"이제 당신 자신을 더 발전시킬 수 있는 건 당신에게 달렸어요. 다른 사람들이 뭐라 하든 걱정하지 말고 아무도 두려워하지 마세요. 자신의 운명을 개척해 나가는 과정에서 두려워할 대상은 오직 자기 자신뿐이니까. 좀더 강해지고, 내면의 힘과 본능, 그리고 자신을 굳게 믿길 바랍니다."

수상 덕분에 나는 역사적인 사건을 두 차례나 직접 볼 수 있었다. 당시 언론은 몇 달 동안 계속해서 그리스의 소피아(Sophia) 공주와 스페인의 후안 카를로스(Juan Carlos) 왕자의 약혼 소식을 보도했다. 수상은 내가 이 커플을 위한 파티에서 노래를 해주길 원했다. 나는 그를 실망시키고 싶지 않았기 때문에 한 번 생각해보지도 않고 그러겠다고 대답해버렸다. 하지만 막상 내가 그렇게 높은 사람들 앞에서 혼자 노래해야 한다는 걸 깨달았을 땐, 정말 숨이 막히는 것 같았다. 그 날 노래를 어떻게 했는지도 모르겠다. 단지 잘생긴 수상이 박수를 치면서 일어났다는 것만 기억난다.

한 일 년쯤 지나서 나는 또 다른 행사에 초대를 받았다. 당시 수상 부부는 재키 케네디(Jackey Kennedy) 여사와 법무장관 로버트 케네디(Robert Kennedy)를 초청했다. 사실 이들의 방문에 언론에서는 이러쿵저러쿵 말이 많았다. 수상이 아닌 왕이 미국의 영부인을 맞이해야 한다고 나섰던 것이다. 한편에서는 젊은 미국 대통령이 그리스에 함께 오지 않았다는 사실에 분노하기도 했다.

나는 이번에는 그다지 주눅이 들지 않았다. 게다가 재키 케네디 여사는 매우 매력적이고 활발한 사람이었다. 며칠 후 나는 그녀를 위한 요트 선상 파티에 초대를 받았다.

1959년 가을로 다시 돌아가 보자. 내가 "그리스 노래를 부르는 새로운 목소리"라는 평을 받자 갑자기 출연 요청이 쇄도했다. 그러나 나는 매니저도 조언자도 없었기 때문에, 제2회 그리스 노래 페스티벌에 나가는 것 말고는 뭔가 다른 길을 생각할 수가 없었다.

난 이번에도 노래를 두 곡 부르려고 했다. 모두 마노스가 작곡한 것으로, 〈젊은 사이프러스 To kiparissaki〉라는 곡과 〈별 Timoria〉이라는 곡이었다. 〈별〉의 가사는 니코스가 붙여줬다. 1960년 1월과 2월에 니코스가 나를 위해 아름다운 노래 가사를 여러 편 지어줬는데, 마노스가 여기에 곡을 붙여줬다.

당시 유럽, 특히 프랑스가 그리스 음악에 많은 관심을 보이기 시작했다. 〈피레우스의 아이들〉 주제가가 성공을 거둔 데 이어 칸 영화제에서도 〈일요일은 참으세요〉에 찬사가 끊이지 않았다. 그러자 음반 회사들의 경쟁에도 불이 붙었다. 파리 폰타나(Fontana)의 젊은 감독 루이 아장(Louis Hazan)도 제2회 페스티벌에 참가하기로 결정했다.

그는 이전에 날 본 적이 없지만 내 노래를 들어보고는, 날 보려고 피델리티(Fidelity)의 회장인 파치파스(Patsifas) 씨와 만나기로 하고 프랑스에서 그리스로 왔다.

이번 페스티벌에서 칸초네 트리오와 나는 서로 경쟁을 하게 되었다. 그렇게 하려던 게 아니었지만 트리오는 그들 나름대로 노래를 준비했고, 나도 이미 반주자가 있었다. 게다가 조지가 아팠던 것도 하나의 이유이다. 페스티벌에 참가하기 몇 달 전에, 그는 나에게 사랑한다고 고백했다. 언제부턴가 내 눈에 그가 남자로 비치기 시작했고, 그가 날 감동시키고 나 또한 그에게 반했다는 걸 깨달았다. 우리는 페스티벌이 열릴 때쯤 비밀리에 약혼을 했다. 아마도 그래서 조지는 나와 경쟁을 하기 싫었을 것이다.

이번 페스티벌은 좀 달랐다. 나의 두 노래가 공동 1위를 차지한 것이다. 나는 페스티벌에서 2년 연속 1등을 수상하는 쾌거를 이루었다.

루이 아장은 《쁠렝 페(Pleins Feux)》와의 인터뷰에서 이렇게 말했다. "나는 나를 기절시켜 버린 목소리의 주인공이 무대로 올라오기를 간절히 기다렸다. 여자 가수들이 올라올 때마다 '이 사람이구나!' 싶다가도 그들의 목소리를 듣자마자 잘못 판단했다는 걸 깨달았다. 드디어 한 여자가 등장했다. 꽉 끼는 검정 드레스에 머리는 뒤로 질끈 묶고 화장도 전혀 하지 않은 얼굴에 안경을 쓴 뚱뚱한 여인이었다! 저 여자일 수는 없어! 하지만 나는 가만히 서서 눈을 감고 등 뒤로 두 손을 꼭 쥔 그녀가 입을 열자 내 귀를 믿을 수가 없었다. 그리고는 그녀를 세계적으로 유명하게 만들어야겠다고 다짐했다."

그 인터뷰에서, 루이 아장은 파치파스 씨가 나보다 예쁜 가수들에게 그의 눈길을 돌리게 하려고 얼마나 애를 썼는지 말하지 않았다. 사실, 파치파스 회장이 그에게 섹시한 가수들을 소개하며 프랑스에서 그런 가수들이 먹힐 거라고 설득한 것은 누구나 알고 있는 일이었다. 하지만 아장은 파치파스 씨의 관심을 내게로 돌리려고 무지 애를 썼다. 그는 나만을 원했던 것이다.

그 날 저녁 난 루이와 그의 아내 오딜 아장(Odile Hazan)과 처음으로 술자리를 함께 했다. 그들은 호감 가는 커플이었다. 우리는 영어로 대화를 했고, 주된 대화 내용은 루이 아장이 나의 미래를 확신하며 파리에 와주길 원한다는 것이었다. 그는 자신의 계약과 관련해서 몇 가지 문제가 좀 있었기 때문에, 계약에서 자유로워지면 내게 알려주겠다고 했다.

페스티벌이 있기 바로 전이었다. 나는 자키 클럽의 의상실 밖에서 나를 기다리던 한 낯익은 얼굴을 보고 순간 깜짝 놀랐다.

"저를 기억하십니까? 타키스 캄바스입니다."

"본 것도 같은데 정확히는 모르겠어요."

"포레스탈 항공모함 공연에 당신을 초청한 사람이 접니다."

"아, 네! 당신, 그때 걱정이 참 많았었죠. 손수건으로 이마를 계속 닦으셨던……."

"아, 그 날 저녁에 정말 더웠거든요. 아무튼 포레스탈 공연은 당신에게 행운을 가져다줬고, 당신은 이제 아주 유명해졌어요."

"그런가요? 전 아직 잘 모르겠는……."

"제안할 게 하나 있어서 왔습니다. 코스타스 야니디스(Kostas Yanidis) 씨를 아십니까?"

"피아니스트요? 알고말고요."

"그가 바르셀로나 페스티벌에서 당신이 노래를 불러줬으면 해요."

"좋아요. 언제 그를 만날 수 있죠?"

난 코스타스 야니디스의 노래를 좋아했기 때문에 곧바로 데모테이프를 만들어서 바르셀로나에 보냈다. 우리는 오래 기다릴 필요가 없었다. 아테네 페스티벌이 끝나고 아장이 파리로 돌아가자마자 우리는 스페인 심사위원단에게 연락을 받았다. 우리 노래는 무난히 예선을 통과했고, 8월에는 스페인에 가기로 했다.

그런데 스페인 쪽에서는 나 말고도 원하는 게 또 있었다. 주최측은 남자 가수와 여자 가수가 한 팀이 되어서 노래 한 곡을 각자 한 번씩 불러보는 것을 원칙으로 세웠다. 야니디스 씨와 캄바스 씨는 내게 잘 생긴 젊은 가수 알레코스 판다스(Alekos Pandas)를 소개해줬다. 알레코스와 나는 캄바스 씨와 함께 스페인으로 떠났다. 늘 걱정이 많던 이 키 작은 남자가 내 첫 번째 에이전트가 된 것이다.

우리가 바르셀로나로 떠난 것은 1960년 8월 말이었다. 생애 최초의 해외여행! 스물여섯 살 먹은 나는 그때까지 그리스 땅을 떠나본 적이 없었다. 게다가 군인들 위문 공연 갈 때 말고는 비행기를 타본 적도 없었다. 나는 갑자기 무섭기도 하고 궁금하기도 하고 흥분도 되었다. 나는 행운을 가져다주기를 바라면서, 유지니아가 아테네 페스티벌 때 입으라고 만들어줬던 검정 드레스를 챙겨 넣었다. 그리고는 뭘 가져갈지 몰라서 아무 거나 가방 속에 쑤셔 넣었다.

우리는 로마에서 하루를 묵고 바르셀로나로 향할 계획이었다. 그런데 로마에서 보낸 하룻밤이 최악이었기에 나는 바르셀로나에 도착한 후에야 겨우 안심할 수 있었다. 맑은 하늘 아래 카탈랑 사람들은 그리스 사람들처럼 야외 카페에서 차를 마시고 신문을 읽으면서 여유롭게 하루를 보내고 있었다.

바르셀로나의 지중해 페스티벌은 일주일 동안 진행되었다. 노래 한 곡을 두 사람이 불러야 했기 때문에, 한 사람은 토요일, 다른 한 사람은 일요일에 하는 식으로 진행되었다. 토요일에 알레코스가 부르는 것으로 결정되어, 나는 다른 가수들의 노래를 들을 수 있었다. 이스라엘, 이탈리아, 프랑스, 스페인에서 참가를 했는데, 그 중 몇 명은 아주 훌륭했다. 우리가 이들과 상대가 될까? 모두들 나보다 무대에서 더 자연스러워 보였다. 게다가 나를 더 힘들게 한 것은 모두 잘생겼고 멋있는 옷을 입었다는 것이다.

알레코스는 마지막 차례로 노래를 불렀다. 그는 아주 잘 불렀고, 청중들의 박수는 높은 점수를 기대해도 좋을 만큼 컸다. 곧 발표가 나왔다. 우리는 비록 1등은 아니었지만, 상위 그룹에 속했다. 중요한 건 우리 둘의 평균 점수였다. 결국 나에게 달린 것이다.

일요일이 되자, 나의 무대 공포증은 더욱 심각해졌다. 무대는 아빠의 작은 야외 영화관 같았다. 페스티벌이 야외에서 진행되었기 때문이다. 꼭 어린 시절 꿈이 이루어진 것 같았다! 그때의 꿈들이 나에게 눈짓하며 말하는 듯했다. '자, 이제 이건 연극이 아니야, 진짜라고!'

하지만 그때까지 나는 한 번도 혼자인 적이 없었다. 아테네에서는 마노스와 조지가 항상 함께 했었다. 또 나이트클럽에서 혼자 노래 부르는 것은 익숙했지만, 여기에서처럼 수천 명이나 되는 사람들 앞에서 노래를 불러야 한다는 건 또 다른 이야기였다.

무대 중앙에 선 나는 먼저 눈을 감고 야외 영화관에서 나를 보며 웃는 아빠의 모습을 상상했다. 오케스트라가 뒤에서 반주를 해줬지만, 나는 나의 감정과 함께 다른 곳으로 이동한 것이다.

마지막 음이 공기 중으로 흩어져 사라지면서, 나는 박수 소리에 놀라 화들짝 꿈에서 깨어났다. 그리고 처음으로 눈을 떴다. 이제는 얼굴들이 친숙하게 보였다. 어떤 사람들은 "브라보!"를 외치기도 했고, 박수 소리는 계속 이어졌다.

"잘했어." 무대 뒤에서 기다리던 캄바스 씨가 말했다.

"고마워요!" 그럼 이제 심사위원들의 평가는?

나는 알레코스를 찾아 같이 평가를 들으려고 했다. 그런데 다시 이마의 땀을 닦기 시작한 캄바스 씨가 내게 말했다.

"당신도 노래를 잘했어요. 그런데 프랑스 출전자를 봤어요?"

"아니요, 제 바로 뒤에 와서 제대로 보지 못했어요."

"봤어야 했는데. 끝내주더군."

"캄바스 씨, 당신, 참 안됐어요."

그는 눈이 좀 충혈되어서는 서둘러 나가버렸다. '그는 뭘 쫓아간 것일까? 아무것도 아니겠지.' 그는 곧 땀에 젖어 빨개진 얼굴로 돌아왔다.

"순서를 바꿨어야 했어."

"왜요? 그냥 그대로도 좋았잖아요."

"알레코스의 노래가 아주 좋았거든. 아마 당신보다 더 강한 인상을 남겼을 거야."

"모두들 내가 잘했다고 생각하는 것 같은데요."

"맞아, 하지만 무대 매너는 알레코스가 더 좋거든. 당신은 꼭 막대기 같잖아! 팔을 움직일 줄도 모르고. 움직이면서 노래하는 걸 배워야 한다니까!"

그리고는 다시 나가버렸다. 눈을 감고 어떻게 '움직일' 수가 있지? 나는 눈을 감아야 음악과 나의 감정에 집중할 수 있었다. 하지만 그의 말이 맞는다면, 아마 무대 위에서 돌아다니며 노래하지 않는 가수에겐 상을 주지 않을 것이다.

캄바스 씨가 다시 왔다. "못 참겠어. 어쩌면, 우리가 1등을 할 수도 있을 거라 상상해볼 수 있을까요?"

"뭔가 들은 게 있나요?"

"아니요. 정확하지는 않아요. 하지만 소문을 들어보니 당신 점수가 다른 사람들보다 아주 높은 것 같아."

"소문은 믿을 수 없어요. 그냥 앉아서 기다려 봐요."

"어떻게 앉아서 기다릴 수가 있어요!"

그는 또 나가버렸다. 그러더니 그가 갑자기 내게 달려왔다.

"우리가 해냈어! 우리가 이겼어!"

동시에 스피커에서 알레코스와 나의 이름이 크게 들렸다. 알레코스가 날 찾아왔고, 우리는 기쁜 나머지 서로 꼭 껴안았다.

그 날 밤은 말 그대로 대단했다. 걱정과 흥분의 이틀을 보낸 모든 가수들이 함께 모여 경쟁심은 잊어버리고, 함께 웃고 노래하면서 즐거운 시간을 보냈다.

누군가 와서 나를 찾는 전화가 왔다고 말했다.

"나나? 루이 아장입니다. 목소리를 들으니 좋네요."

"아장 씨! 파리예요?"

"아니면 어디겠어요? 라디오에서 페스티벌 실황을 들었어요. 이번에도 당신은 정말 훌륭했어요. 세 번째 성공을 축하해요!"

"고마워요."

"잠깐, 당신 노래를 듣고 축하해주고 싶다는 두 사람이 있어요."

다른 목소리가 들렸다.

"안녕하세요, 내 이름을 아실지 모르겠네요. 나는 미셸 르그랑(Michel Legrand)입니다."

미셸 르그랑! 물론 아주 잘 알았다. 나에겐 그의 음반이 적어도 서너 개 정도 있었다. 그는 훌륭한 피아니스트이면서 재즈를 매우 사랑하는 음악가였다. 내 가슴은 쿵쾅쿵쾅 몹시도 두근거렸다.

"네, 알아요. 당신 음반도 있는걸요."

"당신 목소리가 너무 훌륭하다고 말해주고 싶었어요! 루이는 당신이 곧 파리로 올 거라는데 너무 만나보고 싶소! 브라보! 아, 아직 끊지 말아요. 한 사람 더 있으니까."

난 전화기를 계속 들고 있었다. 이번엔 또 누굴까?

"안녕하세요, 퀸시 존스(Quincy Jones)입니다!"

잠시 나는 그들이 날 놀리는 걸로 생각했다.

"퀸시 존스요? 진짜요?"

"진짜예요. 당신 노래 정말 환상적이었어요. 우리가 같이 일하면 뭔가 큰일을 해낼 수 있을 것 같아요!"

"제가 잘할 수 있을지 모르겠어요."

"그건 내가 잘 알죠. 파리나 뉴욕에서 만나야겠어요. 한 번 약속을 잡아봅시다, 우리. 다시 아장을 바꿔줄게요."

아장이 몇 마디 격려해주고는 전화를 끊었다. 퀸시 존스, 최고의 트럼펫 연주자……. 듀크 엘링턴(Duke Ellington), 레이 찰스(Ray Charles), 사라 본(Sarah Vaughan)과 함께 공연했던 연주자였다.

다른 가수들에게 내가 퀸시 존스, 미셸 르그랑과 통화했다는 걸 말하자, 순간 침묵이 흘렀다. 모두들 놀란 표정이었다.

"왜 나일까?" 나는 호텔방으로 돌아오자 그게 궁금해졌다. "다른 가수가 아니고 왜 나일까? 다른 사람들이 나보다 무대에서 훨씬 자연스러웠는데……. 스파르타쿠스 씨 표현으로 하자면 훨씬 매력적이고 말이야."

다음날, 우리 둘의 이름이 신문 1면에 등장했다. 그런데 페스티벌 기사가 실린 면은 충격적이었다. 무대 위에 섰던 모든 참가자들의 사진이 있었는데 내 사진만 없었다. 사진사가 내 모습을 뒤에서 찍어버려서 마치 수갑을 채운 것처럼 포개진 두 손만 사진에 실렸던 것이다.

8
작은 새가 가지를 떠났다!

아테네, 바르셀로나, 이젠 베를린이었다! 1960년 그 한 해는 놀라운 일들이 많이 일어났다. 그 해 가을, 나는 마노스 덕에 베를린에 갈 수 있었다.

너무 바쁜 한 해였다. 저녁엔 자키 클럽, 밤엔 플로카에서 시간을 보내고, 오후 시간에는 페스티벌 준비를 하느라 정신이 없었다. 그리고 나는 〈그리스, 꿈의 나라 Greece, Land of Dreams〉라는 독일 영화에 나오는 노래 중에 다섯 곡을 녹음했다. 볼프강 뮐레르젠(Wolfgang Muhlersehn) 감독이 마노스에게 작곡을 의뢰했고, 나와 니코스는 자연스럽게 그 작업에 참여했다.

마노스는 이번 작업에 합창을 넣고 싶어했고, 특히 국영오페라합창단과 일하길 원했다. 합창단은 그 프로젝트의 자세한 사항을 알지 못한 채, 단지 마노스와 함께 일할 수 있는 기회라는 것 때문에 참여하겠다고 결정했다. 합창단은 우리와 연습하지 않고 오페라 하우스에서 따로 연습했다. 그리고 마침내 녹음하는 날이 왔다. 합창단과 우리는 마지막 부분을 녹음하기 위해 스튜디오에 모였다(당시 기술로는 개별적으로 녹음을 해서 합치는 게 어려웠다). 내가 스튜디오에 들어갔을 때 합창단은 이미 다른 연주자들 옆에 자리잡고 있었다. 오페라 단원들은 마노스가 나를 인사시키고 나서야 자신들이 나의 노래 녹음을 도우려고 모였다는 걸 알게 되었다. 나는 합창단 지휘자가 마노스를 한쪽으로 데리고 가서는 뭐라고 이야기를 하는 걸 보고, 뭔가 잘못되었다는 것을 재빨리 알아차렸다. 마노스의 얼굴이 별로 좋지 않아 보였다.

그는 내게로 와서 "나나, 잠시 자리 좀 비워주겠어? 문제가 좀 생겼어. 내가 해결한 후에 다시 부르지."라고 말했다.

갑자기 호기심이 생긴 나는 녹음실에 있는 기술자 옆으로 갔다. 음향 전원이 꺼져서 아무 소리도 들리지 않았다. 하지만 스튜디오 안은 볼 수 있었다. 그런데 뭔가 이상했다. 세련돼 보이는 오페라 합창단원들이 마노스를 격렬하게 공격하는 듯했다. 그가 단원들에게 무슨 말을 할수록 그들은 더 격렬해졌다. 도대체 무슨 일이지? 뭐 때문에 화가 난 거지? 기술자들도 무슨 일인지 영문을 몰라 했다.

마침내, 마노스가 나에게 방으로 들어오라고 손짓했다.

"문제가 있는데 말이지, 나나, 이 단원들이 당신과 노래하는 걸 수준에 맞지 않는다고 생각해. 그들은 오페라 솔리스트들에 익숙해서 그래. 대중가수를 위해 일하는 걸 창피하게 생각하는 거지. 그래서 저들은 지금 일하기를 거부하는 중이야."

마노스는 말을 멈추었다. 나를 한 번 쳐다보고는 다시 단원들을 바라보았다. 그의 심장이 뛰는 소리가 들렸다.

"내가 당신이 할 일을 정확하게 알려줬죠?" 그가 갑자기 합창단 지휘자에게 물었다.

"네, 마노스 씨."

"그럼 이걸 말해줘야겠군. 무스꾸리 양이 노래할 겁니다. 만약 같이 일하기 싫다면, 나도 굳이 부탁하고 싶지 않소. 오페라 합창단이 하지 않을 거면, 다른 합창단을 찾아볼 거니까. 10분 동안 생각해보고 결정하세요."

그렇게 말하면서, 그는 나를 데리고 나왔다.

우리는 서로 한 마디도 하지 않았다. 마노스는 방 안에서 담배를 피우며 분을 삭였다. 그리고 나는 나대로 울기 일보 직전이었다. 스파르타쿠스와 아스티르의 매니저가 나에게 모멸감을 줬을 때와 똑같은 눈물이었다. 나는 그때 다시는 그런 일을 당하지 않겠다고 결심했었다. 나는 눈물을 꾹 참으면서 나 자신을 보호하기로 했다. 다시 말해 마노스의 손에 모든 것을 맡긴 것이다.

마노스 덕분에 난 아직 살아 있었다. 합창단원들은 우리가 다시 녹음실에 들어갔을 때에도 여전히 웅성거렸다. 모든 과정을 지켜본 연주자들은 기가 막힌다는 표정이었다. 마노스는 나에게 마이크를 잡으라고 눈짓을 하고서, 아무 일도 없었던 것처럼 지휘대에 섰다.

그때 그 상황을 잊어버리고 나 자신을 음악 속으로 밀어 넣은 힘이 어디서 나왔는지 모르겠다. 그러나 난 해냈다. 불신감이 팽배한 상황에서, 우리의 소리가 순수한 감정을 표현할 수 있었다는 건 기적이었다. 나는 종종 그때 일을 생각할 때마다, 음악에 대한 나의 믿음이 더욱 강해지는 것을 느낀다. 예술만으로도 우리의 추한 모습을 초월할 수 있다는 깨달음을 나는 결코 잊은 적이 없다.

몇 달 후, 베를린 영화제에서 〈그리스, 꿈의 나라〉가 상영될 거라는 소식을 들었다. 마노스와 나도 초대를 받았다. 하지만 마노스는 곧바로 거절했다. 거절할 이유는 많았다. 표면적으로는 칸 영화제에서 받은 상들과 〈피레우스의 아이들〉만으로도 만족했고, 게다가 그는 독일에 관심이 없었다. 전쟁이 끝난 지 겨우 15년이 지났을 뿐이고, 그는 나치 독일의 지배를 기억하는 사람이었다.

나 또한 잊을 수 없었다. 사실 베를린이란 이름만으로도 온몸이 후들거렸다. 그런데 루이 아장은 내게 전화를 해서, 독일인들이 영화 음악에 지대한 관심을 보이고, 벌써 제작자들이 접근해온다고 말했다. 루이와 오딜은 베를린 페스티벌에 참가하려는 생각이었다.

"나나, 우리가 베를린에서 만난다면 어떨까요? 대단할 거예요!"

"아, 잊지 못하겠죠."

나는 루이에게 마노스가 이미 영화제 주최측의 초청을 거절했고 나에게도 가지 말라고 했다는 것을 말할 용기가 없었다. 이미 며칠 전에 플로카에서 얘기 중에 그 주제가 튀어나왔었다.

"나나, 너도 안 가는 거다!"

"왜요, 마노스 씨? 적어도 얘기는 해볼 수 있잖아요."

"그 이야기라면 꺼내지도 마! 독일이 주는 상은 받을 필요 없어! 말도 안 돼!"

다행히, 니코스가 내 편이 되어주었다.

루이 아장과 전화한 후에 나는 다시 그 이야기를 꺼냈고, 우리의 대화는 격렬해졌다.

마노스는 내가 그의 소유물이라고 여겼기 때문에, 내가 반발하는 것을 받아들이기 어려워했다. 난 그의 음악을 전달하는 사람이었기 때문이다.

"만약 네가 거기에 간다면, 다시는 너와 이야기하지 않겠어!"

"마노스, 나나가 혼자 날아갈 수 있도록 해줘야 해."

니코스가 부드럽게 말했다.

"아니, 나나는 내 음악을 해석하는 사람이야. 그러니까 내가 하라는 대로 할 거야."

주옥 같은 시구로 끊임없이 나를 뒤흔들어 놓았던 위대한 시인 니코스 갓소스는 내 영혼의 닫힌 문을 열어주었다. 그는 내게 자신의 참모습을 보는 법을 가르쳐주었고, 그 과정에서 나는 있는 그대로의 나를 받아들일 수 있었다.

"이보게나, 친구. 이번엔 자네 편이 되어주지 못해 미안하네. 난 나나에게 베를린에 가라고 할 거야. 나나는 그리스 밖에서도 자신을 알려야 하니까."

그 날 밤, 마노스는 내게 굿나잇 키스도 하지 않고 집에 가버렸다.

그리고 다음 날, 나는 혼자 독일에 가기로 결심했다.

혼자 독일에 여행갈 생각을 하니 걱정부터 앞섰다. 그나마 오딜과 아장이 베를린에 온다고 약속한 것으로 겨우 마음의 위안을 얻었다.

니코스가 생각났다. 그는 내 눈을 바라보며 격려해줬다. "베를린으로 가렴, 나나. 네게 새롭게 열린 인생의 길을 거부하지 마라."

그래서 나는 베를린으로 떠난 것이다. 베를린에 가는 도중, 프랑크푸르트를 잠시 경유했는데, 건조하고 먼지투성이인 그리스와 너무나 다른 푸른 나무의 물결이 기억에 강하게 남았다.

드디어 베를린에 도착했다. 독일은 그때 동서로 나뉜 상황이었고, 서독 공항은 하필 높은 빌딩숲에 둘러싸여 있어서 나는 비행기가 빌딩에 부딪쳐 박살이 날까봐 두려웠다. 그러나 비행기는 안전하게 착륙했고 하느님께 정말 감사했다.

그런데 하느님은 승객들만 보호해주었지 내 가방엔 관심이 없었나 보다. 나는 도착한 다음 날까지 기다려서야 겨우 가방을 찾았다. 사실 첫날 기억은 거의 없다. 너무 피곤하기도 했고, 어두웠던 어린 시절을 생각나게 하는 독일어 때문에 정신이 하나도 없었다.

오딜과 루이 아장을 보고서야 마음이 좀 놓였다. 그들과 함께 시간을 보내면서 나는 조금씩 웃고 즐길 수 있는 여유가 생겼다. 게다가 우리는 그 날 〈그리스, 꿈의 나라〉가 최고 다큐멘터리 상을 수상했다는 소식을 들었다.

음반 제작자들은 우리 영화로 돈을 벌려고 루이 아장에게 접근했다. 그들은 나에게 베를린에 다시 와달라고 성화였다. 나는 페스티벌 이후에 있었던 갈라 콘서트에서 루이 아장과 떨어져 앉았다. 그래서 그와 음반 회사들이 스케줄을 짜는 동안, 나는 한 마디도 알아들을 수 없는 독일어 찬사를 들어야만 했다. 답답해하면서 저녁 식사를 하던 중에 영화에 나오는 노래를 불러달라는 요청을 받았고, 나는 기꺼이 승낙했다.

나는 3개월 후 다시 베를린으로 돌아왔지만 한 가지 달라진 점이 있었다. 그 사이에 조지와 결혼을 한 것이다.

조지는 내가 부모님을 떠나 자신과 결혼하게 하려고 약혼을 파기하겠다는 둥 내게 협박 비슷하게 말했다. 하지만 나만 겁을 먹은 게 아니었다. 조지 역시 자신과의 싸움으로 고통스러워했다. 결혼 전에, 조지가 심한 알레르기를 앓아서 병원에 입원한 적이 있는데 온몸이 퉁퉁 부어서 얼굴을 알아보기도 어려웠다. 조지는 그런 모습을 보여주기 싫어서 내가 병원에 오지 못하도록 친구들에게 부탁했었다. 그 당시만 해도 나는 결혼과 조지의 알레르기를 연관시켜 생각해보지 못했다. 나중에 조지가 첫사랑 이야기를 해줬을 때에야 조지가 왜 그랬는지 알 것 같았다. 첫사랑의 기억이 좋지 않았던 조지는 내가 그 여자처럼 자신을 아프게 할까봐 걱정했던 것일까? 내 변덕에 맞춰 살아야 한다고 생각했을까?

그 일 말고도 나는 이미 조지에게 또 다른 고통을 안겨줬다. 나는 확실히 그의 '이상형'은 아니었지만, 그는 내가 마노스와 니코스와 각별한 사이인 것 때문에 상처를 받은 것이다. 많은 다른 남자들처럼, 조지도 헌신적인 부인을 기대했다. 내 삶이 어떠할 거라는 걸 미리 예측하는 건 좀 이르긴 했어도, 어느 정도 그림을 그릴 수는 있었다. 보통 남자들은 내게 관심이 없었지만, 음악가들은 나를 알고 싶어했다. 세계 무대가 이미 내 앞에 열리고 있었다. 그런데 조지에겐 그 모든 게 걱정거리였다. 내게 반지를 끼워주기도 전에 벌써 나를 놓칠 것만 같았을 것이다. 그가 무엇을 할 수 있었을까? 마노스는 조지를 좀 무시했지만, 니코스는 조지를 이해하는 쪽이었다. 그리고 이제 미셸 르그랑과 퀸시 존스가 파리에서 나를 만나려고 한다. 어디가 끝일까?

하지만 난 나를 사랑하는 조지의 마음에 감동했다. 조지는 25살이 된 나에게 '내 인생의 남자'로 보였다. 때로는 내 가슴이 그를 향한 사랑으로 불타오르기도 했다. 하지만 노래할 때만큼은 아무것도 생각나지 않았다.

조지가 내게 사랑을 고백하면서 그때까지 친구 사이였던 우리 둘의 관계가 복잡해져 버렸다. 우리는 축제 기간 동안 비밀리에 약혼을 했고, 조지는 내게 부모님을 떠나 자신과 결혼하지 않으면 파혼을 하겠다고 했다. 그건 거의 협박 수준이었다. 그리고 1960년 12월 19일, 우리는 결혼을 했다.

내가 진정으로 그를 사랑했을까? 그가 날 사랑한 만큼? 지금 생각해보니 내가 얼마나 순진했는지, 사랑이 뭔지, 성공적인 관계가 뭔지 너무 몰랐던 것 같다. 나는 부모님에게서 배운 것이 없었다. 서로 싸우고 고함치는 것 외에는 본 게 없었다. 두 분은 말과 행동으로 사랑을 표현할 줄 몰라서 어려웠던 것이다. 마치 내가 나의 감정을 표현하려고 애쓰는 것처럼······.

부모님을 떠나는 건 정말이지 고통 그 자체였다. 조지는 내가 가족이라는 울타리에서 벗어나길 두려워한다고 생각했지만, 사실 나는 그분들을 버린다는 죄책감이 있었다. 유지니아는 알리키(Aliki)라는 손녀를 낳아 부모님을 기쁘게 했다. 하지만 난 그분들 인생을 대신해서 살아온 것이나 마찬가지였다. 그분들 꿈을 실현시키는 사람이었던 것이다. 엄마가 하고 싶어했던 가수의 길을 걸었고, 아빠가 실패한 성공한 남자의 인생을 조금이나마 살아온 셈이었다. 여자들이 여전히 순종적이었던 전쟁 후 그리스 사회에서 나는 바지를 입고, 돈을 벌고, 혼자 여행을 다니는, 보기 드문 여자였다.

결혼식 몇 주 전에 나는 조지와 함께 살기 위해 이미 집을 떠나기로 결정한 상태였다. 그래서 더욱 부모님을 두 번 배반하는 기분이 들었다. 엄마는 조지를 좋아하지 않았다. 그의 직업도 마음에 들어 하지 않은 데다, 나를 빼앗아가는 것 같아서 더 싫어했다. 엄마는 내게 결혼하기 전에 아파트를 사달라고 말했고, 나도 엄마가 그렇게 말해줘서 오히려 마음이 편해졌다.

1960년 12월 19일에 조지와 나는 결혼식을 올렸다. 호기심 많은 하객들 때문에 조지는 계속 어리둥절해하며 무척이나 정신없어 했고, 나 또한 혼란스러웠다. 다음날 아침 신문에 마노스의 에스코트를 받는 내 모습을 그린 그림이 실렸다. 그들은 우리에게 '뚱뚱보들(Xondroi)'이라는 별명을 붙여줬다. 내가 풍자만화에 등장한 건 처음 있는 일이어서 자랑스러웠다.

피로연은 내가 일하던 자키 클럽에서 열렸다. 그 해 겨울에, 마노스는 그곳에서 내 노래의 반주를 맡아줬다. 우리 덕분에 클럽에는 손님들이 많이 찾아왔다. 피로연을 하던 날, 클럽 안에는 가족과 친구들을 위해 훌륭한 테이블 세팅이 준비되었다. 그 날 저녁은 잊지 못할 추억으로 남았다.

그러나 우리는 신혼여행을 갈 수 없었다. 다음날, 부모님은 새 아파트로, 또 나와 조지는 부모님이 살던 곳으로 옮겼다. 그리고 나는 곧바로 베를린으로 떠났다. 독일측은 나에게 〈아티나 Athina〉와 〈코르푸 섬의 흰 장미 White Roses of Corfu〉 두 곡을 독일어로 불러달라고 부탁했다. 문제는 내가 독일어를 모른다는 것이었다. 하지만 나는 뒤로 물러서지 않기로 했다. 루이 아장이 이번 음반은 필립스(Philips)사

녹음스튜디오는 다 무너져 내린 그랜드 호텔 에스플라나드 안에 있었다. 스튜디오에 들어갈 수 있을 때까지, 나는 독일어 가사가 적힌 악보와 녹음기를 가지고 호텔 방에서 대기했다. 독일어라고는 한 마디도 할 줄 모르는 내가 어떻게 독일어로 노래를 부를 수 있단 말인가?

몇 시간째 연습에 몰두하고 있을 때 독일 프로듀서인 페르히 씨가 찾아왔다(맨위 사진 오른쪽). 마침내 스튜디오에 도착해보니 이번엔 기술 파트 담당자들까지도 모두 모여 있었다.

1961년 한여름에, 첫 45회전 레코드의 판매기록이 100만 장을 돌파하면서 나는 독일 골든 디스크 상을 수상하는 영예를 안았다. 그러니까 독일의 100만 가정이 나를 집안에 받아들여준 것이다. 어떻게 그런 일이 가능했을까?

의 제휴 회사에서 발매될 거라고 말해줬다.

이번에는 파크 호텔에 투숙했다. 나는 택시를 타고 가다가 전쟁이 남겨놓은 엄청난 상처를 보고 큰 충격을 받았다. 전쟁의 흔적들을 보면서 독일 국민들의 고통을 조금씩 알 수 있었다. 나치 독일이 유럽의 다른 나라 사람들에게 고통이었던 것처럼 독일 국민에게도 그러했던 것이다. 그들도 희생자였다.

녹음 스튜디오는 예전에 그랜드 호텔 에스플라나드가 있던 자리에 있었다. 그 웅장했던 호텔의 흔적을 천장과 1층 로비와 라운지, 객실에서 찾아볼 수 있었다. 벽에 난 구멍은 거대한 붉은 벨벳 커튼으로 가렸다. 나는 그곳에서 녹음을 했다. 독일 제작자 에른스트 페르히(Ernst Ferch)는 이목구비가 뚜렷하고 파란 눈에 키가 큰 남자였다. 그는 내게 시설이 미비해서 미안하다고 격식을 갖춰 사과하면서도 음향을 자랑하는 것은 빼놓지 않았다.

나는 녹음 순서를 기다리면서 독일어 가사를 외웠고, 예술 감독이 듣다가 가끔 내 발음을 교정해줬다. 2~3일이 지난 후, 우리는 녹음을 시작할 수 있게 되었다.

모든 연주자들이 기술팀과 함께 스튜디오에 모였다. 밖에는 비가 내렸지만, 스튜디오 안의 분위기는 편안하고도 따뜻했다. 사람들은 내게 웃어주면서 격려의 말을 해줬고 우리는 오후 시간에 두 곡 모두 녹음을 마칠 수 있었다.

나같이 어린 그리스 가수에겐 그 날이 '역사적'인 날이었으므로 누군가에게 꼭 말해주고 싶었다. 나는 파리에 있는 루이 아장에게 전화를 걸어 일이 진행되는 것을 아주 자세하게 설명해줬다. 아장도 기쁜 듯했다. 그는 전화를 끊기 바로 전에, 나에게 꼭 파리로 오라고 다시 강조했다.

"아주 좋아요. 이제 프랑스에서 녹음할 때가 됐습니다."
"알아요, 루이. 하지만 난 이제 막 결혼했잖아요."
"그럼 조지와 함께 와요!"
"안 돼요. 조지도 할 일이 있어요. 아무튼, 지금은 모르겠어요."
"그럼 혼자 와요! 한 달간 생각해 보는 건 어때요? 그러는 동안 당신과 함께 작업할 작곡가들과 약속을 해놓을게요."
"한 달 후에요? 파리에요?"
"아테네로 돌아가서 생각해봐요. 며칠 후에 다시 전화할 테니까."

9
이방인

나는 1961년 파리로 떠나던 날 아테네 공항에서 찍은 사진을 지금도 간직한다. 운명이 그렇게 만들었겠지. 프랑스에서 샤를르 아즈나부르(Charles Aznavour)가 아테네에 왔을 때, 나는 파리로 가는 비행기를 타려던 중이었다. 갑자기 사진기자들 한 무리가 그를 찍으려고 우르르 몰려갔다. 누군가 샤를르의 매니저에게 내가 공항에 있다고 이야기했는데, 아마도 그 사람이 나를 샤를르에게 소개시켜야 한다고 밀어붙였기 때문일 것이다. 그 사진은 그래서 생겼다.

샤를르는 나보다 10살이 많았지만 사진 속의 난 그의 엄마처럼 늙어보였다. 나는 머리 모양과 안경 때문에 마치 자선단체에 평생을 헌신한 늙은 여인처럼 보였다. 통통한 볼과 몸매는 어떤 남자도 관심을 갖지 않을 법했다. 게다가 나는 샤를르보다 키가 컸는데, 이것 때문에도 더 늙어보였다. 반면에 버튼칼라 셔츠를 입고 외투를 어깨에 걸친 그의 모습은 꼭 운동장에서 노는 어린 소년 같아 보였.

우리는 영어로 서로 격려의 말을 했다. 그는 나를 몰랐지만, 난 그의 노래를 많이 알았다.

"어쩌죠, 난 지금 비행기를 타러 가야 해요. 당신이 그리스에서 노

이런 우연이 다 있다니. 타키스 캄바스(오른쪽, 선글라스를 낀 사람)와 함께 아테네 공항에 갔는데, 때마침 프랑스에서 샤를르 아즈나부르(왼쪽)가 도착했다. 기자들은 그를 맞이하기 위해 공항에 나와 진을 치고 있었다. 그 날 그와 영어로 나눈 몇 마디는 너무나 따뜻했다.

래하는 걸 보고 싶네요."

"내가 파리로 돌아가면 전화하겠다고 약속하지요. 그때까지 당신 노래를 들어보겠습니다."

샤를르는 나와 한 약속을 잊지 않았고, 우리는 파리에서 재회했다. 또한 나를 위해 노래를 하나 작곡해 주었는데, 그 곡은 내가 프랑스에서 처음으로 녹음한 음반 〈살바메 디오스 Salvame Dios〉에 실렸다.

2월 오후의 파리 하늘은 잿빛이었다. 비행기는 폭풍우 구름 속에서 길을 잃은 것처럼 흔들렸고, 구름 사이로 가끔 자동차 불빛의 행렬과 마을, 건물들이 아주 작게 보였다. 그리고 갑자기 반짝이는 햇빛이 보이더니 비행기는 날개를 아래로 향하고 착륙을 시도했다. 마침내 오를리(Orly) 공항의 착륙 신호가 보였다. 비가 내려서 비행기가 땅에 닿자 창문에 흙탕물이 튀었다. 누군가가 이 회오리바람이 부는 날씨에 나를 좀 도와줬으면 좋겠다는 생각을 했다. 나는 불어라곤 고작 몇 마디밖에 할 줄 몰랐고, 그것도 학교에서 배운 게 다였다. 아장과 오딜 부부 말고는 아는 사람이 아무도 없어서 나는 그들이 공항에 나와 주었길 간절히 바랐다.

오를리 공항 안으로 들어오자 마음이 좀 놓였고, 세관을 지나면서는 조금씩 자신감이 생기기 시작했다. 나는 군중 속에서 오딜과 아장의 얼굴을 열심히 찾아보았다.

"우리가 공항에 마중 나갈게요." 루이가 전날 약속했던 것이다.

"걱정 말아요, 나나."

그들은 정말 공항에 나와 줬다. 오딜은 내 목에 팔을 두르며 안아줬다. 그리고 루이는 슬쩍 미소를 지으며 그가 이겼다는 듯한 표정을 지어보였다. 결국 내가 그의 뜻대로 파리에 오게 되었기 때문이다.

독일 여행과 프랑스 여행은 그 의미가 많이 달랐다. 베를린 여행은 단지 음반을 녹음하는 게 목적이었지만, 파리는 내가 점차 뿌리를 내려야 하는 곳이었다. "나나가 아테네에서만 활동한다면 절대 성공할 수 없어요." 하고 예전에 아장이 내게 말했었다. "만약 가수로 성공하고 싶다면, 그것도 세계적인 가수가 되고 싶다면, 당연히 파리에서 기반을 잡아야 해요."

나는 평생 노래를 하고 싶었기 때문에, 이번 파리 방문의 의미가 크다는 것을 잘 알았다. 그리고 루이가 한 말은 내 가슴에 어떤 말보다 깊게 자리잡았다.

"나나가 세계적인 가수가 될 거라고 생각하지 않았다면 나는 파리에 오라고 말하지도 않았을 거요."

나는 루이를 실망시킬 수 없었다. 나에 대한 그의 신뢰가 내 성공보다 더 중요했다. 내가 파리에서 성공하려면 존경하는 사람들의 지도가 필요했고, 그들을 실망시키지 않고자 인내하며 최선을 다했다. 나는 학교에 다닐 때도 유지니아를 가르쳤던 선생님들을 실망시키지 않으려 했고, 아빠의 사랑을 얻으려고 노래를 했다. 그리고 마노스가 내게 보여준 기대와 믿음은 내가 페스티벌에서 두 번이나 우승하는 데에 기폭제가 되었다.

차를 타고 오를리 공항을 떠나면서 나는 어떤 일이 있어도 루이 아장의 기대를 저버리지 않겠다고 결심했다. 루이는 마노스, 니코스가 그랬던 것처럼 나의 음악 인생을 함께 세워가는 세 번째 건축가였다.

우리는 파리에 도착했다. 나는 거센 비에 가려 시커멓게 보이는 건물들을 보고 깜짝 놀랐다. 회색빛의 파리는 정말 우울했다. 생각했던 것과 너무 다른 모습에 '파리'라는 이름은 계속 내 머릿속을 어지럽혔다. 그러나 그건 성급한 판단이었다. 거리는 서로 부딪치지 않으려고 이리저리 우산을 움직이면서 걷는 사람들로 북적댔다. 카페 테라스도 사람들로 가득 찼다. 저쪽 지하철 입구로 사람들이 우르르 들어갔고, 이쪽 영화관 앞에는 영화를 보려는 사람들이 줄을 서 기다렸다. 왜 이리 길이 많은 거야! 파리에 비하면, 아테네는 다른 시대에 속한 도시 같았다. 도심에 다다를수록, 나는 대칭을 이룬 건물들의 파사드(Facade, 건물의 앞면-역주)와 매력적인 발코니들을 보고 감동을 받았다. 희미하게 화려한 내부가 비치는 높은 창문, 가로등 밑에서 서로 포옹하는 연인들. 얼마나 우아하고 낭만적인가!

아장이 "라스파이 대로예요. 여기에서 좀더 내려가면 나나가 묵을 호텔이 있어요." 하고 말했다.

내가 '호텔 뤼뜨띠아(Lutetia)'라는 이름을 읽기도 전에 누가 와서 내 가방을 들었다. 고개를 들어보니 호텔 직원들이 내게 환영의 미소를 지으며 서 있었다.

"좀 쉬는 게 어때요?" 오딜이 물었다. "8시 반쯤에 저녁 먹으러 올 테니 방에서 한숨 돌려요."

방문을 열고서 난 숨을 멈췄다. 부드러운 불빛, 정돈된 침대, 베개 위에 있는 환영 카드, 밝은 욕실과 향기로운 비누, 꽃……. 솔직히 나는 이런 사치가 내게 가능한지 상상해본 적도 없었다. 나는 창가로 가서 커튼을 젖히고 비에 젖은 밤거리를 바라봤다. 마치 지금의 편안함에서 도망가려는 것처럼, 마치 여기 있지 않은 것처럼…….

갑자기 내가 흐느낀다는 걸 알았다. 나는 창문에 기대 이마를 차가운 유리창에 댄 채 울었다. 얼마나 오래 그랬는지도 모르겠다. 내 눈은 대로에서 미끄러지듯 달리는 차들을 내다봤지만, 내 생각은 다른 곳에 있었다. 엄마의 슬픔……. 내가 여기서 뭘 하는 거지? 어떻게 여기까지 왔을까? 이렇게 화려한 호텔에 묵는 건 내게 어울리지 않는다고 느꼈다. 운명이 실수해서 나를 고른 게 아닐까?

그때 전화벨이 울렸다. 오딜이 밑에 와 있다고 알려주는 전화였다. 시간이 빨리도 흘렀네. 그때까지 나는 가방도 열지 않고, 코트도 벗지 않고 우두커니 있었다. 거울을 지나면서 나는 안경 너머로 눈이 퉁퉁 부은 걸 봤다. 뭐, 어때. 울었다고 말하지 뭐.

오딜은 기분이 좋아보였다. 그녀는 우리가 생제르맹데프레 지역에 있는 유명한 나이트클럽 블루 노트(Blue Note)에 가서 저녁을 먹을 거라고 했다. 그곳은 최근에 레이 찰스(Ray Charles)가 연주를 했던 곳이었다. 또 보리스 비앙(Boris Vian)이 죽기 2~3년 전에 공연을 했던 곳이라고도 했다.

"보리스 비앙이란 이름 들어봤죠, 나나?"

사실, 들어보지 못했다. 그러자 루이는 비앙이 〈마음을 가져간 사람 L' Arrache-Coeur〉과 〈빨간 풀 L' Herbe Rouge〉을 연주한 트럼펫 연주자라고 알려줬다.

"이곳을 좋아하게 될 거예요." 블루 노트에 도착하자 루이가 내게 말했다.

나는 안으로 들어서면서부터 그곳의 분위기가 아주 마음에 쏙 들었다. 그들이 연주하던 재즈는 익숙했다. 마치 조지와 함께 연주하던 때로 돌아간 것 같았다.

그런데 한 사람이 우리 쪽으로 와 루이 앞에서 오딜에게 춤을 추자고 청했을 때 나는 너무 어색했다. 나는 클럽 안에 있는 모든 남자들이 오딜에게 눈길을 주는 것을 눈치챘다. 빨간 머리에 속눈썹이 긴 오딜은 섬세한 일본풍의 아름다운 옷을 입었는데 어느 누구도 저항할 수 없을 만큼 매력적이었다. 오딜은 바로 그 남자의 손을 잡고는 춤을 추러 나갔다. 어떻게 그럴 수 있지? 왜 아장은 가만히 있는 거지?

"질투 나지 않아요?" 내가 미적거리며 물었다.

"아니요. 왜 그래야 합니까?"

"저 남자가 오딜과 춤을 추잖아요."

"난 춤추는 거 싫어해요. 그런데 오딜은 좋아하죠. 난 오딜이 즐거워하는 게 좋아요."

"정말요? 조지는 전혀 좋아하지 않을 거예요."

"오딜은 하고 싶은 걸 할 수 있어요. 우리는 서로를 믿으니까."

프랑스에서는 이런 게 서로 사랑하는 방법일까?

그 날 밤, 나는 잠을 많이 자지 못했다. 첫날 아침, 나는 11시에 아장의 사무실에서 그를 만나기로 했다. 나는 포켓용 사전을 들고 택시를 탔다. 그리고는 기사에게 거의 알아들을 수 없는 억양으로 열심히 주소를 알려줬다. 아장은 사무실이 호텔에서 10분 거리라고 알려줬는데, 나는 또 창밖을 보느라고 정신이 없었다. 어느 순간, 택시기사가 벌써 사무실 앞에 다 왔다고 말해줬다.

"여기에요."

"저 교회 이름이 뭐예요?"

"성심성당(Le Sacre-Coeur)입니다, 아가씨."

"고맙습니다."

난 그 유명한 몽마르뜨르 언덕에 올랐던 것이다. 사무실을 찾으면서 이리저리 왔다갔다 하다가 결국 아장에게 전화를 하려고 한 카페에 들어갔다. 아장의 목소리는 알아듣기 어렵게 거칠었다.

"어디예요, 나나? 10분 전부터 기다렸잖아요."

"성심성당이요."

"도대체 거기서 뭐해요? 내 사무실은 그쪽이 아닌데!"

"오, 루이. 미안해요."

"아니, 내가 더 미안해요. 택시 타고 빨리 와요."

폰타나 음반사는 필립스의 계열사로, 13구에 있었다. 나는 결국 한 시간이나 늦었다. 아장은 사무실 문간에까지 나와서 날 기다렸다.

"나나. 드디어 찾았군요. 하지만 잘 들어요. 다들 바쁜 사람들인데 귀중한 아침 시간이 그냥 날아갔어요. 이게 처음이자 마지막이에요. 만약 또 이러면 아테네로 돌려보낼 겁니다."

"정말 죄송해요. 내 불어가 엉망이라 길을 잃었어요."

"알아요. 그래서 오늘부터 불어로만 말할 겁니다. 이리 들어와요."

나는 너무 창피해서 몸 둘 바를 몰랐다. 그 날 무슨 대화를 나눴는지도 기억나지 않는다. 단지 루이가 불어로 얘기를 하다가 내가 한 마디도 알아듣지 못한 것을 알아채고 다시 영어로 말하기 시작했다는 것만 기억난다. 루이가 웃으면서 말했다.

"좋아요! 이제 예술 감독을 소개시켜주겠습니다."

그가 전화를 하고 좀 있다가 필립 베이(Philippe Weil)가 들어왔다.

그와 내가 성격이 정반대라는 걸 깨닫는 데는 그리 오래 걸리지 않았다. 그는 활달하고 영리한 파리 남자였고, 난 수줍고 열등감이 많았다. 그렇지만 우리는 금세 친해졌다. 둘 다 재즈를 좋아한다는 게 통했기 때문이다.

그는 내가 오기 전부터 열심히 일했다. 그 날 오후에 날 위해 곡을 써준 작곡가들과 만나기로 했는데, 그 전에 나는 그와 함께 점심을 먹었다. 그는 내가 기본적인 재즈곡을 안다는 걸 몰랐기 때문에 나는 그에게 데뷔 무대였던 라디오 채널 '탕헤르', 렉스 호텔의 잼 세션, 콘서바토리 이야기들을 해주었다.

폰타나 사무실로 돌아와 보니, 에디 마르네이(Eddy Marnay)와 에밀 스테른(Emile Stern)이 이미 와 있었다. 에디는 작사가였고 에밀은 작곡가였다. 에밀은 바로 피아노 앞에 앉더니, 날 위해 작곡한 곡을 연주했다. 내가 불어로 처음 녹음한 곡, 〈바람 속의 갈대 Un Roseau Dans le Vent〉였다.

"갈대가 산들바람을 맞으며 허리를 굽힌다
호수에 입을 맞추려고,
그리고 수백만 개의 잔물결 속
너무 파랗게 빛나는,
당신의 눈을 흘끗 본다
우리 사랑으로 넘치는……"

"Un roseau dans le vent

Qui se couche

Il embrasse l' étang

sur la bouche

Et dans un million

De tourbillons

Tout bleus

J' aperçois tes yeux

Penchés sur notre amour……"

"어때요?" 베이가 물었다.
"아주 멋져요."
사실, 나는 그때 완전히 넋이 나갔다. 그의 음악은 그리스 음악 멜로디와 전혀 달랐다. 그리고 가사를 전혀 이해할 수도 없었다. 난 내가 불어로 노래를 할 수 있을지 자신이 없어졌다.
여전히 비가 오던 그 날 밤, 호텔로 돌아온 나는 방에 들어서자마자 울음을 터뜨렸다. 루이 아장이 이런 나를 보면 뭐라고 생각할까? 나를 위해 비행기 표와 택시비, 호텔 숙박비를 대준 사람들에게 너무 미안했다. 그 사람들은 이불 밑에 숨어서 울기나 하는 이 보잘것없는 클럽 가수를 위해 그 모든 걸 해준 것이다. 게다가 내일은 다른 작곡가들을 만나야 했다……. 나는 그저 내게 멈추지 않을 힘이 있기만을 바랐다. 다행히 오딜이 호텔에 들러서는 같이 저녁을 먹자고 했다. 오딜은 남편과 달리 나를 보호해주고 따뜻하게 대해줬다.
저녁을 먹으면서 내가 불어 때문에 절망에 빠졌다고 얘기한 것이 틀림없다. 다음날 호텔 데스크에서 내게 '긴급'이라는 표시가 붙은 소포가 배달되었다고 전화를 해줬다.

소포 안에는 아장이 불어로 쓴 쪽지와 함께 커다란 녹음기가 들어 있었다. "나나, 우리말을 배우는 데 도움이 될 거예요. 너무 걱정하지 말아요. 그냥 테이프에서 나오는 걸 듣고 따라하면 돼요. 금방 불어가 자연스러워질 거예요."

테이프에는 발음 연습만 녹음되어 있었다. 혀를 굴려 'r' 발음을 내던 걸 멈추고, 룰렛뜨(roulette), 루와(roi) 같은 단어를 읽으면서 불어의 'r' 발음을 배워야 했다. 그리고 그리스어에는 없는 옹(on)이나 앙(an) 같은 비모음을 배워야 했다.

나는 빠르게 발음을 터득했고, 한두 시간 후에는 자신감을 가질 수 있었다. 그리고 필립 베이와 위베르 지로(Hubert Giraud), 피에르 들라노에(Pierre Delanoe)를 만났을 때에도 나의 열정은 식지 않은 상태였다. 세 사람은 나를 반갑게 맞아줬고, 지로와 들라노에가 만든 곡을 들으면서 나는 노래에 푹 빠져버렸다. 〈나폴리로 돌아와요 Retour a Napoli〉의 가락은 햇빛처럼 밝고, 육감적이면서도 즐거운 느낌을 주었다.

"정말 맘에 들어요!" 나는 소리쳤다. 그러나 너무 빨리 말해 버린 듯했다. 들라노에가 쓴 가사를 제대로 발음하려고 엄청 애를 써야 했기 때문이다.

우리는 하루 종일, 봄에 발매하는 45rpm 레코드판에 실을 노래를 두 곡 골랐다. 하나는 마노스가 쓴 그리스 노래, 〈사랑의 산 O imitos〉이었고, 다른 곡은 조르주 마쟝따(Georges Majenta)와 쟈끄 라뤼(Jacques Larue)가 쓴 〈작은 트램 Le petit tramway〉이었다.

1961년 2월 중순 우리는 블랑키(Blanqui) 스튜디오에 모였다.

기억을 더듬어 보면, 〈바람 속의 갈대〉 녹음은 오후에 다 마쳤다.

이 노래를 익히려고 호텔방에서 녹음기 옆에 붙어 정말 열심히 연습했기 때문에, 기술적인 어려움도 극복하고 이제는 감정까지 표현할 수 있게 되었다.

하지만, 〈나폴리로 돌아와요〉는 암초였다. 내 발음이 문제였다.

"그녀는 맨발로 달렸다
거리에서, 거리에서
나폴리, 나폴리
그녀의 머리에는 햇빛이 비치고
그리고 그녀의 눈은
파란 하늘로 가득 찼다"

"Jambes nues, elle a couru
Dans les rues, dans les rues
De Napoli, Napoli
Du soleil dans les cheveux
Et les yeux, et les yeux
Remplis de ciel bleu"

밤새도록 연습했건만, 여전히 '맨발(jambes nues)'과 처음 두 줄에 나오는 r 발음은 도대체 제대로 할 수가 없었다. 피에르 들라노에는 일부러 이렇게 한 걸까? 나는 도저히 박자를 지킬 수가 없었고, 목소리는 가시나무숲에서 비틀거리는 사람처럼 흔들거렸다. 결과는 참담했다. 피에르 들라노에는 소리를 지르진 않았지만, 머리카락을 쥐어뜯고 팔을 허공에 휘두르면서 화를 냈다. 그러다가 결국 참지 못하고

막 도약을 시작한 그리스 음악은 유럽 전체의 주목을 받았다. 나의 장래성을 높이 산 폰타나의 젊은 사장 루이 아장은 음반녹음을 제안하며 나를 파리로 불러들였다. "아테네에서는 당신의 능력을 제대로 발휘할 수 없습니다. 세계적인 가수가 되고 싶다면, 당신은 파리에서부터 뻗어나가야 합니다."라는 것이 그의 설명이었다.

나를 비난하면서 창피를 줬다. 나는 그가 얼마나 실망했는지 이해할 수 있었다. 그는 언어가 만들어내는 음악에 예민한 사람이었다. 하지만 그 상황에서는 나까지 나 자신에게 화를 내고 절망에 빠질수록 나만 더 위축될 뿐이었다.

다행히, 필립 베이는 침착했다. 하지만 여섯 시간 동안 스튜디오에서 고생하던 팀원들 모두는 안절부절못하며 무너지기 일보 직전이었

박쥐의 딸 139

다. 베이는 잠깐 쉬자고 했다. 그러면서 들라노에에게는 집으로 가라고 말했다.

"우리에게 맡겨 두고 가요. 내일 아침에 다시 오세요. 실망시키지 않겠다고 약속하지요."

그리고는 내 쪽으로 돌아서며 "나나, 천천히 해요. 여기 있는 사람들 모두 이 일이 당신에게 어렵다는 거 잘 알아요. 그러니 오직 당신 자신만 생각해요. 우리는 당신을 도우려고 여기 있는 거지, 부담 주려는 게 아닙니다."라고 나를 위로했다.

나를 믿는 그의 마음이 내 결심을 새롭게 했고, 계속 노력할 힘을 주었다. 두 시간 후에, 우리는 녹음을 끝냈다.

그렇게 프랑스에서 일주일을 보내고 나는 그리스로 돌아왔다. 첫 음반 녹음 작업은 굉장히 힘들어서 조지가 보고 싶다는 생각도 들지 않았다. 하지만 그리스로 돌아가는 길에는 조지가 보고 싶으면서도 약간은 걱정스러웠다. 내가 여행하면서 음반 녹음을 하는 동안, 조지와 친구들은 아테네의 나이트클럽에서 계속 연주를 했다. 나는 우리 사이에 점점 커져만 가는 간격을 느꼈고, 그래서 걱정이 되었다. 내가 옆에 없다는 게 조지의 마음을 아프게 한다는 것을 나도 잘 알았다. 그리고 나의 성공이 그의 자존심에 상처를 줄 거라는 것도 알았다.

돌아오는 비행기에서, 내가 조지와 음악을 다르게 생각한다는 것을 깨달았다. 조지는 음악을 하기 전에는 데살로니카에서 법을 공부하던 학생이었다. 노래를 계속 하려던 건 아니었다. 단지 법 공부를 마치고 직장을 얻기 전에 돈을 벌려는 수단에 불과했다. 그러나 조지는 데살로니카로 돌아가지 않았고 결국 가수를 직업으로 삼았다. 내 판단에 음악은 그에게 최선의 선택이 아니었다. 조지는 단지 차선을 택했을 뿐이었다. 하지만 나에게 음악은 열정, 유일한 열정이었다. 직업

이상인 것이다. 음악은 내 영혼을 표현하는, 진정한 소명이었다. 만약 노래를 부르지 못한다면 나는 죽는다고 했을 것이다. 그리고 그 어려운 도전들을 받아들일 수 있었던 건 모두 내가 어떤 사람인지 스스로 잘 알았기 때문이다. 조지에게 노래를 하지 말라고 하면 죽는다고 할까? 아니, 그렇지 않을 거라고 생각했다.

두 달 후면 다시 파리에 가야 한다고 조지에게 어떻게 말하지? 분명히 모든 일을 말해주면 그에게 상처만 될 것이었다. 사람들이 내가 다시 파리로 와 줄 거라 믿고 기다린다는 걸 어떻게 말해야 할까?

다시 그리스로 돌아온 나의 삶은 쉽지 않았다. 집세와 부모님 아파트의 담보 이자를 갚고 나니, 음식 살 돈이 거의 없었다. 조지는 불평하지 않았지만, 나는 그의 눈에서 그가 다른 걸 원했다는 걸 알 수 있었다. 매일 밤, 그는 우리가 3년 전에 처음 만났던 클럽에서 연주를 했다. 그의 월급은 적었고, 난 이미 조지보다 더 많은 돈을 벌었다. 이건 정말 숨기고 싶었던 사실이다. 당시 그리스에서는 여자가 남편보다 돈을 더 많이 벌고 성공한다는 것은 거의 충격적인 일이었다. 조지가 현재에 만족하고 음악에서 미래를 찾으려 했다면 아마 이런 것은 극복할 수 있었을 것이다. 그러나 그는 나와 생각이 달랐고, 때때로 그가 법 공부를 포기한 것을 후회한다는 느낌을 받을 때도 있었다.

나는 조지를 생각해서 플로카에 가는 횟수를 줄였다. 그리고 루이 아장이 내게 가능성이 있다고 말해줘서 얼마나 기쁜지 조지에게 말할 수 없었다. 루이는 내가 세계의 모든 무대에서 노래할 수 있도록 도와줄 수 있어! 이런 생각을 하면 아찔하면서도 가슴이 벅차왔다. 하지만 한편으로는 그런 것을 갈구하는 나에게 화가 났다. 남편과 공유할 수 없었기 때문이다.

10
바람이 널 이끄는 곳으로

 1961년 5월에 나는 다시 파리에 왔다. 이번에는 아장이 그의 집에서 가까운 작은 호텔에 방을 잡아줬다. 생제르맹 불르바르에서 아주 가까운 몽딸랑베르 거리였다. 그 동안 나는 몇 가지 자주 쓰는 불어 표현과 단어 수백 개를 암기했고, 스스로 길을 물을 수 있는 정도가 되었다. 파리는 이제 더욱 친숙하게 느껴졌다. 봄이 오면서 이전에 회색빛으로만 보였던 파리가 더 활기차게 변해갔다.

 나는 불어 음반과 독일어 음반을 들어보았다. 그런데 이상하게도 두 음반 겉면에는 모두 내 사진이 실리지 않았다. 나는 스스로 자신에게 괜찮다고 말하면서도, 대중에게 내 모습을 보여주지 않으려는 사람들 때문에 마음이 아팠다. 다시 어린 시절의 아픈 기억이 생각났다. 독일 음반사는 내 음반 표지에 손에 장미를 들고 파르테논 신전 앞에 사뿐히 앉은 예쁜 소녀를 그려 넣었다. 프랑스 음반사는 나를 좀 더 생각해 주었다. 마이크 한 묶음을 표지에 실은 것이다. 나는 실망감을 마음속에 묻어두었다.

 불어판 음반의 반응을 보기에는 너무 일렀지만, 루이 아장이 독일에서 온 좋은 소식을 알려줬다. 독일어 음반이 발매되자마자, 베스트셀러 음반 목록에 올랐다는 것이다. 음반에 수록된 노래들 중 〈아테네의 흰 장미 Weisse Rosen aus Athen〉라는 노래는 많은 사람들이 좋아해서 곳곳에서 흥얼거리는 걸 들을 수 있고, 방송에서도 자주 나온다고 했다.

"정말요?"

"그렇다니까요, 나나. 음반이 빠른 속도로 팔려나가니, 돈이 필요하다면 일찍 줄 수도 있을 거예요."

그 소식을 듣고 음반에 내 사진이 실리지 않아서 속상했던 게 좀 나아졌다. 나는 포레스탈 항공모함 공연 때 그랬던 것처럼, 하늘이 내게 아름다운 목소리를 주었으니 외모에 상관없이 사랑받을 수 있다는 생각을 하며 스스로 위로했다.

필립 베이는 나를 위해 네 곡을 새로 작곡했다. 그 중에 두 곡은 '꼬끄 도르 프랑세즈(Le Coq d'or de la chanson francaise, 황금수탉상-역주)'에 나가기 위한 것으로 피에르 들라노에가 지은 〈너의 이별 Ton adieu〉과 에디 마르네이와 에밀 스테른이 함께 만든 〈고향으로 돌아갈 거야 Je reviendrai dans mon village〉였다.

그리고 나서 나는 아테네로 돌아왔지만, 아장의 말에 따르면 상황은 계속 진행되었다. 독일에서 음반이 성공한 덕분에, 네덜란드 암스테르담에서도 녹음을 하자는 제의가 들어왔다. 이탈리아와 스페인도 줄을 섰다. 계획대로라면, 가을에 세 번째 음반을 내야 해서 파리에 가야 했다. 그래야 유럽 무대로 진출할 수 있기 때문이었다.

1961년 중반, 난 아스티르와 자키에서 계속 공연을 했다. 그런데 기쁜 소식이 두 개나 연달아서 전해졌다. 내 음반이 독일에서 백만 장의 판매고를 올렸다고 했다! 세상에, 백만 장이라니……. 그리고 또 하나의 소식은, 프랑스 대통령이 나를 엘리제궁에 초대했다는 것이다. 이란 국왕 부부의 방문에 맞춰 노래를 불러달라는 요청이었다.

그렇구나, 엘리제궁에서도 내 노래를 들어본 거야! 나는 그게 독일에서 성공한 덕분인지 궁금했다. 돌아가는 상황을 보면, 나는 불어판 음반을 두 개나 냈지만 성공했다고 말하기엔 좀 어폐가 있었다. 평론가들의 호평에도 프랑스에서는 그다지 잘 팔리지 않았기 때문이다. 아마 내 생각엔, 〈일요일은 참으세요〉의 인기가 아직 식지 않아서인 것 같다.

그런 일들이 일어나는 와중에, 독일 제작자 에른스트가 나에게 독일 투어를 하는 건 어떨지 한 번 생각해보라고 했다. 투어라니……. 나는 그게 뭔지 잘 몰랐기 때문에 흥분이 되면서도 걱정이 되었다. 매일 노래 부르는 건 좋지만, 독일어를 모르는데 어떻게 해야 하나?

1961년 10월의 날씨 좋은 가을, 나는 다시 파리에 왔다. 생제르맹 불르바르의 나뭇잎들은 이미 색깔이 변해가는 중이었고, 나는 이브 몽땅(Yves Montand)과 자끄 프레베르(Jacques Preevert)가 만든 〈고엽 les feuilles mortes〉을 흥얼거렸다. 이 당시엔 40년 후에 내가 프레베르와 몽땅, 마르셀 물루지(Marcel Mouloudji)를 추모하는 음반에서 이 노래를 녹음할 줄 몰랐다. 하루 전에 공항에 도착하니 기자들이 날 기다렸다. 그들은 내가 엘리제궁에서 진주 목걸이를 선물 받는 순간을 취재하려고 온 것이었다. 다음날 아침, 나는 신문 1면에 실린 내 사진을 봤다. 사진 속 나는 기자들이 요청한 대로 진주를 입에 물고 있었다. 사진 밑에는 "나나 무스꾸리, 진주 같은 목소리를 지닌 그녀가 파라 디바(Farah Diba, 당시 이란의 왕비-역주)를 위해 노래를 할 예정이다."라고 씌어 있었다.

그 날 나는 스물일곱 번째 생일을 맞았다. 나는 그 날 밤에 유지니아가 만들어준 까만 드레스를 입고, 고양이 눈처럼 생긴 안경을 끼고서 무대에 올라 니코스와 마노스가 지어준 그리스 노래만 불렀다. 나보다 먼저 노래를 불렀던 가수 중에 샤를르 아즈나부르가 있어서 나는 그를 다시 만났다는 것에 무척 기뻤다. 나는 이란 왕비의 가식 없는 모습에 놀랐다. 그리고 이란 국왕이 참 젊게 보였던 모습을 기억한다. 그는 내 손을 잡고 "브라보, 마드무아젤, 당신은 정말 재능이 대단해요."라고 완벽한 불어로 칭찬해줬다.

그리고 이번 파리 작업에서 나는 에디뜨 피아프(Edith Piaf)를 만났다. 그녀의 노래는 들어봤지만, 그때까지 실제로 본 적은 없었다. 루이가 올림피아(Olympia) 극장에서 하는 그녀의 공연에 나를 데려가준다고 약속했다. 나는 마른 몸매의 그녀가 얼굴에 하얀 화장을 하고 텅 빈 무대에 오르는 순간에 느꼈던 감정을 정확히 어떻게 표현해야 할지 모르겠다. 그녀가 희미한 미소를 지으며 마이크에 다가서자, 관객들은 숨을 멈췄다. 오직 그녀의 발자국 소리만 들렸다. 그리고 나의 가슴도 멈춰버렸다……. 갑자기 그녀가 노래를 시작하자, 관객들이 더는 참을 수 없다는 듯 우레와 같이 박수를 치기 시작했다. 그녀의 목소리만 들렸고, 일부 관객들은 눈물을 흘렸다. 나도 눈물을 참을 수 없었다. 피아프는 우리의 가슴 속으로 들어와서 샅샅이 파헤치고는 그녀의 외로움과 슬픔, 절망으로 가득 채워놓았다.

"당신이 우는 거 봤어요." 그곳을 떠날 때 아장이 말했다.

사실 울긴 했지만, 나는 곧 화가 났다.

"내가 가수라니 창피해요. 그녀의 노래를 듣고 나니, 도저히 무대에서 노래 부를 용기가 없어요." 나는 잔뜩 주눅이 든 목소리로 아장에게 말했다.

나는 올림피아 극장 계단에 서 있을 때 아장이 내게 했던 말을 아직도 잊지 않았다.

"잘 들어요, 나나. 당신도 그 '대담함'을 갖게 될 거고, 언젠가 이 극장 간판에 빨간 글씨로 당신 이름이 씌어 있는 것을 보게 될 거요."

다음날 저녁, 오딜이 찾아왔다. 나는 하루 종일 피아프 생각만 하느라 신경이 날카로웠다. 내가 과연 피아프의 발목 수준에라도 오를 수 있을까? 나를 다시 정상으로 돌려놓은 건 오딜이었다. 그녀는 노래에 대한 나의 열정을 회복시켜줬다.

"나나, 세상엔 또 다른 피아프가 있는 게 아니에요. 또 다른 칼라스도 없고, 두 명의 갈란드도 없어요. 당신의 목표는 그들과 똑같아지는 게 아니라 당신의 자리를 찾는 거예요. 모든 예술가들은 독특하니까요. 일단 당신 자신을 찾게 되면, 당신은 피아프나 주디 갈란드를 모방할 수 없을 거예요. 당신은 진정한 나나 무스꾸리가 되는 거고, 결국 당신 또한 다른 예술가처럼 세상에서 유일한 나나 무스꾸리가 되는 거예요."

늪에 빠져들던 나는 오딜의 말을 듣고서야 되살아났.

1962년 겨울이 시작될 때, 나는 독일에 갔다. 이번에는 가족, 조지와 한 달 정도 떨어져야 했는데 마치 내가 어두운 지하 속으로 빠져들어가는 느낌이 들었다. 나는 독일 가수 두 명, 하이디 브릴(Heidi Bruhl)과 게르하르트 벤트란트(Gerhart Wendland)와 함께 투어를 하기로 했다. 두 사람 모두 황금 음반(Golden Disk, 앨범이 싱글 100만 장, LP 50만 세트가 팔린 가수와 그룹에 주는 상-역주) 수상자였다. 루이는 내게 독일 언론들이 우리 세 사람을 '황금의 목소리'라고 부른다고 말해줬다. 나는 유일한 외국인이었고, 유일하게 투어를 한 번도 해 본 적이 없는 가수였다. 그래서 나는 내가 독일 가수들과 잘 지낼 수 있을지 궁금했고 그들과 의사소통을 잘할 수 있을지 걱정스러웠다. 그래도 내 인생이 이렇게 펼쳐진다는 게 너무 행복했다. 단지 내가 행복한 것 때문에 느끼는 죄책감을 빼면 말이다. 나는 크리스마스를 조지와 보내고 바로 독일로 와버렸다. 그래서 이런 여행이 왜 필요한지 이해하지 못하는 부모님을 그냥 두고 와 죄송했다. 나는 그리스에서 얻은 성공으로는 충분하지 않았던 걸까?

투어는 서독을 가로지르며 진행할 예정이었다. 함부르크, 서베를린, 하노버, 뮌헨, 슈투트가르트를 지나는 경로였다. 나는 도착하자마자 여행 동료들을 만났다. 하이디와 게르하르트는 조수, 매니저와 함께 개인 차량으로 이동할 것이고, 밴드는 버스로 움직였다. 그럼 나는? 나는 차도, 개인 매니저도, 비서도, 의상 담당자도 없었다. 그럴 때 가장 좋은 방법은, 바로 연주자들과 함께 움직이는 것이다. 예상대로 버스에 비는 자리가 있어서 내 짐을 싣고 길을 떠났다.

연주자들과 나는 처음 리허설부터 마음이 통했다. 그들이 내 노래를 듣는 순간 우리는 서로 이해할 수 있었다. 그리고 그들이 나와 연주하길 즐긴다는 것도 알아챌 수 있었다. 나도 그들을 금방 좋아하게 되었고, 그들의 노력에 감사했다. 나는 마노스의 가장 아름다운 노래들을 불렀다. 〈아테네의 흰 장미〉와 〈피레우스의 아이들〉, 〈안녕 Adieu〉, 〈행렬 La Procession〉도 공연에 포함되었다.

나는 이번 투어에서 처음으로 마노스에게서 독립했다는 것을 느꼈다. 사람들은 나를 마노스를 대변하는 목소리나 마노스의 작품으로 보는 것이 아니라, 있는 그대로 인정해줬다. 아마 오딜이 예전에 말한 것처럼 나는 '나의 자리를 찾는' 중인 것 같았다. 나는 멘토 두 분과 떨어져 혼자 공연하는 경험을 쌓으면서 마침내 나 자신을 발견하게 될 기회를 얻은 것이다.

나는 정말 되고 싶었던 가수의 삶을 살 수 있으리라 기대하게 되었고, 이런 기대감은 고생스러운 투어 일정을 견딜 수 있는 최소한의 자극이었다. 수면 시간은 늘 모자랐고, 지겨운 자동차 여행, 불편한 잠자리 그리고 무엇보다 매일 오후 노을이 지고 무대에 올라가기 전에는 항상 긴장하고 걱정해야 했다. 다른 연주자들이 집으로 돌아가고 나서 혼자 안개 낀 어느 도시 근교에서 어슬렁거릴 때면 나는 내 목표를 생각하며 외로움을 이겨냈다. 나는 이제 이 일을 하는 이유를 내 자신에게 묻지 않았다. 이미 알기 때문이었다. 니코스가 말한 것처럼 나는 내게 열린 새로운 인생을 선택했고, 이제는 운명의 길을 따라가는 중이었다.

그런데 파리에서 예상치 않은 소식이 왔다. 퀸시 존스가 나에게 뉴욕에서 재즈 음반 녹음을 함께 하자고 제안했다는 것이었다. 아장이 그 소식을 전해줬을 때, 나는 정말 믿기지가 않았다. 퀸시와 나는 바르셀로나에서 짧게 전화 통화를 한 이후에 서로 대화한 적이 없었다. 왜 갑자기 나랑 일하고 싶어할까?

"음, 그분은 날 모르잖아요. 내가 재즈를 좋아하는 것도 모를 텐데요." 난 웃으면서 루이에게 말했다.

"그건 나나가 틀렸어요. 퀸시는 당신이 엘라 피츠제럴드의 노래를 끝내주게 부른다고 생각하는데."

"농담하지 마세요. 그가 내 노래를 언제 들어봤겠어요?"

"그가 들어봤다니까! 들어보지도 않고서 뉴욕으로 오라고 했을 것 같아요?"

"하지만 어떻게요? 언제요?"

그러자 아장은 내가 잊고 있던 사건 하나를 이야기해줬다. 작년에, 내가 〈나폴리로 돌아와요〉를 녹음하느라 고생할 때, 이 일로 나는 다시 힘을 얻었다. 그때, 나는 모든 것이 우연이라고만 생각했는데……

녹음을 마치고 나오니, 필립 베이가 훌륭한 재즈 연주가들을 스튜디오로 초대했다. 그들은 피아니스트 조르쥬 아르바니타스(Georges Arvanitas), 베이스 연주자 피에르 미슐로(Pierre Michelot), 그리고 드럼 연주자 크리스띠앙 가로스(Christian Garros)였다.

"자, 나나, 이제 좀 쉬어요. 이 남자분들이 당신을 위해 왔답니다. 감사의 표시예요!"

어떻게 해야 프랑스어 녹음을 잘 마칠지 걱정스러웠지만 나는 막간을 이용해 잠시라도 재즈곡을 부를 수 있다는 생각에 마냥 기뻤고, 우리 네 사람은 한 시간 동안 함께 연주하며 즐거운 시간을 보냈다.

내가 몰랐던 건 그 날 필립이 우리의 재즈 연주를 전부 녹음해서 퀸시에게 보냈다는 사실이다.

작곡가이자 트럼펫 연주자, 천재 편곡자인 퀸시는 당시 머큐리(Mercury)사의 예술 감독이었는데, 이 회사는 곧 필립스와 합병될 예정이었다. 그는 나와 재즈 음반을 만들어서 세계 시장에 내놓을 생각이었다. 아장은 그의 계획에 찬성했고, 이 제안이 만들어낼 수 있는 가능성을 오랜 시간 동안 내게 설명해줬다.

기회라고? 물론 그렇겠지. 하지만, 나는 미국에 가야 한다는 것 때문에 너무 혼란스러워서 아장이 뭐라고 하는지도 거의 듣지 못했다. 당시 미국은 그리스 이민자들의 마지막 보루였다. 수년 간 가난한 가정들이 신의 도움을 기도하면서 미국으로 떠났다. 떠난 사람들 중에 소식이 들리지 않는 사람들이 많아 미국은 거대한 비문명 국가라고 생각되었고 두려움도 컸다. 미국에 무사히 도착한 사람들조차 그들이 얼마나 처절하게 삶과 싸우며 살아가는지 알려왔다. 그래서 이번의 내 상황은 이민자들과는 다르다고 자신에게 세뇌시켜 보려고 했지만 아무 소용이 없었다. 어린 시절의 악몽만 떠오를 뿐이었다.

하지만 미국행은 동시에 무척 흥분되는 일이었다! 미국은 〈에덴의 동쪽 The East of Eden〉, 〈이유 없는 반항 Rebel without a Cause〉의 제임스 딘(James Dean), 〈아파치 항구 Fort Apache〉의 존 웨인(John Wayne), 그리고 〈부두에서 Sur les Quais〉의 말론 브랜도(Marlon Brando), 마릴린 먼로, 주디 갈란드의 나라였다. 묻혀버린 어린 시절의 꿈들이 전부 다시 살아났다. 나는 스크린에 나오는 주인공이 되고 싶었던 아이였다. 나는 잠시나마 인생의 마술이 나를 영화 속으로 밀어 넣으려는 게 아닌지 궁금했다.

아장의 사무실에서 나오면서 나는 마치 술에 취한 듯한 기분이 되었다. 그 날 오후, 거리를 지나던 사람들이 혼자서 뭐라고 중얼거리며 호텔로 돌아가는 나를 이상하게 쳐다보는 걸 느꼈다.

루이 아장은 내게 이렇게 말했다.

"아테네로 돌아가서 좀 쉬어요. 그리고 봄에 새 음반을 만들 때 다시 만나요. 우리, 이번 여름에는 뉴욕에서 봅시다!"

조지는 이 일을 어떻게 생각할까? 나는 독일 투어를 마치고서 조지에게 이번 여름에 함께 할 수 없을 것 같다고 말하려 돌아가는 것뿐이었다. 그와 결혼한 지 18개월이 지났지만, 나는 지금까지 계속 외국에서만 활동한 것이다. 독일 그리고 파리.

조지는 처음으로 내 계획을 반대했다.

"우리는 같이 사는 것 같지가 않아. 당신과 나는 각자 일을 할 뿐이야. 이렇게 계속 지낼 수는 없어." 그가 슬프게 말했다.

그가 옳았다. 하지만 해결책은? 내가 그를 불행하게 만드는 것만 같아 너무 미안했다. 하지만 그렇지 않으려면 내가 모든 걸 포기해야 했고, 그건 내게 숨을 쉴 수 없는 것과 같았다. 만약 원만한 결혼 생활을 위해 내 일을 포기한다면, 우리는 어떤 부부의 모습일까? 아마도 나는 평생 후회와 아쉬움을 가슴에 안고 무료하게 살아가는 아내일 것이고, 조지는 보장되지 않는 성공을 기다리는 남편이 되지 않을까?

떠나기 전에 아장이 이런 말을 했는데 나는 못 들은 척했다.

"나나, 만약 일이 이렇게 진행된다면 파리에 집을 얻는 것도 한 번 생각해봐야 할 거예요. 호텔 숙박비나 비행기 값이 꽤 많이 들어요. 그리고 어쨌든 여기서 사는 게 이후 활동에 훨씬 좋을 거예요."

나는 생각하고 싶지 않았지만 결국 이 문제 때문에 밤을 새고 말았다. 나는 파리에, 조지는 아테네에 있다면 우리의 미래는 어떻게 될까? 게다가 내가 왜 뉴욕에 같이 갈 사람으로 타키스 캄바스를 선택했는지 모르겠다. 의심과 염려 때문에 늘 불안해하는 그 조그만 남자는 사실 내게 포레스탈 항공모함 공연과 바르셀로나 페스티벌이라는 두 번의 성공을 안겨줬다. 하지만 한편으로 그와 함께 있는 게 도움이 된 것만은 아니었다. 그가 나를 신뢰하지 않아서 정신적으로 늘 힘들었다. 이렇게 장단점이 있지만, 그게 무슨 상관이람? 나는 단지 여행의 동반자가 필요했고, 나는 영어를 썩 잘하지 못하지만 그는 유창하게 영어를 구사했다.

출발 날짜가 다가올수록 나는 마음이 점점 불안해졌다. 만약 내가 퀸시 존스를 실망시키면? 물론 내가 유일하게 신뢰하는 오딜이 그렇지 않을 거라고 말해주긴 했다. 그녀는 〈사랑을 알다 Savoir aimer〉와 〈루나 공원에서의 오늘 밤 Ce soir a Luna Park〉이 수록된 나의 최신 음반을 미리 들어봤는데, 내 목소리가 점점 원숙해진다고 했다.

그런데 출발일이 얼마 남지 않았을 때, 파리를 공포로 몰아넣은 사건이 일어났다. 에어 프랑스사의 보잉 여객기가 오를리 공항에서 이륙하다가 추락하면서 승객 130명이 죽은 것이다. 그 비극이 일어난 지 얼마 되지 않았을 때 떠나야 했던 나는 공항으로 가는 차에서 그 사건을 생각할 수밖에 없었다. 파리에서 만난 타키스는 다행히 잠잠했다. 그리고 오딜이 나와 공항까지 함께 가주었다. 그녀는 다른 이야기를 하면서 우리의 마음을 안심시키려고 노력했다.

"아무튼, 비행기 추락 사건은 매일 일어나는 게 아니에요. 앞으로 한참동안 그런 일은 없을 거예요. 그게 통계의 법칙이랍니다. 그러니까 걱정할 거 없어요."라며 내 귀에 속삭였다.

이마를 열심히 닦던 타키스에게 오딜의 말을 전해줘야 했으려나? 하지만 나는 또 나름대로 그걸 말해줄 만한 정신적 여유도, 힘도 없었다. 나는 비행기를 타고 가는 내내 퀸시 존스가 우리를 보자마자 마이크를 들이대면 어떻게 해야 할지, 무슨 노래를 부를지 하는 것들을 머릿속으로 정리하느라 여념이 없었다.

하지만 퀸시 존스는 직접 공항에 나오지 않았고, 대신 차를 보내줘서 우리는 가는 길에 뉴욕 풍경을 즐길 수 있었다. 나는 맨해튼으로 이어지는 다리를 건너면서 셀 수 없이 많은 고층 건물들을 보고 놀라워 입을 다물지 못했다. 겉면을 유리창으로 장식한 빌딩들은 정오의 햇빛 아래에서 마치 거울처럼 빛났다. 그래, 이게 바로 뉴욕이야! 이런 도시가 세상에 존재할 거라고는 생각도 못했는데……. 타키스는 내가 놀라는 것을 보며 즐거워했다.

"하늘을 잘 봐둬요. 몇 분 후면 하늘을 보려고 목을 길게 빼야 할 테니까." 정말이지 맨해튼을 향해 조금씩 움직여나가는 차들의 행렬은 마치 골짜기 바닥을 따라 움직이는 것처럼 느껴졌다. 어렸을 때 제우스 신전에 놀러갔던 게 생각났다. 그때와 비슷한 느낌이 들어 창문 밖으로 머리를 내밀고 높은 건물들을 올려다보니, 그만 현기증이 나서 고개를 숙이고 운전석 뒤쪽에 기대어 안정을 취해야 했다. 그래도, 나는 이제 정말 맨해튼 안에 있는 것이다! 우리가 신호를 기다릴 때, 열려진 창문을 통해 도시의 뜨거운 열기가 들어왔다. 때마침 점심시간이어서 거리에는 구운 고기와 햄버거 냄새가 가득 뿜어져 나왔다. 그리고 뜨거운 오후 햇살이 아스팔트를 녹여서 타르 냄새도 났다. 오, 하느님, 사람들이 다들 키가 컸다! 그리스 사람들보다 훨씬! 여자들은 허리를 꼿꼿이 세우고 턱을 치켜들고는 금발을 휘날리며 걸었다. 남자들은 흰 셔츠를 입고 어깨 한쪽에 재킷을 걸쳤다. 〈더 빅 슬립 The Big Sleep〉에 나오는 험프리 보가트(Humphrey Bogart)랑 똑같았다. 미국인들은 전부 저렇게 키가 크고 잘생겼을까? 나는 고개를 돌려 다음 교차로에서 길을 건너는 경찰관을 보았다. 타키스는 지금 우리가 부자 동네인 59번가에 와 있으며, 유행에 가장 민감한 5번 대로로 가는 중이라고 말해줬다. 택시는 5번가에서 남쪽으로 길을 돌렸고 그랜드 아미 플라자에서 우회전을 했다. 그리고는 플라자 호텔의 입구로 들어갔다. 센트럴 파크는 59번가 바로 건너편에 있었다.

 이게 그 유명한 플라자 호텔이었다. 이런 호텔 정도면 파리의 뤼뜨띠아 호텔 같겠다고 생각했다. 나는 번쩍이는 지구를 든 청동 조각상들로 장식한 화려한 로비의 우아한 에드워드왕 시대의 장식에 넋이 나갔다. 검게 빛나는 가구와 사치스러운 카펫. 그리고 여기저기에서 엄청나게 큰 팬이 육중하게 돌아가며 공기를 신선하게 유지했다.

 나는 방에 들어가자마자 뤼뜨띠아에서 느꼈던 충동을 똑같이 느꼈고, 바로 창가로 달려갔다. 그러나 이번엔 달랐다! 방 건너편에 59번가가 있었지만, 거리와 자동차, 사람들은 볼 수가 없었다. 방이 너무 높아서일까? 창문 밖으로 몸을 내밀 수 없어서 심지어 파란 하늘도 전혀 보이지 않았다. 나는 대신에 길 건너편 건물의 창문을 바라봤다. 거기에는 거리의 모습이 그대로 비쳤다. 전화를 하는 사람도 있었고, 담배를 입에 물고 허리를 구부린 채로 종이에 뭔가를 쓰는 사람들도 있었다.

그때 전화벨이 울리면서 멍하니 생각에 빠진 나를 깨웠다. 퀸시 존스였다!

"안녕하세요. 여행은 즐거웠어요?"

"방금 왔어요. 호텔이 너무 멋져요!"

"악보는 찾았어요?"

"무슨 악보요?"

"방을 한 번 살펴봐요. 그냥 할 일을 주려고 내가 한 묶음 보냈는데. 오늘 밤에 그리로 갈게요. 그때까지 좋은 시간 보내요!"

나는 언제 올 건지 물어보려 했는데, 그는 벌써 전화를 끊어버렸다. 방을 두리번거리다가 곧 보물을 찾아냈다. 서랍장 위에 퀸시가 편곡한 음반 전부와 그의 음반들, 그리고 음반 재생기와 재즈 관련 책이 한 더미 놓여 있었던 것이다.

타키스와 나는 점심식사로 햄버거를 먹었다. 그리고 타키스에게는 뉴욕 거리를 돌아다니라고 하고서 나는 방으로 돌아와 재즈 음반을 들었다. 몇 시간 후면 나는 듀크 엘링턴(Duke Ellington)과 사라 본(Sarah Vaughan), 레이 찰스 그리고 베이시 백작(Count Basie)과 함께 연주했던 사람을 만나는 것이다! 그 생각을 하자 짜릿한 흥분감이 온몸을 감쌌다. 그리고 언제나처럼 마음 한편으론 날 선택해 준 사람을 실망시킬까봐 두려웠다. 그럴 때면 나는 위대한 가수들의 음반을 듣고 따라 부르면서 나 자신을 안정시켰다.

드디어 퀸시가 왔다. 내가 아래로 내려가자 그는 팔을 활짝 벌려서 나를 안았다. 그는 내가 걱정하는 것을 알아차렸는지 처음부터 날 안심시키는 말을 해줬다. 필립 베이가 보내준 테이프를 듣고 감동을 받았다며, 다양한 장르의 노래를 할 수 있는 목소리를 가졌다고 격려해줬다. 그 날 밤, 그는 나를 아폴로 극장에 데려가서 젊은 가수들의 노래를 들려줬다. 그리고 그 후에는 즐겁게 저녁 식사를 했다.

그는 우리가 언제 일을 시작할 수 있을지 확실치 않다고 했다. 아마 3~4일 후에나 가능할까. 그는 다이애나 워싱턴(Diana Washington), 조니 마티스(Johnny Mathis)와 함께 녹음을 하는 중이라고 했다.

다음날 저녁에 전화가 왔다.

"오늘 빅애플(Big Apple, 뉴욕의 별칭-역주) 관광하는 거 어때요?" 그가 물었다.

나는 퀸시를 걱정시키지 않기로 결심하고, '빅애플'을 즐기기로 했다. 바로 다음 날, 나는 가이드북과 지하철 노선도를 손에 들고는 도심 여행을 시작했다. 매일 혼자서 브룩클린, 차이나타운, 첼시, 할렘과 브롱크스를 돌아다녔다.

퀸시는 저녁이 되면 전화를 걸어서 늘 똑같은 질문을 했다.

"그래, 오늘 빅애플은 어땠어요?"

그러면 나는 그 날 하루를 자세히 설명해줬다.

그런데 하루는 갑작스런 말로 나를 깜짝 놀라게 했다.

"자, 준비해둬요. 오늘 밤 재즈의 고수들을 만나게 해줄 테니까. 최고의 사람들을 소개시켜줄 때가 됐어."

그는 그 여름날 밤 나를 할렘으로 데리고 가서 루이 암스트롱(Louis Armstrong), 쳇 베이커(Chet Baker), 디지 질스파이(Dizzie Gillespie), 마일스 데이비스(Miles Davis)의 음악을 들려줬고, 며칠 후에는 나의 우상이었던 엘라 피츠제럴드를 만나게 해줬다.

나는 그녀의 노래를 실제로 들으면서 훌쩍였다. 다행히, 퀸시는 알아차리지 못했다.

뉴욕에 온 지도 3주가 지났다. 타키스는 벌써 떠나고 없었다. 나는 조카 알리키에게 선물하려고 아이들 장난감을 샀다. 녹음을 하기 전까지 나는 혼자 놀 시간이 많았다.

그런데 드디어 퀸시에게 여유 시간이 생겼다. 그래서 우리는 48번가에 있는 A&R 스튜디오를 사용할 수 있었고, 그 스튜디오를 세운 필 레이몬(Phil Ramone)이 음향 기술을 담당했다. 그는 프랭크 시내트라, 밥 딜런, 빌리 조엘, 루치아노 파바로티 등 수많은 훌륭한 음악가들과 함께 작업을 했던 녹음 제작자이다.

처음 2~3일은 정말 힘들었다. 나는 그와 작업할 때를 기다리는 동안 꽤 많은 곡을 뽑아놓았는데, 퀸시와 의견이 맞지 않아서 다시 골라야 했다. 퀸시는 요구 사항이 지나치게 많고 일할 때 너무 경직되어서 편하게 일할 수가 없었다. 일의 진행 속도는 당연히 느려졌다.

"자, 나나, 내게 설명을 해봐요." 그가 다그쳤다.

다행히 연주자들은 나의 편을 들어줬다. 그들은 유럽의 작은 국가에서 온 가수가 미국의 고전 재즈곡을 많이 안다는 걸 믿지 못했다. 그러나 일단 내가 노래를 부르자, 그들은 미소를 지으며 박수를 쳐주고 안아주기도 했다.

20곡 중에 마침내 12곡을 선정했고, 〈그리고 지금은 What Now My Love〉, 〈달은 없어요 No Moon at All〉와 〈사랑과 이별 Love Me or Leave Me〉도 포함되었다. 우리는 3~4일 동안 녹음을 했다. 신기하게도 우리는 호흡이 서로 딱 맞았다.

퀸시는 원하는 걸 얻었고, 연주자들은 칭찬을 아끼지 않았다. 나는 단지 몇 번이고 고맙다는 말만 되풀이할 수밖에 없었다. 그들이 아니었다면, 나의 음악을 제대로 표현하지 못했을 것이다.

그리고 나서 몇 주 후에 파리에서 퀸시와 만나 마지막 점검을 하기로 의견을 모았다. 그 날 밤, 퀸시가 나를 공항에 데려다줬다. 나는 너무 피곤했지만 그 날 녹음을 하면서 느꼈던 흥분과 행복감에 푹 빠져 있었다.
 이별의 포옹을 하면서 나는 울다가 웃다가 했다. 그때 나는 내가 미국과 퀸시를 얼마나 좋아하는지 깨달았다. 다시 이곳에 돌아와 만날 때를 기다리지 못할 것만 같은 생각에 마음이 다 조급할 정도였다.
 결국 그러다가 비행기 시간에 늦어서 나는 숨이 턱에 차도록 뛰어야 했다. 비행기에 오르자마자 전날 아장이 전화 통화에서 한 말이 생각났다.
 "나나, 좋은 소식이 있어요. 파리로 돌아오면 알려줄게요."
 "지금 들으면 안 되나요?"
 "예술가는 작업할 때 방해받으면 안 돼요. 우선 퀸시와 하는 일을 끝내도록 해요. 그냥 기다려봐요. 분명히 아주 좋아할 거예요."

11
푸른 드레스… 흰 드레스

새벽쯤 해서 나는 오를리 공항에 도착했다. 비행기 안에서 한숨도 못 잤다. 빨리 아장을 만나서 미국에서 있었던 일을 다 이야기하고, 아장이 전해줄 소식도 얼른 듣고 싶었다.

하지만 그들을 깨우기엔 너무 일렀기 때문에, 나는 공항 카페에서 커피와 크루아상을 주문했다. 주위에 앉은 남자들은 프랑스에서만 피우는 골루와즈 담배를 입에 물고 있었다. 갑자기 커피 향과 담배 그리고 크루아상의 향기를 맡으면서 나는 커다란 행복감을 느꼈다. 프랑스는 양부모와도 같은 나라였지만, 그때는 꼭 고향 같았다. "하느님, 집에 오니까 좋아요!" 하고 나는 혼자 중얼거렸다. 그리고는 주위를 보며 미소를 지었다. 아테네를 떠나 이곳에 처음 도착했을 때, 밀려드는 두려운 마음에 수없이 지나쳐가는 사람들을 두리번거리며 그 속에서 아장을 찾던 내 모습을 떠올렸다. 프랑스가 어느새 내 마음 속에 이만큼 자리를 잡은 걸까?

나는 이미 해가 지평선 위로 올라온 8월 아침에 택시를 잡아탔다. 그러고는 생제르맹 불르바르에 있는 어느 빵집 앞에 세워달라고 했다. 그곳은 나뭇잎들이 무성했다. 아직 길가에 사람들은 보이지 않았고, 차들만 가끔씩 지나갔다. 나는 크루아상을 들고 아장에게 가기로 계획을 세웠다. 오딜은 나를 안아주며 좋아할 거고, 아장은 뒤에 서서 그 모습을 보고 슬며시 미소 지을 것이다.

벨을 누르자 나를 맞으러 나온 그들은 역시나 내 예상대로였다. 잠옷을 입고 나온 오딜은 온갖 질문을 해대며 나를 맞아줬다. 그리고 이미 셔츠를 입고 타이까지 맨 아장은 나에게 앉으라고 자리를 권했다.

"나나, 퀸시와 한 작업은 어땠어요?"

나는 한참을 횡설수설하며 긴 이야기를 다 마쳤다.

"와, 대단해! 자, 그럼 이번엔 내가 할 다음 얘기가 뭔지 알아맞혀 봐요. 우리가 가을에 뭘 할 건지 알고 싶지 않아요?"

"네, 말해 주세요. 못 기다리겠어요!"

"올림피아 극장이야! 조르주 브라셍(Georges Brassens)이 주인공이지. 나나가 오프닝을 하는 거고."

올림피아! 제일 먼저 떠오른 건 에디뜨 피아프였다. 나는 할 말을 잃은 채 그만 넋이 나가버렸다. 아장이 말을 이었다.

"기대해도 좋을 거요, 나나. 이건 일생에 한 번 있을까 말까 한 기회니까요."

그가 옳았다. 하지만 난 시간이 필요했다. 이건 대단해. 너무 굉장한걸……. 내가 올림피아에서 노래를 하다니! 믿기지 않아.

"어떻게 일이 이렇게 된 거죠? 난 그다지 유명하지도 않은데요."

"롤랑 리베(Roland Ribet)가 브루노 꼬까트릭스(Bruno Coquatrix)를 설득했지."

"롤랑 리베가 누군지 모르겠어요."

"그 사람은 나나를 알아요. 오늘 밤에 그를 만나게 될 거요. 만약 일이 잘 되면, 그 사람을 매니저로 고용할 수도 있어요."

아장과 헤어질 때 나는 무척 피곤한 상태였지만, 한편으로 궁금해졌다. 오늘 밤에 리베 씨를 만날 때, 아장 부부를 다시 보게 되겠지? 유머러스한 필립 베이도 함께 한다고 해서 기뻤다. 휴! 이제 좀 자고 싶었다. 나는 안도의 한숨을 쉬며 몽딸랑베르 호텔로 향했다.

롤랑 리베는 미소를 짓는 듯한 눈을 가진, 호감 있게 생긴 사람이었다. 하지만, 나는 바로 그런 모습의 이면에 예리한 눈과 날카로운 말투가 있다는 걸 알아차렸다. 그는 아직까지 나의 시실리 과부 같은 옷차림에 뭐라고 이야길 하지는 못했다. 그러나 나는 그가 나의 옷과 '고양이 눈' 안경을 비스듬히 쳐다보는 것을 보았다. 그리고 그가 나를 시험할 거라는 걸 눈치챘다. 도움이 되는 시험이긴 하지만 그럼에도 부담이 되는 검사였다. 아무튼 그가 날 아주 '매력적'이라고 생각하지는 않을 게 확실했다. 이 날 저녁, 그는 '나나'라는 내 이름만 겨우 묻고는 아무 말이 없었다. 이때가 내 이름을 바꿀 시기가 아닐까? 올림피아 공연을 하기 전이고 내가 그다지 유명하지 않으니까 말이야. 사람들이 좋아하는 뭔가 다른 걸로 하면 어떨까?

나는 아장 부부에게 나의 진짜 이름인 요안나를 좋아하지 않았다고 말했다. 부모님이 나를 혼낼 때에만 부르던 이름이었으니까. 나나는 아빠가 애칭으로 요안나를 줄여서 불러준 거였다.

"인기를 얻기엔 별로일지 몰라도 나나는 내 이름이고, 난 그걸 좋아해요."

"만약 내가 바꾸자고 하면요?"

"아뇨, 별로 소용이 없을 거예요."

필립 베이는 웃음을 터뜨렸고, 루이 아장은 냉정한 얼굴이었다. 그리고 오딜은 심각한 표정으로 나를 쳐다봤다. 1962년 가을 내내 일과 나의 '외모'를 바꿔보려고 노력했던 오딜의 고통을 생각해 보면, 오딜은 아마도 그 일이 어려울 것이라고 미리 예상하고서 롤랑 리베에게 그 일을 자기에게 맡겨달라고 부탁한 게 틀림없었던 것 같다.

다음 날, 나는 조지가 보고 싶어 아테네로 돌아갔다. 우리의 신혼이 열흘도 채 못 갈 것 같다는 두려운 마음으로 말이다. 하지만 나는 새로운 노래를 녹음하고 올림피아 공연을 준비해야 해서 9월 초에는 다시 파리에 가야 했다. 이번에 루이는 나더러 파리에 집을 하나 마련하라고 밀어붙였고, 나는 그 대신 임시 숙소를 찾아봐달라고 이야기했다. 나는 점점 그리스와 조지에게서 멀어져 갔다.

칸초네 트리오는 8월에 로드 아일랜드에서 공연을 했고 나는 그들에게 합류했다. 물론 사랑을 하고, 이야기를 하고, 산책을 다니기엔 턱없이 시간이 모자랐다. 조지는 내가 없는 동안 더 많이 성숙했고, 친구들과 함께 중요한 결정을 내린 상태였다. 그들은 그리스 음악에 집중하고 멕시코 민요들을 포기하기로 결심했다. 그래서 부주키와 기타를 모두 다룰 수 있는 네 번째 단원을 구했다. 그들은 마노스에게 조언을 구했고, 마노스는 '아테니안(Athenians)' 이란 이름을 권해줬다. 그들은 그리스를 떠나 가을부터 이 새로운 이름으로 암스테르담에 있는 블루 노트에서 공연을 시작하게 되었다.

우리는 희망으로 가득 찼다. 나는 덕분에 가을에 파리에 가는 일이 갑자기 덜 부담스러워졌다. 파리와 암스테르담은 비행기로 겨우 한 시간 거리였다. 조지는 쉬는 날에 파리에 와서 나를 만날 수 있을 거고, 나는 주말에 암스테르담으로 날아갈 수 있었다.

나는 이제 파리에서 이방인이 아니었다. 아장의 도움으로 라탱 까르띠에 중심가에 작은 방을 얻은 것이다. 지붕 바로 밑이라 천장이 기울어져 종종 머리를 부딪치기도 했지만 대신 방값은 쌌다. 그리스에 있는 우리 가족은 돈이 필요했고, 조지도 그랬다. 나는 내 수입을 가족들과 나누면서 죄책감을 좀 덜어낼 수 있었다. 평범한 그리스 아내들과는 달리 사랑하는 사람들과 떨어져 지낸다는 것에 그동안 죄책감이 컸기 때문이다. 나는 노래로 돈을 벌 수 있어서 정말 기뻤다. 그리고 내 음반이 팔린다는 게 여전히 믿어지지 않았다.

9월에 나는 새로운 노래 두 곡을 녹음했다. 하나는 피에르 들라노에와 질베르 베꼬(Gilbert Becaud)가 지은 〈나를 믿어줘요, 끝까지 함께 할 거예요 Crois-moi, ca durera〉였고, 영어 노래 〈빨간 장미 Roses Are Red〉를 번안한 〈돌아갈게 나의 사랑 Je Reviendrai my love〉이었다. 하지만, 내겐 오딜과 함께 점심을 먹었던 많은 시간들이 더 중요했다. 우리가 서로 정말로 더 잘 알아갈 수 있는 시간이었다. 나는 블랑키 스튜디오를 떠나면서 카페 플로르(Cafe Flore)나 레 듀 마고(les Deux Magots), 아니면 클로즈리 데 릴라스(La Closerie des Lilas)에서 오딜을 만났다. 그리고 서유럽 여인들이 어떻게 살아가는지 조금씩 배워갔고, 그리스인의 삶과 아주 다르다는 사실을 깨닫게 되었다. 오딜은 세련되고 우아했다. 우리 둘을 동시에 보면 그리스와 프랑스의 격차를 단번에 알아낼 수 있을 정도였다.

그녀는 나의 감정을 상하지 않게 하면서도 부드러운 태도로 내 외모를 바꿔 보려 노력했다.

하루는, 그녀가 며칠 전에 이브 생 로랑 부티크 앞을 지나다가 나에게 입혀 보고 싶은 바지를 발견했다고 말했다.

"웃기지만, 그걸 보면서 당신 생각을 했어요."

"생 로랑이 뭐예요?"

"그는 패션 디자이너예요. 내가 어제 입었던 자두빛깔 옷 기억나요? 바로 그가 디자인한 거예요. 난 조금 있다가 거기 갈 건데, 같이 가지 않을래요?"

그 날, 나는 이브 생 로랑에서 오딜과 즐거운 시간을 보냈다. 그녀는 편하게 웃으며 붉고 긴 머리를 찰랑거렸다. 그녀는 그 바지를 보여주면서 한 번 입어보라고 했다. 점원들이 내가 그녀의 친구인 것을 보고는 달려와 조언을 해줬다.

오딜이 블라우스를 고를 때, 나는 바지를 입어보았다. 그녀의 눈은 정말 정확했다. 내게 아주 잘 어울렸다. 나는 조금씩 새로운 눈으로 나를 보기 시작했고, 멋지게 차려입은 점원들이 손님의 스타일을 분별하는 눈으로 나를 뜯어보게 되었다. 이곳 점원들은 마치 잘 나가는 패션 잡지 속에서 막 뛰쳐나온 패션 리더 같았다.

어느 날, 나는 오딜에게 내가 마리아 칼라스를 존경한다는 얘기를 했다. 오딜은 내 얘기를 듣더니 우연히 칼라스의 인생을 바꿔놓은 의사의 이야기를 말해줬다.

"예전에 칼라스는 덩치가 컸어요. 그런데, 헤쉬베르크(Heschberg) 박사가 그녀에게 기적을 베풀어줬지요."

"어머, 그런지 몰랐어요. 나도 그녀만큼은 아니더라도 단 몇 킬로그램만 뺄 수 있다면 좋겠어요."

"그래요, 나나도 조금만 빼면 훨씬 예쁠 텐데. 그 박사님 한 번 만나 볼래요?"

"오딜도 그분을 알아요?"

"아뇨. 하지만 그분이 파리에 살지요."

"그럼, 나 대신에 약속을 잡아줄 수 있나요?"

"물론이죠!"

나는 이틀 후에 헤쉬베르크 박사를 만났다. 그는 한참 나의 식습관을 자세하게 물어보더니, 내가 단 것 특히 과자를 좋아한다는 것을 금세 집어냈다. 그리고는 내가 먹을 수 있는 음식물 목록을 적어서 여러 가지 메뉴를 짜주었다. 다른 한 쪽에는 내가 피해야 하는 음식들을 적어놓았다. 그는 설탕도 안 된다고 했지만, 커피를 정말 좋아하는 나는 절대 그럴 수 없었다. "설탕을 안 먹을 수는 없는 걸요……." 내가 잔뜩 기어들어가는 목소리로 반대 의사를 표시하자 의사는 내게 스스로 설탕의 양을 조절해서 먹을 수 있는지 물어봤다. "아니요, 그렇게 하지 못할 거예요." 하지만 나는 그 날부터 완전히 설탕을 끊기로 결정했다. 물론 커피에도 설탕을 넣지 않기로 말이다.

"아주 좋아요. 이제 모든 것은 당신에게 달렸습니다. 3주 후에 다시 오세요. 하지만 4~5킬로그램은 줄여야 저를 다시 만날 수 있을 겁니다."

3주 후에 내가 그의 사무실로 들어서자 그는 아주 놀라워했다. 내가 무려 10킬로그램을 줄인 것이다.

오딜도 기뻐하면서 격려해줬다.

"이제 머리 모양을 바꾸러 가요!" 그녀가 행복한 듯이 소리쳤다.

지금까지 내 머리는 보통 늘어뜨렸을 때 어깨에 닿는 정도였고, 난 머리를 풀거나 둥그렇게 묶고 다녔다. 사실, 어떻게 고쳐야 할지도 잘 몰랐다. 하지만 헤쉬베르크 박사와 만났던 일은 내게 누구나 기적을 행할 수 있다는 것을 가르쳐줬다. 나는 또 오딜과 함께 알렉상드르(Alexandre)에 갔다.

그런데 이번 결과는 좋지 않았다. 헤어 디자이너는 내 머리 모양을 마치 안나 카레니나 같은 뱅(Bang) 스타일로 바꿔놓았다. 내 얼굴은 더 커 보였고, 안경 위로 머리가 수북했다. 나는 얼른 가운데 가르마를 낸 옛날 머리 모양으로 바꿔버렸다. 적어도 깔끔하게는 보이니까.

아직 10월이었다. 올림피아 공연까지는 날짜가 한참 남았지만, 오딜과 나는 벌써부터 공연 때 뭘 입을지 고민했다. 오딜은 나를 크리스띠앙 디오르(Christian Dior)와 루이 페로(Louis Feraud), 그리고 이브 생 로랑에 데려갔다. 거기서 나는 노르웨이 출신 신인 디자이너 페르 스푸크(Per Spook)를 알게 되었다. 키가 크고 잘생기고 매력적인 그는 최근에 루이 페로의 문하에 들어갔다. 그는 수줍음이 많다고 할 정도로 겸손했다. 나는 그의 단순한 창의성과 모델을 대하는 태도에 감동받았다. 말수는 적었지만 남의 이야기를 들을 줄 아는 사려 깊은 사람이었다. 우리는 곧 친해졌고, 그는 자기에게 시간을 좀 주면 며칠 후에 몇 가지 디자인을 보여주겠다고 했다.

10월 13일 내 생일에 오딜은 에르메스(Hermes) 가방을 선물해줬다. 너무 우아해서 보는 순간 나는 숨을 들이켰다.

"내 거예요? 말도 안 돼! 오딜, 너무 아름다워요!"

"어깨에 메고 한 번 걸어 봐요. 내가 좀 봐줄게요."

어깨에 가방을 메고서 나는 거울을 통해 '새로운 나'를 흘끗 쳐다봤다. 겨우 몇 주가 지나는 동안 나는 정말 많이 변했다!

"와, 진짜 잘 어울린다! 진정한 파리의 여인이에요." 오딜이 감동한 듯 소리쳤다.

수년이 지난 후, 오딜은 에르메스 가방을 선물한 뒷이야기를 말해줬다. 장-자끄 띨쉐(Jean-Jacques Tilche—당시에는 예술 감독 보조였음)의 부인이 오딜에게 예전의 내 가방이 인조가죽이라고 조용히 지적했다는 것이다.

"좀 창피하지만, 사람들이 그녀를 우습게 볼 거예요. 누군가 말해줘야 해요." 그 부인이 말했다.

"알아요. 하지만 모든 일은 적절한 때가 있잖아요. 나나는 아주 예민하니까 기분 나쁘게 하고 싶지 않아요."

그래서 오딜은 그 오래된 가방을 없애려고 내게 에르메스 가방을 생일 선물로 준 것이다.

"오딜과 나는 나나를 많이 도와줬지만, 강요하지는 않았어요. 나나는 스스로 그리스인이라는 자존심과 싸워야 한다는 걸 깨달아야 했어요. 나나는 더 예쁘게 보이려고 노력하는 게 창피한 일이 아니라는 것을 그렇게 혼자서 배워야 했답니다."

루이 아장이 나중에 이렇게 말했다.

조지는 나를 매력적으로 봤을까? 3~4일 동안 함께 지내게 되면 그가 나의 변화를 알아볼까? 그는 내 변화를 알아차렸지만, 별로 좋아하지 않는 것 같았다. "누가 살을 빼라고 했어?" "어디서 그런 드레스를 샀어?" "그리고 그 가방은?" 나는 그가 나를 잃어버릴까봐 두려운 마음에 그렇게 말했다는 걸 감지했다. 사실, 내가 다른 사람에게 눈을 돌린다는 건 불가능한 일이었지만, 그게 말이 되건 안 되건 조지는 질투를 했다.

나는 곧 내 실수라고 결론을 내렸다. 조지는 그리스 문화와 관습에 젖은 그리스 사람이었다. 그는 조금씩 내가 다른 문화에 적응해간다는 걸 알아챘다. 조지는 한 번도 아장 부부나 필립 베이, 혹은 롤랑 리베와 만나본 적도, 이야기해본 적도 없어서 내가 그들을 소개해줘야 했다. 그 사람들이 얼마나 친절한지 그리고 나를 위해 얼마나 열심히 일하는지, 조지가 볼 수 있기를 바랐다. 하지만 불행하게도 우리는 한 번도 그렇게 해보지 못했다. 조지와 내가 함께 할 수 있는 시간은 너무 적었고, 그 시간조차도 너무 빨리 지나갔다.

조지가 암스테르담으로 돌아가고, 나는 오딜과 함께 시간을 보내는 일상으로 돌아왔다. 오딜은 나를 루브르 박물관에 데려갔는데, 나는 거기서 처음으로 밀로스 섬의 비너스(la Venus de Milo)를 봤다. 그 조각상은 150년 전에 그리스의 밀로스 섬에서 발견된 것인데, 프랑스 국왕 18세를 위한 선물로 프랑스에서 구입했다고 한다. 많은 그리스인들은 수많은 보물들이 고국에 있지 않고 외국에 있는 것을 좋지 않게 생각했지만, 나는 비너스 상을 처음 봤을 때 그렇게 생각하지 않았다. 나는 오히려 그것이 프랑스에, 그것도 루브르 박물관에 전시되어 있다는 사실이 자랑스러웠다. 그 조각상이 그리스에 있었다면, 이렇게까지 유명해지지 않았을 것이다.

밤이면, 아장 부부는 나를 생제르맹데프레 지역에 있는 클럽에 데려갔다. 거기에서 나는 세르주 갱스부르(Serge Gainsbourg)와 다리오 모레노(Dario Moreno)를 만나게 되었다. 갱스부르는 내성적이면서도 친근했다. 내 고향을 알고 싶어해서 우리는 수다를 떨며 즐거운 시간을 보냈다. 그 당시 그는 아직 유명하지 않았고, 다른 사람들을 돕는 일만 했다. 오딜이 내게 그의 첫 노래 〈릴라스 역의 여자 검표원 La Poinconneuse des Lilas〉을 알려줬다. 반면, 다리오 모레노는 이미 유명했다. 어떤 날은 우리 모두 멕시코 노래를 부르는 다리오 옆에 서서 밤을 보내기도 했다.

나의 불어 실력은 점점 좋아졌다. 10월에 블랑키 스튜디오로 돌아왔을 때 그걸 알아차렸다. 나는 이제 r 발음을 할 때도 혀를 굴리지 않았고, 그리스 억양도 사라졌고, 가사를 해석하느라 사전을 뒤적이지도 않았다. 1년 8개월 전에는 호텔방에서 녹음기를 갖고 혼자 연습을 했는데……. 1962년 10월 나는 이제 〈살바메 디오스〉를 녹음할 예정이었다. 샤를르 아즈나부르와 나는 계속 연락하며 지냈는데, 그가 나를 위해 이 노래를 편곡해줬다.

올림피아 공연 날짜가 점점 가까워졌고, 나는 11월의 마지막 두 주를 연습만 하면서 보냈다. 1집 앨범에서 고른 3~4곡 정도만 무대에서 부를 수 있었다. 나는 야니스 이오나디스(Ianis Ioanidis)와 마노스가 지은 그리스 노래 〈바다가 예뻐요 C'est joli la mer〉와 마노스가 지은 〈행렬〉, 〈루나 공원에서의 오늘 밤〉과 〈바람 속의 갈대〉를 골랐다. 나는 그 어느 때보다 날씬해진 데다, 페르 스푸크가 날 위해 만들어준 검은 스팽글 드레스는 두 달 전엔 꿈도 못 꿨던 몸매를 만들어줬다.

음악당 파사드에 커다란 빨간 글자로 조르주 브라셍의 이름이 내걸렸다. 나는 복화술사 자끄 꾸르뜨와(Jacques Courtois)의 다음 순서였다. 그리고 내 이름은 큰 천막에 쓰인 자끄 이름 바로 위에 조그맣게 보였다. 내겐 가장 작은 분장실이 주어졌다. 나는 그런 것들이 오히려 부담을 덜어준다고 스스로 다독였다. 내가 좀 실수하더라도 전설적인 올림피아 극장에 해가 되지는 않을 거라고······. 브루노 꼬까트릭스가 프로그램에 나를 포함시킬지 아직 마음을 확정하지 않았다는 것은 나도 익히 알고 있었다. 그는 확실히 나보다는 연예잡지《안녕, 친구들 Salut les copains》표지에 실리는 신인 음악가들이나 조니 핼리데이(Johnny Hallyday), 실비 바르땅(Sylvie Vartan), 아니면 끌로드 프랑수와(Claude Francois) 같은 사람들에게 관심이 많았다. 실비는 이미 1962년 초에 올림피아에서 공연을 해본 적이 있는 가수였다. 그리고 끌로드 프랑수와, 리틀 에바(Little Eva), 토르나도스(Tornados)와 함께 1963년 초에 다시 공연을 할 예정이었다. 브루노는 나를 이들 '아이돌' 그룹에 넣지 않았다. 그는 대중들이 나를 어떻게 생각할지 알아보려고 기다리는 것이었다.

무대에 올라가기 전에 나는 숨이 막힐 정도로 무대 공포증을 겪었지만, 그럼에도 첫날 공연은 아주 멋졌다. 나는 마노스의 음악 〈바다가 예뻐요〉로 무대를 열었는데, 마노스의 음악이 내게 강한 힘을 준 덕분이었다. 노래를 시작하자, 나는 두려움이 모두 사라지는 것을 느꼈다. 또한 무대에 올라섰을 때 박수를 쳐준 관객들 또한 내게 힘을 줬다. 나는 많은 관객들이 나의 노래를 처음 듣는다는 것을 알았기에 그들과 감정을 나눠보고 싶었다.

내가 잘 해냈을까? 브라셍이 먼저 반응을 보였다. 내 노래를 듣고는 그의 독특한 말투로 평했다. "저 그리스 꼬마는 성공할 거야!" 그가 브루노와 이야기하는 것이 보였다. 브루노는 어떤 반응을 보일까? 그는 브라셍의 평을 내게 말해주면서 '만약 그게 브라셍의 생각이라면, 그렇게 될 거야.' 라고 말하는 듯한 웃음을 지어보였다.

나는 조르주 브라셍에게 자꾸 신경을 쓰게 되었다. 그가 줄곧 만성 신장염으로 고생했기 때문이었다. 어떤 날은 신장 결석으로 통증이 심해 공연 중간에 내려오기도 했다. 브루노는 그런 위험 부담을 잘 알았지만, 쇼를 취소하지 않고 바로 투입할 수 있는 쟁쟁한 스타들을 대기시켰다. 여기엔 꼴레뜨 르나르(Colette Renard), 물루지, 레오 페레(Leo Ferre), 베꼬(Gilbert Becaud)와 기 베아르(Guy Beart)가 있었다. 브라셍이 병원에 가야 할 때마다 이들 중 한 명이 곧 와서 공연을 대신했다. 정말 감동적이었다.

나는 뒤에서 그들의 노래를 들으며 시간을 보냈다. 정말 열심히 들었던 것 같다.

사실 나는, 처음부터 고풍스러운 음악당의 분위기 때문에 한껏 고무되었다. 약간 기울어진 무대와 삐걱거리는 무대 바닥, 어두운 무대 뒤 통로, 심지어 통풍 장치까지 마음에 들었다. 무대 감독과 연주자들, 기술자들도 모두 신중하고 융통성 있는 사람들이어서 내게 칭찬과 격려의 말들을 해줬다. 모두가 무대 감독을 '두두(Doudou)' 라고 불렀다. 그의 일 중 하나는 우리에게 무대 오르기 전 남은 시간을 알려주는 것이었다. 두두는 긴장을 풀어주는 그만의 방법을 잘 알았다. 예를 들어, 그는 "나나 무스꾸리, 2분 전이에요!"라고 소리 지르지 않았다. 대신, 기뻐서 금방이라도 곧 졸도할 것처럼 "2분 후에 시작합니다."라고 한숨을 쉬면서 말했다. 그러면 사람들은 왁자하게 웃음을 터뜨렸고, 나는 달려가 그를 안아줬다.

크리스마스 이브 마지막 공연이 끝나고 커튼이 내려졌다. 나는 관중들이 날 좋아했는지, 어떤 영향력 있는 비평가가 나를 평가했는지도 몰랐다. 1963년이 되자마자 나는 올림피아에서 겪었던 경험을 음미해볼 여유도 없이 음반을 녹음하러 런던으로 떠났다.

1월 아침에 오를리 공항 주변 날씨가 너무 나빠서 런던행 비행기가 취소되었다. 승객들은 갸르 뒤 노르 기차역으로 이동했다. 우리는 기차를 타고 가서 또 해협 페리를 타야 했다. 처음에, 나는 앞에 놓인 제도적 문제를 전혀 예상하지 못한 채, 내게 일어나는 일들을 가볍게 받아들이려고 노력했다.

나는 이전에 배를 타고 국경을 넘어본 적이 한 번도 없었던 터라, 영국에 도착했을 때 세관을 통과해 배를 갈아타려고 길게 줄을 선 사람들을 보고 깜짝 놀랐다. 한쪽 줄은 취업허가서를 받은 승객들이었고, 다른 줄은 허가서가 없는 사람들이었다. 물론 나는 두 번째 줄에 있었다. 많은 그리스인과 이탈리아인, 스페인인들이 배에 오르는 것이 보였다. 내 옆에 있던 남자가 저 사람들은 고국에서 가족들과 휴가를 보내고서 영국에 돌아온 것이라고 설명해줬다.

내 차례가 되었다.

"런던에는 왜 왔지요?"

"음반을 녹음하려고요."

"취업허가서 주세요."

나는 다리가 후들거렸다.

"저······ 없는데요."

"다음!"

다음 승객이 내 어깨 바로 뒤에서 기다려서 나는 그만 줄 밖으로 나와 주저앉아 버렸다. 내가 독일에 갔을 때는 왜 허가서를 물어보지 않았지? 이제 어떻게 되는 거야? 경찰이 와서 날 프랑스로 돌려보내면 어쩌지? 런던에서 필립스 임원들이 날 기다리는데도? 오, 하느님, 얼마나 부끄러운지요! 나는 그만 울음을 터뜨리고 말았다.

다행히도 그때 한 남자가 다가오더니 친절하게 이것저것 물어보며 런던에 갈 방법을 알려줬다.

"왜 울어요, 아가씨?"

나는 자초지종을 설명했다.

"돌아가는 표가 있나요?"

"네."

"돈도 있어요?"

"네, 조금이요."

"그럼 런던에서 해야 할 중요한 일이 뭐예요?"

"난 가수예요. 지금 사람들이 녹음을 하려고 날 기다려요."

"그럼, 호텔 주소 알죠?"

"그럼요."

"진정하고 울음을 그쳐요. 내가 설명해 줄 테니. 자, 세관원의 일은 당신같이 취업허가서가 없는 사람을 돌려보내는 거예요. 하루에도 수없이 많은 불법노동자들이 페리를 타고 영국에 들어오려고 하거든요. 그러니 아까처럼 하면 안 돼요. 아까 섰던 줄에 다시 가서 세관원이 영국에 온 목적을 물어보면 당신은 여행객이라 하고 돌아가는 표를 보여주세요."

"못 해요. 날 알아볼 거예요."

"아니에요. 적어도 시도는 해봐야죠. 안 그러면 배에서 내릴 수 없어요."

이후 몇 분간은 너무 힘들었다. 나는 사람들이 나를 거짓말쟁이라고 하면서 수갑을 채우고 감옥으로 끌고 가는 것을 상상했다……. 하지만 그 세관원은 내 여권에 도장을 찍으면서 그냥 한 번 올려다봤을 뿐이었다.

그건 첫 런던 여행이 잘 풀리지 않을 거라는 징조였다. 셋째 날에 스튜디오를 떠나면서 나는 영국 필립스사 감독이 예술 감독과 하는 얘기를 엿듣게 되었다.

"난 아장이 왜 저 여자가수에게 돈을 투자하는지 모르겠어. 노래는 잘해. 하지만 개인적으로 볼 때 성공할 것 같지는 않아."

"당신이 잘못 생각한 거야. 난 그녀가 성공할 거라고 생각해." 예술 감독이 말했다.

"정말? 난 아장에게 전화해서 내 생각을 정확히 말해줄 걸세."

그 날 아침 나는 우연히 근처 스튜디오에서 녹음을 하던 로드 스튜어트(Rod Stewart)와 세르주 갱스부르를 만났다. 우리는 그 날 밤 만나기로 약속을 했는데, 스튜디오에서 그런 말을 들어버린 나는 누군가 다른 사람을 만나고 싶은 생각이 사라졌다. 너무 좌절한 나머지 나는 호텔로 그냥 와버렸다. '그가 아장에게 전화해서 그렇게 이야기하면 아장은 뭐라고 생각할까? 나에 대한 믿음이 깨질 거야.' 내 첫 독일어 음반은 잘 팔렸지만, 불어 음반은 아직도 판매량이 저조했다. 나는 이제 아장의 후원이 없는 미래는 상상하는 것조차 두려웠다.

세르주 갱스부르가 전화할 때까지 나는 이렇게 끝없이 우울한 생각에 빠져들었다. 그런데 세르주는 로드와 함께 호텔 바에서 나를 계속 기다렸던 것이다.

나는 그 날 저녁에 그들과 대중과 가수의 관계를 이야기했던 것을 기억한다. 세르주는 올림피아에서 눈을 감고 손을 뒤로 한 채 노래를 부르는 내 모습을 보고 충격받았다고 했다.

"나는 처음부터 관객들을 볼 용기가 없어요. 천천히 해야 해요." 내가 말했다.

"음. 난 그들을 쳐다보고 싶지 않아요. 사실 난 등을 돌린답니다. 난 무대보다 영화를 좋아해요. 무대에서는 혼자잖아요."

"당신은, 사람들이 당신을 좋아하지 않으면 좋겠어요?"

"그건 아녜요. 아무튼, 난 관객들을 좋아하지 않습니다."

"나는 나나랑 비슷해요. 나에겐 박수가 필요해요. 그래서 관객들을 선동하려고 최선을 다하죠."

세르주는 왜 관객들을 싫어하면서도 노래를 했을까? 나는 그의 말을 듣고 혼란스러웠다. 나에게 노래는 다른 사람들과 나의 감정을 나누고 싶다는 욕구와 연결된다. 나는 결국, 세르주는 우리 중에 가장 순수한 예술가이자 창조가라고 내 마음대로 결론을 내렸다. 그는 자신이 앞으로 나아가려고 다른 사람들의 지지를 얻고 싶어하는 게 아니었다.

영국에서 돌아오는 길에 나는 브뤼셀의 안씨엔느 벨지끄에서 공연하느라 며칠 머물렀다. 내가 오기 일주일 전에 실비 바르땅이 이곳에서 말썽을 피우고 떠났다고 한다. 사람들은 아직도 그 사건과 레코 들라 부르스(L'Echo de la Bourse)의 이야기로 시끄러웠다. "불가리아 출신인 그녀는 이제 18살이다. 마치 검은색 가죽 재킷을 입은 젊은 로커라는 둥 우스꽝스러운 찬사를 받는 아이돌처럼 떠벌려졌다. 불쌍한 아이야!"

하지만 나에 대한 반응은 아주 달랐다. 우스운 과찬도 아니었고 검은 가죽 재킷도 아니었다. 차분한 분위기 속에서 예의바른 박수를 받았다. 이런 게 세계를 지배한다는 것일까? 나는 클럽 매니저가 "대단한 성공이었다. 수줍은 매력을 보이는 원숙미 넘치는 가수이다."라고 나를 평했다는 것을 나중에 알게 되었다. "하지만 옷을 너무 못 입는다. 표가 너무 팔리지 않았다!"

12

작은 문이 닫히면 큰 문으로

런던과 브뤼셀 여행에서 돌아왔더니, 사람들이 내가 이번 유로비전 노래 콘테스트에 나갈 건지 궁금해했다. 다행히 아장은 런던에서 있었던 일로 실망하지도 않았고, 오히려 필립스사 사람들 전부가 나의 후원자가 되었다.

나의 예술 감독인 필립 베이는 제라르 꼬뜨(Gerard Cote)에게 자리를 넘겨주어야 했다. 제라르는 경쟁사에서 합류했는데, 듣기로는 글로리아 라쏘(Gloria Lasso)의 성공에 커다란 역할을 했다고 한다.

한눈에도 두 남자가 얼마나 다른지 확연히 보였다. 필립 베이는 음악과 연주자들을 존경했다. 그는 완벽한 음악을 만들 때까지 인내심을 잃지 않고 몇 시간이든지 투자할 수 있는 사람이었다. 반면, 제라르 꼬뜨는 노래보다 내 외모에 신경을 더 쓰는 듯했다. 루이 아장도 내 외면이 예술성보다 너무 처진다고 생각했을까?

아무튼, 제라르는 1963년 유로비전 그랑프리를 따는 데에 온 힘을 기울이겠다고 결심했다. 지원자들은 벌써부터 참가 자격을 얻으려고 경쟁을 벌이는 상황이었다. 이미 프랑스 대표로 알랭 바리에르(Alain Barriere)가, 모나코 대표로 프랑소아즈 아르디(Francoise Hardy)가,

독일 대표로 하이디 브륄(나의 독일 투어 파트너)이, 스위스 대표로 에스테르 오파림(Ester Ofarim)이 나오는 것으로 확정되었다.

그런데 나는 어느 지역의 대표로 나가지? RTL(Radio-Television Luxembourg, 라디오-텔레비전 룩셈부르크)과 특히 로제르 크라이헤르(Roger Kreicher)와 모니끄 르 마르씨스(Monique Le Marcis)는 내가 룩셈부르크 대표로 나가야 한다고 입을 모았다. 안 될 건 또 뭐야? 루이 아장과 제라르 꼬뜨도 찬성했다. 남은 건 거기서 부를 노래를 찾는 것이었다.

레이몽 베르나르(Raymond Bernard)와 피에르 들라노에가 재빨리 한 곡을 만들어왔다. 이런 시합에 딱 맞는 노래였다. 제목은 〈기도의 힘으로 A Force de Prier〉. 노래를 익히는 건 쉬웠고, 처음 들을 때부터 감정이 일면서 노래에 호응할 수 있었다. 하지만 이상하게도 나에겐 느낌이 없었다. 마노스의 음악과 니코스의 가사는 단번에 나에게 강한 느낌을 주었는데, 이 노래의 가사에는 반응할 수가 없었고 나답지 않게 가슴이 텅 비어버린 것 같았다.

"매일 밤 큰소리로 기도하면서
사랑의 신들에게 간청하는 힘으로
네 이름을 시처럼 노래하는 힘으로
너를 사랑하는 힘으로, 넌 나를 사랑해야 할 거야"

"À force de prier Chaque nuit, chaque jour
À force d'implorer Tous les dieux de l'amour
À force de chanter Ton nom comme un poème
À force de t'aimer, Il faudra que tu m'aimes."

열정적이었던 제라르는 내가 주저하자 화를 냈다. 나는 왜 그때 바로 거절하지 않고 결국 그 노래로 시합에 나가겠다고 했는지 모르겠다. 아마도 나 혼자만 다른 의견이었기 때문일 수도 있고, 나를 믿어주는 사람들을 실망시키고 싶지 않았기 때문일 수도 있다.

그 해의 유로비전 콘테스트는 생중계되지 않고 BBC 스튜디오에서 촬영해 녹화 방송되었다. 이건 내게 또 다른 장애물이었다. 나는 관객들의 존재, 숨소리를 느껴야 감정이 살아나기 때문에 관객을 보면서 노래해야 했다. 아무 반응이 없는 카메라 앞에서 어떻게 감정에 몰입할 수 있지? 난 배우가 아닌 가수에 불과했다. 그러니 나의 감정을 이끌어낼 수 없으리란 건 당연했다.

결과는 참담했다. 난 8등을 해서 5위를 한 알랭 바리에르, 6위를 한 프랑소아즈 아르디보다 훨씬 뒤로 처졌다. 그랑프리 수상자는 덴마크 대표였던 잉그만(Ingmann) 부부였다.

나는 실망이 이만저만이 아니었다. 그런데다가 본느 스와레(Bonne Soiree)의 음악 비평가 자끄 엘리앙(Jacques Helian)은 몇 문장으로 날 완전 침몰시켰다.

"룩셈부르크를 대표해 출전한 나나 무스꾸리는 세계적인 음악가로서 완벽한 이미지이다. 모두 그녀의 노래를 들으면 울게 된다. 그러나 세상에……. 그녀의 외모 때문에 생기는 문제는 영원히 해결되지 않을 것이다. 외모만 아니었다면, 나나 무스꾸리는 쉽게 1위를 했을 것이다."

스파르타쿠스 씨와 아스티르의 일들이 다시 생각났다.

난 정말로 무너졌다. 하지만 나는 유로비전에서 겪은 실패가 미국과 세계로 나아가는 문을 열어줬다는 것을 곧 알 수 있었다.

시합이 끝난 바로 다음 날, 나는 불어로 발매된 나의 그리스 노래 1집을 들었다. 마노스와 니코스가 나를 유명하게 만들어준 가장 아름다운 노래들을 골라 계속해서 들었다. 〈페이퍼 문〉, 〈젊은 사이프러스〉, 〈피레우스의 아이들〉, 그리고 〈세상 어딘가에 날 사랑해 줄 남자가 있어〉……. 나는 마치 내 영혼을 잃어버린 듯한 느낌으로 참여했던 콘테스트라는 꼭대기에서 원래의 나로 천천히 내려왔다. 그리고 내가 아직 감정을 그대로 느낄 수 있는 것을 발견하고는 기뻤다.

그 해 초에 있었던 아픔들은 내 마음 속 깊은 곳에 있던 믿음과 소망 덕분에 이겨낼 수 있었다. 나는 블랑키 스튜디오 녹음실에서 새로운 얼굴을 발견했다. 파란 눈에 머리카락이 긴 젊은이였는데, 나를 아주 친근한 눈빛으로 쳐다봤다. 그는 녹음실에서 얼른 나와서는 나의 노래와 목소리를 아주 좋아한다고 말해주었다. 버건디의 거대한 포도밭 근처 본느 지방에서 자랐다는 그는 이름이 앙드레 샤펠(Andree Chapelle)이었다. 어느 날 저녁, 그는 이번에 아카데미 뒤 디스크(l'Academie du disques)의 그랑프리를 목표로 음반을 녹음하는 거라고 말해줬다.

"날 격려해줘서 정말 고마워요. 그래도, 알다시피 나보다 노래를 잘하는 사람들은 무척 많아요……."

"이 노래들은 진짜로 훌륭해요. 난 당신이 1등 한다고 확신해요."

그가 옳았다. 우리 음반은 그랑프리를 수상했고, 2년 후에 앙드레는 나의 예술 감독이 되었다. 가장 재능이 많고 까다로우면서도 열정적인 예술 감독이었다. 수년 뒤에 내가 조지와 이혼한 후, 앙드레는 서서히 내 삶에 들어왔다. 지금은 나의 남편이자 내가 가장 신뢰하는 예술적 동지이다.

내가 어렸을 때 엄마는 "때때로 하느님은 작은 문을 닫고 더 큰 문을 열어주신단다."라고 자주 말했다. 정말로 하느님은 내 눈앞에서 유로비전이라는 문을 닫아버렸다. 그리고는 다른 문을 열어줬다. 그 날 음악계에 아주 영향력 있는 두 사람이 내 노래를 듣고서 나를 찾아온 것이다.

그 중 한 사람은 유로비전 쇼 제작자 이본느 리틀우드(Yvonne Littlewood)였다. 그녀는 유로비전이 끝나고 며칠 후에 내게 전화했다. 그리고는 내 목소리와 순수함에 감동받았다며 자기가 담당하는 영국 BBC 토요일 밤의 음악 방송에 초대했다.

나는 좀 머뭇거리다가 이건 행운일 거라고 생각하면서 가볍게 승낙했다.

이번 런던 여행에서는 모든 게 순조로웠다. 이본느의 초대로 나는 런던과 화해할 수 있었다. 라이브로 노래를 불렀고, 방송도 아주 잘 진행되어가는 것 같았다. 그리고 그 날 저녁, 나는 어느새 이본느와 신뢰하는 사이가 되었다. 4년 후에 그녀는 나를 다시 BBC에 초대해서 6주 일정으로 지구 곳곳을 소개하는 프로그램에 넣을 내 목소리를 녹음했다.

또 다른 한 사람은 해리 벨라폰테(Harry Belafonte)였다. 우리가 처음 만난 지 40년이 지나고 나서 해리는 이렇게 이야기했다. "나는 무스꾸리의 노래를 처음 듣고는 단번에 그녀가 바로 내가 찾던 사람이라는 걸 알았다. 그녀의 목소리는 정말 특별했다! 자극적이면서도, 순수하고 부드럽다."

그에게 제의를 받은 날 밤에 나는 도저히 잠을 잘 수가 없었다. 눈앞에 놓인 도전을 생각하니 무서웠다. 그리고 해리를 실망시킬까봐 겁이 났다. 그러나 이런 두려움은 사실, 또 다른 비밀스러운 걱정거리에서 비롯한 것이다. '조지는 이번처럼 긴 여행을 어떻게 받아들일까?' 이번 뉴욕 여행을 가기 바로 전에, 우리는 파리의 불로뉴-빌랑꾸르구에 있는 작은 아파트를 사기로 결정했다. 아장은 여전히 우리에게 파리에 자리를 잡으라고 성화였고, 필요한 돈을 꿔줄 수도 있다고 말했다. 내가 파리에 정착하는 것은 남편만 빼고 모두가 환영하는 일이었다. 나는 조지가 영원히 그리스에서 살고 싶어한다는 것을 잘 안다. 하지만, 조지는 아파트를 사자는 제안에 동의했다. 이건 자신에게 내가 얼마나 중요한지를 말해주는 그의 표현 방법이었다. 나는 조지에게 고마움을 느끼며 그에 대한 믿음을 가지고 뉴욕으로 향했다. 물론 여전히 마음 한 구석은 조지 생각으로 무거웠다. 내가 이번 일을 말하면 조지가 얼마나 힘들어할까?

자정 즈음해서 나는 드디어 해결책을 생각해냈다.

다음날, 해리 앞에 앉아 내 생각을 용기 있게 말했다.

"내가 당신과 함께 가겠다고 하면, 그리스인 연주자를 고용할 수 있겠어요?"

"아뇨. 그건 안 돼요. 나에겐 전속 연주자들이 있어서 한 사람을 더 고용할 여유가 없어요. 그런데 그 사람이 누군데요?"

"내 남편 조지예요. 기타를 정말 잘 친답니다."

"아! 이해하겠어요……. 내가 어빙 그린과 한 번 상의해 보지요. 아마 뭔가 합의점을 찾을 수 있을 거예요."

그렇게 약속을 받아 들고 나는 프랑스에 돌아왔다. 모든 투어에서 조지와 연주를 함께 하고, 받은 사례비는 반으로 나누는 것에 합의했다. 나는 둘이 함께 일할 수 있게 되어서 정말 행복했다. 일단 합의를 하게 되자, 벨라폰테는 조지가 어떤 역할을 해낼지 기대하겠다고 말했다. 사실 그들이 새로운 음색, 목소리를 찾아내고 싶어했다는 것은 이미 알고 있었다. 그래서 나는 그들이 날 반겨줬던 것처럼 조지도 반갑게 맞아줄 것이라고 믿었다.

나는 방금 '행복'하다, 그리고 '믿었다'라고 썼다. 그런데 나는 결국 조지에게 그 말을 꺼내기가 힘들었다. 조지가 정말로 기뻐할 거라고 확신했지만 실상은 정반대였던 것이다.

조지는 불같이 화를 냈다. 어떻게 해리 벨라폰테에게 자기 이름을 거론할 수 있느냐며 내게 따졌다. 그는 자신이 그냥 아마추어, 그리스 출신의 무명 기타리스트라는 것이다. 나는 그가 서유럽에서 유명한 스타들과 함께 일하길 원한다고 말했다. 그러자 조지는 그건 미친 짓이라고 말하고는 미국 전체에서 웃음거리가 될 거라고 했다. 그리고 나보고 당장 벨라폰테에게 전화해서 사과하고 조지가 함께 가지 않을 거라는 말을 하라는 것이었다.

"조지, 당신은 날 정말 모르네요. 난 당신을 전혀 부끄러워하지 않아요. 당신 연주 듣는 거 정말 좋다고요."

"난 그런 전문 악단과 연주할 자격이 안 돼."

"그냥 연주만 해요. 당신 생각보다 그들 수준에 빨리 맞출 수 있을 거예요."

시끄러운 싸움을 피할 수 있는 방법은 딱 하나, 그에게 생각할 수 있는 시간을 주는 것이었다.

2~3일 후에, 조지도 더는 취소하라는 말을 하지 않았고, 나는 그에게 벨라폰테의 음반을 들려줬다.

13
세계를 봐

올림피아 공연이 끝나고 보비노(Bobino) 공연을 앞둔 며칠 동안, 프랑스 언론들이 나를 취재했다. 나는 그 중에 몇 번인가 약간 망설이면서 나의 고향과 내 이야기를 했다. 그러자 《오늘의 여성 femmes d'aujourd'hui》지에 곧 "오페라 가수의 길을 포기해야 했던 어린 그리스 가수는 이제 세계적인 스타가 되었다."라고 실렸다. 그들은 내가 말한 모든 걸 녹음해갔지만, 정작 실린 건 내가 말한 그대로가 아니었다. 나는 마치 내가 대단한 오페라 솔리스트라도 될 수 있었다는 듯 말한 것 같아 좀 창피했다. 우리 부모님이 가난한 것은 사실이지만, 그 기사는 내 뜻과는 다르게 날 가난의 희생자로 그렸다. 그런 경험은 처음이었다.

언론에서 그리는 내 모습도 실제와 너무 달랐다. 예를 들어 TV 무스띠끄(TV Moustique)는 "그녀는 이제 다국어를 구사하는 세계적인 스타로, 황금 음반을 수상한 사람이다. 그녀는 이제 음반 녹음을 쉴 때에만 활동을 한다. 검은 스타킹에 굽이 낮은 구두를 신고, 교복 같은 치마와 스웨터에 10살 때부터 똑같은 안경을 쓴 모습……. 그녀는 짐을 싸는 방법조차 모른다. 계속 집에 머물러 있고 싶어하기 때문이다. 그녀의 노래엔 이러한 갈망이 있다. 노래 속에 나오는 아름다운 농촌 소녀처럼, 그녀는 자유롭게 달려가 그녀를 기다리는 사람의 발밑에 앉고 싶어한다."

세계적인 스타? 너무 부풀려진 기사였다. 그리고 내가 꼭 헐리우드 스타일의 여자 스타처럼 그려진 것에 몹시 당황스러웠다. 내 말이 그런 식으로 들렸나? 나는 음반을 여러 번 냈고, 사실 여행도 많이 했다. 그러나 비행기보단 지하철이나 택시를 더 많이 이용했다. 게다가 집으로 돌아가고 싶다는 소망을 표현한 걸 보고는 얼굴이 일그러져 버렸다. 공교롭게도 그 기사가 나오기 바로 전날, 조지는 주저하면서 그리스로 다시 돌아가자고 했었다. 그때 나는 좀 날카롭게 반응했는데……. "아뇨, 난 고향으로 가게 되면 죽을 거예요. 조지, 제발 날 뒤에 붙잡아두려고 하지 말아요. 난 계속 앞으로 나가야 한다니까요. 평생 노래해야 해요."

나는 보비노에서 인기 가수인 줄리에뜨 그레꼬(Juliette Greco), 세르주 레지아니(Serge Reggiani), 레오 페레 다음 순서에 연주하는 것으로 정해졌다. 나는 그 날 공연이 아주 중요하다는 걸 잘 알았다. 필립스 직원들도 모두 나와 줬다. 나는 보비노 고객들의 기대를 충족시키려고 긴 드레스 대신에 당시 유행이었던 무릎길이 스커트를 입기로 했다.

"그리고 안경도 안 돼요!" 제라르 꼬뜨가 끼어들었다.

이러한 결정은 내가 감히 반대 의견을 표할 수 있는 게 아니었다. 루이 아장은 조용히 고개를 끄덕였다.

그래서 안경을 쓰지 않았다. 난 침울해졌다. 첫날 공연이 시작되기 전 오후 내내, 나는 마치 반나체로 무대에 올라야 하는 것처럼 걱정에 휩싸였다. 그리고 그제야 내 안경이 내게 얼마나 편안함을 주는 물건이었는지 알게 되었다. 어릴 때 나는 벌어진 내 눈 사이가 진짜 문제라고 생각했다. 나는 안경을 쓰면, 누군가 날 함부로 할 수 없다는 안도감을 느낄 수 있었다. 안경이 조금이라도 이 기형을 숨겨준다고 생각했는데, 안경을 벗어버리자 그 생각은 더 확실해졌다.

이틀 동안 난 안경을 벗은 채로 노래했다. 불안하고 보호받지 못한 느낌에 창피하다는 생각까지 들 정도였다. 그래서 나는 아장에게 안경을 쓰지 않고는 다음 공연을 하지 않겠다고 말했다. 안경을 쓰게 하든지 공연을 포기하든지 난 그들에게 맡겨버렸다. 세 번째 공연날, 결국 나는 안경을 다시 쓸 수 있었다.

평론가들은 관객들을 만족시키려고 노력한 날 좋게 봐줬을까? 사실, 그들은 안경이 어쨌다느니 하는 것은 언급조차 하지 않았다. 단지 내가 부른 그리스 노래를 좋게 평가해줬고, 나의 불어 노래가 적어서 유감이라고 했다.

이런 지적은 내 급소를 찌르는 것이나 마찬가지였다. 이번엔 끌로드 드자끄(Claude Dejacques)가 예술 감독을 맡게 되었다. 끌로드는 필립스에서 중요한 인물이었다. 그는 이미 연주자들을 여러 명 관리해왔는데, 모두 이브 몽땅처럼 잘 알려진 스타들이었다. 나는 이번에 또 뒤로 밀려날까봐 정말로 겁을 먹었다. 하지만 좋은 소식도 있었다. 앙드레 샤펠이 드자끄의 보조 역할을 맡게 된 것이다. 아무도 그가 나를 돌봐줄 거라고 말하진 않았지만, 나는 우리 두 사람이 상대방의 예술성을 이해하기에 그와 일하게 된 것이 내게 좋은 영향을 줄 거라는 걸 알았다.

나를 미쉘 르그랑에게 소개시키자는 생각을 한 건 앙드레였다. 미쉘은 바르셀로나 페스티벌에서 내가 우승했을 때 전화로 축하해줬던 사람이다. 미쉘과 자끄 드미(Jacques Demy)는 이제 막 〈쉘부르의 우산 Les Parapluies de Cherbourg〉 제작을 마친 상태였다. 사랑스러운 눈매에 장난기가 가득한 이 젊은 천재는 오랫동안 우리가 마주치지 않고 지낸 걸 신기하게 여겼다. 이유는 그가 일을 쉬지 않는다는 거였다. 피아노를 치거나 작곡을 하거나. 그는 뉴욕에서 〈파리를 사랑해 I love Paris〉라는 앨범으로 유명세를 떨쳤다.

그는 나를 위해 가장 최근 곡인 〈쉘부르의 우산〉을 연주해줬다. 다니엘 리까리(Danielle Licari)가 만든 드미의 영화에서 무척이나 아름답게 연주된 곡이었다. 미쉘은 내가 그 곡을 불러보고 싶어하는 걸 눈치챘다.

"나 불러보고 싶어요."

"그럼 이리 와 봐요. 한 번 해보죠. 무스꾸리 양이 부르면 어떤 느낌일지 봅시다."

가사를 들고 선 내 옆에서 그가 피아노를 쳤다. 정말이지 내가 마노스를 위해 〈피레우스의 아이들〉 첫 소절을 불렀던 밤과 똑같았다. 난 이 노래를 잘 모르는 상태였지만 그건 중요하지 않았다. 나는 그 노래의 느낌을 충분히 알 수 있었다.

우리가 스튜디오에서 연습을 할 때, 한번은 미쉘이 영화에 출연한 모든 배우들이 다 모이기로 했다며 내게 칸 영화제에 같이 가자고 했다. 앙드레 샤펠도 나보고 한 번 가보라고 옆에서 찔렀다. 그도 함께 갈 거고 나랑 아주 친한 루이 뉘스라(Louis Nucera)도 같이 갈 거라고 했다. 나는 뉘스라가 간다기에 그럼 나도 가겠다고 결정했다. 그땐 정말, 칸 영화제가 나와 프랑스의 관계에 전환점을 찍을 계기가 되리라고는 전혀 예상하지도 못했다.

우리는 모두 마르티네즈 호텔에 묵었다. 내 주위에 있는 남자들은 모두 똑똑하고, 예술적인 감각도 풍부하고, 문화적 배경도 좋아서 앞날엔 장애가 없을 것 같았다. 루이 뉘스라는 아직 정식 작가는 아니었지만 곧 그렇게 될 사람이었고, 조제프 케셀(Josef Kessel), 조르주 브라셍, 장 꼭토(Jean Cocteau)와 친구 사이였다. 그는 앙드레 아쎄오(Andre Asseo, 기자였다가 음악 출판사를 세웠는데, 조제프 케셀과 로맹 가리와 매우 친했다)와 아주 친했다. 아쎄오는 조제프 케셀과 로맹 가리를 마치 지적 멘토처럼 대했다. 그리고 그 자리에는 제라르 다부스트(Gerard Davoust)도 함께 있었다.

3~4일 동안, 우리는 예술가와 지식인들과 새로운 관계를 맺었다. 그리고 나는 자연히 칸에서 이들을 만난 경험과 5~6년 전 플로카에서 마노스와 니코스를 만났을 때와 비교하게 되었다. 프랑스에 온 이후 처음으로 나는 내가 정신적으로 이 사람들과 한 가족 같다는 걸 느꼈다. 나는 이제 루이 아장이 오를리에서 처음 봤던 그리스의 시골 소녀가 아니었다. 나는 내가 존경하는 사람들에게 호감을 얻었고 그 사람들은 나를 믿어줬다. 그들은 계속 내 친구였고, 나는 마노스를 그들에게 소개하는 영광도 누리게 되었다. 마노스는 독재 정부를 싫어했기 때문에 그리스를 떠나 함께 일할 예술가들을 만나고자 파리에 왔다.

1964년 봄에 〈쉘부르의 우산〉은 칸 영화제에서 황금종려상을 수상했고, 우리는 몹시 들떠서 파리에 돌아왔다.

미쉘은 〈쉘부르의 우산〉의 녹음을 마치자마자 바로 다른 음반을 만들자고 제안했다. 에디 마르네이도 이 계획을 마음에 들어 했다. 그는 전에 미쉘과 함께 네 곡을 작업한 적이 있다. 1년 후, 내가 해리와 미국 투어를 마치고 돌아왔을 때 우리는 함께 음반 작업을 시작했다. 그 중에 재즈풍의 곡이 하나 있는데, 제목은 〈우리가 서로 사랑할 때 Quand on s'aime〉였다. 이 노래는 곧 인기를 끌었다.

미쉘 르그랑(사진 아래 오른쪽)이 나와의 듀엣 음반을 취입하겠다고 했다. 그 아이디어는 미쉘과 함께 네 곡의 노래를 작곡한 에디 마르네이(오른쪽 뒤)의 마음을 사로잡았다. 에디 뒤에 있는 사람은 나의 예술감독이었던 끌로드 드자끄.

"우리는 비가 와도 걸을 수 있어요
자정에 차를 마실 수도 있고
여름을 파리에서 보낼 수도 있고
우리가 사랑할 때에요"

"On peut marcher sous la pluie
Prendre le the a minuit
Passer l' ete a Paris
Quand on s' aime"

저녁이면 우리는 루이 아장과 함께 생제르맹데프레에 있는 재즈클럽에 가곤 했다. 나는 그곳의 분위기가 마음에 들었다. 재즈 선율이 너무나 익숙한 나머지 나는 아테네의 어느 술집에서 조지와 함께 앉아 있는 것 같다는 느낌을 받았다. 하지만 1963년의 어느 날 저녁, 내 옆에 앉아 있던 사람은 마노스였다.

그러는 동안 난 독일에서 다시 한 번 성공을 거두었다. 바덴-바덴(Baden-Baden) 페스티벌에서 2등을 한 것이다. 그곳에서 부른 노래는 〈과거의 행복은 어디에 있지? Ou est le bonheur des annees passees?〉라는 향수가 어린 예쁜 곡이었다. 그리고 나는 유로비전에서는 실패했던 노래로 노래 마라톤(Song Marathon)에서 상을 탔다. 그리고 〈이탈리아의 나나 무스꾸리 Nana Mouskouri in Italia〉를 녹음하고 영국에서 싱글 음반을 몇 개 냈다. 이 중에 〈아테네의 흰 장미〉는 세계로 진출하게 되어서 내 이름은 남아공까지 알려졌다.

그러나 나는 그동안 조지가 느꼈던 고통을 알아채지 못했다. 그는 자신의 의지와 상관없이 해리 벨라폰테의 악단에 고용되어 계속 아주 어려운 시간을 보냈던 것이다. 그는 나를 위해서 트리오에서 나왔고, 벨라폰테의 악단에 익숙해지려고 노력했다. 그는 이제 옛 친구들의 지지를 받지 못했고 암스테르담과 아테네 클럽에서 그들과 함께 연주하지도 못했다. 그는 우리의 아파트에 고립되었던 것이다. 매일 기타를 연주하긴 했어도 악단 생활은 그에게 사실상 갈 길을 잃어버린 것과 같았다.

1961년 가을에 내가 블랑키 스튜디오에서 녹음하던 때인지, 아니면 코펜하겐에서 연주할 때인지 잘 기억은 나지 않지만, 조지는 아무 할 일도 없고 미래도 불안하고 또 자신이 집에 머물러 있는 남편이라는 열등감에 점점 화를 잘 내고 의기소침해져 갔다. 난 어쩜 그렇게 그의 변화를 모를 수 있었을까?

뉴욕에서 조지가 자살을 시도한 후 병원에 입원했을 때, 나는 지난 몇 달 동안 일어났던 일들을 돌이켜보다가 루이 아장이 내게 경고했던 걸 기억해냈다.

"나나, 남편을 파리로 데려온 건 바로 당신이에요. 그런데 당신은 지금까지 너무 오랫동안 그를 아무 할 일도 없는 상태로 내버려뒀어요. 게다가 당신은 계속 활동하지만, 그는 여기서 혼자예요. 그걸 명심해요. 지금 상황이 지속되면 당신과 남편 모두에게 좋을 게 없을 테니까."

14
살기에 너무 늦지 않았어

　해리는 팔을 활짝 벌려 우리를 안아주고는 조지가 연주하는 기타 멜로디에 내가 마노스의 옛날 노래를 부를 수 있게 해주겠다고 했다. 호기심 많은 연주자들은 아주 마음이 따뜻했다. 그들은 조지의 연주를 들어보자고 졸랐고, 즐거움이 가득한 눈을 반짝이면서 조지의 연주를 들었다. 여러 달을 줄곧 걱정하면서 보냈던 조지는 좀 안정을 되찾는 듯했다. 아무도 그를 무시하지 않았고, 오히려 마음이 편해지면서도 구슬픈 음악의 마스코트라고 여겼다.
　리허설이 시작되었다. 해리와 나는 함께 〈기억해 주세요 Try to remember〉와 다른 오래된 그리스 노래들을 불렀다. 벨라폰테는 모두가 최고 수준에 오를 때까지 집에 보내지 않았다. 우리는 하나의 스타일을 만들어내야 했고, 악단은 지중해 음악에 익숙해져야 했다. 이런 상황에서 조지는 우리에게 기도의 응답과도 같았다. 그의 연주는 훌륭했다. 그리고 나는 그가 우리와 함께 있어서 정말 자랑스러웠다.
　나는 네 곡을 부르는 것으로 결정되었다. 불어로 〈쉘부르의 우산〉을 부르고, 두 곡은 마노스와 니코스가 지은 그리스 노래, 그리고 나머지 하나는 포크락 스타일의 곡이었다. 리허설은 한 달 동안이나 계속되었다.

해리는 그의 프로젝트를 시연했다. 나는 그의 쇼가 확연히 새로워졌다는 걸 알 수 있었다. 이번 공연은 그가 미리암 마케바(Myriam Makeba)와 했던 것과 완전히 달랐다. 뉴올리언스에서 온 고참 연주자 두 명도 참여했다. 한 분은 절뚝거리는 다리로 기타를 치며 블루스를 부르는 브라우니 맥기(Brownie MaGhee), 다른 분은 하모니카를 부는 맹인 연주자 소니 테리(Sonny Terry)였다. 단지 이들 두 분이 함께 한다는 것만으로 투어는 큰 의미가 있었다.

우리 쇼는 마치 악보처럼 규칙에 맞게 진행되었다. 맨 처음에 해리가 반주 없이 아름다운 블루스 노래를 부르면서 무대를 열었다. 그리고 오케스트라가 반주를 시작하면서 관객들은 서서히 흥분했다. 3~4곡을 부르고 나서 브라우니와 소니가 무대에 올랐다. 해리는 이들을 남겨두고 퇴장했다가 다시 무대에 돌아왔다. 그렇게 해서 전반부가 모두 끝났다.

나는 해리의 무대 매너에 푹 빠졌고, 그에게서 완벽을 향한 끊임없는 노력, 작은 움직임까지 완벽해지려는 태도를 배웠다. 그는 모든 것을 직접 시연하고 계산했다. 모든 것이 미리 완벽하게 계획된 것이었지만, 그는 관객의 감정을 자극했다. 어떻게 그럴 수가 있을까? 그런데 리허설을 하면서, 해리와 나는 사소한 다툼을 벌였다. 그는 나에게 리허설 때도 본 공연과 마찬가지로 관객이 있는 것처럼 행동하라고 했는데, 나는 그 말에 좀 날카롭게 반응했다.

"아뇨, 해리, 난 실제 상황에 따라 감정이 달라져요. 관객들이 보여주는 반응 말이에요. 난 즉흥적으로 할 수 있는 여유로운 분위기가 필요해요."

그는 내 의견에 동의하지 않았고, 감정은 즉흥적으로 나올 수 없는 거라고 말했다. 그럼 그는 천재인 척 연기하는 것이었나? 모르겠다. 아무튼, 나는 우리가 〈기억해 주세요〉를 함께 노래할 때마다 온몸에 소름이 돋았다.

우리는 3천 명이 모일 수 있는 캠퍼스나 3만 명을 수용할 수 있는 경기장에서 공연했다. 피츠버그에서는 경기장에서 공연을 했고, 로스앤젤레스에서는 좌석이 8천 개나 되는 그리크 극장(Greek Theater)에서 했다. 우리는 이제 1,100석을 보유한 올림피아 극장이나 650명을 수용할 수 있는 보비노 홀에서 공연하던 수준을 넘어섰다. 나는 이 투어를 하면서 드디어 손을 등 뒤로 모으지 않고 눈도 감지 않고 노래하는 법을 배웠다. 심지어 웃으면서 노래할 수도 있었다.

언론이 우리 공연을 호평해줬다. 쑥스럽지만 그 중에 몇 가지를 소개하겠다.

"그리스 가수 나나 무스꾸리가 지난 주 미국에서 데뷔를 했다. 그녀는 새로운 여성 가수 중에서 가장 높은 예술성을 보여줬다."

"뿔테 안경에, 붉은 색과 하얀 색이 들어간 민속 의상 비슷한 무대 의상을 입은 그녀는 마치 그리스 민요 분야의 논문을 쓰는 박사 과정 학생처럼 보였다. 그녀는 우리가 오랫동안 접해보지 못한 청아한 목소리로 진지하게 노래했다."

몬트리올의 《레 누벨 일뤼스트레 Les Nouvelles Illustrees》지는 이렇게 썼다. "해리 벨라폰테는 4년마다 새로운 투어를 시작한다. 그리고 그때마다 그는 가슴과 영혼을 울리는 여자 가수들과 함께 등장한다. 이때 그의 선택은 공연의 성패를 좌우한다. 그는 미국 연주자들의 살아 있는 꿈이다."

"해리 벨라폰테는 무대에서 잠시 노래하는 것을 멈추고 미국인들

미국 순회공연 당시 해리 벨라폰테. 내가 정말 해리 벨라폰테와 함께 뉴욕에 있는 건가? 진짜로 그가 앞으로 2,3년 동안 파트너로 일하자고 말하고 있는 중이란 말인가? 그건 내가 받아본 것 중에 가장 멋진 제안이었다……우리는 대여섯 달 동안 피닉스, 시카고, 그리고 로스앤젤레스를(여기엔 자그마치 6주나 있었다!) 돌았고 캐나다로 건너가 빅토리아, 캘거리, 토론토, 몬트리올을 방문했다……

이 잘 써먹는 순수함을 내보이면서 이렇게 말했다. '저는 새로운 스타를 찾아냈습니다. 그 가수는 제가 여태까지 들어본 모든 것을 넘어서는 목소리를 가졌답니다.' 그리고 그는 전혀 망설임 없이 연주 중간에 그의 새로운 선택을 소개하며 자기 대신 노래를 불러달라고 부탁했다."

하루는 무대에서 내려오자마자 퀸시 존스의 전화를 받았다. 그는 나에게 바비 스코트(Bobby Scott)라는 젊은 피아니스트를 만나보라고 했다.

"기다려 줄 수 있어요, 퀸시?"

"아니요, 급해요. 공연이 없는 날 비행기 타고 뉴욕으로 와요."

어빙 그린과 퀸시는 공항까지 마중 나와서 나를 데려갔다.

그리하여 이번에는 바비 스코트와 녹음을 했다. 삼 년 전에 처음 미국에 왔을 때 이후로 퀸시가 제작하는 나의 두 번째 앨범이었다.

바비와 나는 처음부터 금방 친해졌다. 처음 보는 사람들은 사랑하는 사이라고 오해했을 수도 있겠다. 내가 바비와 정말로 사랑에 빠지지 않았다는 사실만 빼면 말이다. 그러나 나는 그의 엄청난 재능이 발산하는 매력에 푹 젖어들었다. 그와 퀸시는 우리가 함께 연주할 곡들을 이미 생각해 놓았다.

내가 해리와 투어를 하면서 이 녹음 작업을 할 수 있는 유일한 방법은 비행기를 타고 두 곳을 왕복하는 것뿐이었다. 나는 사실 비행기라면 그걸 타야 한다고 생각하는 것조차도 싫어했는데 이번 작업에서는 그렇지 않았다. 바비와 연습하는 게 너무 즐거워서 오히려 벨라폰테와 무대에 서는 것까지 10배는 더 즐겁게 느껴질 정도였다.

어빙 그린은 모든 방법을 다해 나를 도와줬다. 50살 정도 된 어빙은 존 웨인처럼 몸집이 컸고, 모험적이면서도 명랑한 사람이었다. 어빙은 나를 그의 딸처럼 여겨서 공항과 호텔, 녹음실에 데려다 줄 때면 항상 잔소리를 해댔다. 그리고 어빙이 옆에 없을 때면, 퀸시가 그 역할을 대신 했다. 두 사람 모두 이번 음반을 무척 기대했다. 하루는 위대한 사라 본이 녹음실에 왔다! 스태프들이 그녀에게 어떤 녹음 작업을 진행하는 중인지 설명해줬는데, 나는 잠시 정신이 나간 것처럼 아무 말도 할 수 없었다. 그 다음엔 퀸시가 쾌활한 바브라 스트라이샌드(Barbra Streisand)를 우리에게 소개시켰다. 이번에는 바비가 할 말을 잃어버렸다. 사실, 어빙 그린의 야심은 나를 미국에 붙잡아두려는 것이었다. 어빙과 퀸시는 내가 미국에서 대단한 성공을 거둘 것이라고

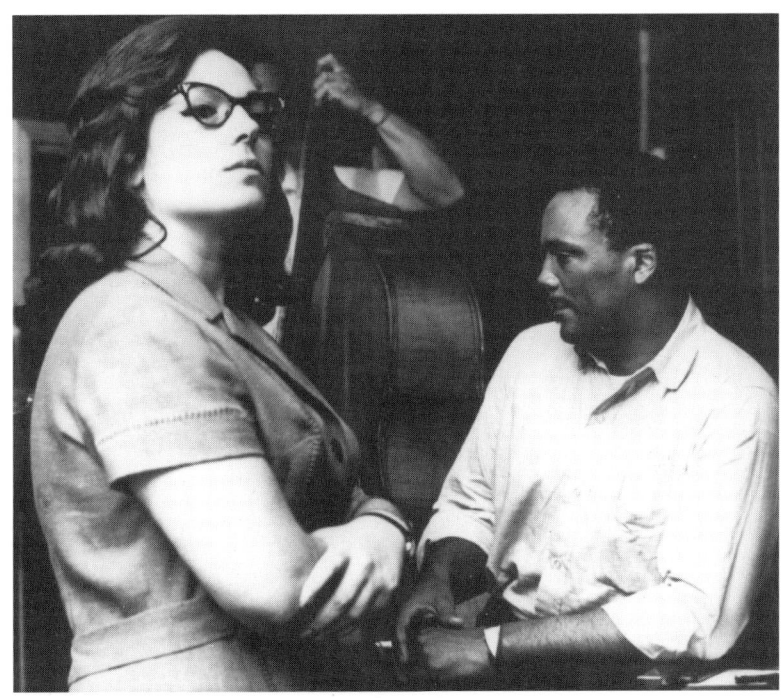

미국에서 퀸시 존스와 함께. 첫 독일 순회공연을 마치고 돌아오자 엄청난 소식이 기다리고 있었다. 퀸시 존스가 재즈 앨범 녹음을 하자며 나를 미국으로 초청했단다! 아장 씨가 그 소식을 알려주었을 때, 정말 믿기지가 않았다. 퀸시 존스는 나와 함께 세계시장에 내놓을 재즈 앨범을 녹음하려는 계획을 세워두었다. 듀크 엘링턴이나 사라 본, 레이 찰스와 함께 일했던 사람을 만나볼 수 있다는 기대감에 가슴이 떨렸다. 하지만 동시에 소름이 끼칠 정도로 겁이 났다. 언제나 그랬던 것처럼 나를 선택한 사람을 실망시킬지도 모른다는 생각 때문에 두려웠던 것이다. 그런 내 자신을 달랠 수 있는 방법은 단 하나, 목청껏 노래를 불러보는 것뿐이었다.

확신했다. 벨라폰테 투어의 성공은 이런 믿음을 더 강하게 만들어 준 것 같다. 그러나 나에겐 이런 생각을 말해주지 않았다. 아마도 내가 스스로 알길 바랐던 것 같다.

 뭐, 하지만 그런 것을 깨달을 수 있는 내가 아니었다. 나는 나중에 파리에 돌아와 루이 아장의 표정이 어두운 것을 보고서야 그들이 뭘

박쥐의 딸 195

계획했던가를 알게 되었다. 루이로서는 내가 그를 배신하고 미국에 정착할지도 모른다고 여겼을 수 있는 것이었다. 거기까지 생각이 미친 나는 놀란 가슴을 쓸어내려야 했다.

하지만 당시에 나는 벨라폰테 투어를 하고 바비와 함께 작업하면서 마치 꿈속에 있는 듯했다. 체로키족의 피를 이어받은 아버지와 아일랜드인 엄마, 가톨릭 신자인 할머니와 유대인 할아버지를 둔 바비는 그의 마음속에서 일어나는 감정을 음악으로 표현하려는 영혼의 소유자였다. 내가 알기론 가장 심금을 울리면서도 지적인 피아니스트였다. 연주를 할 때든 이야기할 때든 그는 나를 지루하게 한 적이 한 번도 없었다.

내가 이렇게 정신없을 때 조지는 어떻게 지냈을까? 그는 오케스트라의 단원이 되었지만, 상황은 우리 둘을 갈라놓으려는 듯 진행되어 갔다. 도시 투어가 계속 성공을 거두자, 내가 벨라폰테의 소유물처럼 되어간다고 느껴졌다. 그는 기자 회견, 비평가들과의 만남, 오케스트라 악장과의 회의 등 모든 모임에 내가 동석하기를 바랐다. 시간이 갈수록 나와 해리의 친밀감은 더 커졌고 우리 주위에 있는 모든 사람들이 다 알아차릴 정도였다. 해리는 매력적인 사람이었고, 그 자신도 어떤 여자든 그의 매력을 물리칠 수 없다고 생각하는 듯 행동했다. 사실 해리는 굉장한 미남이었지만 이상하게도 나는 아무런 유혹도 느끼지 못했다. 게다가 조지를 속이고 바람을 피운다는 생각은 한 순간도 해본 적이 없다. 하지만 나는 해리가 날 안고 볼에 키스를 하고 내 허리에 팔을 두를 수 있도록 내버려뒀다. 난 알지 못했지만 이런 나의 행동이 조지의 마음에 상처를 냈던 것 같다.

나는 어빙 그린과 퀸시 존스, 바비 스코트가 내 인생에 갑자기 쳐들어온 것이 조지의 고통을 더 악화시켰다는 걸 나중에야 알았다. 그는

조지와 뉴욕 거리에서. 우리의 순회공연에 조지가 동행하기로 했다. 아무 조건 없이, 그냥 내가 받는 보수를 둘이 나눠 갖기로 했다. 그게 다였다. 나는 그가 있어서 행복했고, 둘이어서 행복했다. 일단 그런 합의를 보자 벨라폰테는 조지가 그의 음악가들과 잘 지낼 것 같다며 좋아했다.

나와 함께 서너 번 뉴욕에 갔지만, 우리가 도착하면서부터는 나의 모든 것을 어빙이 담당했다. 나는 당연히 조지와 단둘이 있을 시간을 전혀 갖지 못했다. 조지는 내 주위에 맴도는 이 남자들을 어떻게 생각했을까? 나중에 조지는 내가 그를 버릴까봐 두려웠다고 말해줬다. 그리고 어빙과 퀸시 둘 중에 한 사람이 내 마음을 가져가 버릴까봐 더 걱정했다고 했다. 그는 파리에 살고 싶지 않았다는 것도 말했다. 파리에도 그런 두려움이 있기 때문이었다. 그런데 미국의 경우는 더 심했다. 그는 자신이 알아들을 수 없는 말을 하는 사람들을 두려워했다. 친절한 사람들이긴 했지만 그 이상은 없었다. 그는 싸워도 승산이 없고, 나를 잃어버릴 게 분명하다고 확신하고, 점점 바닥이 보이지 않는 절망 속으로 빠져들었던 것이다. 조지는 똑똑하고 이해가 빨랐기에

박쥐의 딸 197

어빙 그린이 나를 미국에 잡아두려는 걸 금방 알아챌 수 있었다. 조지에게 그건 최후의 위협이나 마찬가지였다.

하지만 그는 자신이 느끼는 두려움을 내게 말하지도 못했다. 내가 실수하지 않았더라면, 음악을 향한 내 열정이 그렇게 강하지만 않았더라면, 조지의 얘기를 들어보려고 노력했더라면……. 이유가 뭐였든지 간에, 우리는 서로 그의 고통을 한 번도 입 밖에 꺼내지 않았다. 같은 침대에 누워 자면서도, 나는 점점 죽어가던 조지를 보지 못했다.

녹음 작업이 아주 늦게 끝난 어느 날, 어빙과 퀸시가 나를 집에 데려다줬다. 어빙이 내게 빌려준 작은 아파트는 호텔방보다 훨씬 편안했다. 그리고 그 날 밤 나는 조지와 함께 있고 싶었다. 하지만 그는 이미 잠이 들었을 거라고 생각했다.

집에 들어가 신발을 벗고 복도에 불을 켰다. 그런데 흰 종이에 휘갈겨진 글이 눈에 들어왔다. "나를 산 채로 묻지 말아요."

갑자기 간담이 서늘해졌다. 발밑의 마룻바닥이 푹 꺼지는 듯했다. 그러나 나는 곧 힘을 내 침실로 달려가서 불을 켜고 침대에 뛰어들었다. 조지는 의식이 없었지만 다행히 아직 숨을 쉬고 있었다. 침대 옆 바닥에는 빈 수면제 통이 뒹굴었다. 그를 흔들었다. 그리고 울면서 소리쳤다.

"조지! 조지! 안 돼! 제발……."

나는 어빙에게 전화를 걸었다.

"어빙, 빨리 좀 와 줘요, 조지가 수면제를 먹었어요!"

"나나, 자, 침착하게! 빨리 경비원에게 달려가 앰뷸런스와 의사를 불러달라고 말해요. 지금 우리도 가는 중이니까 5분 후면 도착할 거예요."

곧 어빙과 퀸시가 헐떡이며 집으로 뛰어들어왔다. 그리고 바로 의

사와 앰뷸런스가 와서 조지를 병원으로 데려갔다. 뒤이어 경찰도 도착했다. 지난 몇 달 동안 그렇게 즐거운 듯이 지냈던 것이 한순간에 사라져버렸다. 만약 조지가 죽는다면 그게 다 무슨 소용이 있을까? 나는 깊은 바다 아래로 질질 끌려 내려가는 것 같았다.

우리는 새벽까지 병원에 있었다. 조지는 고비를 넘겼지만, 내 마음은 산산조각으로 부서졌다. 이 지경까지 오도록 조지 혼자 엄청난 슬픔 속에 갇혀 있었다니……. 그가 죽으려고 했어! 내가 어떻게 그에게 그럴 수 있었을까? 처음으로 나는 사랑을 할 수 없는 사람이란 생각이 머리를 스치자, 말할 수 없는 공포감에 사로잡혔다. 나는 몸부림을 치며 머리를 벽에 찧고 싶을 정도로 죄책감을 느꼈다. 퀸시와 어빙을 내버려두고, 나는 간호사실에 들어가 쓰디쓴 눈물을 쏟아냈다.

내가 사랑할 수 없다고 생각하는 건 정말 어리석은 걸까? 사랑하는 방법을 배울 수 있을까? 인생의 유일한 남자를 그렇게 나락으로 떨어뜨린 나는 도대체 어떤 여자란 말인가? 이런 괴로운 질문들에 난 무너지고 말았다. 부모님을 생각했다. 나는 부모님으로부터 사랑을 배운 적이 없다고 되뇌었다. 그건 정말 사실이었다. 하지만 나는 지금 삼십대였고, 아이가 아니었다. 내 스스로 배울 수도 있는 것이다. 그때 나는 정말로 이야기할 사람이, 바로 니코스가 필요했다. 이렇게 슬픈 아침에 그와 함께 있고 싶었다. 세상 어떤 남자도 이 어두운 세상에 둘러싸인 나의 얘기를 니코스보다 더 잘 들어주고, 위로해주지는 못할 것이다.

경찰이 우리 세 사람─퀸시, 어빙 그리고 나─를 불렀다. 서장은 처음에 퀸시를, 다음엔 어빙을 의심했다. 하지만 우리가 이런 범죄를 다뤄본 적이 없는 사람에게 뭘 설명할 수 있었을까? 부부간의 배신도 아니고, 부적절한 관계도 아니었는데……. 단지 내가 남편을 제대로 사랑하지 못했다는 창피함을 어떻게 말할 수 있을까?

그 사건이 있은 다음날 밤에 나는 결국 니코스에게 전화를 걸었다. 이렇게라도 그를 가까이 느끼니 마음이 놓였다. 우리는 아주 침착하게 대화를 나눴다. 니코스는 조지가 그 짧은 말 속에 그의 절망을 표현했다는 걸 알려줬다.

"그의 말을 들어보니 그가 꼭 죽고 싶다고만 생각한 것 같지는 않아." 니코스가 말했다.

"무슨 뜻이에요? 그럼 또 뭐가 있어요?"

"조지는 너의 삶을 말하고 싶었던 것 같아. 내가 틀릴 수도 있겠지만……. 난 나나가 원하는 노래하는 삶을 살게 해주려고 침묵을 택한 조지의 고통이 느껴져."

"노래하고 싶어하는 나의 열정 때문에 그가 말 못하고 참았……."

"그래. 너도 알겠지만, 조지가 선택한 대로 너에게 맞춰 따라가려면 아마도 끔찍히 널 사랑해야 할 거야. 자신의 존재감도 잊어버릴 정도로 말이야."

니코스는 더 길게 말하지 않았다. 자신이 설명하는 것보다 스스로 숨은 뜻을 찾을 수 있어야 한다고 생각한 것이다.

나는 전화를 끊고 나서야 마침내 조지의 눈으로 우리의 삶을 바라볼 수 있었다. 우리가 서로 알아온 이후로, 나는 다가오는 모든 도전을 이겨내려고 앞으로 나아가기만 했다. 그리고 그동안 한 번도 조지의 의견을 묻지 않았다. 내게 좋은 것이 그에게도 좋을 거라고 생각했으니까. 그리고 우리는 서로 사랑하니까……. 나는 부부라는 이름으로 그에게 나의 성공을 연결시켰고, 결국에는 그를 밀어붙여 벨라폰테 투어에 합류시키기까지 했다. "나를 산 채로 묻지 말아요."라는 그 소리 없는 울부짖음……. 성공을 향해 달리는 동안 나는 조지를 위해 무엇을 했나? 노래를 향한 열정으로 내가 더 성공할수록, 조지는 숨을 쉴 수 있는 기반을 조금씩 잃어갔다. 바로 내가 그를 질식시켰던 것이다. 이젠 "그가 스스로 선택한 대로 너에게 맞춰 따라가려면 아마도 끔찍히 널 사랑해야 할 거야. 자신의 존재감도 잊어버릴 정도로 말이야."라는 니코스의 말을 이해할 수 있었다. 나를 위해서 자신의 열정을 억제할 정도로 헌신할 수 있는 사람이 누가 있을까? 조지는 나를 정말로 사랑했지만, 자신을 잊어버리고 나를 통해 살아갈 수 있을 정도로 사랑하지는 않았다. 그 역시 사랑받고, 인정받고, 존경받을 필요가 있었다.

다행히 투어는 거의 마무리 단계였다. 남은 건 바비 스코트와 두 번째 미국판 앨범을 내는 것이었다. 제목은 〈나나 무스꾸리 노래하다 Nana Mouskouri sings〉였다.

조지와 나는 나란히 앉아 뉴욕에서의 마지막 날을 보냈다. 결국 조지가 먼저 내게 말을 건넸고, 그를 잃을까봐 너무 두려웠던 나는 그가 원했던 관심을 보여주려고 최선을 다하면서 여러 가지 질문들을 해댔다. 조지는 내가 어빙 그린과 바람이 났다고 생각했다고 말했다. 하지만 난 그럴 가능성조차 전혀 없었기 때문에 그냥 울어버리고 말았다.

"난 절대 바람피우지 않아요! 어떻게 그런 상상을 할 수 있어요?"

"나만 그렇게 생각한 게 아냐. 당신은 항상 그 남자와 함께 있고, 그에게 늘 안겼잖아."

"난 어빙을 아빠처럼 좋아해요, 조지. 그게 전부예요."

우린 둘 다 울었다. 우리 사이에 쌓인 이야기들을 모두 털어놓고 오해를 풀어야 했다. 나는 그리스 남자인 조지에겐 남자들의 주목을 받는 여자의 남편으로 살아가는 것이 몹시 수치스러운 일이라는 걸 깨달았다. 조지는 그냥 '이름없는 기타리스트' 였고, 남편으로도 남자로도 존중받지 못했다. 반면, 난 어디서나 환영받았고 미국 언론의 스포트라이트를 한몸에 받았다.

나 때문에 고통스러워하는 조지를 보고 양심의 가책을 느낀 나는 그의 아픔을 치유하고자 아이를 갖기로 했다. 아이만큼 서로의 필요와 충성심을 보여주는 증거가 또 어디 있을까? 나는 갑자기 두 해 전에 내가 임신했을 때 무척 좋아하던 조지의 모습이 떠올랐다. 우리는 유산하게 되어서 아주 슬퍼했는데……. 나는 이제 아이가 우리 사이를 회복시켜주고, 조지에게 만족감을 주고, 또 나 자신이 안전하게 삶에 정착할 수 있게 해줄 거라고 되뇌었다.

그리고 우리는 또 한 가지 결심을 했다. 이제부턴 둘이 함께 연주하기로 말이다. 조지는 한 번도 잊어본 적이 없는 트리오 아테니안을 다시 부활시키자고 제안했다. 만약 우리가 그렇게 한다면, 나는 그룹의 공식 솔리스트가 되겠지? 우리는 단번에 우리만의 세계를 만들어낼 수 있을 것이다. 마치 7~8년 전에 렉스 영화관에서 미미스 플레사스가 우리더러 같이 한 번 공연해 보라고 제안했을 때 완전히 들떴던 것처럼 말이다.

조지의 자신감은 서서히 회복되었다. 뉴욕을 떠나기 전날, 나는 조지와 함께 맨해튼 거리를 걸었다. '루이 아장과 앙드레 샤펠은 우리의 새로운 결정을 어떻게 생각할까? 자못 궁금해졌다.

15
기쁨의 길

 아장 부부가 나를 저녁에 초대했다. 그들은 조지를 많이 걱정했다. 나는 그들이 우리가 꿈꾸던 그룹의 성공을 진정으로 믿었는지는 모르겠지만, 어쨌든 그들은 우리의 결혼 생활을 최선으로 지켜줄 방법이 바로 그룹 활동이라는 것은 잘 알고 있었다. 그리고 우리 그룹의 음악성과 다른 모든 것들을 믿어줬다.
 "난 당신이 고집이 있다고 생각해요. 그리고 안 될 것 같다고 예상되면 그 계획을 단호히 포기해버릴 만큼 완벽주의자라는 것도 알아요." 루이의 말이었다.
 앙드레의 반응도 별반 다르지 않았다. 그는 우리가 미국으로 떠나기 전에 조지에게 "당신은 분명 미국에서 더 열심히 일해서 많은 경험을 쌓고 돌아올 거예요."라며 열심히 응원해줬다. 그의 말대로 조지는 이제 재즈, 컨트리 음악, 록 음악을 완숙하게 연주할 수 있는 연주자가 되었다.
 "만약 나나와 조지가 '아테니안'을 믿는다면, 그룹 활동을 해야 해요. 성공은 항상 우리가 얼마나 열정적이냐에 달려 있으니까요." 앙드레의 말이었다.

조지는 그의 친구들을 온힘을 다해 설득해서 겨우 파리로 오게 했다. 9개월 전에, 조지는 나 때문에 그들을 버렸다. 그런데 그는 이제 그 친구들에게 모든 걸 내려놓고 우리에게 와 달라고 부탁한 것이다. 나는 우리가 짊어지게 될 책임을 이미, 그것도 충분히 알고 있었다. 지금까지는 우리 둘이서 생계를 꾸렸지만, 이제부터는 다섯 명이 함께 움직여야 한다. 그리고 상황은 생각보다 훨씬 어려울 수 있다. 앙드레는 곰곰이 생각해보더니, 우리 그룹이 그리스 노래 음반을 내는 것이 좋겠다고 조언해줬다. 구체적인 방향이 정해지자 마노스와 니코스가 도와주기로 했고, 우리는 함께 연주할 노래들을 골랐다. 우리는 미키스 테오도라키스(Mikis Theodorakis)의 노래를 한두 곡 넣기로 했고, 조르주 브라셍의 〈냉정한 달 Lune sans coeur〉도 포함하기로 했다.

조지의 친구들도 이 프로젝트를 마음에 들어 해서, 얼마 후에는 그룹 아테니안이 완벽하게 갖춰졌다. 드럼은 스피로스 리비에라토스(Spyros Livieratos), 베이스 기타는 코스타스 트롭시오(Kostas Trouptios), 노래와 기타는 조지 그리고 피아노와 클라리넷, 기타는 필리포스 파파테오도로우(Philipos Papatheodorou)가 맡았다. 리허설이 시작되었다.

우리는 4주 일정인 캐나다 투어를 제의받고 정말 분주했다. 내가 벨라폰테와 몬트리올에서 공연할 때 처음 알게 된 샘 제써(Sam Gesser)가 제의한 것이었다. 우리는 저녁 내내 음악 이야기를 했고, 그때는 조지가 함께 있었다.

샘은 내가 이제 그룹 활동을 하게 되었다는 것을 알고는 우리 스스로 투어를 이끌어갈 수 있다고 확신했다.

"아시다시피, 제가 한 번도 해보지 않은 일이에요. 전 가수 두 명과 함께 독일 투어를 했고 벨라폰테와 미국 투어를 한 번 한 게 다인걸요. 그리고 그때는 유명하지도 않았어요."

"이번엔 당신이 스타가 될 거예요."

"아무도 들으러 오지 않으면요?"

"날 믿어요. 자리를 다 채워줄 테니까. 당신이 벨라폰테와 연주했을 때 평론가들이 뭐라고 했는지 알아요?"

"사람들은 벨라폰테를 보러 온 거였잖아요, 샘. 난 사람들이 나 혼자 공연하는 줄 알았다면 왔을지 안 왔을지 전혀 모르겠어요."

이렇듯 의심이 많은 나였지만 결국 우리 그룹은 투어 제안을 받아들이기로 결정했다. 우리는 이제 막 일을 시작했고, 그냥 넘겨버리기엔 너무 큰 기회였다. 남자들 네 명은 정말 열정적이었고, 미국을 경계하던 조지도 차츰 바뀌어갔다.

우리는 그리스 노래 음반이 발매될 때까지 기다려야 했다. 1966년 1월 초에 우리는 캐나다로 갔다. 몬트리올에서 유명한 플라스 데 자르(Place des Arts)에서 첫 공연을 하기로 했다. 나는 비행기를 타고 가면서 내가 부를 노래들을 가만히 검토해봤다. 공연 시작부터 끝까지 내가 진행하는 경우는 이번이 처음이어서인지, 갑작스레 의욕이 치솟다가 극도로 두려워졌다가 하면서 감정이 변덕을 부렸다. 앙드레가 도와준 덕분에 우리에겐 연습할 시간이 많았지만, 그래도 떨리고 두려운 마음은 여전했다. 나는 날 유명하게 해준 그리스 노래들을 부를 예정이었지만, 미셸 르그랑의 불어 노래들도 목록에 넣었다. 미셸의 노래들—〈쉘부르의 우산〉, 〈우리가 서로 사랑할 때〉, 〈북을 든 소년 A Child with a Drum〉—은 파리에서 인기가 많았다. 나는 프로그램의 전반부에 파리 스타일의 흰색 실크 정장을 입고 등장했다가, 후반부에 그리스 노래를 부를 때는 빨간 드레스를 입기로 했다.

우리는 모든 사항을 다 검토했다고 생각했고, 조지와 함께 한 덕분에 마음이 좀 편했다. 시간이 다가올수록 조지도 긴장하긴 했지만 말이다.

날씨 말고는 모든 게 좋았다! 샘은 공항에서 우리와 만나자마자 사진을 찍어댔다. 그리고 바쁘게 이것저것 준비하다 보니 어느새 첫 공연날이 되었다. 지난 며칠 동안 캐나다에는 눈이 엄청나게 왔는데, 이상하게도 거리에서는 눈을 볼 수가 없었다.

"문제는 오늘 밤에 눈보라가 칠지도 모른다는 거예요."

샘이 말했다.

"공연 첫날에요?"

"네, 딱 그때랍니다. 하지만 걱정 말아요. 몬트리올에서는 모든 게 결국 잘될 거니까요."

우리는 그나마 캐나다 팬들이 보내준 꽃다발과 초콜릿으로 가득 찬 호텔방을 보고는 날씨 문제를 잠시 잊을 수 있었다.

그 날 오후부터 우리는 연습을 시작했다. 샘 제씨는 완전히 의기양양해서 성공이 바로 눈앞에 있다고 자신했다. 게다가 캐나다 언론도 나를 기억하고는 마치 대스타가 몬트리올에 온 것처럼 내 소식을 보도했다. 나는 샘이 눈 밑에 들이댔던 신문 기사의 한 구절을 아직도 기억한다. "몬트리올 팬들은 너무나 우아하면서도 당당하게 노래하는 젊은 그리스 가수의 공연을 손꼽아 기다리고 있다." 내가 정말 그런 찬사를 받을 만한 걸까? 어떻게 그 기자는 팬들이 '손꼽아 기다린다고' 확신한 걸까? 나는 오히려 자신이 없었는데 말이다.

그 많은 사람 중에 나만 사태를 정확하게 파악한 것 같았다. 7시 45분 정각인데 공연장은 텅 비어 있었다. 우리는 겁이 나 서로 불안한 표정으로 돌아보는데, 오직 샘만 싱글벙글했다.

"밖에 나가서 어떤 일이 벌어졌는지 한 번 보세요." 샘이 말했다.

우리가 상상도 못할 장면이 눈앞에 펼쳐졌다. 나는 캄캄한 하늘에서 눈이 펑펑 쏟아지는 모습을 한 번도 본 적이 없었다. 차들은 멈춰 섰고, 인도와 가로등 기둥 주변에는 눈이 차곡차곡 쌓여갔다. 신호등 불빛이 계속 바뀌어도 별 소용이 없었다. 마치 몬트리올의 심장 박동이 멈춘 듯했다. 거리에는 이 혼란스러운 상황 속에 갇혀 갑자기 버려진 것처럼 버스와 자동차들이 일렬로 죽 늘어섰고, 헤드라이트만 눈발 사이로 희미하게 빛을 냈다.

"이건 재앙이에요! 우리도 나가서 도와줘야 하지 않나요?" 내가 말했다.

"걱정 말아요. 우리가 도와주지 않아도 알아서 할 거예요. 캐나다 인은 이런 눈발에 익숙하답니다."

"그럼 첫 공연을 미뤄야겠네요?"

"당신 공연 일정에 연기는 없어요. 날씨가 또 어떻게 변할는지 들어가서 기다려봅시다."

30분 후에, 눈이 그쳤다. 그리고 사람들이 저마다 기계를 하나씩 들고 와서는 도로와 인도를 치우기 시작했다. 그러자 몇 분 전만 해도 금방 사라질 것만 같던 도시가 다시 숨을 쉬기 시작했다. 행인들은 걸음을 재촉했고 자동차들도 슬슬 움직이기 시작했다.

10시가 좀 안 되어서 박스 오피스 앞에 사람들이 천천히 모이기 시작했다. 마치 우리가 기다릴 줄 알기라도 했다는 듯이……. 목도리로 귀까지 꽁꽁 덮고서는 잡담을 나누며 공연장에 들어서는 모습이 행복해보였다. 15분도 안 되어서 정말 공연장이 꽉 찼다. 이 모습을 보고 크게 감동한 나는 그만 울음을 터뜨리고 말았다.

"봐요, 조지, 샘이 옳았어요. 사람들은 눈보라가 그칠 때까지 기다렸다가 온 거예요. 빈 자리가 하나도 없어요! 정말 믿을 수가 없어…….”

두려워하기도 했지만, 이 시간이 오기만을 너무나 기다렸던 우리들의 가슴은 음악으로 하나가 되었다. 처음에 내 목소리가 좀 흔들렸지만 그래도 괜찮았다.

나는 공연을 마치면서 벨라폰테와 투어할 때 새로 알게 되어 불렀던 퀘벡 노래를 부르기로 마음먹었다. 나는 그 노래를 처음 들었을 때 완전히 압도당했다. 1839년에 앙뜨완 제랭-라주와(Antoine Gerin-Lajoie)가 지은 곡으로, 제목은 〈떠도는 캐나다인 A Wandering Canadian〉이었다. 이 노래는 1837년에 영국에 반대하는 폭동이 실패하고 나서 여기저기 떠돌아다녀야 했던 퀘벡주 프랑스 사람들의 절망을 이야기했다.

이 노래가 시작되자 관객들이 일어서서 함께 부르는 바람에 첫 소절은 거의 부르지 못했다. 정말 잊지 못할 힘과 감동이 느껴졌다. 이후 공연에서 이 노래를 다시 불러달라는 요청이 끊이지 않았다.

다음날엔 원래 공연을 저녁에만 할 예정이었는데, 표를 원하는 사람들이 너무 많아서 아침에도 공연을 하기로 결정했다. 투어는 정말 성공적이었다. 긍정적인 샘의 판단이 확실히 들어맞은 것이다!

공연 마지막날에 어떤 비평가가 "나나 무스꾸리에게 찬사가 쏟아진 이유는 그녀가 불어를 사랑하는 마음으로 관객이 미처 기대하지 못했던 퀘벡 노래를 불러서만이 아니다."라고 했다. 그가 옳았다. 캐나다와 나 사이에는 뭔가 서로 끌리는 것이 있었다. 나는 이후에 또 있었던 캐나다 공연을 기쁜 마음으로 할 수 있었다. 어느 날은 당시의 캐나다 수상 피에르 트뤼도(Pierre Trudeau)가 나를 캐나다 국회의사당에 초대해 의원들 앞에서 〈떠도는 캐나다인〉을 부르기도 했다.

그룹 '아테니안'은 가는 곳마다 크게 히트를 쳤다. 우리는 한 달 전보다 훨씬 자신감이 생겨서 파리에 돌아왔다. 그 해 겨울의 끝자락은, 블랑키 스튜디오에서 나와 조지 그리고 트리오가 처음으로 함께 만든 〈고향의 노래 Songs of Country〉를 녹음하며 보냈다.

조지의 얼굴은 훨씬 밝아졌다. 나는 조지에게 더 많은 관심을 기울이게 되었고, 파리가 그에게 얼마나 부담을 주었는지도 알 수 있었다. 우리는 퀘벡에서 너무나 멋진 한 달을 보내고 돌아온 후, 또다시 정신없는 생활 속으로 빠져들었다. 앙드레와 루이는 새로운 연주자들에게 우리를 소개시키느라 바빴고, 미셸 르그랑과 에디 마르네이, 피에르 들라노에는 계속해서 새로운 아이디어를 내놓았다. 그리고 조지는 내가 그에게서 또다시 멀어질까봐 두려워했다. 하지만 조지는 이제 그의 감정을 같이 이야기할 정도로 상태가 좋아졌고, 나는 조지를 행복하게 하는 일이라면 어떤 희생도 치를 수 있었다.

"당신이 원하면 파리를 떠날 수도 있어요."

"그럼, 우리 제네바에 가서 사는 건 어때?"

제네바는 그의 세 친구가 이미 2~3년 전에 자리를 잡은 곳이다. 그들이 자주 공연했던 암스테르담에서 가까웠기 때문이다. 모두 결혼을 한 터라 아테네에 부인을 남겨두고 사는 것에 진력을 냈었다. 그리고 파리와 암스테르담에서 모두 가까운 제네바는 정상적인 가족생활을 유지할 수 있을 만한 장소였다. 게다가 조지한테 더 잘 맞는 곳이라면 못 갈 이유가 없지 않은가?

그렇게 결정하고서 우리는 1966년 봄에 제네바로 이사를 갔다. 그리고 그 해 여름은 프랑스 도시들을 돌며 공연하는 것만으로 스케줄이 꽉 찼다. 모두 아주 재미있는 공연들이었다. 그렇지만 나는 그 공연들을 하면서 어쩐지 내가 프랑스보다는 미국과 캐나다, 독일에서

1966년 여름, 나는 앙띠브 노래 페스티벌에 초대받았다. 그리고 바로 거기에서 그로부터 30년이 지난 후 내게 형제 같은 존재가 되어준 사람, 장-끌로드 브리알리를 처음 알게 되었다. 그가 내 손을 잡고 무대에 올랐을 때, 나는 키 큰 풀숲을 스치는 바람의 속삭임을, 얼굴을 내맡기고 싶을 정도로 부드러운 미풍의 소리를 들었다.

더 사랑받고 인정받는다는 느낌이 들었다.

그리고 나는 그 여름에 남자 형제처럼 가까이 지내게 된 배우 장-끌로드 브리알리(Jean-Claude Brialy)를 만나게 되었다.

앙띠브 노래 페스티벌(Antibes Festival of Song)에서 시상식 전에 저녁식사를 하는 동안 내게 노래 몇 곡을 불러달라고 초청했다. 왜 그런지는 모르겠지만 나는 그 공연을 앞두고 꽤 긴장했다. 그러던 어느 순간, 갑자기 내가 다른 나라에서 공연할 때보다 프랑스에서 무대 공포증을 더 심하게 느낀다는 걸 깨달았다. 왜 그럴까? 아마도 파리에서 시작한 신인 시절에 내 어설픈 불어 발음 때문에 들라노에와 아장이 화를 냈던 일들이 생각나 그렇게 떨었던 것 같다. 그래서 나는 아직도 프랑스 관객들 앞에서 r 발음을 굴리거나 어려운 단어의 발음을 뭉그러뜨릴까봐 걱정한 것이었다. 공연을 앞두고 이렇게 벌벌 떨고 있는데, 몇몇 유명 연주자들이 내 노래를 들으러 왔다는 말이 들렸다. 그 중에는 샤를르 아즈나부르와 샤를르 트르네(Charles Trenet)도 있었다.

식장에 도착했을 땐 더욱 긴장감에 움츠러들었다. 매니저 롤랑 리베가 옆에서 나의 긴장을 풀어주려고 노력했지만, 마음이 가라앉지 않았다.

결국 나는 식사도 거의 하지 못했다. 밥을 먹다 말고 일어나 무대 공포증을 다스려보겠다고 무대 뒤로 갔다.

바로 그때, 장-끌로드 브리알리가 다가왔다. 그는 나를 모르겠지만, 나는 3년 전에 프랑스에서 유명한 TV 프로그램인 프론트-페이지 뉴스(Front-Page News)에서 그를 보고 반해버렸다. 그 날 방송에는 그 말고도 장-폴 벨몽도(Jean-Paul Belmondo)와 장-피에르 까셀(Jean-Pierre Cassel)이 나왔는데, 그 중에서 장-끌로드가 가장 낭만적이고 마음씨 좋은 사람이고 또 가장 재치 있는 사람으로 기억 속에 남았다. 그는 마치 아는 사람인 것처럼 날 보며 웃었다. 바로 그가 말이다.

그런데 그는 정말 나를 알고 있었다. 그의 말에서 그렇다는 게 느껴졌다.

"걱정 말아요. 여기 있는 사람들 모두 나나를 사랑해요. 당신이 주는 믿음과 아름다움 때문에 그들이 당신을 사랑하는 거예요. 나도 당신을 사랑해요. 당신은 모르겠지만 난 정말 당신을 알아요. 〈바다가 예뻐요〉, 〈내가 사랑하는 것 Celui que j'aime〉 맞죠? 그러니까 와서 노래를 불러줘요. 모두 너무 듣고 싶어하잖아요."

그는 내 손을 잡고 무대 위에 함께 올라갔다. 그리고 나는 마치 우거진 풀숲에 바람이 부는 것처럼 관객석에서부터 무언가가 윙윙 소리를 내는 것이 들렸다. 그 순간, 난 그들에게 내 자신을 바쳐 노래하고 싶어졌다.

그 해 가을에 나는 루이 아장의 전화를 받고 그만 얼어버렸다.
"나나, 끌로드 드자끄가 이제 당신 일을 봐줄 수 없대요. 그래서 다른 예술 감독을 데려오기로 했어요."
"어머나, 그럴 순 없어요!"
사실, 난 끌로드 드자끄를 잘 몰랐다. 오히려 그의 조수 앙드레가 내 공연 활동에 더 중요한 부분을 담당했다. 그와 헤어질지도 모른다고 생각하니 끔찍했다. 난 절망스러운 마음을 감추지 못했다.
"왜 안 돼? 그렇게 하기 싫어요?"
"아장, 내가 함께 일하던 사람과 헤어지는 걸 너무 힘들어한다는 거 아시잖아요."
"알아요, 알아. 내가 뭘 말하려는 건지 먼저 좀 들어봐요. 난 끌로드 드자끄를 내보내는 대신 앙드레 샤펠에게 예술 감독 일을 맡길 생각이에요."
"앙드레? 아, 정말 잘됐어요!"
"그거 알아요? 내가 보기에 그는 분명히 당신을 진실로 존경해요."
"고마워요. 너무 기분 좋은 소식이에요."
"그렇게 생각한다니 잘됐네요. 앙드레를 바꿔줄게요."
앙드레가 전화를 받아 나와 잠시 이야기를 나눴다.
"언제 파리에 올 거에요? 보여줄 게 산더미처럼 쌓였어요."
"새 음반이요?"
"아니요. 당신을 최고의 가수로 만들 앨범 말이에요. 프랑스를 넘어선 최고의 가수!"

일주일 후에 그의 사무실에 가보니, 정말 대단한 것들이 있었다. 먼저, 그는 내가 밥 딜런의 노래인 〈안녕, 앙젤리나 Adieu Angelina〉를 부르길 원했다. 그리고 피에르 들라노에는 마노스의 곡 하나를 편곡해줬다. 또, 에디 마르네이는 그리스 민요를 멋지게 편곡해서 〈푸른 드레스… 하얀 드레스 Blue Dress… White Dress〉라는 제목을 붙였다. 이게 전부가 아니었다. 앙드레는 내가 부탁했던 곡을 찾아주기까지 했다.

어느 날 늦은 저녁에 해리 벨라폰테가 나를 호텔에 데려다줬다. 운전하면서 해리가 어떤 노래를 흥얼거리면서 손가락으로 운전대를 두드렸는데, 난 그 아름다운 노래의 마지막 부분만 간신히 알아들었다.

"그건 무슨 노래예요, 해리?"

"나도 몰라. 한 번도 제대로 들어본 적이 없어서."

"정말 아름다워요. 불러보고 싶어요."

나는 방에 도착하자마자 앙드레에게 전화를 걸었다. 나는 내가 기억하는 멜로디를 흥얼거리고서 생각나는 단어 두 개만 알려줬다.

"필링 그루비(feeling groovy)."

"좋아요. 당신을 위해 한 번 찾아볼게요." 앙드레가 약속했다.

그리고 정말로 그가 노래를 찾아낸 것이다.

"〈59번가 브릿지 노래 59th Street Bridge Song〉. 폴 사이먼(Paul Simon)과 아트 가펑클(Art Garfunkel) 노래예요."

"나 정말 그 노래 불러보고 싶어요."

"그래요, 이건 정말 당신을 위한 노래예요. 내가 이미 피에르 들라노에에게 편곡을 부탁해놨어요."

우리는 그 노래에 〈인생이란 좋은 거야 C'est bon la vie〉라고 제목을 붙였다.

오후 내내 회의를 했다. 그리고 어느새 중요한 프로젝트를 시작하려고 할 때에 느껴지는 흥분감이 점점 날 감쌌다. 나는 나와 벨라폰테를 연결시켜 준 〈기억해 주세요〉를 함께 섞는 건 어떻겠냐고 제안했다. 더 좋은 노래가 될 거라는 생각에 안 될 게 뭐 있나 싶었다. 앙드레도 좋은 생각이라고 했고, 에디 마르네이는 그 곡에 〈9월의 마음 Au coeur de septembre〉이라고 이름 붙였다. 그리고 뭔가 더 있었다. 나는 항상 〈벚꽃나무 꽃 필 때 Cherry Blossom Time〉을 녹음하고 싶었다. 조지와 내가 티노 로씨(Tino Rossi)의 공연을 보러 갔다가 발견한 곡이다. 그리고 그 이후로 가끔 우리 둘이 함께 부르는 노래가 되었다. 앙드레는 아무런 반대도 하지 않았고 조지도 나만큼 그 노래를 사랑했기 때문에, 우리는 조지가 편곡하는 것으로 결정을 내렸다.

새 앨범 이야기도 나왔지만, 우리는 녹음을 연기해야 했다. 샘 제써가 캐나다에서 서너 번쯤 공연해달라고 요청했기 때문이다.

우리는 1969년 초에 캐나다로 떠났고, 공연은 짧은 기간에 성공을 거두었다. 평론가들은 지난번보다 더 우호적이었다. 그들은 처음으로 '아테니안'을 굉장히 높게 평가해줬다. 장 로와이예(Jean Royer)가 《악씨옹 l'Action》지에 "어떻게 그들 그룹의 훌륭한 연주 없이 나나 무스꾸리의 이름을 언급할 수 있을까? 그들은 그냥 재능 있는 연주자들이 아니었다. 그들의 존재 자체가 바로 공연이었다(1967년 2월 2일자)."라는 평을 썼다.

그리고 《라 스멘 일뤼스트레 La Semaine illustree》지는 "우리가 단숨에 사랑하게 된 나나이기 때문에 그녀에게 풍부한 재능이 있다는 걸 늘 고마워할 것이다. 그리스의 밝은 햇살을 캐나다의 하얀 눈과 결합시키는 나나의 재능은 특히 고전적인 사랑 노래를 부를 때 가장 확실하게 드러난다(1967년 1월 23-29일자)."라고 평했다.

우리가 캐나다에서 돌아올 때쯤 프랑스에서도 우릴 향한 관심이 점점 커졌다. 데뷔 후 처음으로 월간지 《팡테지-바리에떼 Fantaisie-Variete》에서 내 기사로 지면 두 장을 채웠다.

"나나 무스꾸리를 말할 땐, 누구든지 '정말 노래를 잘하는 가수야!'라고 한다. 마치 프랑스에 제대로 노래를 할 수 있는 가수가 적어도 한 명은 있다는 사실을 깨닫고 크게 놀란 것처럼 말이다. 그런데 정말 안타깝게도, 나나는 프랑스 사람이 아니다. 그리스인 부모님을 둔 그녀는 아테네에서 태어났다. 그러나 나나는 프랑스에 있기로 결정했고, 정말 열심히 적응했다. 그래서 우리가 그녀의 악센트를 눈치채지 못하고 그녀를 프랑스 사람이라고만 생각한 것이다."

작가이자 철학자인 모리스 끌라벨(Maurice Clavel)은 《옵세르바뙤르 L' Observeteur》지에 쓴 칼럼에서 너무나 훌륭한 칭찬을 해주었다.

"12일 일요일, 선거날 밤이었다. 그 날 맛본 첫 번째 즐거움은 나나 무스꾸리를 발견한 것이었다. 그녀의 노래를 들으면 기분이 좋아지고, 나의 평론에 자신감을 얻을 수 있다. 그리고 노래야말로 인간이 할 수 있는 최고의 언어라는 걸 확신할 수 있게 해준다(1967년 3월 22일자)."

나는 앙드레가 즐겁게 웃으며 끌라벨의 평을 읽던 모습을 기억한다. 앙드레는 "우리가 가장 강하니까 이길 거야!"라고 소리쳤다. 앙드레는 우리가 늘 이길 것이라고 확신했다. 그는 나에게 '가장 강한 사람'이라고 말했다. 그는 그것을 굳게 믿었고, 나도 그랬다. 앙드레는 영원히 내 옆에 있을 테니까. 우리는 이렇게 세계가 우리 것이라는 믿음을 놓지 않으려고 서로 의지했다.

그리고 우리는 그 '승리'를 향한 소망을 담아 앨범 녹음을 하기 시작했다. 표지에는 〈인생이란 좋은 거야〉와 〈푸른 드레스… 흰 드레스)가 인쇄되었다. 녹음 작업이 끝나자 벌써 4월이었고, 우리는 그달 21일에 아테네에 가서 부모님과 부활절을 보내기로 했다. 유지니아도 남편과 조카 알리키를 데리고 올 예정이었다. 나는 얼마 전에 차를 좋아하는 조지에게 멋진 벤츠 자동차를 선물했다. 우리는 아테네까지 차를 몰고 갈 계획을 세웠다. 최고의 자동차를 몰고 고향으로 돌아갈 수 있게 되어 정말 좋아하는 조지를 보면서 나도 흡족했다.

우리가 막 제네바의 우리 집에서 떠날 채비를 하는데 전화벨이 울렸다. 오딜 아장이었다.

"라디오에서 들었는데, 나나, 그리스에서 군사 쿠데타가 일어난 모양이에요. 아테네가 탱크 부대에 포위되었대요."

"오, 하느님!"

"상황을 더 알기 전까지 떠나지 말아요."

엄마에게 전화를 걸자, 누구인지 구별할 수도 없게 울먹이는 목소리가 들렸다.

"아무도 무슨 일이 있는지 말해주질 않아. 거리엔 사람 하나 없고 가게 문도 다 닫혔어."

"여기서 들리는 소식에 의하면, 아테네가 포위된 것 같대요."

"맞아. 사방에 군인들이 깔렸다고 아빠가 그러는구나. 왜 국왕은 아무 말도 안 하는 거지? 설마 죽은 건 아니겠지?"

"국왕이 곧 설명할 거예요. 마음 가라앉히고, 기다리셔야 해요."

우리는 국왕을 사랑했다. 그런데 그는 아무 말도 하지 않았다. 우리에게 들려오는 소식은 점점 내전을 떠올리게 했다. 권력을 잡은 군대 장교들은 예술가와 정치가들을 포함해서 백 명이 넘는 사람들을 체포했다. 많은 사람들이 그리스를 떠나려고 했지만, 국경과 공항이 모두 폐쇄된 상태라는 소식이 들렸다.

그리스가 다시 전쟁을 겪는다는 게 도저히 믿어지지 않았다. 프랑스와 독일은 전쟁 후에 서로 화해하고 유럽의 민주주의를 세우는 토대의 역할을 하고 있는데……. 그리스 소식이 더 많이 들려올수록 나는 더 부끄러웠다. 그리스는 거꾸로 민주주의를 버리고 군인의 지배를 받기로 한 것이다! 그리스는 왜 그렇게 되어야 했을까?

정치 비평가들은 국왕이 주범자라고 말했다. 국왕이 2년 전에 민주적으로 선출된 좌파 수상 조지 파판드레우(Georges Papandreou)를 해임했을 때부터 이미 민주적 질서가 흔들리기 시작하면서 군대가 힘을 기를 수 있는 통로가 열렸던 것이다. 사실 국왕은 쿠데타가 일어났을 때 즉시 반대 의사를 표명하지 않았다. 6~7개월이 지나서야 그가 다시 권력을 회복하려고 나섰지만, 이미 늦어버렸다. 국왕은 권력을 잃고 나라를 떠나야 했고, 결국 그리스 민주주의 지도자들의 망명 대열에 합류할 수밖에 없었다.

그리스의 미래가 어두워지기만 해서 나와 조지는 고통스러웠다. 우리가 사랑하는 사람들이 '독재자들의 피비린내 나는 광대놀음'에 붙잡혀 있는데, 어떻게 우리가 계속 노래 부르고 웃고 떠들 수 있겠는가? 우리는 매일 아침 자유로운 나라에서 눈 뜰 수 있어 감사했지만, 금세 우리 가족의 슬픔이 떠올라 그들과 좀더 가까이 있지 못하다는 것 때문에 죄책감을 느꼈다. 부모님께 전화할 때마다 누구누구가 잡혀갔다는 소식을 들었다. 마노스는 다행히도 그리스에서 가까스로 도망쳐 나왔다. 하지만 니코스는 집과 책 그리고 고국을 떠나지 않기로 했다. 나는 그와 통화를 할 때마다 그의 작품 활동이 압제와 어리석음에서 그를 보호한다는 것을 감지했다. 마치 독일이 지배하는 동안 그의 작품 『아모르고스』가 그를 보호했듯이 말이다.

이렇게 희망을 잃어버릴 시점에 우리는 아주 오랫동안 기다리던 선물을 받았다. 마침내 내가 아이를 갖게 된 것이다! 나는 이 사건에서 신앙의 눈으로 하늘의 사인을 보았다. 하느님이 우리에게 그리스와 내 아이, 그리고 곧 태어날 모든 아이들에게 새로운 빛을 비출 것이라는 뜻이었다.

그 날 밤에 전화기 너머로 부모님이 기뻐서 소리 지르는 걸 들으면서 내 마음도 기쁨으로 가득 찼다. 그리고 이 작은 선물이 어둠을 헤치고 나올 수 있도록 도와주는 것 같았다. 우리가 언제 부모님을 다시 뵐 수 있을까? 아이가 태어날 때쯤이면 만날 수 있을까? 하지만 나는 그리스가 군사 정부의 손아귀에 있는 한, 다시는 그리스로 돌아가지 않겠다고 결심했다.

5월의 끝자락에 조지와 나는 중요한 결정을 급하게 내려야 했다. 우리가 프랑스 전국 투어를 계속 해야 하는지 아니면 임신한 나를 고려해서 취소해야 하는지가 문제였다. 이번 공연은 내가 프랑스의 유명 휴양지에서 처음으로 노래하는 거라서, 그동안 나를 무대 위에서 보지 못했거나 한 번도 노래를 들어보지 못한 관객들을 만날 수 있는 좋은 기회였다. 프랑스에서는 실제로 투어 공연을 할 만큼 그렇게 유명하지 않았기 때문에 가끔 공연을 하는 정도였다. 만약 이번 투어를 취소한다면, 나에게도 '아테니안'에게도 엄청난 손해가 될 것이었다. '아테니안'에게는 일이 절실히 필요했다.

우리는 의사의 조언을 듣기로 하고, 의사에게 모든 상황을 말했다. 8주 동안 자동차를 타고 수천 마일을 여행해야 하고, 거의 매일 밤 3시간씩 공연을 해야 하는 데다, 수면 시간도 짧을 뿐더러 낮에도 쉴 수 없다는 상황을 다 이야기했다.

"제가 유산할 위험이 있나요?"

의사는 그렇다고 대답했다. 의사는 나를 검사해보더니, 여러 가지 이유들 때문에 머리를 절레절레 흔들었다.

"일을 한다면 당신이 좀 힘들어질 거예요. 물론 여름 내내 침대에서 지내는 것보다는 낫겠지만요. 당신이 벌써 신경질적이 되고 참을성이 없어지는 게 느껴져요. 짜증을 내면서 집에만 갇혀 있으면 임신에 안 좋은데……."

"그럼 어떻게 해야 하죠?"

"그냥, 가세요! 안전할 수 있을 거라고 봐요. 단 몇 가지 주의사항만 지킨다면 말이죠."

난 일주일에 세 번씩 주사를 맞아야 한다는 처방전을 들고 진료실에서 나왔다. 마치 종달새가 지저귀듯 기쁘고 마음이 가벼웠지만, 한편으로 걱정되는 건 어쩔 수가 없었다.

그럼에도 나는 의사가 올바른 결정을 내렸다는 걸 점점 확신하게 되었다. 공연장마다 우리를 기다리는 사람들로 꽉 채워지는 것을 보면서 나 자신과 아이에게 자신감이 생겼고, 염려할 필요도 없을 거라고 확신했다. 나는 늘 아기에게 말을 걸었다. 아기가 내 노래를 듣고 있어서 기쁘고, 지금 나의 감정이 어떠하며, 또 내가 얼마나 피곤한지도 다 말했다. 나는 아기가 뱃속에서 얼마나 편안하게 있는지를 느끼면서 우리가 절대 서로 떨어지지 않을 거라고 느꼈다. 그리고 조지가 늘 옆에서 세심하게 신경을 쓰면서 우리를 도와줬다. 조지에게 의지할 수 있다는 건 정말 다행이었다. 그는 7년 전부터 아기를 원했으니까……. 공연을 끝내고 호텔로 돌아오면, 그는 아기에게 뱃속에서 얌전히 있어줘 고맙다며 아기의 소리를 들어보기도 하고 말도 걸었다.

모든 공연이 매진이었다. 관객들의 반응은 따뜻하고 감동적이었고, 언론의 반응도 대단했다. 《라 마르세예즈 La Marseillaise》는 머리기사에 "완벽한 나나 무스꾸리의 승리"라고 내 이야기를 실었다. 이번 공연은 앙드레에게도 성공을 가져다줬다. 그 해 봄에 녹음한 신곡들을 전부 불렀기 때문이다. 《라 마르세예즈》는 "나나는 사랑과 꽃, 아이, 전쟁을 노래한다. 그녀는 노래로 우리를 유혹하여 넋을 잃게 한다."라고 평했다.

여름 투어 기간 중, 칸의 어느 TV 프로그램에 출연했을 때, 나는 내 음반이 세계에서 8백만 장이나 팔렸다는 것을 알게 되었다.

"모르셨어요?" TV 진행자가 놀랍다는 듯이 물었다.

"네, 내 음반이 얼마나 팔렸는지 물어볼 용기도 없었는걸요."

그랬다. 난 루이 아장을 완전히 신뢰했고, 무엇보다 그에게 너무 고마워서 그런 질문을 할 수가 없었다.

투어가 거의 끝나가던 때에 호텔로 나를 찾는 전화가 걸려왔다.

"앙드레 샤펠입니다."

"앙드레! 안녕!"

"중요한 사항을 말하려고요. 지금 앉아 있나요?"

"네. 심각한 이야기에요?"

"아뇨, 하지만 정말 중요한 일이에요."

"말씀하세요. 잘 들을게요."

"브루노 꼬까트릭스가 올림피아에서 당신이 주연으로 공연을 해주길 원한대요."

"와! 하지만…… 언제쯤요?"

"10월에요."

"10월! 그때쯤이면 난 임신 5개월이에요, 앙드레."

"알아요. 나도 벌써 생각해봤어요."

"불가능해요!"

"그렇게 말하지 말아요, 나나, 이건 백만 번에 한 번 올까 말까한 기회라니까요!"

"좋은 기회라는 건 알지만, 풍선처럼 불룩한 배를 하고서 무대에 오를 수는 없어요. 사람들이 내 안경을 보고 놀리는 것처럼 될 거에요."

"내 말 좀 들어봐요. 나도 다 안다니까요. 하지만 거절하기 전에 한 번 생각해 보세요. 아니, 차라리 내가 칸에 가서 당신과 이야기해보는 건 어때요? 당신, 나 그리고 조지 이렇게 셋이서 조용히 상의해보자고요."

"그렇게 하셔도 돼요, 하지만 난 못한다는 입장이에요, 앙드레. 아무튼, 난 아직 혼자 올림피아에서 공연할 준비가 안 됐어요. 게다가 난 임신 중이잖아요!"

전화를 끊었을 때 너무 씩씩댄 나머지 나는 한 시간이 지나서야 조지한테 소식을 전할 수 있었다. 조지도 처음엔 기뻐했지만, 내 표정을 보더니 이내 밖으로 나가버렸다. 마치 나 혼자서 결정해야 하는 문제라는 것처럼 말이다.

내 매니저 롤랑 리베는 그 후로 사흘 동안 전화해달라는 메시지를 15개나 남겨 놓았고, 그걸 다 듣고서도 나는 계속 전화를 하지 않았다. 그가 뭘 원하는지는 나도 알았다. 그는 꼬까트릭스의 제안을 받아들이라고 날 설득하려는 것이었다. 하지만 난 그의 이야기를 듣고 싶지 않았다. 적어도 앙드레를 보기 전까지는 말이다. 앙드레는 우리와 함께 주말을 보내려고 왔다. 그런데 그는 주말 내내 한 번도 자신의 주장을 지나치게 밀어붙이지 않았고, 그런 그의 차분한 태도에 내 마음도 평안해졌다.

나는 앙드레에게 자초지종을 들었다. 올림피아측은 내가 노래를 잘해서 공연을 제안한 것이 아니라, 질베르 베꼬가 갑자기 공연을 취소해버려서 가을 시즌에 스케줄이 3주가 비게 되자 그걸 막으려고 나에게 연락한 것이었다.

"꼬까트릭스는 신경 쓰지 말아요. 그냥 당신 자신만을 생각해요. 그리고 당신이 결정하는 대로 그에게 말할게요. 시간을 두고 생각해 봐요. 대신 정말 좋은 기회라는 거 명심하고요. 당신이 승낙한다면 잃을 건 아무것도 없어요."

"사람들이 날 보고 웃으면요?"

"나나, 아무도 당신을 비웃지 않아요. 만약 아기 때문에 걱정한다면, 그러지 말아요! 언론이 아기 이야길 하긴 하겠지만, 나쁜 뜻은 아닐 테니까. 그리고 모든 프랑스 엄마들이 당신 편이 될 거예요."

"가장 큰 문제는 내가 아직 주연을 맡을 준비가 안 되었다는 거예요."

"나나, 아마 자신감이 생기지 않을 수도 있어요. 하지만 지난 몇 년 동안 내가 당신과 함께 있어왔기 때문에 말하는 건데, 지금 당신의 노래는 최고예요. 그리고 처음으로 완벽한 불어 노래 모음을 준비해놨잖아요."

그 날 밤 침대에 누워서도 잠을 이루지 못하던 나는 앙드레의 말이 옳다고 스스로 인정했다. 나의 목소리는 그 어느 때보다 풍성하고 아름다운 소리를 냈다. 그리고 최근에 내놓은 내 노래들은 좋은 평가를 받았다. 르네 부르디에(Rene Bourdier)가 《레 레트르 프랑세즈 Les Lettres Francaises》에 "그녀의 다음 앨범을 사세요. 맛보기 어려운 기쁨을 경험하게 될 겁니다. 아주 훌륭한 연주자들만이 줄 수 있는 그런 기쁨입니다."라고 썼을 정도였다.

다음 날 아침에 나는 거절을 할지 승낙을 할지 결정하지 못한 상태에서 브루노 꼬까트릭스에게 한 번 전화를 해봐야겠다고 생각했다.

"아시겠지만, 난 당신에게 피해만 줄까봐 걱정이 되네요. 만약 관

세르주 라마, 훌리오 이글레시아스와 함께. 나는 훌리오에게 각별한 애정을 갖고 있었다. 그도 나처럼 재능 하나만을 믿고 가수세계에 뛰어들었던 것이다. 우리가 알고 지낸 지 20년, 함께 노래하자고 약속한 지도 벌써 20년이 되었다.

객석이 반밖에 안 차면 어쩌죠?"

들려오는 목소리는 흔들림이 없었다.

"물론 나도 당신의 노래만으로 올림피아 홀이 다 찰 수 없다는 걸 알아요. 하지만 난 손해 볼 사람은 아니지요. 그래서 공연 전반부에 유명한 가수들을 무대에 올릴 겁니다. 자끄 마르땡(Jacques Martin)과 세르주 라마(Serge Lama)가 공연을 시작할 거예요. 그러니까 걱정 말아요. 그 두 사람만으로도 관객들이 꽤 올 겁니다. 당신도 공연을 하는 거죠?"

"네, 할게요. 꼬까트릭스 씨."

16
착한 사람이야

난 '고통'에 관해 잠시 말하고 싶다. 이보다 더 좋은 표현은 생각이 나지 않는다. 1967년 10월 26일에 올림피아에서 주연으로 첫 공연을 하기 전까지 내가 겪었던 고통을 말하려 한다.

난 의상실에 조용히 있었는데, 가슴이 너무 두근거려서 꼭 넘어질 것만 같았다. 나는 갑자기 거울 속의 나를 바라보았다. 안경을 쓰고, 빨간 벨벳 드레스를 입은 살색 머리의 젊은 여자가 보였다. 이 어지럽고 어두운 방 안에서 우리 둘이 뭘 하는 거니? 내가 정말 살아 있는 걸까? 아니면 죽어가고 있는 걸까? 그러자 가슴에 강한 바람이 부딪치는 것처럼, 잠시 후 있을 일들이 물결처럼 몰려왔다.

한 시간 후, 45분 후……. 오, 안 돼. 사형장에서 순서를 기다리는 사람들이 떠올랐다. 언젠가 문을 두드리는 소리가 들리겠지. 시간이 되면 난 "준비됐어요."라고 말해야 할 거고……. 떠는 것도, 우는 것도, 비는 것도 할 수 없어. 난 흔들리지 말아야 해. 품위의 문제야, 알았지? 너를 인도하는 사람의 눈을 바라봐. 그에게 손을 내밀고 그가 인도하는 대로 따라가.

시간이 휙 지나갔다. 나는 "어머나, 이럴 순 없어. 5분이 그냥 지나가버렸네. 아마 시계가 고장난 걸 거야."라며 혼자 중얼거렸다. 그러나 그게 아니었다. 나는 시계 바늘이 똑딱똑딱 무자비하게 움직이는 소리를 들었다. 초침 소리가 1초마다 내 귓속을 찔렀다. 의상실 밖 세상에서 들리는 작은 소리들도 전부 내 방으로 흘러들어왔다. 옆방에 있는 조지도 너무 긴장한 나머지 기타 줄을 모두 끊어버렸다. 기술자들이 복도에서 서로 소리를 질렀다. 멀리서 박수 소리도 들려왔다. 자끄 마르땡? 아니면 세르주 라마? 벌써 휴식 시간인가?

잠시 후에, 오딜과 루이 아장이 의상실에 잠깐 들렀다. "아주 멋져, 나나. 객석이 꽉 찼는데도, 밖에는 사람들이 여전히 줄을 섰어." 그들의 눈은 반짝거렸고, 입가엔 웃음이 가득했다.

나도 기분 좋게 대답하려고 애를 썼다.

"그래요? 잘되었네요······."

"더 할 말은 없어요? 브라셍 공연 때도 이만큼 사람들이 오지는 않았어요!" 오딜이 소리쳤다. 오딜은 내게 다가와 볼에 입을 맞추었다. 루이 아장이 내게 격려의 말을 해줬지만, 나는 가슴이 너무 쿵쾅거려서 안절부절 못했다. 오딜과 루이가 방에서 나갔다가 금방 다시 돌아왔다. 시간이 얼마나 흘렀지?

노크 소리가 들렸다!

다리가 흐느적거려서 쓰러지기 일보 직전이었다.

"들어오세요."

내 목소리였다. 내가 어떻게 입을 열었을까?

"다음 순서예요. 관객들 반응이 너무 좋아요. 당신이 그들 넋을 쏙 빼놓을 거예요."

빨간 나비 넥타이와 은빛 무늬의 정장을 입은 브루노 꼬까트릭스가 손을 내밀었다. 올림피아에는 공연의 첫날밤에 극장 주인이 주연 가수를 무대까지 인도하는 전통이 있다.

　내 의상실 문 밖에서 사람들이 무리지어 서 있었다. 미소짓고 있는 오딜과 힘내라는 눈빛으로 날 바라보는 앙드레가 눈에 들어왔다. 세르주 라마가 놀라는 표정을 짓는 것도 보였다. 나는 그들을 보면서 웃음은 둘째 치고 말 한 마디 할 수가 없었다. 할 말을 잃어버린 채 그저 아슬아슬한 기분이었다.

　"당신이 지나가는 걸 보면서 난 도살장에 끌려가는 어린 양을 보는 듯했어요." 세르주 라마가 나중에 말해줬다. 나중에 그는 나와 친한 친구가 되었다.

　주홍색 보석으로 장식한 풍성한 벨벳 드레스를 입은 내가 꼬까트릭스와 함께 무대에 등장하는 순간, 열정적인 박수가 더 이상 못 참겠다는 듯이 관객석에서 터져 나왔다.

　나는 〈안녕, 앙젤리나〉를 부르기 시작했고, 곧 음악이 나를 지배하면서 내가 방금 겪었던 고통의 시간들을 말끔히 지워버렸다. 노래를 부르는 동안, 마치 하늘이 열리면서 내게 날개를 날아주는 느낌이 들었다. 두려움은 사라지고, 나의 목소리와 나의 아기만 남았다.

　〈비둘기가 보이는 날 Le jour ou la colombe〉을 부를 때, 난 나의 아기와 그리스를 떠올렸다. 이 노래는 1967년 4월 21일부터 그리스가 겪어온 슬픔을 노래했다.

　　"이 사람들이 어디로 갔는지 난 모르겠어요
　　다른 사람들이 찾으러 왔나 봐요
　　부활절 아침에 사라졌어요
　　손목에 수갑이 채워진 채로
　　그들 중 얼마나 아직도 살아 있을까?

비둘기가 올리브나무에 다시 돌아올 때일까?"

"Je ne sais pas où sont partis ces hommes
Que d' autres sont venus chercher.
Ils ont disparu par un matin de Pâques
Des chaines à leurs poignets.
Combien d' entre eux vivront encore
Le jour où la colombe reviendra sur l' olivier?"

관객들이 나의 감정을 똑같이 느꼈다고 자신 있게 말해도 될까? 나는 주디 갈란드를 떠올렸다. 그리고 어릴 때 영화를 본 관객들의 표정이 변했다고 아빠에게 말했을 때, 아빠가 깜짝 놀랐던 것도 생각났다. 그러면서 맘속으로 하느님께 감사했다. 사람들의 마음을 움직일 수 있는 신비스러운 힘을 주어 감사하다고……. 그때 아빠는 내가 무엇을 말하는지 이해하지 못했다. 하지만 만약 오늘 함께 있었더라면, 이해했을 것이다. 다양한 박수 소리가 이어졌지만, 그 중에서도 유독 열정적인 박수 소리가 내 가슴을 자극했다.

박수 소리가 그치자, 모든 관객들이 일어났다. 그 날 내가 얼마나 많은 앙코르와 커튼콜을 받아들였는지 모르겠다. 하지만 그렇게 끝낼 수는 없었다. 나는 악단의 반주 없이 무대 가운데 혼자 서서 〈페이퍼 문 Paper Moon〉을 불렀다. 고국 그리스에서 계엄령에 갇힌 니코스에게 보내는 나의 입맞춤이었다.

다음날, 《르몽드 Le Monde》지에 끌로드 사로뜨(Claude Sarraute)가 다음과 같이 썼다. "나나 무스꾸리 덕분에, 올림피아는 카네기홀 같은 곳이 되었다. 그녀의 목소리는 수정, 시원한 우물, 벨벳같이 흐르는 강물 같았다. 그녀의 노래는 아름답고도 수수하고 또 열정적이며, 곧 그녀 자신이다. 나나는 안경 쓴 자신의 모습과 임신한 모습을 있는 그대로 받아들이고 자신의 실력과 관객들의 호응에 확신하는 모습을 보여줬다. 아테네 콘서바토리에서 노래를 배웠지만, 재즈를 좋아했던 그녀는 라 스칼라(La Scala)보다 피레우스에 있는 타베르나들을 더 좋아했다."

또, 폴 까리에르(Paul Carriere)는 《르 피가로 Le Figaro》지에서 "그녀는 이미 자체로 음악이다. 그녀는 가사에 최상의 의미를 부여한다."라고 논평했다.

"그녀는 마치 루돌프 누레예프(Rudolf Noureev)가 춤추는 것처럼 노래합니다. 그렇게 하도록 태어났으니까요." 쟈끌린 까르띠에(Jacqueline Cartier)가 《프랑스-스와 France-Soir》에서 밝혔다.

그리고 《파리-마치 Paris-Match》지에는 다음과 같은 기사가 실렸다. "그녀는 눈과 귀에 마법을 걸었다. 그리고 가슴에도……. 고맙습니다, 나나."

의심할 여지가 없이, 올림피아의 첫날밤 공연은 나의 가수 활동에 전환점이 되었다. 첫 공연이 끝나고 48시간 만에, 올림피아의 모든 좌석이 11월 13일 마지막 공연까지 매진된 것이다. 우리의 성공에 좀 어리둥절하면서도 기분이 아주 좋았던 브루노는 내가 가수로 대단한 성공을 거둘 거라고 했다. 루이 아장도 공연 시작 전까지 내 능력만으로 올림피아 공연장이 가득 찰 수 있을지 의심했다고 솔직히 고백했다. 오직 앙드레만 놀라지 않았다. 그는 "우리가 가장 강하니까 이긴 거예요."라고 쪽지에 써서 꽃다발과 함께 보내줬다.

드디어 난 프랑스에서 인정을 받은 것이다! 그리고 마지막 공연에서 커튼이 내려지자마자, 조지와 난 도둑처럼 슬그머니 빠져나왔다.

우리는 제네바 집으로 돌아가고 싶어 참을 수 없을 지경이었다. 아기는 3개월 후면 태어날 예정이었다. 우리는 뱃속의 아이가 제대로 자랄 수 있도록 편하게 지내고 싶었다. 우리는 그동안 아이에 신경을 많이 쓰지 못했고 대화도 충분히 하지 못했다. 그리고 아이 방도 준비하고, 출산 후에 3개월 동안 돌봐줄 유모도 구해야 했다.

부모가 되는 건 어떻게 배워야 하는 거지? 가장 확실한 방법은 자기의 어린 시절을 떠올려보거나, 아니면 부모님이 어떠했는지 기억을 더듬어 보는 것일 테다. 그래서 난 엄마랑 더 자주 전화를 하게 되었다. 자신의 딸이 태어나는 것에도 별 관심이 없던 아빠조차 지금은 손주가 태어날 날만 손꼽아 기다린다고 했다. 그리고 부모님이 직접 스위스에 오겠다고 해서 더 기분이 좋았다. 조지의 부모님도 온다고 했다. 아기의 출생은 마치 날카로운 철 사슬처럼 그리스를 꽁꽁 휘감은 군사정부에 저항하는 몸짓으로 보였다. 그래서 아기의 탄생은 기쁜 일이기만 했다.

예정일이 다가올수록, 나는 거의 매일 밤 똑같은 악몽을 꾸었다. 나 혼자 빈 집에서 점점 다가오는 출산 날짜를 두려워하는 꿈이었다. 산후조리는 어떻게 해야 하는지, 아이의 옷과 신발은 어떻게 마련할지 등등을 생각하면서 말이다. 나는 꿈을 꾸고 나면 늘 공포에 질려 침대에서 떨어졌다.

"엄마도 그런 꿈 꿨어요?"

엄마는 웃긴 했지만, 찌푸린 얼굴이었다.

"우리 상황에서 그건 악몽이 아니었단다. 그때 우린 정말 가진 게 아무것도 없었어."

그럼 나는 왜 이런 식으로 고통을 당해야 하는 거지? 나는 니코스에게 같은 질문을 던졌다.

박쥐의 딸 229

"니코스는 이유를 알 것 같으세요?"

그는 내가 계속 말하도록 내버려뒀다. 내가 전화를 하면 그는 일을 중간에 멈춰야 했지만, 그는 항상 너그럽게도 전혀 방해를 받지 않은 척했다.

"그 빈 집 이야기를 더 해줘."

"꿈을 꾸는 내내 좀더 작은 집이길 얼마나 바랐다고요, 니코스! 그런데 내가 바란 우리 집보다 훨씬 큰 거예요. 그래서 이런 악몽을 꾸는가 봐요."

그는 대답을 하기 전에 잠시 생각하는 듯했다.

"그 집은 아마도 네가 엄마로서 살아갈 새로운 삶을 의미하는 것 같아. 크고 비어 있지만 그 자체가 네게 주어진 거야. 넌 그 집 안에서 길을 잃어버릴까봐 두렵겠지만, 또 누가 알아? 네가 그 집에서 안락하게 잘 살 수도 있는 거잖아. 아니면 집을 어떻게 꾸며야 하는지 몰라서 두려워하는 것일 수도 있어……. 하지만 나나는 언제나 결국에는 일을 제대로 해왔잖아. 생각해봐, 우리가 만난 지 십 년이 되었는데, 그동안 나나는 바다를 건너 멀리까지 갔어. 만약 바다의 괴물들을 다스리지 못했다면, 바다가 이미 나나를 삼켜버리지 않았을까?"

내가 산부인과에 갔을 때 언론은 나를 잡아먹을 듯이 달려들었다. 만약 스타의 출산 소식을 알리려는 사진기자들과 방송 카메라맨의 숫자로 인기를 측정할 수 있다면, 난 확실히 스타였다. 산부인과 안팎에서 취재 열기가 아주 뜨거웠다. 올림피아 공연 이후로 나는 인기 잡지의 표지에 종종 등장했는데, 그 잡지들은 내 사생활에 관심이 너무 많았다. 최근 발표한 앨범 〈비둘기가 보이는 날〉의 성공은 나의 아기에 대한 사람들의 호기심을 더 자극했다. 우리는 그런 관심에 어떻게 대처할지 미리 배워야 했지만, 그럴 만한 상황이 아니었다. 나의 공연을 좋게 평가해준 언론에 감사하긴 했지만, 나는 기자들과 잘 지내는 것 말고는 할 수 있는 게 없었다.

1968년 2월 13일에 니콜라스(Nicolas)가 이 세상에 태어났다. 내가 아이를 팔에 안은 사진이 전세계에 나돌았겠지만 전혀 기분 나쁘지 않았다. 조지와 니콜라스, 그리고 내가 함께 있을 때 느끼는 행복함 때문이었다. 부모님은 사랑이 가득한 얼굴로 잠든 니콜라스를 바라보며 미소지었다.

그러면서 나중에 니콜라스와 엘렌느(Helene), 나에게 가장 중요한 사람이 된 페르낭드 슈바이쩌(Fernande Schweizer)가 우리의 삶에 등장했다.

처음에 그녀를 알려준 건 산파였다.

"이제 유모가 필요할 거예요." 산파가 말했다.

"알아요, 하지만 그냥 아무에게나 내 아기를 맡길 순 없어요."

"노래를 그만두지는 않을 거잖아요?"

"그럼요, 하지만 벌써부터 내가 모르는 사람에게 니콜라스를 맡길 때를 생각하고 싶진 않은 걸요."

"그건 잘못 생각하는 거예요. 지금 당장 고민해야 하는 문제랍니다."

"누구 생각나는 사람이라도 있나요?"

"딱 한 명 있어요. 정말 좋은 사람이에요. 그런데 벌써 다른 아이를 맡았지요."

"그래도 전화를 한 번 해줄 수 있나요? 어떻게 될지는 모르잖아요."

그렇게 해서 페르낭드가 나를 만나려고 산부인과에 오게 되었다. 그건 예의 차원에서였다. 그녀는 이미 이제부터 아이들을 돌보지 않기로 결심했기 때문이었다.

"이해해요. 그런데 왜죠?"

"제가 아이들을 너무 사랑하게 돼서 그래요, 부인. 6개월이나 1년이 지나면 아이들을 떠나보내고, 또다시 새로운 아이들을 맡는 게 너무 어려워요."

"하지만 우리 집에서는 6개월만 머무는 게 아니에요. 우리가 잘 지낸다면, 더 오래……"

"아니요, 그래도 제가 떠나야 할 날은 오잖아요. 죄송해요. 전 이제 유모 일을 더는 못 하겠어요."

그렇게 해서 우리는 작별 인사를 했고, 난 집으로 돌아왔다. 그리고 두 할머니가 니콜라스의 시선을 끌려고 서로 경쟁하는 덕분에 난 충분히 쉴 수 있었다.

며칠이 지나서도 나는 여전히 유모를 고용하는 일로 고민을 했는데, 갑자기 페르낭드가 전화를 했다.

"저번에, 당신의 아이를 유심히 봤어요. 그 아이가 내 마음을 쏙 빼앗아버렸지요. 정말 귀여워요……"

"그럼, 우리 아이를 맡아주겠다는 뜻인가요?"

"네, 저는 다른 사람한테 당신의 아기를 맡길 수가 없어요, 부인."

그렇게 해서 페르낭드는 우리 가족의 일원이 되었다. 니콜라스는 나중에 말을 할 수 있게 되었을 때 그녀를 페페(Fefe)라고 불렀다.

1968년 5월 초에 휴가가 끝났다. 거의 6개월에 이르는 휴가 동안 우리는 은둔자처럼 생활했다. 처음에는 못 참을 듯이 아기가 태어나기만을 기다리며 보냈고, 출산한 이후에는 아기의 존재에 희열을 느끼며 시간을 보냈다. 한편, 앙드레는 올림피아 공연 이후로 마음에 그려놓았던 새로운 음반 작업을 위해 우리가 이제 파리로 돌아갈 날짜만 기다렸다. 또 롤랑 리베는 파리, 브뤼셀, 암스테르담에서 출연할 방송과 공연 스케줄을 여러 개 잡아놓았다. 우리는 다시 정신없는 생활로 돌아가야 했고, 부모님은 우울한 아테네로 돌아가야 했다.

그러나 난 다시 가수 활동을 시작하더라도 니콜라스를 포기하고 싶지 않았다. 결국 나는 니콜라스와 페르낭드를 데리고 파리에 갔다. 아기에게 필요한 모든 물품, 그러니까 아기 젖병부터 분유, 아기 옷, 일회용 기저귀, 약까지 모두 챙겨갔다. 우리는 불로뉴의 아파트에서 4명이 함께 지낼 수 있기를 바랐다.

페르낭드는 정말 훌륭한 유모였다. 요령이 있으면서도 주의 깊고 신중하기도 했다. 하지만 무엇보다 니콜라스를 정말 좋아해서 매일 내가 외출하느라 그녀에게 아기를 맡길 때마다 질투가 났다.

그룹 '아테니안'은 몇 달 동안 공연을 하지 않았던 터라 하루 빨리 일을 시작하고 싶어 안달했다. 우리는 5, 6월에 다음 앨범 〈기억하고 있어요 I remember〉를 녹음했다. 이 앨범에는 세계적으로 인기를 얻은 곡들, 피에르 들라노에와 마노스가 만든 〈네가 날 사랑하니까 Because you love me〉, 그리스의 오래된 노래를 조지가 편곡한 〈다시 또다시 Over and over〉가 포함되었다.

한편, 파리 시내에서 벌어지는 학생들의 시위는 점점 격해져 갔는데, 난 그들의 명분에 동의했다. 아침마다 전날에 일어났던 사건들을 접하고, 자유와 연대, 부의 재분배를 외치는 학생들의 열정적인 연설을 들을 때마다 기분이 좋았다. 하지만 오딜은 시위대에 아주 화를 냈는데, 나는 그런 모습을 보면서 내가 학생들의 데모를 원하고 있었다는 걸 깨달았다. 난 무의식적으로 그리스를 생각했다. 파리 학생들이 큰 소리를 내지 못하는 아테네의 학생들을 대변해준다고 생각한 것이다.

군사 정부가 들어선 지 1년이 되었을 때 모리스 뒤베르제(Maurice Duverger)가 발표한 「그리스와 우리의 치욕」이란 글을 아직도 기억한다. "전국에서 16,000명 정도가 체포되었고, 수용소에서는 즉결 처형이 행해졌다. 우리는 결코 이 날을 잊을 수 없다."

나는 개인적인 치욕 이상으로 모멸감을 느꼈다. 그래서 난 슬픔과 의혹 속에서 살았고, 파리 학생들의 살아 있는 분노가 마치 나를 구해 준 것처럼 느껴졌다.

여름이 되자 우리는 여태 한 번도 해보지 못한 프랑스 전국 투어를 시작했다. 올림피아 공연 소문이 퍼지면서 나는 여기저기서 노래를 불러달라는 제안을 받았다. 아테니안은 무척 즐거워했지만, 사실 난 그렇게 좋지만은 않았다. 니콜라스와 떨어져 있어야 하는 고통을 느끼면서도, 아테니안 멤버들에겐 가능한 한 많은 공연을 하겠다고 약속했던 것 때문에 마음이 이리저리 엇갈렸던 것이다. 지난 겨울 동안 아테니안이 니콜라스 때문에 공연을 하지 못해 나는 죄책감을 느끼던 중이었다. 결국 우리는 합의점을 만들어냈다. 주중에 이틀은 제네바에 가서 니콜라스를 볼 수 있도록 하고, 그러고 나서 아테니안에 합류하면 매일 저녁 공연을 하는 것으로 말이다.

프랑스 투어를 하던 중에, 이본느 리틀우드가 전화를 했다. 그녀는 유로비전 콘테스트 이후로 가끔 내게 BBC 런던 스튜디오에 와서 노래를 해달라고 부탁했다. 그런데, 이번에는 좀 다른 제안이었다. 6주 동안 1주일에 한 번씩 방송을 하는 조건이었다.

"6주나요? 기간이 정말 긴데요. 제 노래는 그렇게 길게 방송을 할 만큼 많지 않아요."

"그건 걱정 말아요. 생각해 봤는데, 당신에겐 훌륭한 노래들이 많잖아요. 그리고 방송할 때마다 게스트 연주자가 또 올 거예요. 10월

런던 BBC 이본느 리틀우드. 1972년, BBC방송국에서 여러 프로를 제작했던 프로듀서 이본느 리틀우드가 토요일 밤에 방영되는 음악프로그램에 나를 초대했다. 이미 7년 전, 유로비전 콘테스트에서 나를 알아본 이본느는 나를 위해 영국으로 통하는 문을 활짝 열어주었다. 왼쪽은 당시 굉장한 인기를 누렸던 그리스 여가수 마리넬라.

괜찮겠지요?"

앙드레는 전적으로 찬성이었다. 하지만 난 여전히 부를 수 있는 노래들이 얼마나 될지 그것에만 집착했다. 내가 앙드레에게 이 제안을 말해줬을 때, 그는 이 방송이 세계에 미칠 영향까지 예측했던 것 같다. 그리고 아테니안에게도 정말 좋은 기회였다.

그래서 우리는 9월 중순부터 런던에 자리를 잡고, 2달 동안 공연과 연습을 하며 적응을 해나갔다. 우린 정원이 뒤에 딸린 작은 2층집을 빌렸다. 니콜라스와 페페는 1층의 작은 방에서 지냈고, 조지와 난 그 옆방에서 지냈다.

다행히 내가 맡은 50분짜리 방송은 실황중계가 아닌 녹화방송이어서 무대에 서는 게 좀더 쉬웠다. 이본느와 나는 방송 첫회 손님으로 아말리아 로드리게즈(Amalia Rodriguez)를 초대하기로 했다. 난 마리

박쥐의 딸 235

아 칼라스만큼이나 그녀를 열렬히 좋아했다. 그리고 우리는 공통점이 많았다. 그녀도 가난한 가정에서 태어났지만, 고향은 리스본이었다. 그녀 역시 여기저기서 노래를 하며 가수 생활을 시작했다. 나이트클럽에서도 노래했고, 그 후에는 파두(fado)를 공연하는 곳에 들어갔다. 아말리아는 파두에 푹 빠지게 되었고, 이제는 그 분야의 1인자가 되었다. 파두는 포르투갈에 전해 내려오는 시에 향수가 녹아든 민요들을 말한다. 비록 오랫동안 묻혀 있었지만, 1956년 올림피아 공연에서 아말리아가 파두를 선보였고, 덕분에 그녀는 세계적인 스타가 되었다.

우리는 번갈아 가며 노래를 불렀다. 서유럽의 양 끝자락에 불안정하게 붙어 있는 포르투갈과 그리스의 슬픔과 역사를 담은 노래들이었다. 아테니안은 이 날의 방송을 기념하고자 파두 스타일의 음악을 연주하기도 했다.

파리로 돌아왔을 때, 우리는 영국령 내의 모든 국가들, 오스트레일리아와 뉴질랜드까지 이 프로그램을 방송한다는 것을 알게 되었다. 그리고 스칸디나비아, 네덜란드, 아시아 국가들, 심지어 동유럽의 공산주의 국가에도 방송되었다. BBC를 통해 이본느가 우리를 세계에 알린 것이다.

우리는 젊은 영국인 프로듀서 로버트 패터슨(Robert Paterson)이 우리에게 영국에서 대규모 공연을 해달라고 부탁했을 때 그런 유명세를 확실히 느낄 수 있었다. 그것도 로얄 앨버트 홀(Royal Albert Hall)에서……

"앨버트 홀! 엄청나게 큰 곳이잖아요!"

"8천 석이지요."

"그런데 당신은 정말 나를……"

"나나가 나온 BBC 방송 공연을 다 봤어요. 사람들은 그 방송을 정말 좋아했어요. 이제 그들은 모두 당신을 알아요. 날 믿어요. 내 제안에 동의한다면, 그 홀이 꽉 찰 거라고 보장합니다."

동의한다면! 내가 어떻게 거절할 수 있겠는가! 그 어떤 연주자가 앨버트 홀에서 공연하는 걸 거절할 수가 있을까?

나는 하루쯤 시간을 내서 런던에 가 그 공연장을 직접 보기로 결정했다.

"......"

정말 놀라웠다. 1층 정면에만 4천 석이 있는데, 무려 올림피아 홀의 4배 규모였다. 원형 지붕 아래에는 빨간 발코니 좌석이 있어서 무대를 바로 내려다볼 수 있었다. 앨버트 홀은 어지러울 정도로 너무나 인상적인 곳이었다. 나는 그 조용한 홀에 혼자 서서 무대에 오를 밤을 상상해봤다. 과연 이곳을 꽉 채울 만큼 많은 사람들이 단지 나의 공연을 보려고 올까? 이 공간에 2~3시간 동안 내 목소리만 울린다는 게 가능할까? 문득 내 머릿속에는 엄마의 얼굴이 떠올랐다. 나는 이번 공연에 엄마가 와주길 바랐다(엄마는 내가 무대에 선 걸 한 번도 보지 못했다). 유지니아와 나를 콘서바토리에 데리고 갔을 때, 우리가 무대에서 노래하는 모습을 보는 게 엄마의 꿈이 아니었을까? 나는 그 꿈을 실현시킬 수 있는 자리에 올랐다는 게 슬그머니 자랑스러워졌다. 하지만 동시에, 엄마가 이 자리에 함께 할 수 있다고 생각하니 갑자기 심장이 멎어버릴 것 같았다. 그 어느 누구보다 엄마의 시선이 무섭고 부담스럽게 느껴진 것이다. '아니야, 엄마는 안 오시는 게 좋겠어. 나중에, 나중에 또 있겠지.'

넉 달 후, 내가 로얄 앨버트 홀에 들어서자, 로버트 패터슨은 환하게 웃었다.

"축하해요! 매진이랍니다."

이곳에 오늘 밤 8천 명이 들어찰 것이다. 그리고 공연은 유럽 1채널을 통해 방송될 예정이었다.

그땐 미처 몰랐지만, 앨버트 홀 공연이 매진된 건 대단한 영광이었다. 그리고 오늘 밤이 있기까지 나를 도와준 연출가부터 기술자, 관리인까지 모든 사람의 눈에서 나를 향한 애정과 격려를 볼 수 있었다.

공연 시작부터 나는 관객들이 이미 나에게 빠져들었다는 걸 느꼈다. 마치 오래 전부터 서로 알아온 것처럼 말이다. 이미 라디오에서 내 노래를 들었던 것일까?

가장 멋진 순간은 마지막이었다. 우리가 커튼콜을 열 번이나 받고 나서 정말로 작별 인사를 해야 했을 때, 나는 연주자들 없이 혼자 무대로 돌아와 조명 속에 섰다. 어둠에 싸인 극장 안은 고요함으로 가득 찼고, 숨소리 하나 들리지 않았다. 나는 〈나 같은 죄인 살리신 Amazing Grace〉을 불렀다. 감동적인 영국 찬송곡 중 하나인 이 노래는 1760년대에 노예들을 실어 나르던 배의 선장이었던 존 뉴튼(John Newton)이 만든 것이다. 그는 하느님의 은혜로 폭풍 속에서 그분을 영접하게 된 후 열렬한 노예 폐지론자가 되었다.

"나 같은 죄인 살리신 주 은혜 놀라워
잃었던 생명 찾았고 광명을 얻었네."

"Amazing grace, how sweet the sound
that saved a wretch like me
I once was lost, but now am found
Was blind but now I see."

마지막 음이 공기 중으로 사라질 때, 공연장 안은 잠시 정지해버린 듯했다. 잠시 후 갑자기 하늘 문이 산산조각나는 것처럼, 관객들의 큰 박수가 터져 나왔다. 그들은 모두 일어나서 박수를 쳤다. 나는 꽃다발과 관객들의 환호성에 파묻혔고, 분위기에 완전히 압도되어 아무 말도 하지 못한 채 20분 동안 울면서 무대에 있었다. 내가 여태 들어보지 못한 믿기 어려운 찬사들이 여기저기서 들려왔다.

"오늘 밤 당신은 앨버트 홀을 당신 것으로 만들었어요. 이제부터 당신의 집이나 마찬가지예요." 후에 로버트 패터슨이 나에게 해준 말이다.

그게 1969년 4월의 일이다. 1969년이 되면서 난 이미 여러 일들이 빠르게 진행되어간다는 걸 감지했다. 난 6주에 걸친 BBC 방송을 끝내고 막 파리에 돌아온 참이었다. 그때 필립스 런던 지사장 올라프 비퍼(Olaf Wiper)가 루이 아장에게 전화를 걸었다.

"나나 무스꾸리와 함께 세계의 여러 노래들을 녹음해서 영국에서 음반을 내고 싶습니다." 그가 아장에게 말했다.

난 입가에 희미한 미소를 띠었을 아장의 모습을 상상해봤다. 5년 전에 바로 비퍼의 전임자가 아장더러 나에게 투자하는 건 돈 낭비라고 말했기 때문이다. "나나는 노래를 정말 잘 불러. 하지만 영국에선 성공할 수 없을 거야." 그는 이렇게 말했지…….

이제 런던은 나에게 밝은 미래가 있다고 믿는 것이다. 앙드레와 나는 앨범에 수록할 곡을 고민하기 시작했다. 우리는 〈기억하세요〉와 〈다시 또 다시〉 그리고 〈쿠쿠루쿠쿠 팔로마 coucouroucoucou paloma〉 등을 넣기로 결정했다. 1969년에 런던에서 녹음한 이 앨범은 아주 성공적이어서 BBC는 내게 맡길 두 번째 방송 시리즈를 제작하기로 했다.

이게 끝이 아니었다. 샘 제써는 우리에게 다시 캐나다에 와달라고 요청했다. 그래서 우리는 1969년 초에 몬트리올로 향했다. 6주 예정이라 니콜라스와 페페도 동행했다. 조지도 나도 우리 꼬마와 그렇게 오랫동안 떨어져 있을 생각은 추호도 없었다.

며칠 후, 우리는 오타와에 도착했다. 나는 신임 수상 피에르 엘리엇 트뤼도(Pierre Elliott Trudeau)에게 저녁 식사 초대를 받아 하원에서 노래를 하게 되었다. 행사가 끝날 무렵에 수상이 일어나더니 나에게 팔을 내밀었다.

"나랑 같이 갑시다. 보여줄 게 있어요."

그는 나를 방으로 데리고 가더니 발언대 위에 세웠다.

"부탁 하나 들어줄래요?" 그가 물었다.

"물론이지요."

"〈떠도는 캐나다인〉을 불러주겠어요? 그리고 〈벚꽃나무 꽃 필 때〉도요. 난 그 두 곡을 제일 좋아한답니다."

그 날 밤은 모든 게 자연스럽고 편했기 때문에 나는 조금도 주저하지 않았다. 수상은 의자에 혼자 앉았고, 나는 그를 위해 무반주로 노래를 불렀다.

캐나다 투어가 끝나고, 바로 뉴욕 카네기 홀(Carnegie Hall)에서 공연을 하게 되었다. 모두 샘 제써 덕분이었다. 하루는 그가 클래식 음악계에서 가장 유명한 매니저 솔 후록(Sol Hurok) 이야기를 꺼냈다. 우아하면서도 세련된 그는 세계적으로 유명한 마리아 칼라스, 폰 카라얀, 레너드 번스타인(Leonard Berstein)과 일했다. 어느 날 저녁, 내 노래를 들어본 그가 날 아침식사에 초대했다. 조지가 이 초대를 기분 나쁘게 받아들이지 않는다는 전제하에서였다. 함께 아침을 먹으면서 그는 미국에서 나를 돌봐주고 싶다고 말했다.

그렇게 해서 카네기 홀 공연이 성립된 것이었다. 나는 누구의 도움 없이 직접 프로그램을 짰다. 〈기억해 주세요〉, 〈필링 그루비〉, 〈아테네의 흰 장미〉, 〈서쪽의 백합 Lily of the West〉, 〈다시 또 다시〉, 그리고 그리스 노래와 히트를 쳤던 프랑스 노래를 부르기로 했다.

나는 지금도 뉴욕에서 데뷔하고 며칠이 지나 《캐쉬 박스 Cash Box》에 실린 기사를 간직하고 있다. 이 기사는 '가서 미국을 정복하라' 는 초대장 형식이다.

"나나 무스꾸리는 이미 세계적인 가수입니다. 그러나 미국에서는 아직 그녀의 영향력이 드러나지 않았습니다. 그녀의 독창회를 본 사람들의 반응과 공연이 매진된 것을 보고 감히 말하건대, 머지않아 그녀의 시대가 올 것입니다(1969년 3월 29일)."

17
나이팅게일

1969년 그리스 사태는 당시 유럽에서 중요한 화두였다. 그리스인 영화 제작자 코스타 가브라스(Costa Gavras)는 그 해에 장-루이 트랭띠냥(Jean-Louis Trantignant), 이브 몽땅과 함께 영화 〈Z〉를 만들었다. 1963년 5월 23일에 발생한 국회의원이자 외과 의사 그리고리스 람브라키스(Grigoris Lambrakis)의 암살 사건을 둘러싼 상황들을 분석한 영화였다. 그 영화는 극우파 일원들이 그리고리스를 죽임으로써 전세계에 군사쿠데타를 미리 예고한 것이라고 주장했다.

그 해, 그 영화는 칸 영화제에서 대상 후보 명단에 올랐다. 그리스의 사태가 시간이 지날수록 중대해지자, 사람들은 나에게 시선을 돌렸다. 그들은 내가 영화제 무대에서 그리스 노래를 불러줄 수 있는지 물어보았다. 그들이 날 생각했다는 게 감동적이고 자랑스러워서 난 아무것도 생각하지 않고 요청을 받아들였다. 폐막식이 진행되는 동안 심사위원들이 대상 작품을 고를 때, 난 그리스의 슬픔을 함께 나눈 사람들의 마음을 뜨겁게 달굴 노래들을 부를 생각이었다.

난 행복한 추억을 선사한 칸에 다시 가게 되어서 기뻤다. 5년 전에 나는 아주 유명한 가수가 아니었지만, 이번 여행에서는 사진기자들

1969년 칸 영화제. 나는 사진기자들의 집요한 플래시 세례를 받았고 환호하는 관중들에게 사인을 해주어야 했다. 필립스 잡지 사장 앙드레 아쎄오(오른쪽)가 스타들에게 둘러싸여 기뻐하고 있다.

과 사인을 받으려는 사람들이 쫓아다니는 스타였다. 그런데 그 유명한 계단을 오르면서부터 어려운 상황이 발생했다. 나를 에스코트해 줄 남자가 없는 것이다. 조지는 화려한 무대를 싫어했고, 대중 앞에 서는 걸 쑥스러워하는 앙드레 역시 싫다고 했다. 유일하게 자원한 사람이 앙드레 아쎄오였다. 5년 전 칸에서 처음 만났던 그는 필립스사의 광고 담당자였는데 이번 영화제에 올 수 있어서 매우 좋아했다.

그러나 그 꿈같이 행복할 것 같았던 저녁이 너무나 고통스러워졌다. 난 내가 부를 노래를 영화제 주최측에 일부러 미리 알려주었다. 마노스의 노래, 미키스 테오도라키스의 노래 두 곡, 그리고 〈기억해 주세요〉를 부르려고 했다. 그리고 테오도라키스의 노래로 공연을 마무리하려고 했다.

내가 무대에 오르자 순식간에 조용해졌다. 세계 영화계의 거장들이 그리스에게 경의를 표하는 일종의 미사에 함께 하기를 소망하고 있었다.

테오도라키스 노래를 부르려고 할 때, 〈Z〉에 출연했던 훌륭한 여배우 이렌느 파파스(Irene Papas)가 일어나서 소리쳤다.

"우리를 위해 테오도라키스를 불러줘요!"

코스타-가브라스도 일어났고, 곧바로 열댓 명의 사람들이 동참했는데, 시몬느 시뇨레(Simone Signoret)와 이브 몽땅도 그 중에 있었다.

"테오도라키스! 테오도라키스!"

그들은 목청을 높여 소리를 질렀다.

그때 내가 느낀 부끄러움과 고통을 어떻게 설명해야 할지 모르겠다. 그들은 마치 그리스 저항사의 살아 있는 영웅처럼 주먹을 쥔 손을 쳐들었다. 난 무대 위에서 꼼짝 못하고 그냥 서 있었다. 고상한 명분에는 부적절해서 비난의 대상이 된 희생제물처럼 말이다. 끔찍하고 치욕적인 느낌이었다. 그러니 울음을 참기 위해 온힘을 다해 정신을 차리고 말하기 시작했다.

"전 테오도라키스 노래를 부를 생각이었습니다. 그런데, 우리가 조금 전에 함께 나눴던 마음으로 끝까지 이 노래를 부를 수 있도록 허락하지 않은 무례한 여러분 때문에 마음이 아픕니다."

난 관객들이 나를 이해해줬다고 믿는다. 짧은 박수소리가 들리면서 그 사건이 종결되었다. 하지만 처음의 분위기는 이미 흐트러졌고, 나 또한 테오도라키스 노래를 내가 원하는 방식으로 불렀는지도 잘 모르겠다.

난 무대에서 내려오면서 울음을 터뜨렸다. 앙드레 덕분에 난 파리로 도망가지 않고 폐막식이 끝날 때까지 겨우 남아 있을 수 있었다.

이렌느 파파스는 나를 기다렸던 게 분명했다. 내가 리셉션 홀에 들어서자, 그녀는 울면서 다가와 나를 안았다. 끔찍했다. 게다가 사진기자들이 그 현장에 있어서 몸을 움직일 수가 없었다. 위선, 광신, 조작이 뭔지 확실하게 느껴졌다. 이렌느가 감정을 거짓으로 꾸며내고 있을 때, 나는 그녀에게 내 생각을 말했다.

"날 죽이고 싶었다면, 이렌느, 아까보다 더 좋은 방법은 없었을 거예요."

"용서해줘요. 하지만 난 그렇게 해야 했어요. 대의를 위해서요, 모르시겠어요? 대의를 위해서!"

"아니요, 전 몰라요. 제 생각엔, 세상의 어떤 대의명분도 사람에게 모욕을 줘선 안 된다는 거예요."

그 사건 때문에 나는 평생 동안 대중의 선동성을 믿지 못했다. 주먹을 처들고 분노를 내뿜는 정치적 투쟁이 더 효과적일까? 난 아직도 알 수 없다. 그러나 난 신중하고 싶었다. 나는 군사정권이 통치한 암흑기에도 내 고국을 잊지 않았다. 그러나 난 나라를 위한다고 주장하는 그들과 함께 할 수는 없었다. 어떤 사람들은 내가 이렌느나 미키스에 비해 너무 소극적이라고 생각할 수 있다. 내가 내 생각을 공공연하게 밝히지 않았던 건 사실이다. 그러나 각자가 나름대로의 지식과 감정에 따라 인생에서 싸우는 방법이 다르다고 생각한다.

다음날, 신문들은 칸에서 일어난 사건을 대서특필했고, 나는 며칠 후 파리에 망명 중인 콘스탄틴 카라만리스에게 저녁 초대를 받았다. 우리는 10년 전부터 알고 지내왔는데, 나는 최근 들어 이분을 더 좋아하게 되었다. 난 언젠가 이분이 그리스로 돌아가서 민주주의를 재건해야 한다고 굳게 믿었고, 그 날 대화도 이런 소망에 관한 것이었다. 저항 운동의 지도자였던 그는 서구민주주의 국가의 지도자들과 정기적으로 만나고 있었다. 카라만리스는 아주 신중하고 조심스럽게 행동하는 분이었다. 그런데 그 날 밤 그는, 단지 날 위로하려고 초대했던 것이다.

"신문을 읽었어요. 당신이 대중을 선동하자는 유혹에 빠지지 않은 건 잘한 거예요. 정치란 신참들에겐 위험한 영역이지요. 당신의 의지와 상관없이, 여기저기서 데려가려는 위험이 늘 존재한답니다. 그 유혹에 넘어간 후에는 후회하게 됩니다. 그냥 당신이 하던 대로 계속 나가세요."

넉 달 후, 나는 올림피아 홀 공연 리허설 때 카라만리스를 다시 만났다. 그는 날 위로하고, 칸에서의 기억을 완전히 지워주고 싶었던 것 같았다.

브루노 꼬까트릭스는 내가 세 번째 올림피아 공연을 성공적으로 할 거라고 너무 확신한 나머지, 이번엔 다른 가수들 없이 공연을 하기로 결정했다. 결국 난 아테니안과 함께 6주 동안 매일 밤 세 시간씩 무대 위에서 노래하게 되었다. 에니뜨 피아프 이후로 이런 공연은 시도된 적이 없었기에 공연의 성공 여부는 오로지 나에게 달려 있었다.

앙드레, 조지와 함께 공연을 준비했다. 〈해 아래서 그리고 바람을 맞으며 Dans le soleil et dans le vent〉와 밥 딜런의 노래 〈사랑 빼기 0 Love minus zero〉, 〈끝까지 No limit〉를 부르기로 했다. 첫곡은 마노스의 멋진 노래로, 고난의 시기에도 살아남아 사랑하자는 내용을 담고 있었다. 제목은 〈살아가기에 절대 너무 늦지 않았어요 It's never too late to live-pame mia volta sto fengari〉였다.

공연의 후반부에는 매 공연 때마다 요청을 받는 이전 인기곡들을 부를 계획이었다. 〈북을 든 소년 Child with a drum〉, 〈비둘기가 보이는 날〉, 그리고 〈기억해 주세요〉를 포함시켰다.

1969년, 나의 세 번째 올림피아 공연은 니콜라스가 나를 가수로 알아준 특별한 공연이었다. 무대에 나가기 직전, 그 긴장된 시간을 나는 니콜라스의 천진난만한 표정을 상상하며 견뎌냈다. 우리 아들, 엄마를 보면서 무슨 생각을 할까?

이번 올림피아 공연에서 니콜라스에게 내가 가수라는 걸 알려줬다. 2년 전, 1967년 10월 올림피아 공연 때 그 애는 내 품에 안겨 자고 있었다. 나는 박수 소리 때문에 잠에서 깬 그 아이가 작은 발을 꼼지락거리며 버둥거리는 것을 느꼈다. 이번에 니콜라스는 페페의 무릎 위에 앉아 있었다. 나를 확실하게 볼 수 있는 지점인 중앙에 니콜라스의 자리를 정해 놨다. 그 아이의 귀여운 작은 얼굴이 무대 위로 올라가기 전 떨고 있는 내 마음의 눈에 들어왔다. 그 애가 나를 보면 무슨 생각을 할까?

박쥐의 딸 247

처음에는 페페가 "저길 봐, 니콜라스, 저기에 엄마가 있네!"라고 계속 속삭였지만, 그 아이는 알아듣지 못했다. 아마도 마이크로 다가가는 여자보다는 움직이는 조명에 시선을 빼앗겼던 것 같다.

난 노래를 시작했다.

"엄마다! 엄마야! 페페, 엄마가 저기 있어!"

그제서야 나를 알아본 니콜라스의 외침을 어떤 사람들은 웃으며 이해해주었다. 하지만 또 어떤 사람들은 "쉿!" 하는 소리를 냈고, 불쌍한 페페는 니콜라스를 안고 공연장 밖으로 얼른 나와야 했다.

이번 공연은 언론의 호평 외에도 작가 알퐁소 부다르(Alphonse Boudard)가 멋지게 평해줬다.

"하늘, 바람, 바다 그리고 별에서부터 내려온 목소리……."

"산 속 샘물처럼 쏟아지는 목소리……."

"순수함, 아름다움, 조화처럼 그동안 잊고 살았던 단어들의 의미를 다시 만들어주는 목소리……."

"나나 무스꾸리가 노래하는 동안 우리는 시간의 한계를 넘었다."

한편, 나의 첫 영국판 앨범인 〈다시 또 다시 Over and Over〉가 출시된 후, 음반 판매 순위에서 상위권에 올랐다는 연락이 왔다. 뒤이어 이본느가 BBC 방송 시리즈를 또 만들자고 했고, 그외에 영국의 대도시 투어를 해달라는 요청도 많았다. 우리가 언제 떠날 수 있을까? 앙드레는 한창 물이 올랐을 때 더 많은 성과를 내야 한다며 될 수 있으면 빨리 떠나자고 했다. 그러면서 최근 몇 달 동안 프랑스에서 너무 많은 시간을 투자했다고 불만스러워했다.

난 이본느의 방송을 먼저 마친 후에 겨울 투어를 하기로 결정했다.

1970년 초 우리는 런던으로 갔다.

조지와 내가 그때만큼 행복했던 적이 없었던 것 같다. 니콜라스는

조니 카슨 쇼. 뉴욕. 인기 절정의 토크쇼인 조니 카슨 쇼에 초대받았다. 조니 카슨은 내가 어디 출신인지, 어떤 사람인지를 물었고 해리 벨라폰테와 함께 한 순회공연에 대한 질문도 했다. 그리고 그 날 저녁, 나는 〈프렐류드〉를 라이브로 불렀다.

우리 두 사람을 단단히 묶어놓았다. 그리고 아테니안 그룹 덕분에 우리는 여러 사람이 함께 일하는 방법을 알게 되었다. 조지는 이제 사람들이 나를 뺏아갈 거라는 생각 따윈 하지 않았고 두려워하지도 않았다. 우리는 그룹 활동만 열심히 했고, 그래서 더욱이 헤어질 이유가 없었다.

이제 런던은 나에게 스타 대접을 해줬다. 공항에는 카메라, 기자들, 꽃다발, 마중 나온 팬들로 북적거렸다. 나는 몇 년 전에 배를 타고 영국에 왔을 때 흘렸던 눈물이 생각나 잠시 울컥했지만, 지금은 웃어야 했다. 그때는 아무도 날 원하지 않을까봐 두려워했는데, 지금은 거리에서 사람들이 날 알아볼 정도였다.

임신 4주쯤 되자, 내 배는 눈에 띄게 둥그스름해졌다. 마지막 BBC 방송을 하려면 임신한 배를 가릴 수 있는 드레스로 갈아입어야 할 정도였다.

이 당시에 아주 기분이 날아갈 듯 좋았던 사건이 있었다. 이본느는 매일 아침 친절하게 운전기사가 딸린 멋진 택시를 보내줬는데, 어느 날 아침인가 활짝 웃으며 나를 반기는 운전기사를 보고 좀 놀랐다.

"오늘 참 행복해 보이세요." 내가 말했다.

"그럼요, 무스꾸리 여사. 오늘은 제 생일입니다. 제 친구들은 제가 얼마나 당신 노래를 좋아하는지 다 알지요. 그래서 친구들이 머리를 짜서 제가 당신을 스튜디오까지 모실 수 있도록 해줬어요. 말하자면, 생일 선물 같은 거죠."

"와! 그러면, 오늘 밤 스튜디오로 다시 오셔서 절 집에 데려다 주세요. 제 최신 음반을 선물로 드릴게요. 그리고 생일 축하드려요!"

"정말 고맙습니다! 우리 집 식구들은 전부 당신 팬이랍니다……."

이야기는 계속되었고, 운전사는 자신이 운전을 해줬던 유명한 사람들 이름을 말하기 시작했다. 그 속에서 나는 그가 스튜어트 그랭거라는 이름을 언급했던 걸 집어냈다.

"뭐라고 말씀하셨죠? 스튜어트 그랭거를 아세요?"

"알고말고요! 그는 운전기사 중에 저를 제일 좋아하셨어요. 오후 티타임에 그분이 손자들을 보러 가실 때면 제가 종종 운전을 해 드립니다."

어린 시절 나의 영웅이었던 스튜어트 그랭거……. 그는 험프리 보가트나 로버트 테일러(Robert Taylor)보다 훨씬 멋진 영화배우였다. 어쩌면 풋사랑이라고 할 수 있을까……?

"시간만 있다면, 그분이 제게 어떤 의미였는지 말씀해드릴 텐데. 아무튼 그는 제가 제일 좋아하는 배우였어요." 나는 운전사에게 그렇게 말했다. 그러나 곧 스튜디오에 도착했기 때문에 얘기를 멈출 수밖에 없었다.

그 날 저녁, 나는 미리 와서 날 기다려준 그 운전사에게 생일선물을 줬다.

"잠깐만요, 저도 드릴 선물이 있어요."

그가 준 상자를 열어보니, 스튜어트 그랭거가 사인한 자서전이 한 권 들어 있었다.

"첫 장을 펴 보십시오." 운전사가 말했다.

난 책을 펴고 읽었다. "나나, 음악을 통해 우리에게 아름답고 멋진 선물을 해줘서 고마워요. 스튜어트 그랭거."

"어머나 세상에! 어떻게 된 거예요?"

"그분에게 전화를 걸어서 당신 이야길 했어요. 그랬더니 그분이 '나도 무스꾸리를 아주 좋아해. 이리 와서 내가 그녀에게 줄 선물을 가져가게나.' 라고 하셨어요."

이제 투어를 할 때가 되었다. 아테니안은 미니버스로 움직였고, 난 편안한 대형 오스틴(Austin)을 타고 이동했다. 우리는 운전사에게만 살짝 내가 임신한 사실을 알려줬고, 운전사는 울퉁불퉁한 길을 피해 조심조심 차를 몰았다. 우리는 차 안에서 즐거운 시간들을 보냈다. 새로운 노래들을 연습하거나 니코스에게 장문의 편지를 쓰기도 했다. 세월이 많이 흘렀지만, 그는 여전히 내가 사랑하는 친구였고, 나의 성공과 두려움을 모두 나눌 수 있는 사람이었다.

우리는 글래스고, 버밍햄, 맨체스터에서 공연을 했고, 언제나 공연은 모두 매진되었다. 우리가 새로운 도시로 떠날 때마다 조지가 신문에서 잘라 보여준 기사들의 제목을 지금도 기억한다. "무스꾸리, 노래를 더 불러주세요!", "나나가 최고야!" 등등.

사실, 영국의 끔찍하게 습한 날씨를 이겨내려면 그런 열정적인 반응이 필요했다. 이런 날씨는 평생 처음이었다. 캐나다의 추위는 영국의 스모그에 비하면 아무것도 아니었다. 땅속부터 올라와 뼈 속까지 파고드는 그런 습한 안개는 정말 싫었다. 나는 투어를 하는 동안 감기에 걸려서 다음 공연을 취소하게 될까봐 겁이 났다. 게다가 당시 영국 호텔은 별로 편하지 않았다. 난방이나 통풍 시설이나 모두 너무 안 좋아서 나는 가끔 아침에 목이 부은 상태로 일어나기도 했다.

일 년 후에 내게 황금 음반을 안겨준 팬들의 요청으로 나는 다시 영국에 돌아왔다. 전혀 예상치 못했던 사건, 하지만 나에게 무척 중요했던 일이 두 번째 영국 투어에서 일어났다. 마를린 디트리히가 영국에 온 것이다! 정말 멋진 마를린, 내 어린 시절에 늘 함께 했던 여인이었다. 요제프 본 슈테른베르크(Josef von Sternberg)의 〈푸른 천사〉에서 잊지 못할 롤라(Lola) 역할을 맡은 그녀는 공연 일정이 내 투어와 엇갈렸다. 먼저 공연을 마치고 떠난 그녀는 나에게 "당신은 종달새처럼 노래를 부르는군요. 마를린." 이라고 작은 쪽지를 남겼다.

나는 바로 답장에다 〈상하이 익스프레스〉와 〈주홍빛 여제 The Scarlet Empress〉를 예로 들며 그녀의 얼굴과 목소리가 내게 준 영향을 적었다. 이 두 영화는 내가 어두운 어린 시절을 보낼 때 현실에만 파묻히지 않도록 도와줬다. 며칠 후 분장실 거울에 빨간 립스틱으로 거울에 뭔가 적힌 걸 봤다. "나나, 사랑해요! 마를린." 그 후로 우리는 서로 이런 쪽지를 계속 주고받았다. 내가 먼저 노래를 하는 날엔 그녀를 위해 꽃다발과 쪽지를 남겨뒀다. 그리고 마를린이 먼저 공연을 하는 날이면, 나는 언제나 낭만적이면서도 상상을 뛰어넘는 그녀의 쪽지를 기대하게 되었다.

우리는 한 번도 직접 만나지 못했지만, 투어가 끝났을 때 나는 평생 동안 그녀의 카리스마를 느끼며 살아왔다는 생각을 했다. 그녀가 내 사랑을 알기나 할까? 나는 그녀의 인생에서 어떤 의미일까?

수년 후에, 샹젤리제에 위치한 까르댕(Cardin) 홀에서 그녀의 노래를 들으면서 난 똑같은 질문을 했다. 그때 그녀의 고별 공연에 나와 함께 갔던 앙드레는 쇼가 끝날 때 분장실 밖에서 기다리라며 내 등을 떠밀었다. 그냥, 그녀를 가까이서 볼 수 있기 때문이었다. 나도 물론 꼭 그렇게 하고 싶었지만, 늘 그랬던 것처럼 용기가 나지 않았다. 나는 분장실 밖을 기웃거리는 내 모습이 그녀에게 바보같이 보일까봐 기가 죽었다.

결국 나는 용기를 내어 분장실로 가서 마를린의 친구들과 함께 밖에 서 있었다. 그 중에는 짜-짜 가보르(Zsa-Zsa Gabor)도 있었다. 나는 여덟 번째 남편의 팔짱을 끼고 서 있는 그녀를 단번에 알아봤다. 그때 어디선가 마를린이 곧 나올 거라는 남자 목소리가 들렸다. 그리고 마침내 이 세상 사람이 아닌 것 같은 그녀가 나타났다! 나는 계속 뒤쪽에 서서 사람들에게 웃으며 인사하는 그녀를 지켜봤다. 그러다 우리 둘의 눈이 마주쳤다……. 그녀는 가만히 멈춰 섰고, 나는 그녀의 얼굴이 환하게 빛나는 것을 봤다. "나의 나이팅게일!" 이라고 외친 그녀는 달려와 나를 품에 꼭 안아줬다.

"마침내 당신을 만나게 되어서 정말 행복해요." 그녀가 말했다.

마를린이 갑자기 내 어린 시절의 꿈속에서 튀어나와 내 손을 잡고 귀에 속삭이는 것 같았다. "영화 속으로 돌아가자. 네 자리는 바로 내 옆이야." 라고 말이다. 감정이 북받친다기보다는 마치 유령을 본 것 같았다.

나는 그저 울기만 했다. 옆에서 우리가 서로 포옹하는 것을 보고는 어떤 사정이 있을 거라고 생각했는지 짜-짜도 울기 시작했다. 그리고 마를린이 내게 꿈 같은 말을 속삭일 때, 짜-짜가 울면서 "달링, 달링, 울지 마, 내 속눈썹이 떨어지려고 하잖아!" 라고 소리쳤다.

이번에 영국 투어를 두 번 진행하는 동안, 1970년 7월 7일 이 땅에 엘렌느가 태어났다. 조지와 나는 7월 13일에 출산하는 줄 알고 운명의 뜻이라며 무척 좋아했다. 유지니아도 7월 13일에 태어났고, 니콜라스는 2월 13일, 난 10월 13일에 태어났기 때문이다. 하지만 의사가 6일을 앞당겨 제왕 절개 수술을 했다.

딸이 태어나자 우리 가정은 충만함을 느꼈다. 우리는 이제 고난을 통과했고, 마침내 제네바에서 축복이 가득한 행복의 길로 들어서게 되었다. 우리는 상처 속에서 새롭게 뭔가를 만들어내는 방법을 배워야만 했다. 난 예술가로서 조지에게 부드럽게 다가가는 방법을 배웠다. 조지는 조지대로 나의 남편으로서, 전형적인 그리스 남자가 가진 틀을 깨뜨려야 했다. 그리고 우리는 함께 평범한 부모가 되고자 노력해야 했다. 연주 여행을 다니느라 하루 중 저녁시간은 무대에서, 낮 시간은 도로 위에서 보낼 수밖에 없었기 때문이다. 그런 면에서 제네바는 비밀스런 휴식 장소였고, 다음 여행 때까지 우리는 그곳에서 조용히 지냈다.

우리는 엘렌느의 웃음과, 이제 3살이 되어 아장아장 걷기 시작한 니콜라스를 보며 1970년 여름을 보냈다. 기대하지 못했던 '가족'에 대한 나의 소망이 실현된 시기였다.

조지와 나 모두 우리 가정이 앞으로도 계속 이렇게 화목하게 지내려면 서로 합의해야 할 것들이 있다는 걸 배우게 되었다. 이제 우린 두 아이를 키우는 부모라는 책임감을 가슴 깊이 느끼며 부모의 역할을 배워가야 했다. 고함치며 싸우는 것을 무서워하는 나는 매일 우리가 하나임을 느끼며 평화롭게 살아가는 것에 감사했다. 조지와 나는 한 번도 싸우지 않았고, 서로에게 목소리를 높이지도 않았다. 우리는 점차 안정감과 확신을 갖게 되었다.

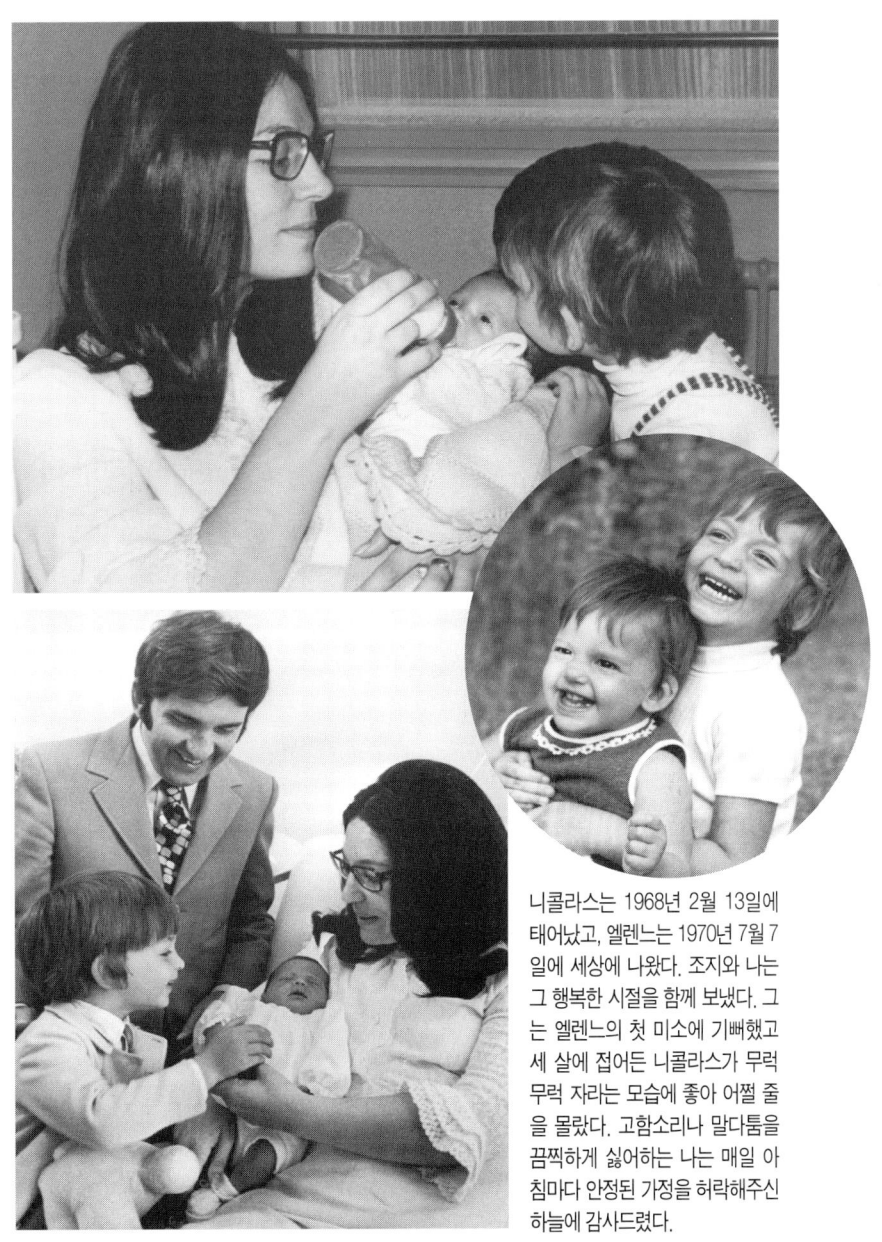

니콜라스는 1968년 2월 13일에 태어났고, 엘렌느는 1970년 7월 7일에 세상에 나왔다. 조지와 나는 그 행복한 시절을 함께 보냈다. 그는 엘렌느의 첫 미소에 기뻐했고 세 살에 접어든 니콜라스가 무럭무럭 자라는 모습에 좋아 어쩔 줄을 몰랐다. 고함소리나 말다툼을 끔찍하게 싫어하는 나는 매일 아침마다 안정된 가정을 허락해주신 하늘에 감사드렸다.

그러나 인생을 살다보면, 우리가 상상할 수 있는 것보다 훨씬 복잡한 위험들이 곳곳에서 시도 때도 없이 터져 나온다. 4년 뒤 조지와 갈라서면서, 나는 우리가 힘들게 얻은 행복이 평생 풀지 못할 갈등을 끝내 감추지 못했던 이유를 생각하면서 힘든 나날을 보내야 했다.

1971년에는 영국과 네덜란드에서 투어를 하고, 영국, 네덜란드, 프랑스에서 녹음도 하고, 또 10월엔 올림피아에서 공연까지 하느라 우리는 마냥 두 아이들만 바라보며 즐거워하는 생활을 누릴 수 없게 되었다.

리허설 다음 날, 《르몽드》지의 끌로드 사로뜨가 다음과 같은 평가를 내렸다. "공연할 때마다 성공을 거두는 이 그리스 여자는 힘차게 전진하고 있다. 과대 선전 없이 메달과 트로피 등을 수상해온 그녀의 존재는 무대에서나 방송에서나 친구 같은 편안함을 준다."

사실이 그랬다. 1971년 말까지 나는 영국과 프랑스, 오스트레일리아에서 각각 하나씩, 그리고 네덜란드에서 두 개 이렇게 황금 음반을 6개나 수상했다. 그리고 모든 영어권 국가에서 그해 최고 가수로 뽑혔다.

18
거센 비가 내릴 것 같아

나는 아직도 왜 내가 북아일랜드 사태가 최고조에 달했을 때 벨파스트에서 공연을 하겠다고 했는지 모르겠다. 1971년 영국 투어에서 심한 감기에 걸린 나는 아일랜드 공연을 도저히 진행할 수가 없었다. 그래서 결국은 아일랜드의 더블린과 코크에서 하기로 한 공연을 취소해야 했다. 나는 좌절감과 팬들을 실망시켜서 미안한 마음에 사과를 하려고 열이 나서 휘청거리는 몸을 이끌고 방송국을 찾아갔다.

"아일랜드에 다시 오시겠어요?" 인터뷰 중에 프로듀서 짐 아이켄(Jim Aiken)이 물었다.

"네, 다시 올 때엔 벨파스트에도 가겠습니다." 난 약속했다.

그는 놀라는 듯했다. 최근에 개신교와 천주교 사이에 극도로 폭력적인 시가전이 벌어져서 연주자들은 북아일랜드 공연을 그만두거나 연기하는 추세였다.

"벨파스트요? 신중하게 말씀하세요. 많은 사람들이 이 방송을 보고 있고, 당신 말을 기억할 거예요."

"약속 지킬게요." 내가 대답했다.

나는 내가 벨파스트 시민들의 마음을 이해한다는 것과 내 감기 중

세 등을 이야기했다. 그리고 내가 그리스의 건조하고 밝은 날씨에 익숙한 터라 아일랜드의 습한 날씨에 고생한다는 걸 말했다.

나는 호텔로 돌아왔을 때, 그 마지막 말은 하지 말걸 하고 후회했다! 나는 너무 놀랐다. 내 방은 창문마다 방풍 역할을 하도록 솜이 붙여졌고, 작은 실내 히터도 설치되었다. 그리고 침대 옆 테이블에는 꿀과 레몬 조각과 함께 찻주전자가 놓여 있었다. 나는 이런 친절함 때문에라도 여기에 꼭 다시 오겠다는 결심이 더 강해졌다.

1972년 이른 봄에 아테니안과 나는 아일랜드로 돌아왔다. 짐 아이켄을 다시 만나서 기뻤다. 그는 백만 명 중에 하나 나올까 싶은 사람으로 정말 예술가들에게 푹 빠져 있었다. 그는 나의 운전사가 되어주겠다고 박박 우겼다. 그리고 나와 함께 있는 동안에는 날 위해 담배와 술을 잠시 끊었다. 이런 사람과 함께라면 오스틴을 타고 세계를 돌아다닐 수도 있을 것만 같았다.

계획대로 우리는 4월 27일에 더블린 국립경기장, 28일엔 코크의 사보이(Savoy) 영화관에서 공연을 했다. 두 공연 모두 매진이었고, 관객들은 무척 좋아했다. 아마 전쟁을 겪고 있다는 현실 때문에 공연을 더욱 소중하게 느끼는 것 같았다.

이렇게 공연을 두 차례 마치고 나는 벨파스트로 향했다. 그곳 상황은 급박하게 긴장감이 고조되고 있었다. 요 전날 밤에 아일랜드공화국 군대가 어느 공연에 갑자기 쳐들어와서는 연주자들을 연행해갔다고 했다. 심지어 살인 위협 루머들도 떠돌았다. 짐은 내게 이젠 자신도 벨파스트 공연을 정상적으로 진행할 수 있을지 확신할 수 없다고 했다. 취소하는 게 더 지혜로운 게 아닐까? 우리가 그곳에 갔는데 사고가 일어나면요? 이런 질문들을 던지며 우린 계속 불안해했다.

얼스터(Ulster)로 가는 길은 꾸불꾸불하고, 지루했다. 게다가 군인들이 검문하는 초소가 많아서 긴장감이 감돌았다. 그래도 우리는 계속 목적지로 향했고, 다행히 1마일씩 나아갈 때마다 우리가 느끼는 부담감도 줄어드는 것 같았다.

우리가 도착한 공연 장소는 그야말로 아수라장이었다. 저녁에 소나기가 온다는 예보가 있었기에 우리는 그 날 오후에 리허설을 하기로 계획했다. 그리고 경찰이 와서 평소보다 신분증 검사가 엄격할 거라고 우리에게 미리 알려줬다. 공연장에는 이미 밖에 모여 있는 사람들을 헤치고 들어온 관객들도 일부 있었다. 통로 하나가 만들어져서 재빨리 장비를 설치하던 우리는 문제점을 발견했다. 공연장에 통풍장치가 너무 많아서 소음이 굉장히 심했던 것이다. 어찌어찌 리허설이 겨우 시작될 때쯤 경찰이 움직이기 시작했다. 그들이 모든 관객들을 조사해야 한다고 그랬으니 4~5시간은 족히 걸릴 일이었다.

이상하면서도 신기했다. 막 자리에 앉기 시작한 관객들의 기대하는 얼굴, 어떻게든 음향 시스템을 좀더 개선해보려는 기술자들의 노력, 두꺼운 스웨터를 입어야 할 만큼 추운 날씨, 그리고 우리 모두가 운명에 맞서고 있다는 야릇한 느낌 등 모든 게 뒤죽박죽이었다. 이 와중에 분명한 것은, 우리가 전쟁 중임에도 노래할 것이라는 점과, 서로 총을 겨눈 사람들에게 때로는 사랑이 미움보다 강할 수 있다는 것을 보여주고 싶다는 마음이었다.

첫음부터 시작된 감정의 물결로 우리의 모든 염려와 어려움들이 사라졌다고 말해도 될까? 최악의 상태인 음향 시설과 조명 시설에 날씨마저 추웠지만, 그 공연장에서 느낀 따뜻함은 어디에서도 느껴보지 못한 것이었다. 게다가 중간에 갑자기 전기가 나가서 순간적으로 당황했지만, 우리는 함께 있다는 것만으로도 행복했다. 우리는 잠시 테러리스트의 소행인가 하고 생각했지만 사실은 그냥, 더블린의 모든 시설이 오래된 것들이라 생긴 사건이었다. 전기가 다시 돌아왔을 때 우리는 함께 살아 있다는 안도의 한숨을 내쉬었다.

우리는 벨파스트에서 하룻밤을 보낸다는 게 무척 위험천만한 일이라고 생각했다. 하지만 한밤중이 다 되어 더블린에 도착했을 때 비로소 왜 그 공연을 굳이 하려고 했는지 깨닫게 되었다. 폭동이 일어난 도시에 음악의 영혼을 전달하는 작업을 하면서, 나는 아주 어릴 때부터 생각해 오던 예술의 힘을 느끼게 되었다. 갑자기 해리 벨라폰테와 공연했을 때 경험했던 인종 차별이 생각났다. 흑인 사회는 해리가 백인 여성과 공연하는 것을 용서하지 않으려 했고, 심지어 죽이겠다는 위협까지 했다. 그땐 나도 그들의 목표가 되어버려서 결국 경호원을 고용할 수밖에 없었다. 그 에피소드는 더 언급하고 싶지 않다. 음악이 할 수 없는 것도 있다는 증거가 되기 때문이다. 경호원을 데리고 다니면서 노래하는 게 무슨 의미가 있을까? 나는 예술적 창조 활동과 무기는 서로 반대되는 것으로 생각했다. 하지만, 싸움 외에는 다른 해결책이 없다고 믿는 사람들에게 결국 항복해야 하는 것은 너무 슬픈 일이다.

벨파스트로 나를 이끌었던 '조화'를 향한 깊은 갈망은 어디에서 시작된 것일까? 2차 대전이 시작될 때, 나는 그리스 내전을 겪으면서 세상을 보는 눈이 열렸다. 한편으로는 부모님에게 영향을 받기도 했다. 십대 이후로, 나는 '조화'란 단어를 늘 입에 달고 살았던 것 같다.

음악적 '조화', 매일의 '조화'……. 고등학교에서 그 단어를 배우면서 나는 부모님의 다툼에 말려들어가지 않는 법을 배웠다. 누군가 그 단어를 만들어냈다면, 그 단어가 뜻하는 바도 분명히 이 땅에 존재할 것이었다. 나는 조화를 이루려는 내 꿈에 집착했다. 조지가 내 인생에 들어왔을 때도 나는, 무의식적으로 갈등을 일으킬 여지가 있는 것들은 쳐다보지도 않으려 했다. 오직 내가 좋아하는 것만을 보려 한 것이다. 나는 너무 오랫동안 그의 두려움과 질투를 애써 못 본 척했던 것이다. 그러나 조지의 자살 시도는 내가 키워왔던 행복의 환상을 한 방에 날려버렸고, 난 그제야 우리의 결혼 생활을 되살리려는 노력을 시작했다. 그리고 그 후로 몇 년 동안 나 자신이 살아남기 위해서, 그리고 나의 아이를 위해서 너무 중요했던 가정의 조화를 다시 회복시켜야 했다. 니콜라스와 엘렌느가 태어났고, 나는 아이들 덕분에 우리의 생활에서 신비한 조화를 발견했다고 믿게 되었다.

하지만 상황이 그렇게 좋지만은 않다는 게 너무 빨리 드러나기 시작했다. 첫 번째 증거는 벨파스트 공연을 마치고 돌아온 뒤에 아테니안 멤버들 사이에 생겨난 갈등이다. 멤버 한 명이 아내와 함께 그리스로 돌아갈 생각을 한 것이다. 멤버들 사이에 격렬한 논쟁이 이어졌다. 난 조지를 통해서만 상황을 전해 들었는데, 더 많은 이야기를 나눌수록 우리 두 사람도 그 문제에 포함된다는 것이 분명해졌다.

"스피로스가 떠날 거야. 이번엔 확실히." 어느 날 조지가 말했다.

"나쁜 일이네요. 그를 대신할 사람으로 누구 생각해봤어요?"

"아직 몰라……. 나머지 두 사람에게 달렸지."

"당신 생각은요?"

"내 생각에, 그 두 명도 스피로스랑 다를 것 같지 않아."

"말도 안 돼! 이유가 뭔데요, 조지?"

"그동안 너무 많이 돌아다녔잖아. 그들은 그냥, 보통사람들처럼 가족과 같이 지내고 싶은 거야."

"그건 나도 이해해요. 하지만, 공연하는 걸 좋아한다고 생각했는데……."

"당신도 알겠지만, 우린 거의 이십 년 동안 함께 일했잖아."

"그들이 음악을 포기할 거라는 뜻이에요?"

"왜 아니겠어? 이제 다른 일거리를 생각해 볼 만큼 돈도 충분히 벌었으니까."

일전에 조지와 친구들이 대화하는 걸 들은 게 기억났다. 한 친구가 세차 기계를 알아보고는, 그리스에 그런 기계를 수입하는 게 좋은 건지 고민했다. 그때도 나는 그런 일로 고민하면서 동시에 음악을 할 수 있는지 이해하지 못했다. 나는 가수 외에 다른 직업을 가질 생각이 있는지 스스로 물어봤다. 답은 '아니'였다. 한순간도 그런 생각은 해보지 않았다. 음악보다 사업을 더 좋아하는 연주자는 어떤 사람일까? 난 그 대화를 곧 잊어버렸는데, 이젠 다시 걱정이 되기 시작했다.

"조지, 당신은 어때요? 음악을 그만둘 건가요?"

"사실 나도 집이 그리워. 그들이 날 떠나면 내가 뭘 할 수 있겠어?"

그러는 와중에도 우리는 지금껏 했던 공연들보다 훨씬 중요한 행사를 위해 연습을 했다. 생애 처음으로, 샹젤리제 극장에서 노래를 하게 된 것이다!

나 같은 이민자에게, 샹젤리제 극장은 도전의 대상이면서도 성스러운 곳이었다. '그리스 시골 소녀' 인 나는 세계에서 가장 아름다운 도로를 점령하고자 준비했다. 이 공연은 앙드레가 제안한 것이다. 그는 얼마 동안 올림피아와 관계를 끊고 싶어했다. 며칠 동안 고민했던 나는 일단 그의 생각에 동의하자, 갑자기 열정이 생겼다. 물론 그러면서 겁이 나기도 했다. '만약 실패하면 어쩌지?' 그런 일이 생기면, 그동안 프랑스와 맺어온 깊은 관계가 치명적인 타격을 입을 것이다. 그만큼 위험 부담이 큰 공연이었다. 아테니안이 고민거리를 털어내고 다시 일어나 열심히 연습을 해야 할 만큼 말이다.

게다가 부모님과 유지니아가 처음으로 보러 오는 내 공연이었다.

그건 또 다른 도전이었다. 나는 그들에게 너무 신경 쓰지 말아야 한다는 걸 직감적으로 알았다. 그 어떤 사람보다 내게 영향력을 크게 행사하는 엄마는 특히 더 그랬다.

나는 〈궁을 걸으며 aux marches du palais〉와 〈사랑의 기쁨 plaisir d'amour〉 등 새로운 불어 노래들을 목록에 넣었다. 장 발레(Jean Vallee)의 〈반지 la vague〉, 세르주 라마의 〈내가 만약 천사라면 que je sois un ange〉 그리고 피에르 들라노에와 마노스가 만든 〈태양처럼 comme le soleil〉도 있었다. 나는 새로운 그리스 노래들도 포함시켰는데, 그 날 부를 노래 중에 가장 충격적인 노래는 바로 밥 딜런의 〈폭우가 쏟아질 거야 a hard rain's a-gonna fall〉를 들라노에가 편곡한 〈하늘이 어둡네 le ciel est noir〉였다. 이 노래는 혼란스러운 세상을 강렬한 멜로디로 표현했다.

부모님은 커다란 글씨로 내 이름이 인쇄된 플래카드를 보고 깜짝 놀랐다. 오후 2시쯤이었을 거다. 부모님은 이미 밖에서부터 공연장의 분위기에 압도당해 조용히 서 있기만 했다. 그 자리에 얼어붙은 것처럼 말이다. 역시 커다랗게 나붙은 내 사진을 보고는 믿기 어렵다는 표정을 지으면서 갑자기 두 분은 서로 손을 잡았다. 엄마가 조용히 울기 시작하자 아빠는 엄마를 이끌어 극장 안으로 들어왔다. 나는 현관에서 두 분이 들어오는 모습을 바라봤다. 아빠는 나를 보면서 내가 유명인사이니 내 시간을 너무 많이 뺏을 수 없겠다는 표정을 지었다. 그러나 난, 두 분을 계속 바라보고 싶었다. 두 분은 참 멀리에서 여기까지 오셨다. 엄마는 코르푸에서, 아빠는 펠로폰네소스에서…….

엄마는 앞줄 좌석에 앉아 무대를 바라봤다. 카포디스트리아 가정에서 빨래를 널며 노래를 불렀던 시절 이후로 자신이 지나온 오랜 세월을 조용히 돌아보는 것 같았다. 엄마는 혹시 마이크를 앞에 두고 선 자신의 모습을 상상해보고 있는 게 아닐까? 나는 엄마가 꿈꾸던 것을 내가 대신하게 되어 죄송스러운 마음이 들었다. 만약 엄마가 그 꿈을 소중하게 여기지 않았다면, 나는 절대로 이 자리에 서지 못했을 것이다. 그래서 난 결심했다. 오늘 밤, 엄마와 함께 무대에 서기로 말이다.

공연을 하는 동안, 나는 엄마와 가족들에 너무 신경 쓰지 않으려고 했지만 어쩔 수 없었다. 내가 그 자리를 골랐기 때문에 그들이 어디 앉았는지 분명하게 알고 있었다. 가운데에서 약간 옆쪽……. 나는 엄마가 나를 따라서 노래 부르는 소리를 들었다. 엄마의 목소리는 슬픔에 잠긴 듯 좀 무거웠다. 그러나 내 노래는 엄마의 목소리에서 힘을 얻었다. 음악은 늘 우리의 자비로운 친구였다.

아, 음악의 힘이란! 음악은 나의 어린 시절과, 그리고 부모님과 화해할 수 있도록 해줬다. 나는 관중들이 다음 곡을 기대하면서 박수칠 때마다 그들의 감정을 읽을 수 있었다. 신기하게 관객들과 내가 하나의 영혼이 된 것처럼 느껴졌다. 마지막 15분 동안, 관객들은 무대에 꽃다발을 던졌고, 한 사람이 박수를 치기 시작하자 모두 기립박수를 쳤다.

잠시 후 분장실에서 만난 부모님은 나를 안고 흐느꼈다. 오늘 밤, 두 분이 마침내 진짜 나를 발견하신 것이다.

나는 밥 딜런의 노래가 내가 경험하기도 했고 또 앞으로 겪게 될 어려움들을 미리 보여주는 역할을 한다고 생각했다. 그 자신은 인정하지 않으려 했지만, 혼란스러워하는 조지 때문에 나는 고통 속에 빠져들었다. 다시, 어려웠던 뉴욕 시절이 생각났다. 우리는 그때 아테니안을 부활시켜 함께 공연을 하자고 계획했다. 그 결정 때문에 조지가 살아났고 우리 결혼생활도 유지될 수 있었는데……. 그러나 이젠 아테니안이 해체되려 하고, 또 우리가 이미 해결했다고 생각한 문제들까지 다시 고개를 들기 시작했다. 특히 나는 조지의 질투심 때문에 너무 힘들었다.

오랫동안 내 인생에서 두 남자가 너무 중요한 역할을 해 왔다. 예술 감독 앙드레 샤펠은 한 걸음씩 더 넓은 세상으로 인도해준 사람으로 나는 늘 그를 신뢰했다. 또 한 사람은 늘 주위가 여자들로 가득한 세르주 라마였다. 그는 나를 위해 〈내가 만약 천사라면〉을 만들어줬다. 그는 자신의 애매모호한 애정을 표현하는 데 전혀 주저하지 않았다. 아마 내가 다른 여자들과 달리 그의 뜻에 따라가지 않아 놀랐을 것이다. 그러나 나는 단순히 그를 있는 그대로 좋아했을 뿐이고, 그를 존경했다. 그리고 그의 존재 때문에 내가 서서히 빛나게 된 것도 사실이었다. 조지는 차츰 두 남자의 자리를 질투하기 시작했다. 만약 그룹이 더 오래 지속되었다면 그 문제에 덜 민감했을지도 모른다. 하지만 팀 해체는 그의 자존심을 무너뜨렸다. 아마 미국에서 겪었던 일과 비슷한 상황이 벌어질 거라고 생각했던 것 같다.

친구들이 조지에게 이제 그리스로 돌아가고 싶다고 말한 것처럼, 그 역시 우리 가정이 그럴 수 있는지 한 번 생각해보고 싶어했다.

"이제 두 아이들과 함께 편안하게 살 만큼 돈이 충분하니까 그리스로 돌아가는 게 어때?"

처음에 그가 이런 말을 했을 때, 나는 놀라 쓰러지는 줄 알았다.

"하지만 조지, 난 단지 돈을 벌려고 노래를 하는 게 아니에요! 다른 사람이 그림을 그리듯, 글을 쓰듯 나는 노래를 부르는 거란 말이에요. 이해가 안 되나요? 난, 내가 살아 있다는 걸 느끼려고 노래 불러요. 세계에 내 자리를 만들고 사랑을 받고 싶다고요."

"우린 그리스에 집도 사고 애들이 크는 것도 보고 햇빛도 즐길 수 있어."

"조지, 이 얘긴 다시 꺼내지 말아요. 내가 얼마나 노래하고 싶어하는지 당신도 알잖아요. 내가 집 안에 갇혀 있다면 어떻게 되겠어요?"

"그럼 당신 그늘 아래서 살고 있는 나는 어떻게 될 것 같아?"

"당신은 내 그늘 아래 있는 게 아니에요. 우리는 같이 여기까지 왔잖아요. 아테니안 없이 내가 뭘 할지 나도 아직 모르겠어요."

"아테니안? 난 금세 혼자 남고 말 거야."

"그럼 그때는 당신이 새로운 그룹을 만들면 되잖아요."

"난 내가 뭘 하고 싶은지 모르겠어."

우리는 처음으로 말다툼을 했다. 이번엔 그리스로 돌아가는 문제가 아니라 곡을 고르는 게 논쟁의 중심이었다. 세르주가 고른 곡들이었는데, 조지가 여기에 반대했다. 나는 어느 날 〈내가 만약 천사라면〉이란 곡을 통해 나 자신을 조금 알게 되었다고 말했다. 하지만 그건 실수였다. 그 후로, 조지는 세르주가 정해준 곡들을 그의 방식대로 모두 거부했다. 조지가 이런저런 노래를 싫어한다고 말하면 나는 그 말을 무시했기 때문에, 조지는 신경질을 내며 아무렇게나 연주했다.

"왜 그렇게 작게 연주하는 거예요? 조지, 당신 기타 소리가 안 들리잖아요."

그러면 그는 너무 세게 기타를 쳐서 노래를 중단해야 했다.

"조지, 당신 때문에 힘들어요."

"무슨 말인지 모르겠어."

"평소처럼 연주해줘요."

"방금 전에는 너무 작다고 했잖아."

그의 이런 태도는 우리 생활을 좀먹기 시작했다. 아테니안 멤버 중 한 사람은 이미 자기 아내와 그리스로 떠났다. 그리고 나머지 멤버들도 그렇게 하고 싶어했다. 친구들이 그리스로 돌아갈 계획을 짜고 있을 때, 조지는 코르푸 섬이나 아테네의 부자 동네에 수영장 딸린 집을 사는 계획을 자신의 아내만 별로 좋아하지 않는다는 걸 알았다. 그래서 내 주위에 있는 남자들을 더 의심하게 되었는지도 모르겠다. 그는 특히 앙드레를 싫어했다.

나의 음악 생활과 감정의 차이는 확연히 커져갔다. 지금까지 조지는 무대에서나 집에서나 내 곁에 있으면서 음악과 감정을 연결해줬다. 하지만 지금처럼 화를 내면서 뒤로 물러서버린 조지의 태도는 나의 녹음 작업이나 공연에서 앙드레와 함께 의논하지 않겠다는 의사 표시였다. 앙드레를 점점 더 싫어하게 된 조지는 절망하면서 자기 안으로 빠져들었고, 난 이런 조지를 도울 수가 없었다. 나도 조지가 내게 뭘 원하는지 너무 잘 알고 있었다. 가수 생활을 접고 주부가 되는 것. 하지만 나에게 그런 희생은 우리가 부부의 인연을 끊어야 한다는 의미였다. 자신을 포기해야 한다면 예술의 아름다움은 창조될 수 없다. 그러나 그런 상황에서 정작 우리 중에 자신을 포기해버렸던 사람은 조지가 아니었을까?

나는 답이 없는 딜레마에 빠져버렸고, 조지의 절망감이 내게도 전염되었다. 우리는 어떻게 될까? 우리 아이들에게 어떤 우울한 미래를 주게 되는 걸까? 나는 아이들이 제일 걱정되었다.

1973년과 1974년 사이에, 내 건강에 적신호가 여러 번 켜졌다. 기관지염과 편도선염을 앓은 후에 결국 편도선을 절제해야 했다. 처음으로 나는 우리의 사랑과 내 병을 연결시키지 않았다. 불운은 언제나 떼를 지어 온다는 속담을 떠올리면서 그냥 우연일 뿐이라고 넘겼다. 노래를 부를 수 없게 되었기에 나는 공연 약속들을 취소해야 했다. 영국 여왕 엘리자베스 2세가 진행하는 런던 버라이어티 쇼도 고심을 거듭한 끝에 마지막 순간에는 포기해야 했다. 《더 선 The Sun》지는 "나나가 왕궁 쇼를 포기하다"라는 기사를 내보냈고, 프랑스 주간지는 커다란 글자로 "나나 무스꾸리는 여왕을 모독하는 죄를 지었다"라고 사건을 부풀렸다. 타블로이드판 신문들이 내 성대가 어떤 상태인지 끈질기게 추적했고, 심지어 내가 목소리를 잃을지도 모른다는 추측 기사까지 실었다. "그 황금처럼 빛나고, 맑고, 완벽한 목소리는 수정처럼 깨지기 쉬웠다. 나나의 성대는 언젠가 회복이 불가능할 정도로 악화될지 모른다."

내 성대는 억지로 견디고 있었다. 어느 날 밤, 내가 필립 부바르(Philippe Bouvard)가 진행하는 RTL 생방송에 게스트로 출연해 이야기 하는데, 갑자기 목소리가 나오지 않았다. 타블로이드판 신문들이 예측했던 끔찍한 일을 수천 명이나 되는 애청자들이 확인한 셈이 되었다. 그 날 밤에는 앙드레와 조지 그리고 세르주가 나를 응원해 주려고 음향조정실에 와 있었다. 앙드레는 유리벽 뒤에서 즉시 방송을 멈추라고 필립에게 신호를 보냈다. 그때까지 나는 아무것도 실제로 들을 수가 없었다. 다행히 세르주가 곧바로 내 역할을 맡아서 방송이 계속될 수 있었고, 필립 부바르도 당황할 필요가 없었다.

그러는 와중에 우리를 만나려고 오딜이 스튜디오까지 달려왔다. 그녀는 집에서 라디오를 듣다가 뭔가 잘못되었다는 것을 알아차렸다. 오딜은 사건의 전말을 금방 이해했다. 오딜은 앙드레와 조지 그리고 나를 데리고 친구들이 추천한 정신과와 알레르기 전문 의사에게 데려갔다. 요 몇 달 동안 내가 알레르기에 걸려서 목이 아픈 거라고 생각했기 때문이다.

그 의사는 세 사람을 대기실에 남겨두고는 나만 따로 보자고 했다. 그는 내 목소리가 왜 나오지 않는지 알아내려고 여러 가지 방법으로 살펴봤다. 진찰이 끝나자 그는 질문을 던지기 시작했다.

"당신 남편 옆에서 기다리는 저 남자는 누군가요?"

"예술 감독 앙드레 샤펠이에요."

"네……. 그러면 당신 남편은 부인이 진료를 받는 동안 자신과 앙드레가 함께 기다려도 괜찮다고 생각하나요?"

"우리는 오랫동안 함께 일해 왔어요. 늘 함께 있는걸요."

"그렇군요. 그럼 남편은 그 문제를 어떻게 생각하나요?"

"남편이야 물론 저를 독차지하고 싶어하죠."

"그런데 당신은 거기에 동의하지 않는군요?"

"네. 난 이미 조지와 아이들에 속해 있어요. 앙드레와 다른 사람들은 단지 음악을 향한 열정을 함께 나누는 것에 불과해요."

"그렇다면, 당신은 지금 뭐가 문제죠?"

"목 아니면 폐가 아닐까요? 저도 모르겠어요. 아무튼 최근에 목이 더 나빠져서 공연을 몇 개 취소해야 했어요. 오늘은 또 갑자기 목소리가 안 나와서 라디오 방송을 하다 말고 막 나온 거예요."

"진찰을 해봤는데 구체적인 원인은 모르겠네요. 물론 목이 좀 상하긴 했지만요."

"그럼 왜 목소리가 안 나오는 거죠?"

"제가 말해주길 원하세요?"

"네, 말씀해주세요."

"당신은 이제 노래하고 싶지 않은 겁니다."

"어떻게 그런 말을 할 수가 있어요? 조지는 아마도 내가 노래를 그만두는 것을 좋아하겠지만, 내겐 죽으라는 말과 같아요."

"맞아요. 당신은 음악과 조지 중에 하나를 선택할 수 없기 때문에 당신의 무의식이 잠시나마 목소리를 내지 않으려고 한 거예요. 조지를 선택하지 않았다는 죄책감에 스스로 자신을 벌주는 것과 같다고 나 할까요. 다시 말해, 당신은 남편보다 음악을 더 좋아한다는 거죠."

나는 이때 적어도 한 가지는 깨달았다. 아픈 건 내 몸이 아니었다. 내 인생은 대립되는 두 갈래 길이 교차하는 시점에서 결국 멈춰버린 것이다. 나는 둘 중 하나를 택할 수가 없었다. 어느 것을 택하든 나머지 하나는 반드시 포기해야 하니까.

다행히, 이런 문제에서 빠져나올 수 있는 기회가 왔다. 오스트레일리아 투어! 그동안 앙드레와 조지와 나는 오스트레일리아 투어를 너무 오래 미뤄왔다. 하지만 이번에는 오스트레일리아의 제작자 팻 컨든(Pat Condon)이 투어는 반드시 성공할 거라면서 꼭 와달라고 했다.

"오스트레일리아에서 당신 앨범이 19개나 황금 음반인 거 아시나요?" 그가 물었다.

"아니요." 오스트레일리아 사람들이 그렇게 좋아하는지 나는 전혀 모르고 있었다.

19

네가 웃는 걸 좋아해

　1974년 6월 24일에 인도 뭄바이를 거쳐 25시간 동안 비행한 끝에 우리가 탄 비행기는 마침내 서부 오스트레일리아 해안 위를 날고 있었다. 우리는 서부의 대도시 퍼스를 투어의 시작점으로 삼았다. 그리고 3주 동안 아델라이데, 멜버른, 시드니를 거쳐 동쪽의 브리즈번에 도착할 예정이었다. 그리고 뉴질랜드와 일본에서도 공연을 다섯 번 하기로 했다.

　이 엄청난 투어 계획을 위해 우리는 함께 움직였다. 엘렌느와 니콜라스, 페르낭도 함께 했고, 조지와 아테니안도 같이 떠났다. 그룹은 비록 옛날 모습은 아니었지만, 남은 멤버들의 열정은 아직 살아 있었다. 그러나 함께 하는 공연으로는 마지막이었다. 우리가 프랑스로 돌아간 후, 조지와 나는 이혼했고, 아테니안은 음악계에서 사라졌다.

　오스트레일리아 사람들은 정말 친절했다! 퍼스 사람들은 우릴 위해 카펫을 깔아줬다. 사실 우린 그 전에 한 번도 레드 카펫 위를 밟아본 적이 없었던 터라 감동이 더했다. 그리고 꽃을 든 사람들이 도로에서 기다리는 모습이 내려다보이기에 나는 승무원에게 저 사람들이 누구를 기다리느냐고 물었다.

"무스꾸리 당신을 위해 온 사람들이에요! 신문마다 몇 주 전부터 당신이 온다는 기사를 계속 써내며 분위기를 띄웠지요."

한 번도 와보지 않은 나라에서 이처럼 여왕 대접을 받는 건 정말 잊지 못할 기분이었다. 왜 내가 좀더 일찍 오지 않았을까? 머릿속에서는 여러 가지 생각들이 떠올랐다.

환영 연설이 끝나자 어린아이들이 조지와 나에게 꽃을 안겨줬고, 사진기자들은 한 순간도 놓치지 않으려고 우리 주위에서 바쁘게 움직였다.

기자회견이 열릴 쉐라톤 호텔에 들어서자, 오스트레일리아의 모든 신문사에서 기자들이 나와 우리를 기다리고 있었다. 그리고 나는 그 짧은 순간에 내가 다시 살아날 기회를 발견했다. 시내를 지나가면서 나는 이 나라를 향한 내 마음을 제대로 표현할 수 있는 방법을 곰곰이 생각했다.

그 날 오후 기자들과 오랜 시간 인터뷰를 진행했다. 기자들은 내 노래에서 느껴지는 우울함과 향수를, 그리고 '무스꾸리의 웃음'은 무엇을 의미하는지 물어봤다. 우리는 그리스, 전쟁, 나의 어린 시절, 그 시절을 거치면서 내게 남겨진 우울함에 대해서도 이야기를 나눴다.

우리가 기자회견을 하는 동안 공항에서는 황당한 일이 벌어졌다.

우리가 도착하고 나서 2시간쯤 지났을 때였다. 프랑크 시나트라(Frank Sinatra)가 퍼스에 도착했다. 그 역시 투어를 시작하려고 온 것이었다. 언론에서도 그가 온다는 사실을 알았지만, 이상하게 사진기자들이 한 명도 나와 있지 않았다.

"기자들은 어디 있지? 내가 온다는 거 모르나?" 그가 매니저에게 물었다.

"알지요. 그런데 지금 다른 사람의 기자회견이 있답니다. 나중에 올 거예요."

"누구 기자회견?"

"나나 무스꾸리요."

"나나 누구?"

"무스꾸리요. 그리스 출신 가수인데 유럽에서 활동해요."

"난 들어보질 못했는데?"

화가 난 시나트라는 쉐라톤으로 향했다. 그는 오스트레일리아에 자주 왔기에 호텔을 잘 알았다. 그는 늘 호텔의 맨 꼭대기층 전체와 스위트룸을 빌려서 수행원과 함께 지냈다.

"시나트라 씨, 다시 모시게 되어 기쁩니다." 호텔 매니저가 말했다.

"늘 내가 묵던 스위트룸 준비돼 있죠?"

"아뇨, 정말 죄송합니다."

"아니라니요? 이거 봐요. 오늘 내가 이해할 수 없는 일들이 자꾸 일어나는데…… 공항에 사진기자들도 없고, 호텔에 방도 없고. 대체 무슨 일입니까?"

"나나 무스꾸리 씨에게 스위트룸을 줘야 했어요. 여기 오신 게 처음이시라……."

"또 그 여자네! 도대체 그 나나가 누구요?"

매니저는 아무런 설명을 하지 못했다. 죄송하다는 사과의 말만 되풀이하면서 시나트라에게 내가 묵는 층 아래의 방을 내줬다. 다음날 아침 매니저가 퍼스의 유력 신문인 《더 웨스트 오스트레일리안 The West Australian》을 들고는 시나트라에게 달려갔다.

"어제 나나 무스꾸리가 누구냐고 물어보셨지요. 여기 사진이 있습니다."

신문 앞면에는 나와 그의 사진이 똑같은 크기로 실려 있었다.

"좋아. 그녀를 만나고 싶다고 전해주겠소?"

다음날 저녁, 그는 호텔 클럽에서 노래를 부른 후에 나에게 한 잔 하자고 권했다. 만나보니 그는 내가 자신의 인기를 빼앗았다고 생각해 화가 났는지 냉랭한 분위기를 풍겼다. 그래서 나는 60년대 초에 우리가 이미 한 번 만난 적이 있다고 말했다. 그때 나는 그의 공연에 초대받아 갔었고, 우리는 서로 인사를 나누기도 했다.

"난 기억을 못하겠는데요." 투덜거리며 그가 말했다.

나는 그가 출연한 영화들을 열거하며 내가 그를 존경했다는 걸 전달하고 싶었지만, 어색함은 좀처럼 사라지지 않았다.

시나트라는 내가 오스트레일리아에서는 상당히 알려졌는데, 미국에서는 그다지 유명하지 않다면서 의아한 표정을 지었다. 그래서 내가 벨라폰테와 함께 한 투어를 이야기했지만, 그는 건성으로 듣는 것 같았다. 나는 그에게서 아무것도 기대할 수 없다는 것과 그는 자신의 이미지에 갇혀 평생 자신만 생각하며 살게 되리라고 짐작할 수 있었다. 그때, 당시 그의 부인이었던 미아 패로우(Mia Farrow)가 우리 이야기를 들으러 왔다. 그녀는 남편과 달리 다른 사람들을 더 많이 알고 싶어했고, 우리는 서로 잘 맞았다. 세계적인 스타가 되면 저렇게 되는 걸까? 나는 그들과 헤어지면서 내가 누구인지 그리고 내가 어떻게 여기까지 왔는지 절대 잊어버리지 않겠다고 굳게 마음먹었다.

프랑크 시나트라는 내 공연에 오지도 않았다. 대신 다른 프랑크가 날 찾았다. 멜버른 교외의 낙오자들을 그린 비극소설 『영광 없는 권력 Power Without Glory』으로 국내외에 알려진 오스트레일리아의 작가 프랑크 하디(Frank Hardy)였다.

그는 기자회견에서 우연히 날 보고는, 이상하게 그때 이후로 나에게 화가 나 있었다. 매일 저녁 작업을 끝내고 나면 또 화가 치밀어서 전화기를 붙잡고 내게 연락을 시도했다. 퍼스, 브리즈번, 시드니에까지 나와 연락을 하려고 할 정도였다. 그는 우리가 묵었던 호텔들에 모두 전화를 했지만, 그때마다 나는 공연을 준비하는 중이거나 공연 중이어서 연락이 닿지 않았다. 그러면서 그의 분노는 계속 쌓여만 갔다. 이 남자는 열정적인 투사의 기질이라 정의에 어긋나는 것을 보면 참지 못하는 사람이었다. 후에 그는 내게 오스트레일리아의 니코스 같은 존재가 되었다.

하루는 내가 묵고 있는 시드니에 있는 호텔로 전화가 왔다.

"나나 무스꾸리 씨?"

"네, 전데요."

"절 모르실 거예요. 전 프랑크 하디라고 합니다. 당신이《시드니 모닝 헤럴드 Sydney Morning Herald》와 인터뷰한 기사를 읽었어요. 가난과 슬픔을 이야기하셨던데, 당신은 그런 것들을 얼마나 아십니까? 사람들은 유명한 당신을 아주 존경해서 당신 말이라면 다 그대로 받아들이더군요. 그러나 전 궁금하네요. 두 아이의 어머니라는 당신이, 온실 속 화초처럼 편하게 살아온 것 같은 당신이 어떻게 가난과 불의를 알게 되었나요?"

"아시겠지만, 제 나이가 사십이에요. 그리고 난 당신이 생각하는 그런 여자가 아니에요. 제게 왜 그런 말씀을 하시는 건가요?"

"당신이 기자에게 진짜로 고통을 겪어보지 않았다면 삶의 아름다움을 제대로 느낄 수 없다고 말씀하셨잖아요. 저도 그런 고통을 겪어왔지만, 삶의 아름다움은커녕 제 삶을 견뎌내기도 힘듭니다."

"오, 당신의 마음 저도 이해해요. 저를 용서해줘요. 누군가에게 설교하려고 그런 게 아니었어요. 하지만 모든 고통이 다 똑같지는 않아요. 어떤 슬픔은 너무 커서 희망이 조금도 없는 것처럼 느껴지잖아요? 내가 정말 말하려고 했던 건 살아 있다는 기쁨이에요. 자신의 과거나 삶이 주는 무게 이상으로 기쁨의 힘을 느낄 때가 있답니다."

매우 늦은 밤이었고, 우리는 서로에 대해 아무것도 모르는 상황이었지만, 일상생활에서 거의 거론되지 않는 무게 있는 주제들을 이야기했다. 이 남자의 목소리, 절망, 신실함 등 나는 이 사람의 모든 것에 깊은 감동을 받았다.

"당신을 꼭 만나야겠습니다." 그가 마지막에 말했다.

"어디서 전화하는 거죠?"

"아델라이데요."

"그럼 안 되겠네요. 난 내일 일본으로 떠나요."

"전 유럽에 갑니다. 날 기억할 건가요?"

"우리가 만날 때까지 당신 책을 전부 읽어 놓을게요."

우리는 2년 후에 파리의 카페 플로르에서 처음 만났다. 만나기 전에 그의 책을 읽으면서 나는 그의 해결되지 않는 슬픔이 무엇에서 비롯한 것인지 정확히 알 수 있었다. 그는 전혀 평범하지 않은 비극적인 사고들을 겪으면서 자라났다. 형은 누명을 쓰고 감옥에 들어갔다가 자살했고, 너무나 고통스러웠던 사랑의 경험도 겪었다. 나는 그의 책에 그려진 어둡고 뒤틀린 세계를 이해할 수 있었다.

다시 오스트레일리아의 퍼스로 돌아가 보자. 마치 우리가 모든 문제를 유럽에 버려두고 온 것처럼 오스트레일리아에서는 일이 정말 잘 돌아갔다. 팀 분위기도 화기애애했다. 그래서 나는 회사 매니저 앤드류 밀러(Andrew Miller)의 서른 번째 생일 파티를 열어주자고 제안했고, 모두가 좋은 생각이라고 동의했다.

그래서 우리는 게스트 스위트룸 하나를 예약해 즐거운 시간을 보냈다. 정말 잊지 못할 파티였다. 그리고 무엇보다 그 날 내가 연속극의

여주인공처럼 된 사건이 있었다.

　나는 손님들에게 아이들을 재우고 오겠다며 15분 후엔 돌아오겠다고 알려줬다.

　25층까지는 엘리베이터를 타고 갔다. 나는 스위트룸에서 아이들 숙소까지 갈 때마다 늘 비상구로 다녔다. 그렇게 하면 카펫이 깔린 긴 복도를 다 걷지 않아도 되기 때문이었다. 그 날 밤에도 그렇게 갔고, 낮에 열어두는 방화문이 아직도 활짝 열려 있는 걸 확인했다.

　아이들은 막 페르낭드와 함께 식사를 마친 참이었다. 나는 엘렌느의 이를 닦아주고, 옛날 이야기를 해주고, 아이들이 하루를 어떻게 보냈는지 들어줬다. 그러고 나서 다시 파티 장소로 돌아가려고 나왔는데, 방화문이 이미 닫혀 있었다. 하지만 나는 미처 그걸 의식하지 못한 채 문을 열고 비상계단으로 들어섰다. 그리고 문은 곧바로 내 뒤에서 철컥 잠겨 버렸……. 나는 맞은편 복도로 나가는 문을 밀었을 때에야 방화문을 이쪽에서는 열 수 없다는 걸 깨달았다.

　비상계단 꼭대기에 갇혀 버린 나는 잠시 당황했다. 너무 춥고 어두웠다. '좋아, 아래층 문들은 열려 있을지도 몰라.' 나는 중얼거리며 어둠 속에서 넘어지지 않으려고 계단 손잡이를 잡고 조심조심 내려가기 시작했다.

　그러나 아래층의 문들도 역시 잠겨 있었다.

　"오, 하느님!"

　순간 24층 아래에 있는 우리 팀원들을 떠올렸다. 지금쯤 내가 왜 돌아오지 않는지 궁금해할 텐데. 나는 갑자기 마음이 조급해졌다. 그리고는 절망적으로 단단한 철문을 주먹으로 쾅쾅 두드리기 시작했다. 하지만 철문 밖에서는 아무런 소리도 들리지 않았다.

　이제 어떻게 해야 하지? 나는 누구와도 연락할 길이 없었고, 만약 여기에 그대로 있으면 누군가 도우러 오기도 전에 얼어 죽을 것만 같았다. 그래서 난 한 층을 더 내려가 보기로 했다. 뾰족구두 때문에 고통스러운데도, 나는 그걸 벗을 생각도 하지 못했다.

난 갇혀 버렸다! 만약 맨 아래층 문도 잠겨 있으면 어떻게 하지? 정말로 내가 밤새 여기 있어야 하나?

"하느님, 제 소리가 들린다면, 제가 보인다면, 제발 어떻게 좀 해 주세요!"

공포가 밀려오면서 나는 현기증을 느꼈고, 호흡도 불안정해지면서 다리가 후들거렸다.

호텔 전체를 걸어 내려오는 데 얼마나 오래 걸렸을까? 한 시간 반 정도? 모든 층의 문이 다 잠겨 있었다. 지하층의 방화문까지도 말이다. 나는 춥고 피곤한 상태로 멍하니 있었다. 이젠 내가 왜 계단을 내려온 것인지조차 알 수 없었다. 나는 이 복잡한 지하실 복도에 갇혀 버릴까봐 두려웠다. 하지만, 뭔가 희망이 있을 거야.

어느 순간, 난 열려진 문을 발견했다! 호텔 외부로 통하는 문이었다. 난 그리로 빠져나갔다. 저쪽에서 사람들 목소리가 들렸고 자동차와 손전등 불빛이 보였다. 난 지하 주차장으로 나온 것이었다. 하지만 이 사람들은 대체 여기서 뭐하는 거지? 주차장은 내게 언제나 무서운 곳이라 저쪽에서 사람들이 다가오자 나는 긴장해서 꼼짝도 할 수가 없었다. 하지만, 용기를 내어 앞으로 한 발자국 걸어갔더니, 갑자기 손전등 불빛이 나를 향해 움직였다.

"거기 누굽니까?"

경찰이다! 날 잡아가려나봐. 내가 뭔가 잘못한 게 틀림없어. 여기로 내려오면 안 되는 건데. 나는 무서워서 아무 말이나 중얼댔다.

"죄송해요. 난 이 호텔에 묵고 있는……."

"무스꾸리 여사!"

그 남자는 금방 손전등을 아래로 낮추며 나에게 다가왔다.

"어디서 오신 거예요? 무슨 일이에요?" 내가 맨발로 떨고 있는 걸 보자 그가 물었다.

"계단이…… 잠겨서……."

경찰관 10명이 와서 나를 둘러쌌다. 그 중 한 명이 내게 그의 겉옷을 걸쳐줬다.

"호텔에서 경보가 울렸어요. 우리는 당신이 납치된 거라고 생각했죠. 방금 건물 전체의 문을 폐쇄했습니다."

오스트레일리아 투어에서 가장 인상 깊었던 순간은 내가 영예로운 시드니 오페라 하우스에서 마지막에 두 차례 공연했을 때였다. 앨버트 홀과 카네기 홀에서처럼, 세계적인 음악가들이 노래했던 이 영광스러운 무대에 오르는 것이 큰 명예라는 사실을 나는 충분히 알고 있었다. 공연이 끝나고 모든 관객들이 기립박수를 치며 앙코르를 여러 차례 외치는 그 무대에서 나는 황홀한 기쁨에 그만 울고 말았다.

"그리스의 떨림이 있는 따뜻함. 나나 무스꾸리는 노래의 본질을 조용하면서도 명료하게 캐내어 관객들에게 전달하고 곧 그들의 마음을 사로잡는다." 음악 비평가 질 사이크스(Jill Sykes)가 공연 다음날에 《시드니 모닝 헤럴드》지에 기고한 내용이다.

뉴질랜드에서는 오클랜드와 웰링턴, 크라이스트처치에서 공연했다. 크라이스트처치 공연 중에, 나는 남극에서 과학자들이 보낸 전보를 받았다.

"나나, 오늘 밤 공연장에 함께 있지 못해 아쉽습니다. 그러나 당신이 그리 멀지 않은 곳에 있다니 기쁘군요. 거기까진 비행기 타고 2시간 동안만 가면 되거든요. 지금 우리는 당신 공연을 생방송으로 듣고 있어요. 〈사랑의 기쁨〉, 구노(Gounod)의 〈아베 마리아 Ave Maria〉, 그리고 〈네 시간 그리고 20시간 four and twenty hours〉 불러주는 거 잊지 마세요!' 나는 큰 소리로 전보를 읽었고 관객들은 박수를 치며 좋아했다. 우리 팀은 과학자들의 요청을 들어주려고 프로그램을 바꿔 〈사랑의 기쁨〉을 불렀다.

그리고는 다시 시드니로 돌아와 일본으로 향했다. 1974년 7월 23일 일본에 머무를 때 나는 라디오에서 긴급 방송을 내보내는 걸 들었다. 지난 7년 동안 그리스 군사정권을 지휘했던 기지키스(Ghizikis) 대령이 민간 정부에 권력을 넘긴다는 뉴스였다! 터키가 사이프러스를 침공해오고 국민들이 끊임없이 저항하자, 군사정권은 스스로 저지른 실패의 무게를 견디지 못하고 무너졌다. 사람들은 벌써 콘스탄틴 카라만리스가 아테네로 돌아올 거라는 말들을 했다.

우리 팀도 정말 좋아했다. 우리는 소식을 듣자마자 곧장 그리스 대사관으로 달려가 웃고 울면서 함께 기뻐했다. 그리고 나는 부모님과 유지니아에게 전화를 걸었다. 군인들이 거리에서 떠났고, 사람들은 라디오에 귀를 바싹 대고는 거리를 자유롭게 활보한다고 했다. 부모님은 카라만리스가 곧 돌아올 수 있다는 소식을 확인해줬다.

나는 이런 날 그를 생각하고 있다는 걸 알려주려고 카라만리스에게 연락했다. 하지만 안타깝게도 그와는 연락이 닿지 않았고, 대신 그의 형과 이야기할 수 있었다. 그는 그리스의 전 수상 카라만리스가 다음 날 아테네에 도착할 것이며 곧 민주주의 정부를 구성할 것이라고 전해줬다.

20
우울한 기억들

나는 세계 투어를 하는 동안 그룹 활동을 계속하려는 열정이 다시 생겨나기를 정말로 간절히 원했다. 그러나 일단 투어를 끝내고 돌아와 내가 앙드레와 함께 새 앨범 작업을 시작하게 되자 조지는 다시 부정적인 생각을 하기 시작했다. 늘 어두운 얼굴에 말도 거의 하지 않았고, 점점 자기의 틀 속으로 빠져 들어갔다. 우리는 그 힘든 시간을 다시 겪어야 하는 걸까? 하지만 이번에는 그와 갈등이 생기면 내가 노래를 계속 할 수 없으리라는 걸 깨달을 수 있었다. 갑자기, 전에 알레르기 전문의를 만나 나눴던 대화가 생각났다. 그리고는 내가 부당한 의심을 받는다는 생각이 들기 시작하면서 마음속에서 굉장한 분노가 일어나는 것을 느꼈다. '내가 조지의 비난을 받을 만한 일을 한 게 뭐가 있지? 우리는 15년을 함께 살았고, 사이에 두 아이를 두었고, 조지가 원하는 대로 파리를 떠났다. 그리고 난 그를 너무 사랑해서 주변에 있던 매력적인 남자들에게 지금껏 눈길 한 번 준 적이 없었다. 이런 나에게 그가 뭘 더 바랄 수 있을까?

난 화가 났다.

"우린 이제 더는 행복하지 않아요, 조지. 난 내가 뭘 어떻게 해야 하는지, 내가 뭘 잘못했는지도 이젠 정말 모르겠어."

"말했잖아. 나는 지금 우리의 생활 방식이 싫어."

"난 노래를 부르지 않는 나를 상상할 수 없어요. 이해해요?"

"노래를 그만두라는 게 아니야."

"당신은 당신 친구들처럼 그리스에 돌아가자고 하잖아."

"그래! 그리고 다시 그리스 가수가 되는 거야. 그리스 사람들도 당신을 좋아해. 이제 민주주의가 다시 세워졌으니까 거기서도 당신 원하는 대로 노래할 수 있어."

"새장에 갇힌 새 같을걸……. 우리는 전세계를 돌아다녔어. 왜 당신은 이제 와서 나를 틀 속에 가두려고 하죠?"

"무슨 틀?"

"그리스는 바깥세상과 너무 멀어요."

"바깥세상? 그게 무슨 상관이야. 우린 지금 투어를 다니지 않아도 될 만큼 충분히 부자야."

"난 우리가 얼마나 부자인지는 전혀 개의치 않아요, 조지. 이미 말했잖아요, 난 음악 없인 살 수가 없다고……. 기억해 봐요. 앨버트 홀, 몬트리올, 샹젤리제 극장을. 조지, 당신이 나만큼 음악을 사랑한다면, 당신의 꿈을 펼치기엔 이 세계도 너무 작다는 걸 알게 될 거예요."

아마도 나는 이런 대화를 주고받으면서 조지가 날 진정 사랑한다면 더 높은 목표를 가지라고 격려했을 거란 생각을 처음으로 했던 것 같다. 둘 중 한 쪽이 희생해야 한다면 그건 어떤 의미의 사랑일까?

1974년 가을 내내 나의 머릿속은 이런 생각들로 꽉 찼다. 게다가 새로운 문제들이 연이어 생기면서 조지와 나는 더 멀어졌다. 조지는 제네바에 남고 나만 파리에 돌아오는 것으로 잠정적으로 결정했다. 1년 전 같으면 나는 조지 때문에 또 아팠을 테지만, 이젠 견딜 수 있었다.

조금씩 조지를 존경하는 마음이 사라져 갔고, 또 그와는 반대로 이기적이고 소유욕 강한 조지의 성격이 내 눈에 더욱 확연하게 보였다. 그리고 그의 그런 태도는 오히려 내가 나 자신을 보호하는 데에 도움이 되었다.

아무튼, 난 더는 목소리를 잃는 일이 없었다. 누구와 녹음을 할지 결정할 때가 되어서, 나는 루이 아장, 앙드레와 함께 이 문제를 토의했다. 앙드레는 내게 알랭 고라게(Alain Goraguer)를 소개시켜주겠다고 했다. 알랭은 세르주 갱스부르, 이자벨 오브레(Isabelle Aubret)와 작업을 한 적이 있는 사람이었다. 나는 예민하고 다재다능한 음악가인 알랭을 처음부터 완전히 신뢰하게 되었다. 그 가을에 우리는 〈내가 만약 천사라면〉을 함께 녹음했다.

그런데 나는 이 음반을 작업한 후에 다시 우울증에 걸려 6~7개월 동안은 녹음실과 극장 근처에 얼씬도 하지 않았다. 왜 그랬던 걸까? 나는 지금까지도 그때를 떠올리는 것이 어렵다.

한편, 조지는 여전히 그리스로 가겠다는 고집을 꺾지 않았다. 한번은 내가 제네바에 갔을 때, 그가 그리스로 돌아가자는 이야기를 다시 꺼냈다.

"내 생각은 이미 말했잖아요."

"그렇다면, 우리 이혼하자. 난 그리스로 떠나기로 결정했어."

"조지, 우리에겐 아이들이 있어요. 그렇게 쉽게 이혼할 수는 없다고요."

"당신 하고 싶은 대로 해. 난 이제 상관 안 할 테니까. 하지만 아이들은 내가 데리고 떠날 거야."

2년 전에 우리는 코르푸 섬에 땅을 조금 사놓았다. 조지는 빨리 그 땅에 집을 짓고 싶어했다. 그는 어떻게 이리도 갑작스럽게 아이들을 코르푸로 데려가려고 생각했을까? 니콜라스는 이제 막 초등학교에 입학했고, 엘렌느는 겨우 5살이었다. 아이들이 갑작스러운 변화에 당황하지는 않을까? 무엇보다 내가 함께 살지 않는다는 사실을 어떻게 받아들일까?

우리는 조지 부모님의 조언을 듣고 결국 합의점을 찾았다. 아이들은 페르낭드, 나와 함께 제네바에서 살다가 방학을 하면 페르낭드와 함께 그리스에 가서 아빠와 시간을 보내기로 했다.

나는 그때만 해도 조지와 내가 비록 떨어져 있긴 하지만, 언젠가는 우리 둘 다 서로 화해하길 바랄 거라고 생각했다. 그러나 막상 조지가 그리스로 떠나자, 난 반쯤 넋이 나가버려서 도대체 뭐가 어떻게 되어가는지도 전혀 이해하지 못한 채 지냈다. 예전에 엄마가 나와 유지니 아에게 귀가 닳도록 "난 너희들이 어른이 되어서 내가 아빠를 떠날 수 있을 때를 기다린단다. 너희는 아직 어리니까 아빠가 필요하고, 난 너희에게서 아빠를 빼앗을 권리는 없으니까."라고 했던 말이 계속 떠올랐다. 난…… 내가 그 권리를 행사할 수 있는 근거는 뭘까? 나는 죄책감에 사로잡힌 채 며칠을 보냈다. '내 잘못이야, 다 내 잘못이야' 하고 계속 중얼거렸다. 이런 상황에선 나의 생명과도 같은 노래를 포기하는 것만이 유일한 방법이었다. 그러면 우리 네 사람은 코르푸의 햇살 아래에서 함께 살 수 있으니까. 정말 힘든 시간이었다. 나는 혼자서 고민하고 또 고민을 했다. 어떤 날은 내가 내 아이들을 불행하게 만들면서 아내에게 함께 살자고 부탁하는 한 남자에게 절망감만 안겨준다고 생각했다. 또 어떤 날은 조지의 말도 안 되는 질투심과 편협한 마음, 그리고 돈만 생각하는 강박관념 때문에 화가 나 숨이 막힐 정도였다. 하지만, 그러고 나면 과거의 내 행동이 후회스러워져 분노는 금세 잊고, 그저 조지의 기타 소리를 그리워하며 울먹였다. 그의 섬세한 기타 소리는 내 마음을 울렸다! 나는 결국 조지보다 그의 기타 소리를 더 그리워했다는 걸 인정할 수밖에 없었다. 그러면서 날 끊임없이 실망시켰던 남자에게 점점 무관심해지는 나를 발견했다.

어느 날, 오딜이 내게 조지가 누군가와 사귄다고 말해줬을 때, 내가 별로 개의치 않는다는 걸 깨닫고 깜짝 놀랐다. 심지어 내 마음이 좀 편해진 것 같았다. 이 소식을 듣고 나의 죄책감이 단번에 사라져버린 것이다.

"오, 그래요? 잘 됐네요." 오딜에게 말했다.

"그게 다예요?"

"그 사람이 잘 되어서 좋아요. 난 조지가 계속 혼자서 우울하게 지내야 한다고 생각하지 않아요."

"내가 조지와 오랫동안 얘기를 해봤어요. 나나가 이혼을 원하지 않는다면, 아직 시간은 있어요."

"무슨 말이에요?"

"내 생각엔 조지가 다른 여자와 결혼하기 전에 나나랑 다시 합칠 가능성이 없는지 확실하게 알고 싶어할 것 같아요."

"이해가 안 되네요. 누군가를 진실로 사랑한다면 그 사람을 기다리겠다고 선택할 순 있어요. 하지만 그렇게 스스로 결정을 내렸으면 다른 사람에게 눈을 돌려서는 안 되는 거잖아요."

"어머, 나나, 너무 잘난 척하는 거 아네요? 호호."

아니, 난 그렇지 않았다. 오딜과 대화를 나누면서 나는 마음을 바꾸기는커녕, 오히려 깨끗하게 정리할 수 있었다.

이제 이혼은 공식화되었지만, 그 이혼이란 단어는 내 자신이 배신자라고 느끼게 했다. 나의 사랑과 가정생활을 그렇게 끝맺으면서 나는 조지와 함께 나눈 삶을 곰곰이 한 번 돌이켜봤다. 내가 정말 조지를 사랑하긴 한 걸까? 나는 가끔 남편보다는 친구를 잃은 것 같다는 생각이 들었다. 사람들이 말하는 사랑은 어떤 것일까? 난 조지를 만나기 전엔 남녀 간의 애정 같은 감정은 하나도 몰랐다. 지금 생각해보면, 막 사귀기 시작했던 초기에도 우리 사이에는 사랑할 때 느끼는, 불꽃이 타오르는 것 같은 감정이 없었던 것 같다. 서로 사랑하지 않는 부모님 밑에서 애정, 욕구라는 것을 알지 못한 채 성장해버린 나는 아마도 사랑과 우정 사이에서 헤맸던 게 아닐까? 중요한 건, 우리가 부모님보다 잘한 게 없다는 것이다. 우리가 힘들어하는 만큼, 똑같이 아이들도 힘들었을 테니까.

나는 그리스로 갔다. 부모님과 사진도 찍고, 니코스와 만나 얘기도 하고 싶었다. 그리고 무엇보다 나는 조지를 만나기 전의 기억들을 다시 발견하고 싶었다.

그렇지만 부모님은 사람들의 시선만 의식한 채, 나의 아픔엔 별 관심이 없었다.

나는 니코스를 다시 만나게 되어서 너무 행복했다. 그는 허리가 좀 굽어졌고 얼굴은 더 야위었는데, 최근에는 양 발에 통증을 느끼기 시작했다. 그럼에도 생각이 깊고, 마음이 넓으면서도 불의와 타협하지 않고, 늘 다른 사람들의 이야기를 들어주는 니코스는 변함이 없었다. 내가 파리에 갈 때부터 그는 나의 인생길에 늘 함께 있었다. 그리고 내가 앙드레를 볼 때 높이 평가하는 엄격한 기준들을 니코스도 여전히 고집했다.

"나나, 넌 예술가야. 일상의 사소한 일에 네가 눌리지 않게 하렴. 멈추지 말고 일해. 그러면 우리가 경험하는 걸 표현하는 데만도 인생이 충분히 길지 않다는 걸 알게 될 거야."

우리는 이야기를 나누며 아테네 거리를 같이 산책하고는 플로카에

갔다. 나는 마노스와 니코스를 만나 세상을 알게 된 시절을 그의 옆에서 다시 떠올려보고 싶었다. 만약 이들을 만나지 못했다면 난 어떻게 되었을까? 누가 나에게 열정과 아름다움을 가르쳐줄 수 있었을까?

니코스를 통해 어릴 때의 열정이 점점 되살아났다. 나는 옛날 친구들을 만나 타베르나들을 돌아다녔다. 내가 이들 중 몇 명과 프랑스로 가는 건 어떨까? 아테니안만큼 훌륭하면서도 음악에 더 큰 열정이 있는 그룹을 만들 수 있지 않을까? 나는 연주자 몇 명을 찾아내 함께 이야기를 나누고 전화번호를 교환했다. 그렇게 하면서 조금씩 새로운 시작을 꿈꾸게 되었다.

앙드레는 뭐라고 할까? 나는 사실 그게 가장 마음에 걸렸다. 하지만 뜻밖에 그는 내 의견에 금방 동의해줬다. 하지만 그리스 연주자들과 함께 하는 일이 내게 도움이 될 때에만 지원해 줄 것 같았다. 아무튼, 나는 그리스의 연주자들에게 더 적극적으로 접근했다. 내 제안에 관심을 보인 사람들은 대개 오래 전부터 알고 지낸 친구들이었다. 1975년 가을 중반쯤에 나는 새로운 그룹과 다시 시작할 준비가 되었다.

나는 이본느 리틀우드에게 전화를 걸었다. 본격적으로 음반을 녹음하기 전에 방송에서 먼저 활동을 시작하고 싶었던 것이다. 나는 이본느에게 내 계획의 일부를 말해주고서 우리를 초대해줄 수 있는지 물어봤다.

"언제든 오세요. 영국 사람들은 나나가 돌아오길 원해요. 나도 새로운 멤버들을 만나보고 싶네요."

그렇게 해서 우리는 이본느의 연말 특집 프로그램을 준비하게 되었는데, 이때 루이 아장과 내가 처음으로 다투는 일이 일어났다.

사실은, 별로 중요한 사건이 아닐 수도 있다. 단지, 아장의 생명을 위협하는 사건이 일어난 후, 결국 우리가 15년간 지켜왔던 우정과 신뢰가 영원히 사라져버린 계기가 되었다는 것만 빼고는…….

런던에서 잠시 머물 때, 필립스사 이사에게서 나의 히트곡 모음집을 내는 걸 고심 중이라는 이야기를 들었다.

"난 반대예요. 원칙적으로 모음집은 좋아하지 않아요. 무엇보다 이제는 관심을 잃은 노래 몇 곡의 생명을 질질 끌 뿐이에요. 둘째, 새 노래로 활동하는 데 나쁜 영향을 줄 수 있어요." 난 단호하게 말했다.

그 날 밤, 나는 아장 부부와 저녁을 먹으면서 반대 의사를 다시 전달했다.

"나나가 좋아하든 말든, 우리는 그 작업을 진행할 거요." 루이가 차갑게 대답했다.

"뭐라고요? 이해가 안 돼요."

그는 한 번도 내게 그런 투로 말한 적이 없었다.

"당신 팬들이 히트곡 모음집을 원해요, 나나. 정말 잘 팔릴 거요. 그래서 난 일을 진행하기로 결정했고, 또 나에겐 그럴 권리가 있어요."

"만약 내가 반대하든 말든이라니요, 그게 무슨 말이에요?"

"말한 그대로지. 그리고 난 나나의 허락 같은 거 필요하지 않소. 계약서에 그렇게 나와 있으니까. 계약서를 한번 읽어보도록 해요. 이제 와서 계약 조건을 변경할 수는 없어요."

난 어안이 벙벙해져서 덜덜 떨리는 목소리로 대답했다.

"지금까지 난 계약서를 한 번도 읽어보지 않았어요, 아장 씨. 바보같이 당신을 신뢰했기 때문이에요. 난 당신이 나를 망가뜨리는 뭔가를 계약서에 집어넣을 거라는 생각은 추호도 해본 적이 없어요."

그는 대꾸를 하지 않았고, 그 날 저녁은 얼음장처럼 차가운 분위기로 끝이 났다.

무슨 일일까? 내가 이렇게 무안해질 만한 일을 한 게 있을까? 나는 필립스와 14년간 계약을 유지했다. 솔직히 한번쯤 제작사를 스위스 쪽에 두고, 필립스사는 음반 배급자로 남겨놓을까 하고 생각한 적이 있었는데……. 루이는 나의 이런 생각을 배신이라고 해석한 걸까? 나는 루이의 태도가 갑자기 바뀐 데에 어떤 다른 이유도 찾아볼 수 없었고, 그래서 다시 만나면 꼭 오해를 풀어야겠다고 다짐했다. 그렇지만, 이제부터 이야기할 사건 때문에 우리 사이는 영원히 갈라졌다.

1975년 12월 31일, 런던에서 방송을 앞두고 한창 연습에 열이 올랐을 때였다. 누군가가 스튜디오에 찾아와서 파리에서 긴급한 전화가 왔다는 쪽지를 남겼다기에 나는 즉시 전화를 걸었다. 전화를 받은 사람은 루이 아장의 비서 수잔이었다.

"나나, 오딜이 당신을 찾아요. 아주 급한 일이에요. 지금 바로 파리에 올 수 있어요?"

"무슨 일이에요, 수잔? 무슨 일이에요?"

"전화로 말할 순 없어요. 하지만 심각한 일이에요. 오딜이 당신을 찾아요."

"그녀에게 제가 곧 간다고 말해줘요. 다음 비행기로 갈게요."

난 팀원들과의 연습을 포기했다. 나는 차를 몰고서 호텔에 들르지도 않은 채 바로 공항으로 갔다. 오딜이 나에게 연락을 하라고 했다면, 분명히 자신의 남편인 아장에게 무슨 일이 일어난 것이 분명했다. 아장의 건강에 관한 일이라면 오딜이 수잔에게 전화로 알리지 말라고 하지도 않을 텐데……. 그럼 대체 뭘까?

오딜은 나를 위해 공항에 차를 보냈다. 운전사는 나를 데리고 그 커다란 대기실을 쏜살같이 빠져나와 차에 태우고는, 빠른 속도로 차를 몰았다.

"우리, 어디로 가는 건가요?"

"아장 씨 댁으로요. 다들 당신을 기다려요."

난 차에서 내려 7층으로 올라갔다. 문을 열고 들어가자 필립스사 경영진이 모두 모여 있었다.

"오, 세상에……."

그들의 표정을 보고 나는 루이 아장이 죽었다는 이야길 듣게 될까 봐 무서웠다. 루이의 오른팔격인 자끄 까이야르(Jacques Caillard)가 내게 다가왔다.

"우선 이리 와 앉아요, 나나. 아장 씨가 납치됐어요."

"납치요?"

"네, 경영진 회의 도중에요. 가면을 쓰고 무기를 든 남자들이었어요. 우리는 아무런 대응도 할 수가 없었어요."

"오, 하느님! 어떻게 이런 일이? 오딜은요?"

"저기에서 당신을 기다려요. 어서 가 보세요."

나는 울면서 괴로워하는 오딜을 보았다. 마음씨 좋은 루이가 살인자의 손에 잡혀갔다니. 누가 그를 해치려고 한 걸까? 나는 오랜 시간 오딜을 위로하려고 노력했지만, 사실은 나도 오딜만큼이나 정신이 없었다.

다음 날 아침, 런던으로 돌아가야 했던 나는 두려움에 떨고 있는 오딜을 남겨두게 되어 마음이 무거운 채로 자리를 떠야 했다.

일주일이 흘렀다. 난 하루에도 몇 번씩 오딜에게 전화를 했다. 프랑스 경찰 모두가 이 사건을 해결하려고 바쁘게 움직였지만 여태 아무런 성과가 없었다.

마침내, 앙드레에게서 전화가 왔다.

"위험한 고비에 접어들었어요. 일이 아주 안 좋게 끝날지도 몰라요. 당신이 돌아오는 게 나을 것 같아요."

"알았어요, 비행기가 지금 바로 있는지 알아볼게요."

이번에는 앙드레가 마중을 나왔다. 경찰이 납치범들을 잡을 뻔했다는 기사가 보도되었지만, 한편으론 루이가 벌써 살해되었다는 소문도 돌았다. 경찰은 아무 말도 해주지 않았다.

땅거미가 질 무렵이 되어 루이의 집에 거의 다 왔을 때, 우리는 믿기 어려운 광경을 보았다. 많은 사람들이 거리에 꽉 들어차 있었다. 건물 지붕에서는 사진기자들이 대기 중이었고, 창문마다 밖을 내다보는 사람들이 다닥다닥 붙어 있었다. 이런 와중이라 경찰도 밀려드는 사람들을 제어할 수 없는 것 같았다. 경찰관 두 명이 우리에게 길을 터줘서 간신히 현관 안으로 들어갈 수 있었다. 하지만 엘리베이터 앞에도 기자들이 진을 친 상태라 계단으로 올라가야 했는데, 거기도 역시 수많은 마이크들이 우리를 따라왔고 카메라 플래시가 쉴새없이 터졌다.

"나나, 루이 아장이 죽었다고 하는 소문을 어떻게 생각하세요? 혹시 아장 씨와 연락을 해봤나요? 부인에게 뭐라고 말할 겁니까?"

난 한 번도 그런 경험을 해 본 적이 없었기에, 너무 긴장해서 입도 떼지 못하다가 겨우 루이의 집에 들어서서야 눈물을 쏟아냈다.

많은 친구들이 말없이 모여 있었다. 나는 조용히 오딜 옆으로 갔는데, 그녀의 얼굴은 그새 몰라보게 핼쑥해졌고 눈두덩은 통통 부었다.

"나나! 우린 아무것도 몰라요. 나 미칠 것 같아. 희망이 없는 것 같아요."

우리는 서로 안고 울어버렸다. 오딜은 계속 흐느꼈고, 나도 가슴이 짓눌리는 듯 숨이 막혀 와 그녀에게 아무런 말도 해주지 못했다.

그때, 전화벨이 따르릉 울렸다.

오딜이 재빨리 달려가 수화기를 들었고, 그녀의 얼굴이 갑자기 환해졌다!

"그가 살아 있어요! 살아 있어! 빨리요, 경찰 본부에서 그가 우릴 기다린대요."

우리는 건물 앞에 대기하던 경찰차에 빨려들어가듯 올라탔다.

루이의 얼굴은 창백했다. 며칠간 너무 고생을 해서 한 십 년은 더 늙어보였다. 그는 웃을 힘도 없어서 겨우 일어나 오딜을 안아주기만 했다.

그 날 밤, 나는 잠시 그들과 함께 있었다. 다음 날 오후에 런던으로 돌아가야 했기 때문에 나는 그들과 헤어지면서 내일 집으로 찾아가겠다고 말했다.

난 루이의 집으로 가면서 크루아상을 사갔다. 바라던 대로 그들이 아침을 먹는 걸 보니 한결 마음이 놓였다. 루이는 안락의자에 앉아 있었는데, 아직도 창백한 얼굴이 충격에서 벗어나지 못하고 있는 모습이었다. 오딜은 작은 테이블 앞에 다리를 꼬고 앉았다. 나도 그렇게 앉았다. 루이는 그간에 고생한 걸 이야기해줬다.

"난 그 사람들이 뭘 원하는지도, 왜 나를 고문하는지도 모르고 당했어. 나중엔 내가 결국 살아 돌아가지 못할 거라고 결론을 내렸지. 햇빛도, 오딜도 다시 못 보겠구나 하고 말이야."

그의 이야기를 듣는 동안 내 마음도 정말 괴로웠다.

이야기가 끝나고 그는 나에게로 고개를 돌렸다.

"살아남기란 쉽지 않지. 난 갇혀 있는 동안 당신이 지난번에 했던 말을 계속 생각해봤어요, 나나. 내가 계약서에 당신에게 해가 될 사항을 집어넣을 거라고는 조금도 의심하지 않았다는 말. 당신의 말은 내게 너무 깊은 상처를 줬어요. 당신이 그걸 알았으면 해요."

내 생각엔 루이가 아니고 내가 배신을 당한 거였는데……. 그런데도 내가 사과를 해야 했나? 그런 이상한 계약서 조항이 있더라도 나는 여전히 루이를 신뢰한다고 말해야 했나? 나는 그의 오해를 풀려면 무슨 말을 해야 할지 생각도 할 수가 없었다. 난 적절한 말을 찾아내지 못했다. 게다가 그때는 그런 일로 다툴 상황이 전혀 아니었다. 그렇게 우리는 서로 가슴에 상처를 안은 채 영원히 헤어졌다. 그 이야기를 다시는 꺼내지 않았던 것이다.

21
엄마! 엄마!

언제부터 앙드레가 내 삶에 깊숙이 자리잡았는지 정확히는 모르겠다. 돌아보건대, 그는 늘 내 삶 속에 있었던 것 같다. 까다로우면서도 애정이 많고, 자기를 내세우지 않지만 자신의 선택에 확신이 있는 사람……. 그런데 언제부터인가 내가 그를 친구가 아닌 남자로 보기 시작한 것이다.

나는 앙드레가 어떤 사람인지, 그리고 내 곁에 있던 많은 남자 중에서 얼마나 눈에 띄었는지 말하고 싶다. 내겐 모든 남자들이 특별했다. 마노스, 루이, 퀸시, 미셸 르그랑, 니코스, 해리 벨라폰테, 조지, 피에르 들라노에, 끌로드 르메즈(Claude Lemesle), 그리고 알랭 고라게까지 모두. 그러나 내가 노래를 부를 때 앙드레의 눈빛에서 보았던 감정을 보여준 사람은 이들 중 아무도 없었다. 난 그가 나의 음악 감독이 되기 전에, 내 안에 있는 무언가에 감동을 받은 것 같다는 생각이 든다. 그만이 볼 수 있는 뭔가 특별한 것. 아니, 들을 수 있는 것이라고 해야겠다.

그는 늘 "난 하루 종일 가수랑 스튜디오에 있을 거예요."라고 말했다. '나나'가 아니라 '가수'였다. 지금도, 결혼한 후에도, 삼십오 년이 흘렀어도 그는 나를 '가수'라고 부른다. 겸손한 그만의 애정 표시다. 내가 앙드레 같은 사람이 없다는 걸 깨달은 건, 70년대 초 브뤼셀 미술관에서 공연을 할 때였다. 리허설을 보러 왔던 앙드레는 조용히 앞줄 중간에 앉았다. 난 무대에서 앙드레만 보였다. 노래를 부르다가 그를 보고서 나는 처음엔 깜짝 놀랐고, 그 다음엔 감동을 받았다. 관객들이 박수를 치는데, 앙드레는 아무도 모르게 그의 눈을 가볍게 두드리고 있었다! 다음 날 아침에 그는 내 방 침실 문 밑으로 쪽지를 하나 남기고 파리로 떠났다. 전날 공연을 잊지 못할 것이고 나의 노래 해석에 깊이 감동받았다는 내용이었다.

파리에 막 와서 내가 불어 발음 때문에 고생할 때, 앙드레는 한 번도 소리를 지르지 않았다. 다른 사람들은 스튜디오를 떠나거나 복도에서 수다를 떨거나 하는데도, 앙드레는 나를 떠나지 않았다. 그는 마치 일을 하는 게 아니라 내가 만들어내는 작품을 감상하는 사람처럼 보였다. 그는 음악을 사랑해서 고향을 떠나왔고, 평생의 일을 찾았다. "나나만 좋으면, 우리는 내일 또다시 시작할 수 있어요. 내가 함께 있겠어요." 나는 여러 번 실패할 수도 있었는데, 앙드레는 그때마다 내가 그렇게 되지 않도록 도와줬다. 언제나 노래를 정확하게 해석했기 때문에 내가 노래를 얼마나 이해하고 있는지도 알았다. 나는 그가 날 끝까지 인도해줄 거라 믿었다. 어느 누구도 나를 앙드레처럼 믿어주진 않았다. 우리의 눈이 마주칠 때면, 나는 그의 눈에서 '당신은 해낼 거야! 그렇고말고! 잊지 말아요, 우리는 최고로 강하다는 걸.' 하는 믿음을 느낄 수 있었다. 그의 믿음은 나에게 은혜와도 같았다.

그는 인내심이 많고 주의력이 깊은 사람이었다. 내가 리허설을 하다가 일이 잘 안 풀려서 노래를 멈추고 후회할 때면, 앙드레는 늘 말했다. "괜찮아요. 자신에게 화내지 말아요. 누구나 가끔은 그럴 수 있으니까요. 몇 시간 후에 꼭 무대에 올라가지 않아도 됩니다."

조지와 내가 이혼했을 때, 앙드레는 한 마디도 하지 않았다. 다음 음반을 녹음하자고 재촉하는 게 성급하다고 생각해서였는지 아무 말도 없었다. 하지만 그는 내가 파리에 돌아가자 오를리 공항에서 내게 꽃을 한아름 안겨줬다.

한편, 조지가 그리스로 떠나고 나서 제네바 생활에 변화가 있었다. 조금씩 페르낭드의 역할이 더 많아졌고, 나는 그녀를 의지할 수 있어서 마음이 놓였다. 그녀는 항상 아이들의 일정에 차질이 없도록 민첩하게 행동했다.

가끔 집에 남자가 없어서 페르낭드가 편해졌다고 생각한 적도 있었다. 제네바에서 함께 살 때, 조지는 우리 가정에서 페르낭드가 많은 힘을 행사하는 걸 싫어했다. 하지만 엘렌도 학교에 다니는 지금은 그녀의 힘이 절실했다. 이젠 가족이 모두 투어에 합류할 수 없었기 때문에, 방학 때를 제외하고는 늘 나 혼자서 투어 공연을 하러 떠났다.

그러면서 나는 점차 내가 투어에서 돌아오기만 하면 집안의 질서가 엉망이 된다는 걸 알게 되었다. 아이들은 오랜만에 본 엄마에게 수없이 질문을 던져댔고, 그래서 아침 식사 시간이 길어지게 되면 페페는 짜증을 냈다.

"이렇게 해야지, 얘들아. 엄마만 돌아오면 우린 늘 지각이야!" 그녀가 애들을 학교에 데려다주면서 하는 말이었다.

"죄송해요. 오늘 애들 엄마가 집에 있어서요." 그리고 선생님에게는 이렇게 말했다.

그녀에겐 악의가 없었으므로 난 한 번도 그녀를 나무라지 않았다. 하지만 지금 생각해 보면, 나는 그때 아무 말도 하지 않은 걸 후회한다. 페르낭드의 말들은 후에 벌어질 갈등을 예고해주는 거나 다름없었다. 그녀는 조금씩 나와 아이들 사이를 갈라놓았고, 나중에 그 간격을 메우느라 나와 아이들에겐 아주 오랜 시간이 필요했다.

한 번은 내가 오스트레일리아 투어를 위해 연습하고 있는데, 프랑크 하디가 파리에 온다고 전화를 걸었다. 카페 플로르에서 만나기로 하고, 내가 먼저 도착해 그를 기다렸다.

마침내 모습을 드러낸 그는 주름이 깊게 파인 구릿빛 얼굴을 한, 제법 덩치가 있는 남자였다. 그는 너무 긴장을 했는지 자리에 앉지도 못할 정도였다. 그는 잠시 서서 숨을 헐떡이더니 파이프 담배를 입에 물고는 이야기를 시작했다.

"전 담배 연기를 싫어해요. 좀 치워주시겠어요?"

그리고서 그가 앉아 다시 이야기를 시작했는데, 그의 내면에 잠재된 강한 힘이 나를 누르는 듯한 느낌을 받았다.

그럼에도 우리가 주로 나눈 이야기는 그의 슬픈 과거였다. 그는 먼저 자신의 이혼 이야기를 한 후에 내게 거침없는 질문을 해댔다. 나는 조지의 이야기와 사랑에 대한 내 생각을 그와 나눴다. 그러다 보니 우린 서로 자신의 이야기를 하게 되었다. 알 수 없는 감정이 생긴 걸까? 이 남자는 나에게 '감동'을 주었다. 하지만 나는 너무 성급한 그의 태도에 한편으로 두려움도 느꼈다. 그는 내게 다시 만나자고 했고, 난 그러자고 했다. 우리는 한 달 후에 아델라이데에서 만나기로 약속하고 헤어졌다. 나는 그 한 달이라는 시간이 우리 둘 사이를 정리해줄 거라고 편하게 마음먹기로 했다.

나는 오스트레일리아 투어 도중에 그와 다시 만났다. 우리는 공연이 끝난 후에 같이 저녁을 먹으면서 밤이 늦도록 이야기를 나눴다. 그는 내가 〈춤추는 마틸다 Waltzing Mathilda〉를 부르는 것을 들으면서 압도되었다고 했다.

우리는 감옥에서 죽은 그의 형과, 형의 죽음 이후로 세상을 향한 꺼지지 않는 그의 분노에 대해서 심각하게 이야기했다. 그리고 서로 어린 시절을 어떻게 보냈는지 이야기를 들으면서 운명을 논했다. 프랑크는 똑똑하고 예민한 사람이어서 나는 가끔 마치 니코스와 대화하는 느낌이 들기도 했다.

그런데 내 마음에 뭔가가 늘 걸렸다. 아마도 그가 나에게 사랑한다고 고백해서 그랬던 것 같다. 그는 나를 위해서 노래를 지어도 되는지, 그리고 그가 지금 쓰는 소설을 들어줄 수 있는지도 물어봤다. 난 그렇게 하겠다고 대답했다.

내가 그의 사랑을 받아들일 수 없다는 말을 한 후 그는 절망하면서 헤어졌다. 파리로 돌아와서, 나는 그의 첫 번째 시를 발견했다. 제목은 〈순례자가 어디로 갔지? Where has the pilgrim gone?〉이다.

"순례자가 어디로 갔을까?
까만 머리를 흔들면서, 눈썹을 찡그리면서……
서부의 바람이
지금쯤은 그녀를 깨웠을까?"

"Where has the pilgrim gone,
Tossing her raven head, arching her brow?
Will the winds of the West
Waken her now?"

그때부터 그는 나를 '순례자'라고 불렀다. 아마 서풍이 언젠가 날 그에게로 데리고 가주기를 바랐던 것일까? 이건 물론 내 생각일 뿐이다. 그 이후로도 우리는 정기적으로 계속 연락을 주고받았다. 운명의 방향을 전혀 알아채지도 못하고 말이다.

내가 앙드레에게 끌린 이유를 말하려면 먼저 내게 일어난 슬픈 비극을 설명해야 한다.

1976년과 1977년은 세계 투어로 정신없이 바빴다.

그 중에서도 한 달 동안 독일의 대도시를 돌아다니는 투어를 할 때가 가장 힘들었다. 프랑크푸르트로 떠나는 날 아침, 아테네에서 유지니아가 전화를 했다.

"나나, 별로 중요하지도 않은 일에 전화해서 미안한데, 엄마가 입원했어. 경미한 심장마비가 왔나봐."

"어머! 나 첫 비행기로 가도록 할게! 내가 가는 중이라고 엄마한테 말해줘."

"아니야, 서두르지 마. 의사들도 크게 걱정하지 않고 있어."

"막 독일 공연을 떠나려던 참이었어. 그래서 무슨 일이 일어나면 나한테 연락하기 쉽지 않을 수도 있어."

"알아. 그래서 일찍 전화한 거야. 하지만 공연을 당장 취소하지는 마. 오늘 밤에 전화해서 또 소식을 알려줄게."

나는 전화를 끊고 나서 공연을 취소하고 아테네로 가야 하는지 망설였다. 하지만 유지니아가 급하지 않다고 했기 때문에 난 마음을 다잡고 프랑크푸르트에 가기로 했다.

나는 오후에 도착하자마자 집에 전화를 걸었다. 전화를 받은 사람은 아빠였다. 유지니아에게 엄마를 맡겨두고 막 집으로 돌아온 참이라고 했다. 아빠가 집에 혼자 있는 걸 두려워해서 나는 오랫동안 전화로 아빠와 이야기를 나눴다. 아빠와 통화를 마치면 그때 병원에 전화를 걸어서 엄마와 이야기할 생각이었다.

　병원의 전화 교환수가 유지니아에게 내 전화를 연결해줬을 때, 처음 들린 건, 울음 소리였다…….

　"오, 나나, 끝났어! 이젠 정말 끝났어!"

　"유지니아!"

　나는 엄마가 홀로 죽음을 맞이했다는 걸 알아차렸다. 유지니아가 아빠를 집에 데려다주는 동안 하늘나라로 떠난 것이다. 나는 너무 고통스러워 아무 말도 하지 못하고 오랫동안 소리 없이 울고만 있었다…….

　앙드레는 공연장으로 돌아온 나를 보자마자 사태를 파악했다. 우리는 프랑크푸르트에서 진행할 예정이었던 두 차례의 공연을 연기하고, 아테네행 비행기를 알아보았다. 하지만 안타깝게도 나는 다음 날까지 기다려야 했다.

　그 날 밤, 잠을 못 이루던 나는 앙드레에게 엄마에게 마지막으로 하고 싶었던 말을 하지 못한 게 너무 슬프다고 말했다. 부모님에게 그동안 하지 못한 말을 하고 싶지만, 죽음이 갑자기 그 기회를 빼앗아가서 후회할 수밖에 없다는 것 말이다.

　엄마의 꿈이 없었다면 나도 가수가 될 수 없었다고 엄마에게 말해주고 싶었다. 엄마가 우리 가족을 살아 있게 한 불꽃이었고, 엄마의 희생 없이는 언니도 나도 살 수 없었다고……. 엄마는 우리가 결혼한 후에 담배를 피우고, 도박을 하기 시작했다. 마치 극심한 우울증에 항복했다는 듯이 말이다. 그동안 우리는 한 번도 엄마에게 존경한다는 마음을 보여주지도, 고맙다는 말도 한 마디 하지 못했다. 우리가 그렇게 했다면 엄마는 좀더 행복하게 늙어갔을까?

　그리고 나는 엄마가 내게 자랑스럽다고 말하는 걸 듣고 싶었고, 나도 엄마에게 "다 엄마 덕분이야."라고 속삭여주고 싶었다.

나는 이런 모든 이야기를 앙드레에게 털어놨다. 그동안에는 내가 그에게 어린 시절 이야기를 한 번도 해준 적이 없었다. 나는 그가 나의 가수 생활에 늘 도움을 줬던 것처럼 이 슬픈 시기에도 함께 해줄 거라고 믿었다. 아마도 이렇게 힘들 때야말로 한 영혼의 본질을 발견할 수 있지 않나 싶다. 앙드레의 영혼은 빛나고 자애로웠다. 섬세한 이 남자는 좀처럼 말에 끼어들지 않고 가만히 들어줬다. 우리가 이야기를 할수록, 우리 사이의 보이지 않는 매듭은 더 단단해졌다. 그 날 밤, 내 가슴 속에 앙드레가 내 인생의 중요한 한 남자로 새겨진 것 같다. 앞이 안 보일 정도로 울었던 내게 앙드레는 하늘이 내려준 동반자로 보였다.

다음 날 아침에 난 곧장 아테네로 떠났다. 그리스는 장례를 일찍 치르기 때문에 엄마의 장례식도 그 날 아침에 진행되었다. 아빠는 상태가 너무 안 좋아보였다. 힘든 일이 있을 때마다 늘 그랬던 것처럼 또 다시 침묵 속으로 도피했다. 나는 아빠가 욕실에 들어가 한참을 있다가 눈물로 얼룩진 창백한 얼굴을 해가지고 나오는 것을 봤다.

교회로 떠나려고 할 때, 아빠가 우리를 보며 말했다.

"엄마가 이렇게 떠나는 걸 보는 게 힘들다. 너무 힘들어……. 엄마가 고생하는데 한 마디 위로도 못해줬어……." 아빠는 계속 같은 말만 되풀이했다. 그러다가 또 힘이 없다는 듯 아무 말도 하지 않았다.

유지니아와 나는 아빠가 엄마에게 용서를 구하지 못해서 후회하는 거라고 생각했다.

불쌍한 아빠! 유지니아와 내가 엄마와 화해하라고 아빠에게 그렇게 자주 말했는데…….

나는 곧 독일로 가야 했는데, 아빠가 너무 고통스러워 보여서 마음이 무거웠다. 문득, 나는 아빠를 데리고 가야겠다고 생각했다.

"아빠, 나랑 같이 가는 건 어때? 엄마도 없으니까 어색하겠지만 말이야. 그래도 난 아빠가 있으면 정말 좋겠는데. 나랑 있는 것도 도움이 될 거야."

내 제안에 아빠가 작게나마 희망을 얻은 듯했다.

아빠는 그러겠다고 대답했다. 대신 애도식 9일 후에 따라오겠다고 했다. 나는 당장 베를린행 비행기 표를 사서 아빠에게 줬다.

잊을 수 없었던 함부르크 공연! 가수 생활 중에 그렇게 많이 울었던 공연은 없었다. 프랑크푸르트 공연이 취소된 후에, 독일 언론은 나의 슬픔을 보도했다.

팀원들은 이전보다 날 더 조심스럽게 대해줬고, 앙드레는 마지막 순간까지 함께 있어주는 책임감 있는 모습을 보여줬다. 함부르크에 도착했을 때 솔직히 내 모습은 엉망이었다. 하지만, 일단 공연이 시작되자 팀원들이 보여준 신뢰감 덕분에 난 다시 살아났다.

무대에서 섰을 때 관객들이 보여준 환영은 예전과 느낌이 좀 달랐다. 마치 한 사람이 치는 것과 같이 모든 관객들이 우레와 같은 박수를 보내줬다. 마치, 나의 슬픔을 같이 나누겠다는 것처럼 느껴졌다.

박수는 끊이지 않았고, 울지 않겠다고 결심했던 나는 그만 울음을 터뜨리고 말았다. 무대 중앙에 우두커니 서서 하염없이 눈물을 흘리는 나에게 따뜻한 박수소리가 계속 이어졌다. 얼마나 시간이 흘렀는지도 모르겠다. 아마, 10분쯤 지나서였을까? 나는 관객들도 나와 함께 울어준다는 걸 알았다.

나는 용기를 내어 그만 앉아달라고 부탁했고, 장내는 순식간에 고요해졌다.

"제 어머니는 가수가 된 저를 자랑스러워하셨습니다. 오늘 밤, 저

"어제 저녁 브로드웨이 극장에서 나나 무스꾸리의 첫 브로드웨이 공연이 있었다[…] 마담 무스꾸리는 언제나 강하고 긍정적인 메시지를 전달한다. 프랑스어로 부르는 그녀의 노래는 에디뜨 피아프를 연상시키는 강렬함을 이끌어내고 영어로 부르는 노래는 더욱 부드럽고 더욱 많은 이야기를 담고 있다. 가끔은 이것이 과연 유행가인가 하는 의심이 들 때도 있을 정도이다. 그리고 그녀가 그 노래를 그리스어로 바꾸어 부를 때면 사람들은 저도 모르게 리듬에 맞추어 박수를 치게 된다." 뉴욕타임스. 1977년 4월 27일자 (기사 일부분)

는 어머니를 위해 노래할 겁니다. 여러분들이 여기에 함께 해주셔서 고맙습니다."

난 슈베르트의 〈보리수〉를 부르기 시작했다. 엄마에게도 들렸을까? 난 분명 그럴 거라고 생각했다. 나는 이전에 이렇게 분위기에 취해서 노래해본 적이 없었다. 마치 음악이 나의 온몸을 통해 드러나는 것 같았다. 만약 내가 믿는 대로, 죽은 이후에도 삶이 있다면 아마 이런 기분일 것 같았다.

평생 잊을 수 없는 공연이었다. 슬픔 속에서 시작된 독일 공연은 아주 은혜로웠던 것으로 내 기억에 강하게 남았다.

아빠가 베를린으로 왔다. 나는 베를린에서는 메탈과 로큰롤을 불렀다. 그곳 공연장은 너무 커서 확성기를 달아야 할 정도였다. 아빠는 이런 걸 본 적이 없던 터라 눈이 휘둥그레졌다. 아빠는 벽에 붙은 내 포스터를 세어봤다. 30년 전에는 아빠 앞에서나 노래를 부르던 어린 딸이 이제는 무대 위에서 아빠를 바라보며 노래를 부르고 있었다.

우리는 뮌헨 필하모닉(Munchen Philharmonic), 비엔나의 콘서트홀에서 연주를 했는데, 아빠는 결국 이곳에서 울고 말았다. 오스트리아 관객들의 반응 역시 최고였다. 나를 아예 무대에서 내려 보내려 들지 않고 앙코르가 이어져서 나는 모차르트의 노래로 공연을 마쳤다. 그러고 나서 바로 분장실로 돌아와서는 가운으로 갈아입었다. 그런데 누가 와서는 무대로 다시 와달라고 부탁했고, 밖에서 들리는 박수소리는 계속 커져갔다. 옷 갈아입을 시간이 없었던 나는 1963년 올림피아에서 자끄 브렐(Jacques Brel)이 그랬던 것처럼, 가운을 입고 그대로 무대에 나갔다. 홀은 갑자기 조용해졌다. 깜짝 놀란 관객들은 숨을 죽이고 나를 지켜봤다.

나는 마이크 없이 무반주로 〈페이퍼 문〉을 불렀고, 곡이 끝나자 관객들은 기립박수를 쳤다.

울면서 무대를 내려온 나는 분장실로 가는 길목에서 아빠를 만났다. 아빠도 울고 있었다.

"너 좀 봐라. 옷이 그게 뭐니. 너무 피곤해 보이는구나. 무대로 돌아가면 안 되는 거였는데. 정말 대단했어."

아빠는 울면서 나를 안았다.

"전능하신 하느님, 그녀가 이 모습을 보길 제가 얼마나 원했습니까! 그녀가 이런 기회를 갖기를 얼마나 바랐습니까! 나나, 아빠는 저녁 내내 엄마를 생각했단다. '만약 네 엄마가 들을 수 있다면, 단지 이걸 볼 수만 있다면!' 하고 말이야."

아빠의 말이었다.

22

자유를 위한 노래

캐나다와 미국에서 오랫동안 사랑을 받아왔지만, 새 앨범 〈장미와 햇빛 Roses and Sunshine〉은 나에게 새로운 축복을 가져다줬다. 사실 이 앨범 작업은 좀 특이하게 시작되었다. 내게 제의를 한 캐나다 음반회사 까쉐 레코드(Cachet Records)는 컨트리 포크 음악 음반을 전문으로 제작하는 곳이었다. 앙드레와 나는 하고 싶은 마음과 열정이 생겼다. 알랭 고라게는 이제 우리와 친구가 되었고, 내가 악단에서 제일 좋아하는 총무였다. 몇 주 후에, 우리는 앨범에 수록할 곡 목록을 완성했다.

회사는 1978년 가을까진 음반이 나와야 한다고 재촉했고, 우리에게도 도전해보고 싶은 마음이 생겼다. 그래서 딱 이틀 만에, 우리는 곡 전부를 녹음했다. 우리는 그동안 공연을 다니면서 정말 친해져서 단 두세 번만 불러 봐도 녹음에 무리가 없을 정도였다.

그 음반은 회사의 전폭적인 지지를 받으면서 계획대로 가을에 발매되었는데, 나는 그때 처음으로 인기가 얼마나 중요한지 단번에 알게 되었다. 토론토의 한 대형 백화점에 초대받아 갔다가, 나를 기다리는 사람들을 보고 기절할 뻔했다. 말 그대로 건물 각 층마다 사람들로 꽉 차서 거리마저 점령당할 태세였던 것이다. 나는 그 날 3천 장 이상 사인을 했다.

앨범의 성공에 힘입어, 우리는 자연스럽게 북미 전 대륙에서 투어를 시작했다. 토론토, 위니펙, 캘거리, 밴쿠버, 에드몬튼에서 공연을 했다. 그리고는 미국 도시들을 방문했다. 처음 미국을 방문했을 때처럼 로스앤젤레스의 그리크 극장에서 공연을 했는데, 나는 여기서 오랫동안 내게 큰 영향을 준 밥 딜런을 만났다.

〈장미와 햇빛〉은 북아메리카에서 내게 컨트리 뮤직이라는 새로운 문을 열어준 앨범이었다.

투어를 마친 후 나는 올림피아에서 가수 생활 20주년 축하 공연을 하려고 파리에 돌아왔다. 언론은 내가 20년 동안 황금 음반을 67개나 만들어온 가수라며 주목했다. 덕분에 나는 '프랑스어를 하는 가수 중에서 세계적으로 가장 유명한 가수'라는 칭찬을 들었다.

하지만, 이때 내가 과연 행복했을까? 앙드레는 이미 내 인생에서 비밀스러운 사랑이 되어버렸다. 그는 이미 결혼을 한 터라 나는 그를 친구 이상으로 생각할 수가 없었다. 반대로, 프랑크 하디는 너무 자유로웠고 그래서 고집이 센 남자였다. 나의 마음을 자극하긴 했지만, 그에겐 연애 감정이 조금도 생기지 않았다.

앙드레는 결코 고집을 부리지 않았다. 함께 지내는 동안 그는 내게 자신의 이야기를 한 적이 없었다. 그는 내가 아이들을 떠나온 걸 얼마나 슬퍼하는지 잘 알고 있었다. 어느 날, 그는 내게 자신이 이혼을 했다고만 말했다. 그래서 나는 이제 그가 자유롭게 되었다는 걸 알게 되었다. 나는 조금씩 앙드레를 새롭게 보기 시작했다. 잘생기고, 낭만적이고, 무엇보다 우리는 음악을 향한 열정을 공유했다. 그리고 엄마의 죽음, 앙드레의 위로…….

나는 내 자신이 사랑에 빠지도록 내버려뒀다. 그런데 그는 언제부터 날 사랑하게 된 걸까? 우리는 한 번도 그 이야길 한 적이 없다. 단지 우리는 감히 바라지 못했던 행복을 있는 그대로 받아들일 뿐이었다. 어느 누구도 우리의 사랑을 비난하지 않을 거라고 믿었다. 그러나 우리가 잘못 생각하고 있었던 것이다…….

나와 이혼한 후에도, 조지는 앙드레를 미워했다. 그가 말하지 않아도 나도 이미 충분히 느낄 수 있었다. 이혼을 하고 나서 바로 그리스에 갔을 때, 나는 친구들에게서 조지가 공공연하게 앙드레를 비난하면서 그 때문에 이혼하게 된 거라고 사람들에게 말하고 다닌다는 걸 전해 들었다. 물론 그건 말도 안 되는 이야기였다. 조지는 예전에도 퀸시 존스, 어빙 그린, 세르주 라마 등 나와 함께 일했던 모든 남자들을 의심의 눈초리로 지켜보았다. 그때는 조지가 마음이 혼란스러워서 그런 거라고 생각하고는 그냥 넘어갔는데……. 이혼한 지 3년이 지났고, 이제 앙드레와 나는 사랑의 서막을 올리려고 했다. 내 꿈은 앙드레와 함께 가정을 꾸미는 것이었기 때문에 나는 당연히 아이들과 페르낭드와 함께 살려고 했다. 하지만 나는 앙드레가 아이들의 마음을 얻지 못할 거라곤 전혀 상상하지 못했다.

나는 그들에게 앙드레와 결혼할 거라고 말했다. 그런데 그의 이름을 꺼내자마자 다들 맘에 들지 않는다는 표정을 보였다. 조지가 앙드레를 두고 뭐라고 안 좋은 말을 했나? 나는 그때 그저 조지가 한 말만 떠올랐는데, 이제는 페르낭드의 눈치를 살피게 되었다. 만약 그런 일이 있다면, 당연히 페페가 알 테니까.

내가 앙드레의 이름을 꺼내자마자 페르낭드는 표정이 어두워졌다. 심지어 적대감을 감추지 못했다. 도대체 조지가 이들에게 앙드레를 어떻게 말한 걸까? 그녀는 마치 나보다 더 많은 것을 알고 있다는 듯한 태도로 내 이야길 들었다.

별별 생각이 머릿속에서 빙빙 돌았고, 난 절망에 빠졌다. 그들은 거짓말에 세뇌당한 게 확실했다. 나는 도대체 왜, 그리고 어떻게 이런 일이 벌어졌는지 이해할 수가 없었다. 앙드레나 나나 조지의 비밀을 발설한 적이 없는데, 어째서 조지는 우릴 그렇게 미워했을까?

상황을 파악한 후 절망에 빠진 나는 잘못된 것을 고치겠다고, 앙드레의 진짜 모습을 알려야겠다고 다짐했다.

그러나 상황은 내가 처음에 알았던 것보다 더 복잡했다. 페르낭드는 1992년에 그녀가 죽기 바로 직전에야, 앙드레와 내가 함께 살기 원한다는 게 알려지고 나서 우리 모르게 많은 편지들이 오갔다고 말해줬다. 앙드레의 전부인과 오딜, 오딜과 페르낭드가 엄청난 양의 편지를 주고받았다는 것이다. 이들은 그러면서 앙드레를 두 가정을 파멸시키고 아이들을 불행하게 만든 장본인으로 만들어버렸다.

그때는 이런 것을 몰랐지만, 분명히 뭔가가 있다는 것을 느낀 나는 페르낭드의 태도를 고치려는 노력을 그만뒀다. 요즘 들어서는 예전에 왜 그렇게 수동적이었는지 나 자신도 놀랍다. 왜 나는 페르낭드와 싸워서 앙드레의 존재를 받아들이게 하지 않았을까? 왜 페르낭드가 하고 싶은 대로 하도록 내버려뒀을까? 싸우는 게 두려워서? 난 그냥, 페르낭드가 우리 가정에서 오랫동안 권력을 휘둘렀던지라 그녀의 의견에 따라야 한다고 생각했다. 지금 돌이켜보면, 내가 그렇게 행동해야 아이들을 페르낭드에게만 전적으로 맡겨버린 나의 잘못이 탕감되리라 생각했던 듯싶다. 내가 공연을 하러 세계 이곳저곳을 다니는 동안, 그녀는 나를 대신해서 내가 줄 수 없는 사랑을 아이들에게 쏟았다. 아마도 그래서 나도 모르게 그녀의 행동이 정당하다고 생각했을 것이다.

이유가 뭐였든지 간에, 우리는 모두 고통스러웠다. 앙드레는 페르낭드가 죽기 전까지 한 번도 제네바 집에 찾아오지 않았다. 그리고 아이들도 20대가 되어서야 앙드레를 제대로 알기 시작했다. 그러면서 나에게 이렇게 말했다. "왜 좀더 일찍 만나게 해주지 않았어요? 우린 관심사가 같아서 말도 잘 통하는데 말이에요, 그 아저씨랑 이야기하는 건 정말 재미있어요."

그래서 그 세월 동안 우리는 드러내지도 못하고 내가 파리에 들를 때에만 만났다. 하지만 상대방을 행복하게 해주고 싶은 소망이 있을 때 사랑이 얼마나 풍성해지는지를 배울 수 있는 시간이었다. 앙드레는 늘 예리한 눈으로 날 바라보며 나 자신을 뛰어넘으라고 격려했다. 내가 더 많은 성공을 거둘수록, 앙드레도 그렇게 성숙해졌다. 나는 그제야 내가 앙드레에게 느끼는 감정이 분명히 사랑이란 걸 알았다. 하지만 예전에 조지와 나는 적당한 연결고리를 찾지 못했다.

앙드레는 항상 나를 세상으로 내보내려고 노력했다. 하루는 내게 노래 하나를 줬다. 80년대 초에 세계적으로 인기를 얻은 〈자유를 위한 노래 Je chante avec toi Liberte: Song for Liberty〉라는 곡이었다.

오랫동안, 앙드레는 내가 클래식 성악곡을 부를 수 있는 기회를 주고 싶어했다. 1972년에 나는 구노와 슈베르트의 〈아베 마리아〉를 녹음했다. 그때 앙드레는 나에게 모차르트와 슈베르트의 가곡을 녹음하자고 밀어붙였다. 이번에는 베르디의 오페라 〈나부꼬 Nabuco〉에 나오는 〈노예들의 합창〉을 불러보자는 것이었다. 나는 줄곧 대중가요만 불러왔기에 그건 너무 어려운 일이라 생각하면서도 한편으로 나는 우연의 일치에 아주 놀랐다. 이 오페라는 아빠가 좋아하는 것이었는데, 앙드레가 이 오페라에서 가장 많이 알려진 곡을 부르자고 해서였다.

"하지만, 합창단이 있어야 해요. 생각해둔 합창단이라도 있어요?"
"파리 오페라 합창단과 할 거예요."
"정말요?"
"네."

그러나 합창단을 알아보기 전에, 우리는 합창곡의 시 같은 어려운 가사를 바꿔야 했다.

우리는 그동안 나의 아파트에서 함께 작업을 해왔다. 알랭이 피에르 들라노에, 끌로드 르메즈, 알랭 고라게를 불러서 이 문제를 의논했다. 들라노에와 르메즈가 작곡된 지 백 년이 된 이 유명한 곡의 가사를 현대적인 느낌으로 고치는 게 가능할지 염려스러워했다. 전에 이런 일을 한 번도 해 보지 않았기에, 이 유명한 곡을 오히려 싸구려로 만들어 버리는 건 아닐까 무척 조심스러워했다. 조금의 실수도 용납되지 않는 일이었다.

며칠 후, 들라노에와 르메즈가 우리 집으로 다시 왔다. 시작 부분을 만들어냈다고 말하는 그들은 무척 흥분한 상태였다. 그리고 그 날 오후에 앙드레와 알랭, 끌로드 그리고 나까지 다시 모였다. 피에르의 모습만 보이지 않았는데, 마침내 벨이 울리더니 그가 들어왔다. 그는 약간 숨이 차보였지만, 굉장히 들뜬 듯했다.

알랭 고라게가 바로 피아노 앞에 앉았고, 피에르가 첫 부분을 노래했다.

"네가 노래할 때, 난 자유와 노래하는 거야,
네가 울면 나도 슬픈 너와 함께 울지,
네가 고통받을 때, 자유 너를 위해 기도해,
기쁠 때나 슬플 때나, 난 너를 사랑해……"

"Quand tu chantes, je chante avec toi Liberté,
Quand tu pleures, je pleure aussi ta peine,
Quand tu trembles, je prie toi Liberté
Dans la joie ou les larmes, je t' aimes……"

그리고 피에르가 멈췄다. 나머지는 아직 끝내지 못했지만, 무슨 상관이람? 그가 첫 소절을 부르자마자 나는 가슴이 두근거리는 것을 느꼈고, 우리 모두 그런 강렬한 느낌에 사로잡혀서 피에르가 노래를 마쳤을 때는 함께 울고 있었다.

"너무 훌륭해, 바로 그거야." 앙드레가 입을 열었다.

우리는 이 노래가 성공을 거둘 거라고 확신했다.

앙드레의 예상대로, 오페라 합창단은 기꺼이 나의 작업에 참여하겠다고 했고, 1981년 중반에 우리는 〈자유를 위한 노래〉를 녹음했다. 사실은, 이 노래가 새 앨범의 제목이 되어야 했지만, 루이 아장이 반대를 해서 결국에는 그의 조언대로 끌로드와 알랭이 지은 〈사랑이 너무 멀어 Qu' il est loin l' amour〉로 정했다.

앨범이 나오고 며칠이 지나서, 나는 마리띠(Maritie)와 질베르 까르펑띠에(Gilbert Carpentier) 부부가 제작하는 TV 음악 방송에 초대받았다. 후안 배스(Juan Baez)도 마침 거기 있어서 그와 함께 〈사랑의 기쁨〉을 이중창으로 부르기로 했다. 이 부부는 방송하기 이틀 전에 나에게 새 앨범에서 어떤 곡을 부를 거냐고 물어봤다. 나는 잠시 머뭇거리다가 〈자유를 위한 노래〉를 말해줬다. 그 날 밤, 나는 TV 무대에서 그 노래를 처음으로 불렀다.

그러자 놀라운 일이 일어났다. 노래를 마치고 난 몇 분 후부터 방송국에 전화가 밀려오기 시작한 것이다.

  다음 날 아침, 내 앨범의 첫 판이 몇 시간 만에 매진되었다. 녹음 회사는 급히 제작에 다시 착수해 주문량을 맞추려고 무던히도 애를 썼지만, 수요가 너무 많아서 다른 제작자에게 부탁할 수밖에 없을 정도였다. 우리 앨범이 하루에 7만 장이 팔려나갈 정도였으니까 말이다. 하룻밤 새에 황금 음반이 된 나의 19번째 음반은 몇 주 사이로 또 트리플 플래티넘(Triple Platinum, 3백만 장이 팔린 음반-역주) 음반이 되었다.

23
고향으로 돌아갈 거야

갑자기 그리스에서 나를 불렀다. 곧 50살 생일을 앞둔 나는 줄곧 세계무대에서만 노래를 불러온 터라, 고국에서 노래를 불렀던 건 무려 20년 전 일이었다. 나는 그리스가 날 잊어버렸을 거라고 생각했다. 그래서 지금은 대통령이 된 카라만리스가 나를 초대했을 때, 순간적으로 충격을 받았다. 그를 존경하는 마음을 어떻게 표현할 수 있을까? 어떻게 하면 그분을 잘 모실 수 있을까? 나는 그가 뭘 원하는지도 알지 못한 채 선뜻 초대에 응하고서 그의 뜻에 따르기로 결정했다.

카라만리스 대통령은 1984년 7월 24일에 아테네에서 민주주의 재건 10주년 기념 음악회를 열고 싶어했다. 그건 정말 영광스러운 일이었고 공연 전까지 두려움과 흥분 속에서 지냈다. 나는 내가 그 정도로 성공한 건지, 사람들이 과연 많이 와줄지, 그리고 사람들이 내가 다시 돌아온 걸 기쁘게 받아줄지 별의별 것이 다 궁금했다.

그 날 행사에서 나는 아크로폴리스 아래쪽에 있는 아주 아름다운 헤로두스 아티쿠스 극장(Herodus Atticus)에서 노래를 부르게 되었다. 보통은 문학작품 공연이 열리던 곳으로 굉장히 영광스러운 자리였다. 그래서인지 나는 마치 그리스가 나의 지난 잃어버린 세월을 보

1984년, 20년 동안이나 떠나 있었던 그리스로 돌아온 나는 헤로두스 아티쿠스 극장에서 노래를 했다. 아버지가 틀던 영화의 한 장면에서부터 시작된 기나긴 여행의 종착점에 도착한 느낌이 들었다. 항상 등 뒤로 숨기곤 하던 내 손이 더 이상 부끄럽지 않았다. 내 몸이며 안경이며 두 눈 사이가 너무 넓어 이상해 보이는 내 얼굴 따위도 다 잊고, 감히 이런 말을 해도 될까…… 나는 음악과 하나가 되었다.

상해주려는 것처럼 느껴졌다.

　더 멋진 선물을 기대할 수 없었다. 니코스와 마노스의 노래들, 〈페이퍼 문〉, 〈젊은 사이프러스〉…… 그리고 이 날을 위해 만들어진 듯한 〈자유를 위한 노래〉, 〈나 같은 죄인 살리신 Amazing Grace〉, 〈아베 마리아〉도 불러야지.

　아빠와 유지니아, 조카 알리키, 니코스, 앙드레 모두 그 날 공연장에 오기로 했다. 그러나 내가 가장 보고 싶어한 사람은 엘렌느와 니콜라스였다. 아이들은 그때 조지, 페르낭드와 함께 코르푸에서 방학을 보내던 중이었다. 니콜라스는 16살, 엘렌느는 14살이 되었으니 이 공연의 의미를 알 만할 정도로 자라 있었다. 그리고 그들이 없는 건 상상할 수 없었다.

　앙드레가 있어서 조지가 오지 않으려고 할까? 이유가 뭐든, 왠지 조지가 아이들을 보내려 하지 않을 것 같다는 느낌이 들었다. 나는 일단 조지에게 비행기 표를 세 장 보냈다. '조지가 아이들을 보내줄까?' 나는 마지막 순간까지 그가 그랬기를 간절하게 빌었다. 그러나 비행기 좌석은 비어 있었다. 20년이 지난 지금까지도 나는 그 날 그들이 오지 않은 건 내 인생에서 아주 슬펐던 사건 중 하나라고 솔직하게 말할 수 있다. 어쩌면 내가 절대 용서할 수 없는 조지의 유일한 죄목일 수도 있다.

　나는 세계 대도시에서 공연을 하고 또 성공했지만, 그동안 그리스 사람들에게는 인정받지 못했다. 나는 고향이지만 날 잊어버린 것 같았던 이 작은 나라의 관심을 얻으려는 목표 하나만으로 여태까지 그 먼 길을 왔다는 생각이 들었다. 나에게 이 공연은 그리스와 내가 화해했다는 증거였다.

　대통령이 맨 앞줄에 앉았고, 멜리나 메르꾸리를 포함한 장관들이 함께 자리했다. 나는 그들에게 내가 이렇게 멋진 극장에서, 이렇게 맑은 하늘 아래, 그 오랜 고난의 길을 지나 이곳에 설 수 있게 되어서 너무 감동받았다고 말하고 싶었다. 그러나 무대에 오르고 박수소리를 듣자 눈물이 날 것만 같았다. 그래서 나는 아무 말도 하지 않고 바로 노래를 시작했다. 예전에 마노스가 니코스에게 내가 노래를 부르는 모습이 마치 옷을 입지 않은 여인을 보는 것 같다고 말한 적이 있었다. 바로 그 날 저녁, 나는 예쁜 드레스를 입고 무대에 섰지만 그 어느 때보다도 내가 옷을 입지 않고 노래하는 듯했다. 내 영혼까지도.

나는 마치 40년 전, 아빠의 작은 극장 무대에서 놀던 때부터 시작된 긴 여행의 끝자락에 다다른 것 같았다. 내 손은 이제 등 뒤에 있지 않았고, 내 외모와 안경, 미간이 넓은 눈에 신경 쓰지도 않았다. 나는 이미 음악 자체가 되었으니까. 내가 12살, 14살 때 사람들이 내 외모를 잊고 내 목소리만 들을 수 있기를 간절히 원했던 것이 이제 이뤄졌다. 만약 용기만 있었다면, 나는 그 날 밤 이후로 영원히 무대를 떠날 수도 있을 정도였다.

게다가 대통령에게 진 빚을 공개적으로 갚을 수도 있는 시간이었다. 공연이 끝날 때쯤, 나는 무대에서 내려와 그의 앞에 서서 그가 제일 좋아하는 〈이 세상 어딘가에 Kapou ipari agapi mou〉를 불렀다.

공연 다음 날 아침, 대통령이 전화를 걸어 고맙다고 했다. "난 평생 당신을 알아왔지만, 지난밤에 당신은 날 기절시켰어요. 정말 고마워요, 나나! 당신의 노래를 계속 들려주세요. 그리고 그리스를 절대 잊지 말아요. 당신은 이 나라의 살아 있는 상징이니까요."

내가 그토록 대통령에게 소개시키고 싶어했던 두 아이는 공연 다음 날에야 왔다. 아이들은 뾰로통한 얼굴로 퉁명스럽게 나에게 인사했다. 페르낭드는 말을 한 마디도 하지 않았다. 내가 예약한 호텔은 그들 취향이 아니라고 투덜거렸고, 우리가 함께 갔던 해변도 맘에 들어 하지 않았다. 결국 나는 폭발하고 말았다.

"페르낭드, 적어도 즐겁게 지내려는 노력 정도는 해야 하는 거 아니에요? 나는 세 사람 기분을 맞춰주려고 무척 노력했는데, 이게 뭐예요! 하나도 소용이 없잖아. 빨리 떠나고 싶은 거예요?"

"네. 사실은 여기에 있고 싶지 않아요. 그리고 아이들도 나와 같은 생각일 걸요."

그게 화근이었다. 페르낭드에게 내 아이들을 대신해서 말할 권리를 누가 줬지? 어떻게 그녀가 나를 이런 식으로 취급할 수 있는 거야?

처음으로, 나는 맘속에 꾹꾹 담아두었던 말을 거침없이 내뱉어버렸다. 게다가 공연에 오지 않은 것 때문에 화가 나서 나는 그만 도를 지나쳐 버리고 말았다. 하지만 그 다음에 일어난 일을 본 나는 넋을 잃고 말았다. 아이들이 페르낭드의 편에 선 것이다. 세 명은 한 팀이 되어서 나를 몰아붙였다. 아이들은 그 동안 못한 말들을 쏟아놓았다. 그렇구나, 아이들은 여기 오고 싶어하지 않았던 거야.

"왜? 너희들이 평생 동안 꼭 와야 할 공연이 있다면, 바로 이 공연이었어!"

"우리가 안 온 건 엄마 잘못이에요!"

"내가 뭘 잘못했는데?"

"우린 앙드레를 보고 싶지 않아요, 엄마. 그 사람은 우리 아빠가 아니잖아. 그리고 그 남자 한 사람 때문에 아빠랑 우리 모두가 불행해!"

나는 아이들의 행동을 보면서 조지가 앙드레에게 품은 분노와 미움을 느꼈다. 그가 아이들과 페르낭드에게 어떤 이야기를 했는지는 쉽게 알 수 있었다.

"아이들은 당신과 조지를 헤어지게 한 그 남자를 알고 싶어하지 않아요." 조지에게 평생 충실한 페르낭드가 한 마디 덧붙였다.

그건 절대로 사실이 아니었다. 앙드레 잘못이 아니었다. 조지가 나의 숨통을 조였기 때문에, 그리고 내가 도저히 그가 원하는 대로 살 수 없었기 때문에 헤어진 것이었다. 하지만 그런 분위기에서 이 모든 걸 어떻게 설명할 수 있을까? 나는 갑자기 페르낭드가 아이들과 나 사이에 깊은 골을 만들도록 내버려둔 게 잘못이었다는 걸 깨달았다. 나는 우리가 이혼한 이유를 이미 예전에 분명하게 설명했어야 했다. 아이들이 앙드레와 나의 관계를 받아들일 수 있도록 용기를 내서 말해야 했다. 그래야 양쪽의 잘잘못을 정확하게 가릴 수 있었을 테니까. 하지만 나는 페르낭드에게 밀려났다. 게다가 질투에 사로잡힌 조지에게 우리 가족사를 다시 쓰게 할 여지를 충분하고 확실하게 준 셈이었다.

"페르낭드, 당신 일도 아닌데 끼어들지 마! 당신은 조지가 한 말만 되풀이하고 있잖아요! 당신은 내 아이들이 상황을 정확하게 보지 못하게 만들었어!"

내가 이전에 그런 식으로 말한 적이 한 번도 없었기에 그녀는 놀라서 울음을 터뜨렸다.

"그렇다면, 전 아이들을 데리고 제네바로 돌아가겠어요."

그 말을 듣고 나는 바로 기가 꺾여버렸다. 다른 여자라면, "당신이 원한다면 돌아가요. 하지만 혼자 떠나요. 이 아이들은 내 아이들이에요. 그리고 당신은 이제 내 아이들 미래에 상관할 필요 없어요."라고 했을 것이다. 그러나 나는 나 자신에게 그렇게 말할 자유를 주지 못했다. 깊은 죄책감에 빠져서는, 그녀에게 남아 있으라고 설득했다. 조금만 노력하면 모든 게 좋아질 거라면서…….

페르낭드는 차를 몰고 가버렸다. 그리고 다음 날, 그녀는 아이들을 데리고 제네바로 돌아갔다. 뒤에 남겨진 나는 마치 길을 잃은 것만 같았다.

그리스로 오기 몇 달 전에, 나는 파리의 하원에서 4주 동안 노래를 불렀다. 이어서 그리스 공연이 끝나고는 곧바로 뉴질랜드에서 세 번째 태평양 투어를 시작했다.

24시간이나 걸린 비행 때문에 나는 너무 피곤해서 깊게 잠이 들었다. 그런데 새벽 6시쯤 전화가 울렸다.

"무스꾸리 여사?"

"네. 누구세요?"

"국왕이요."

"무슨 국왕이요? 누구 놀려요?"

"아니요. 통화 가능해요?"

"이보세요, 누구신지 모르겠지만. 여기에 한밤중에 도착해서 너무 피곤해요. 지금 전 자고 싶거든요!"

"정말 미안해요. 그런데 내가 오늘 오후에 미국으로 떠나서요. 그 전에 당신을 꼭 만나고 싶습니다."

"그런데 도대체 누구세요?"

"말했잖소, 콘스탄틴 국왕이라고. 내 목소리 모르겠어요?"

"어머나, 폐하! 정말 당신이세요?"

"그렇다니까요. 깨워서 정말 미안합니다."

"아니요, 제가 너무 죄송합니다. 버릇없이 굴어서요."

"그건 내 실수니까 괜찮아요. 정오에 만날 수 있을까요?"

"그럼요. 장소를 말씀해주세요."

몇 시간 후에 나는 호텔 테라스에서 국왕과 그의 비서진들을 만났다. 그는 떠나기 전에 내게 한 가지 부탁하려고 했다. 런던에 그리스

오클랜드에서 당시 망명 중이던 그리스 국왕 콘스탄틴 2세와 함께. 폐하와는 오래 전, 그가 덴마크의 안나 마리아 공주와 결혼을 준비하던 시절부터 알고 지냈다. 그리스 왕실에서는 나에게 안나 마리아 공주가 아테네로 떠나는 것을 기념하는 코펜하겐 연회에 참석해 노래를 불러달라고 부탁했었다.

학교를 하나 세웠는데, 그곳에서 자선음악회를 해줄 수 있는지 나에게 물었다. 난 기쁜 마음으로 하겠다고 대답했고, 우리는 런던에서 다시 만나기로 했다. 나는 그때, 망명한 그리스의 국왕과 다시 만난 그날의 일이 나중에 영국 여왕의 식탁에서 함께 식사하는 영광을 가져다줄 것이라고는 전혀 예상하지 못했다.

그 자선 갈라 콘서트는 성황리에 끝났다. 작별 인사를 하려는데 국왕이 나를 한쪽으로 데리고 가서는, 안나 마리아(Anna Maria) 왕비의 40번째 생일 파티에서 노래해 줄 수 있는지 물었다.

"아내는 당신이 코펜하겐에서 공연한 걸 잊은 적이 없어요."

"정말요? 저도 그렇습니다."

"이번엔 당신을 보려고 더 많은 사람들이 올 거예요. 내 누이인 스페인의 소피아(Sophia) 왕비, 덴마크 여왕 마가렛(Margaret) 2세, 요르단 왕비 누르(Noor), 그리고 이란의 파라 디바……. 하지만 걱정 말아요. 내가 당신 옆에 있을 거니까. 우리는 내 숙모님의 테이블에 같이 앉을 겁니다."

"너무 좋습니다!"

물론 내가 그의 숙모님이 누군지 알 턱이 없었다.

드디어 그 날이 왔다. 연회는 클래릿지 호텔에서 열렸는데, 건물 밖에 리무진 행렬이 쭉 늘어서 있자 지나가는 사람들이 구경하느라 잔뜩 모여 있었다. 저 사람들은 손님들이 누군지 알고들 저러나? 내가 안에 들어서자, 안나 마리아 왕비가 반갑다며 인사를 해줬고, 콘스탄틴 국왕은 나를 격려해줬다. 나는 너무나 유명한 얼굴들을 보자 갑자기 머리가 빙빙 돌았다. 찰스 황태자와 다이애나 황태자비가 보였고, 한쪽에선 스페인의 후안 카를로스 국왕이 스웨덴 국왕 부부와 이야기를 나눴다. 다행히, 파라 디바 왕비가 나를 알아봐줘서 나는 한숨을 놓을 수 있었다.

누군가 와서 식사가 시작된다고 알리자, 콘스탄틴 국왕이 우리 쪽으로 왔다.

"이리 와요, 나나. 숙모님 테이블에 같이 앉아요. 파라 당신도."

그를 따라가면서 나는 내심 숙모님이 누군지 궁금했다. 우리는 많은 테이블을 지나 눈에 띄게 장식이 화려한 원탁 앞에 섰다. 그게 내 눈에 보이는 전부였다. 나는 너무 많은 사람들과 인사를 해서 이젠 누가 누구인지 분간이 되지 않았다. 콘스탄틴 국왕이 점잖은 목소리로 내게 말했다. "나나, 숙모님을 소개해줄게요." 나는 머리가 멍한 상태로 얌전한 웃음을 지으며 돌아섰다.

나는 내 앞으로 뻗은 우아한 손을 잡고는 눈을 들어 위를 올려다봤다. 누구인지 알아보는 데 일 초도 걸리지 않았다……! 세상에, 영국

런던 드루어리 대극장. 매년 열리는 자선행사인 로열버라이어티 쇼에 참석한 왕태후와 함께.

여왕이 내 앞에 서 있었다! 내 생각에, 그때 내가 좀 비틀거렸던 것 같다. 이게 꿈일까? 정말로 여왕이 내 손을 잡고 웃고 있는 걸까?

"만나서 기뻐요. 콘스탄틴은 당신 얘기를 할 때 늘 즐거운 표정이랍니다. 당신이 코펜하겐과 그리스에서 노래한 것도 알고 있어요."

여왕의 목소리가 들리긴 했지만, 무슨 말을 해야 할지 하나도 생각나지 않았다. 난 그저 "감사합니다."만 연발했던 것 같다.

노래를 불러달라는 청이 왔다. 〈사랑의 기쁨〉을 그리스어, 영어, 그리고 불어로 노래했다. 원래 공연은 45분을 넘지 못하는데, 놀랍게도 박수소리가 계속 커져서 나는 마지막으로 〈나 같은 죄인 살리신〉을 부르러 무대 위로 올라갔다.

노래를 마친 후, 콘스탄틴 국왕이 내게 엄청나게 큰 꽃다발을 안겨 줬고, 사람들은 자리에서 일어나 춤을 추기 시작했다.

그때 에딘버러 공작이 턱시도에 운동화를 신은 채 들어왔다.

"저기 필립이 오네." 여왕이 소리쳤다. "당신, 무스꾸리 여사의 공연에 너무 늦었네요. 그녀는 정말 훌륭했어요."

그는 나에게 인사를 하며 신발 때문에 미안하다고 했다.

연회장을 떠나면서 나는 춤을 추는 그분들의 모습을 마지막으로 둘러보았다.

콘스탄틴 국왕과 다이애나 황태자비, 후안 카를로스 국왕과 파라 디바, 모나코의 캐롤린 공주와 룩셈부르크의 대공, 소피아 왕비와 그리스의 황태자 미카엘이 함께 춤을 추고 있었다.

24
아름다운 추억들

그리스 공연 실황 앨범은 본국에서 황금 음반, 곧이어 플래티넘 음반을 수상했다. 니코스는 한 번도 나를 떠난 적이 없었다. 항상 서로 소식을 전하고, 전화를 하면서 밤을 꼴딱 새우기도 했다. 그는 이제 나와 함께 새 음반을 내길 원했다. 오랫동안 이 생각을 말하고 싶었겠지만 그는 그럴 만한 숫기가 없는 사람이었고, 또 내가 너무 바빴던 탓에 실행할 수가 없었다. 하지만 이제는 나도 어린 시절을 되돌아보고 싶었기에 니코스의 시로 만든 노래를 부르고 싶었다.

그래서 나는 그의 생각에 찬성했고, 니코스와 알고 지낸 앙드레도 우리의 계획을 지지했다. 유일한 문제는 니코스의 시에 어울릴 만한 곡을 써 줄 사람을 찾는 것이었다. 그런데 믿었던 마노스는 나와 싸웠다는 이유로 제안을 거절했다. 전혀 이해가 되지 않았지만, 아마도 그는 내가 다른 작곡가들과 일한 것이 그를 배반한 거라고 생각했던 듯싶다. 그러나 니코스는 우리가 조만간 다시 친구가 될 거라고 확신했고, 대신 나에게 재능 있는 젊은 작곡가 요르고스 하지나씨오스(Yorgos Hadjinassios)를 소개시켜줬다. 니코스는 그의 음악적 감각을 아주 높이 평가했다.

마음으로는 언제나 그리스를 생각하고 있었다. 나는 세계를 다니며 노래를 했다. 그리스에 민주주의가 다시 확립되었을 때, 나는 사람들이 나를 잊은 줄로만 알고 있었다. 그러니 1984년 7월 24일, 아테네에서 민주주의 재확립 10주년 기념 리사이틀을 열어달라는 제안을 받았을 때, 나는 잠시 숨이 멎을 정도로 놀랄 수밖에 없었다. 무대로는 아크로폴리스 기슭에 있는 고대 헤로두스 아티쿠스 극장을 쓰라고 했다.

두 사람이 아주 열정적으로 일을 진행시켜서 내가 그리스로 돌아왔을 땐 노래가 이미 완성된 상태였다. 그 중에 한 곡은 마치 밥 딜런의 〈폭우가 쏟아질 거야〉를 생각나게 하면서 강한 인상을 줬다. 니코스는 그 곡에 〈11번째 계명 The Eleventh Commandment〉이라고 제목을 붙였다. 전쟁과 독재 정권하에 살아온 니코스는 세상을 어둡게 하는 비극의 원인을 그의 노래를 통해 찾고자 했고, 인간이 어떤 계명을 지키지 않아 이런 고통을 당하게 되었는지 밝히고 싶어했다.

요르고스와 니코스, 그리고 나는 앨범의 제목을 〈11번째 계명〉으로 정했다. 이 앨범은 아테네 공연 실황 음반이 여전히 잘 팔려나가는 와중에 발매되었는데, 역시 히트를 쳤다. 아테네 시장 밀토스 에버트(Miltos Evert)가 젊은이들 사이에서 이 음반이 인기를 끄는 것을 눈여겨보고는 공연을 하나 기획했다. 10만 명 이상을 수용할 수 있는 아테네의 칼리마르마로(Kalimarmaro) 경기장에서 대규모 공연을 하자는 것이었다!

카라만리스 대통령이 소개시켜준 그의 절친한 친구 밀토스 시장은, 상상력이 풍부하고 매우 진취적이어서 일단 목표가 생기면 끝까지 포기하지 않는 사람이었다. 나중에, 1994년에 나를 유럽의회에 내보낸 것도 밀토스였다. 1986년 여름에 그는 앙드레, 니코스와 함께 저녁식사를 하던 자리에서 내게 그리스 청년들을 위해 노래를 불러달라고 부탁했다.

"우리 그리스의 거장 작곡가들, 그러니까 마노스, 미키스 테오도라키스 그리고 스타브로스 사르카코스(Stavros Xarkakos)를 초청하고, 나나가 경기장 무대에서 그들의 노래를 부르는 거 어때요?"

난 이미 운동 경기장에서 벨라폰테와 공연을 한 경험이 있긴 했다. 하지만 그땐, 2만 명 정도 규모였지 10만 명이나 수용할 수 있는 상상을 초월하는 대규모는 아니었다! 게다가 마노스와 난 지금 서로 말도 안 하는 사이인데, 그가 과연 승낙을 할까?

"좋은 계획이긴 하지만 못할 것 같은데요." 내가 말했다.

"그럼 작곡가 세 분에게 우선 물어봅시다." 밀토스는 아무렇지도 않은 듯이 활기차게 말했다.

미키스는 딱 잘라 거절했다. 좌파의 전설적 인물인 미키스는 중도 우파인 밀토스와 연결되기 싫어했을 것이다. 마노스와 사르카코스는 거절하지 않았지만, 각자의 팀과 연주한다는 조건으로 승낙했다. 밀토스와 나는 사실 오케스트라 한 팀과 가수 한 명을 염두에 뒀다.

"일이 이렇게 된 이상, 나나도 당신과 함께 일하는 연주자들을 데리고 와요. 순서를 정해서 연주를 하자고요. 생각했던 대로는 아니지만 그래도 멋질 거예요."

어쨌거나 우리는 그리스 음악을 세상에 알리고 멋진 공연을 하는 게 목적이었지, 누가 주인공이 될 것인가를 놓고 다투려는 게 아니었다. 마노스는 자신이 제일 먼저 연주를 하고서 내가 오기 전에 공연장을 떠나려고 계획을 세웠다. 하지만 나는 이 계획을 가만 놔둘 수 없었다. 우리는 25년 이상이나 무대에 함께 서지 않았기에 관객들은 나와 마노스가 한 무대에 서는 걸 보고 싶어했다.

그래서 나는 우리 팀에서 모든 연주자를 위해 음향 기계를 설치할 테니, 마노스와 내가 적어도 곡 하나쯤은 같이 연주하자고 제안했다. 그리고 마노스가 이 제안에 동의하도록 밀토스에게 힘을 좀 써달라고 부탁했다.

그 날 아침이 밝았다. 경기장은 빈 좌석 하나 없이 꽉 들어찼지만, 미처 들어오지 못해 밖에서 서성이는 사람들도 모두 들어와 잔디밭에 앉아서 공연을 볼 수 있도록 했다. 소외되는 사람이 없게 말이다.

"나나가 첫 번째예요! 마노스가 다음 차례고, 그때 당신과 함께 노래하기로 했어요."

"대단해요! 도대체 어떻게 한 거예요?"

"뭐, 그는 기분이 별로 좋아 보이지는 않았어요. 하지만, 요즘 남자들은 여자가 조종하는 대로 내버려둔다고 투덜대긴 하더라고요. 아무튼 마노스도 제안을 받아들였잖아요."

나의 기술팀은 내 공연 시간에 딱 맞춰 도착했다. 그들이 세운 계획은 정말이지 완벽 그 자체였다. 스포트라이트가 비춰지면 내가 경기장 끝에서 걸어 나와 관중석 사이의 통로를 걸어가면서 〈젊은 사이프러스〉를 부르는 식으로 공연을 시작하기로 했다.

〈젊은 사이프러스〉는 작곡가 마노스에게 바치는 노래였다. 나는 이 노래로 1960년 제2회 그리스 노래 페스티발에서 우승했다. 나는 관중들도 나의 마음을 이해했을 거라고 생각했다. 나는 아주 옛날에 우리가 맺었던 우정과 신뢰가 다시 회복되기를 간절히 원했다.

그리고는 요즘 노래와 옛날 노래들을 연달아서 부른 후에, 마지막으로 젊은 관중들이 원하는 〈11번째 계명〉을 불렀다.

다음 마노스의 차례까지는 휴식 시간이 있어서 마노스의 연주 팀은 그동안 준비를 마칠 수 있었다. 그런데 마노스는 미리 와 있지 않고, 집에서 경기장까지 걸어와 내 차례가 끝난 후 딱 그 휴식 시간에 도착했다. 나는 무대 뒤로 가서 그가 무대에 오르는 것을 지켜봤다. 그는 흔들림 없는 태도로, 마치 당연하다는 듯이 관중들의 박수를 받고는 내가 아주 잘 아는 권위적인 모습으로 지휘를 하기 시작했다. 밀토스가 힘써준 덕분으로 변경된 순서는, 뒤에서 대기하다가 그의 공연이 끝날 때쯤 무대에 오르면 나를 마노스가 에스코트해주는 것이었다. '그가 과연 나를 데리러 올까?' 나는 그가 심지어 공연 순서 따위야 어떻든 자기 마음 내키는 대로 나에게 오지 않을 수도 있는 사람이란 것을 잘 알고 있었다.
　무대 뒤에서 나오면서 내 마음은 계속 불안했다. 하지만 마노스는 날 모른 척하지 않았다. 마치 삐친 아이가 뭔가 결심한 듯한 표정으로 내게 다가온 그는 갑자기 환하게 미소 지었다. '이제 그는 어떻게 할까?' 마노스는 내 손을 잡고 마이크 앞으로 데리고 갔다. 경기장은 우리가 마이크 쪽으로 가기도 전에 이미 폭발하는 듯한 박수소리로 가득 찼다.
　"봐요, 이게 관객들이 원하던 거예요." 난 그에게 속삭였다.
　아마 그는 속으로 웃었을지도 모르겠다. 아무튼 잠시 마이크 앞에 멈춰 섰다가 나를 떠나 피아노 앞에 앉았다.
　〈페이퍼 문〉의 첫 음이 들렸다. 마치 15년 전으로 돌아가 그의 작업실에서 둘이서만 있는 것 같았다. 나는 약간 떨면서 우리 우정의 상징이 된 그 노래를 불렀다.
　나는 숨을 죽이고 듣는 관객들을 위해서라기보다는 오직 마노스만을 위해 그 노래를 불렀다.
　마지막 음이 사라지고, 관객들 모두가 기립 박수를 쳤다. 어찌 보면 관객들이 미친 것 같았다.
　"다른 곡도 불러요, 마노스. 적어도……."
　"아니, 이걸로 됐어."
　"당신이 하고 싶은 걸로 해요. 난 리허설도 필요 없어요. 당신 노래는 다 알아요."
　하지만 그대로 우리 공연은 끝이었다.
　어쨌거나 마노스는 그의 불만을 드러내지 않았다. 그 날 밤, 나의 연주 팀과 내가 밀토스와 함께 타베르나에서 저녁시간을 보내고 있을 때, 마노스가 등장했다. 그는 이제 화가 난 마노스가 아니라 내가 항상 알던 장난기 넘치는 마노스였다. 그리고 이어서 니코스가 나타났다. 의심의 여지가 없이 우리는 이번 공연으로 화해를 한 것이다.

밀토스는 우리의 재결합을 연장시킬 또 다른 방법을 찾아냈다. 그는 아테네 시장에서 법무장관이 되었는데, 내가 그리스에 갈 때마다 연회를 열어 예술가들을 초대했다. 카라만리스처럼 그도 예술을 좋아했고, 자신의 의무는 가난한 그리스 사람들도 예술가들을 볼 수 있게 하는 것이라고 생각하는 사람이었다. 어느 날 저녁, 마노스와 나는 파티에 함께 있었다. 우리는 옛날 노래를 같이 부르기 시작했고, 밀토스가 슬그머니 와서는 내 옆에 앉았다. 우리가 노래를 마치자 그는 감탄을 금치 못하며 말을 꺼냈다.

"정말 멋집니다. 이번에 두 분이 그리스 투어를 하는 건 어떤가요? 큰 도시 말고, 당신을 직접 볼 수 없는 곳에 사는 섬사람들을 위해서 말이에요."

"우리 음향기계들을 어떻게 다 가져갑니까? 우리가 배낭 들고 가는 줄 아세요?" 마노스가 물었다.

"내가 가능한 사람들을 모아볼게요. 어때요? 그럼 괜찮죠?" 밀토스는 계속 물고 늘어졌다.

"만약 거기에 갈 만한 정신 나간 사람들을 모아주면 나도 한 번 생각해보죠."

그러자 밀토스는 곧바로 손님으로 온 국방장관을 불렀다. 그 남자가 와인 잔을 손에 들고는 웃으며 다가왔다.

"그리스 섬들을 돌아다니며 공연을 해달라고 이분들을 설득하는 중입니다. 그런데 연주자들과 기계들을 옮기는 게 문제라서요. 당신, 도울 방법을 알고 있습니까?"

"해군함나 비행기라도 빌려드릴 수 있어요. 좋은 일 하는 건데 왜 안 되겠어요?"

마노스는 크게 웃었다.

"군대가 도와준다면, 나도 팀에 넣어주시오."

이렇게 해서 밀토스가 한 번 물어봤던 것이 실제 계획이 되었다. 며칠 후, 밀토스는 국방장관이 농담으로 한 말이 아니라는 것을 확인해 줬다. 해군함 두 대가 우릴 위해 마련되었다. 우리는 밀토스의 후원을 밑바탕으로 일정을 계획했다. 멀리 떨어진 레스보스, 키오스, 로데스, 카르파소스 섬들과 불가리아, 그리고 마케도니아에 접하는 국경까지 갈 생각이었다.

80년대 후반에, 아빠는 점점 건강이 안 좋아지기 시작했다. 그래서 자꾸 그리스로 돌아갔는지도 모르겠다. 나는 그때 대부분의 시간을 그리스에서 보냈다. 나는 우리가 하느님의 음성을 듣고 인도받는다는 것을 알고 있다면, 그분이 우리 모르게 우리의 발걸음을 이끌어준다고 생각한다.

나는 그리스에 돌아갈 때마다 아빠와 많은 시간을 보냈다. 숨소리가 가늘어지고 얼굴은 점점 말라갔지만, 아빠는 불행해 보이지 않았다. 아빠는 죄책감에 시달리면서 힘들게 보낸 삶을 끝내고 평화를 맞이한 사람처럼 보였다.

어느 날 아빠가 내게 말했다.

"내가 죽으면, 네 언니를 돌봐줘라. 언니에겐 너밖에 없을 거다."

그때 난 엄마의 죽음 이후로 아빠가 지고 있던 의무를 생각했다. 엄마를 돕지 못했던 아빠는 일찍 남편과 사별하고 혼자 지내는 유지니아를 도왔고 언니도 아빠를 위로했다.

나는 엄마가 사투를 벌이느라 힘겨운 것도 모르고 멀리 있다가 엄마가 생명줄을 놓아버린 순간에도 결국 혼자 있게 한 나를 용서할 수 없었다. 그리고 이제, 아빠가 떠나버릴 순간이 다가오는 게 두려웠다. 유지니아는 아빠 옆에 꼭 붙어 있으면서 나에게 아빠의 상태를 늘 알려주었다. 아빠가 쓰러져서 식욕을 잃으면 나는 그리스로 돌아왔고, 회복되면 다시 떠났다.

그리고 1989년 6월 어느 날, 아빠가 우리를 영영 떠났다. 나는 이때도 옆에 있지 못했다. 아마 대서양 위를 나는 비행기 안에 있었을 것이다. 내가 사랑하는 사람들보다 음악을 더 사랑해서 하느님이 내게 벌을 주는 게 아닐까 궁금했다. 물론, 내가 잘못 생각한 것이었다. 그냥 우연이었을 뿐일 테니까.

나는 안 그래도 좀 쉬고 싶어 그리스에 있으려고 했기에, 그 투어 계획은 마치 하느님의 은혜를 받은 듯 반가웠다. 공군기가 우리를 로데스 섬에 데려다줬고, 거기서 또 해군의 환영을 받았다. 그렇게 할 수 있었던 데는 국방장관의 도움이 컸다. 그는 마노스와 그의 연주 팀을 위해 크루저(cruiser, 먼 바다를 항해할 수 있는 대형 요트-역주)를 한 대 마련해놓았고, 나와 나의 팀을 위해서는 구축함을 빌려줬다.

어떤 날은 작은 섬에 가서 단 몇백 명이 모인 앞에서 연주했다. 섬사람들은 우리의 공연을 보고 무척 즐거워했고, 공연이 끝나면 여유 있게 모든 관객들을 만나 이야기할 수 있어서 나도 정말 기뻤다.

우리는 섬에 있는 물건들로 무대 장치를 만들어야 했는데, 섬사람들의 의자를 주로 사용했다. 그래서 관객들은 해병들이 우릴 위해서 만들어준 작은 무대 앞 잔디밭에 앉아 공연을 즐겼.

어느 날 밤, 우리가 공연을 하기로 한 작은 항구에 바람이 심하게 불자 해군은 배 두 척을 정박시켜 방패로 삼았다. 나는 큰 배 두 척이 오직 공연을 위해 바람막이로 쓰였다는 것이 장교들에겐 직접 눈으로 보면서도 믿기 어려운 일이었으리란 생각도 들었다.

정말로 내가 했던 공연 중에서 가장 훌륭했다. 때로는 우울했지만, 언제나 따뜻하고 기쁨이 있는 공연이었다. 나는 지금이 마노스의 마지막 공연이란 걸 알아차렸다. 그는 나이가 들어갈수록 점점 자신만의 틀 안으로 뒷걸음질쳤기 때문이다. 그는 이제 집에서 글을 쓰고 휴식을 취하는 데 더 많은 시간을 보냈다.

1988년에 내가 그리스에서 마노스, 니코스와 함께 〈한 여인의 전설 Legends of a Woman〉을 녹음할 때, 앙드레는 파리에서 새로운 프로젝트를 구상했다. 〈자유를 위한 노래〉가 성공을 거둔 이후로, 앙드레는 다시 클래식 성악곡 앨범을 낼 궁리를 했다. 이전에 내가 베르디의 〈노예들의 합창〉을 해냈으니, 헨델이나 벨리니, 브람스의 곡을 못할 게 없다고 생각한 것이다. 그는 이전에 내가 하고 싶은 마음과 실패의 두려움 사이에서 갈등하던 걸 눈치챈 게 틀림없었다. 나는 아테네 콘서바토리에 다니다 그만두게 된 상처를 잊을 수가 없었다. 콘서바토리 선생님들의 표현대로, 지금껏 '쉬운 길'을 걸어온 내가 다시 돌아갈 수 있을까? 앙드레가 처음 이 계획을 말했을 때 내가 그에게 했던 질문이다. 하지만 앙드레는 전혀 포기할 생각 없이, 나도 부를 수 있고 대중음악을 좋아하는 사람들도 쉽게 받아들일 만한 성악곡들을 찾아 정리했다. 알비노니의 〈아다지오 Adagio〉, 비제의 〈카르멘 Carmen〉에 나오는 아리아 〈하바네라 Habanera〉, 벨리니의 〈노르마 Norma〉에 나오는 〈카스타 디바 Casta Diva〉가 그가 찾아낸 곡들이었다.

"내가 당신을 얼마나 믿는지 알지요? 만약 내가 당신이 이걸 할 수 없다고 생각했으면 말을 꺼내지도 않았을 겁니다."

앙드레의 믿음이 없었다면 난 이 앨범을 절대 녹음하지 않았을 것이다. 하지만 성악곡 녹음 작업은 역시 그 어느 때보다 어려웠다. 1988년 봄부터 여름까지 나는 이 작업에 4개월이라는 시간을 쏟았다. 그러면서 늘 의심과 죄책감에 시달리며 지냈다.

결국 1988년 가을에 앨범이 나왔고, 프랑스 언론의 긍정적인 반응을 얻었다. 그러나 아빠가 이 앨범 때문에 자부심을 느낄 수 있었다는 게 나에겐 가장 중요했다. 이 앨범이 나왔을 땐, 이미 아빠가 마지막 순간에 다다랐을 시기였다. 슈베르트의 〈아다지오 노뚜르노 Adagio Notturno〉가 들리자 아빠의 눈가가 촉촉해졌다. 그리고 〈피가로의 결혼〉이 흘러나오자 몸을 떨면서 내 손을 잡았다. 아빠는 울고 있었다……. 불쌍한 아빠! 나는 아빠의 긴 인생길 내내 내게 바랐던 것을 처음으로 해낸 것이라 생각했다.

"고맙다, 내 예쁜 딸. 정말 아름답구나!"

그게 나의 마지막 선물이었다.

1988년 가을에 앙드레와 나는 결혼을 하고 싶다고 공식적으로 밝혔다. 우리는 10년 동안 연인으로 지냈고 두 아이들도 이미 장성했으니, 이젠 우리의 뜻을 밝힐 권리가 있었다. 소식은 빠르게 퍼져나갔고, 타블로이드판 신문들은 앙드레와 내가 함께 손을 잡고 있는 사진을 싣고는 여러 가지 추측 기사들을 써냈다.

하지만 곧 아빠의 죽음과 앙드레 부모님의 죽음을 연달아 겪으면서, 우리는 결혼하려던 계획을 미뤄야 했다. 게다가 우리의 친구들에게서 좋지 않은 소식들이 들려왔다. 니코스는 암에 걸렸고, 마노스는 노년의 우울증에 빠졌고, 페르낭드도 병에 걸렸다. 그녀는 우리 아이들을 위해 20년을 바쳤다. 나는 그녀와 갈등을 겪었지만, 그녀를 사랑한 건 사실이었다.

그래서 우리는 결혼을 미루고, 두 번째 세계 투어를 시작했다. 나의 클래식 성악곡 앨범은 세계 시장에서 판매되고 있었다. 나는 캐나다와 미국, 라틴 아메리카를 거쳐 홍콩, 도쿄 그리고 한국에서 공연을 했다.

그 투어는 파리의 제니스(Zenith)에서 100명이 넘는 연주자들과 함께 공연하는 것으로 끝을 맺었다.

"천사나 대제사장 같은 고대 스타일의 흰 드레스를 입은 나나 무스꾸리는 지난 3일 동안 꽁쎄르 꼴론(Concerts Colonne)의 반주와 함께 제니스에서 노래를 불렀다. 그녀는 차가운 기운이 감도는 석조 사원을 본래의 따스하고 성스러운 곳으로 변화시켰다. 그 숭고하고 성스러운 공연은 팬들이 보여준 열정과 그녀의 당당함, 우아함, 아름다움이 어우러져 하나의 기적을 만들어냈다."

25
안녕, 친구들

90년대 초, 니코스가 곧 세상을 떠날 것 같다는 소식을 듣고, 나는 그리스에 더욱 자주 갔다. 나는 그의 존재, 목소리가 필요했다. 앙드레도 나와 함께 그리스로 와줬고, 우리는 니코스의 집에서 많은 시간을 보냈다. 여전히 침착한 니코스는 내 이야길 듣고 싶어했고, 내 걱정거리를 알고 싶어했다.

"그 날 밤엔 뭘 불렀니?"

난 내 노래들을 들려주었고, 그러면 니코스는 고개를 끄덕였다.

"네가〈내 사랑 너를 위해 Yiana sena tin agapi mou〉를 부르는 거 봤다. 정말 아름다운 곡이야, 그렇지? 괜찮다면……"

"불러드릴게요."

가끔은 마노스도 함께 있었는데, 너무 우울하다며 나에게 같이 노래를 부르자고 조르기도 했다.

1992년 4월에 나는 아테네에서 일주일을 보냈다. 니코스는 병원에서 퇴원해 좀 회복되는 듯했다. 우리는 한 이삼일 동안 끝없이 이야기를 나눴다. 그는 나에게 시를 읽어주었고 나는 그에게 예전 노래들을 불러줬다. 그러면 어느새 제네바로 갈 시간이 되었다.

"가야 하지?"

"네, 가야 해요."

"그래." 보통 그는 한 마디 덧붙였다. "우리 곧 또 보는 거지?"

이번에 그는 아무 말도 하지 않았다.

"알겠지만 나 곧 떠나야 해. 나 집으로 가야 해." 웃으면서 니코스가 말했다.

왜 나는 니코스의 말을 제대로 이해하지 못했을까? 나는 그가 진짜 고향으로 가고 싶다고 말한 줄 알았다. 그가 항상 그곳에 가고 싶어한다는 걸 알고 있었기에 그렇게 오해를 했던 것이다…….

다음 날 아침에 나는 파리에 있었고, 그 다음 날에는 미국으로 가는 비행기 안에 있었다.

어느 날 아침, 마노스에게서 니코스가 입원했다는 소식을 들었다.

나는 곧바로 니코스가 입원한 병실로 전화를 걸었다.

"나나, 어디야? 지금 네가 있는 도시 이름을 대봐."

"애틀랜타예요, 니코스."

"애틀랜타! 그럼 그렇게 멀지 않네."

"아뇨, 전 지금 멀리 미국에 있어요."

"알아. 지도를 봐. 애틀랜타는 아테네 바로 옆이야, 조지아 주를 좀 보라구."

니코스는 평생 그리스를 떠나지도 않고서 그렇게 지도를 보며 여행을 다녔다. 어쨌든 그가 옳았다. 이상하게, 우리가 가까이 있다고 느낀다니 안심이 되었다.

"네, 니코스 말이 맞아요. 내일 또 전화할게요."

하지만 다음 날, 니코스는 거기에 없었다. 나는 전화기를 들고는 소리 지르지 않으려고 꾹꾹 눌러 참아야 했다. 나는 니코스 없는 세상은 생각하고 싶지 않았다. 그러다 갑자기 마노스의 얼굴이 떠올라 찾기 시작했다. 오직 마노스만이 나의 슬픔을 이해할 수 있을 것 같았다. 나는 겨우 마노스와 연결이 되었다. 벨이 한참 울리다가 드디어 마노스가 수화기를 들었다.

"마노스!"

그러나 그는 말이 없었다. 흐느끼는 소리만 들렸다. 나는 무슨 말로 그를 위로해야 할지 몰랐다.

두 달 후에 나는 니코스의 고향 아케아(Acea)에 있었다. 니코스는 교회 옆 작은 묘지에 묻혔다.

90년대 초반의 내 인생에는 죽음이 앞에서 버티고 있었다. 아빠, 니코스 그리고 그 다음은? 마노스는 친구의 죽음에 너무 충격을 받아서 장례식에 참석할 기력도 없었다.

페르낭드와 멜리나 메르꾸리는 암에 걸린 상태였다.

그리고 또 한 사람, 오드리 헵번(Audrey Hepburn)이 세상을 떠났다. 1993년 1월 20일, 그녀의 죽음을 계기로 내 인생은 방향이 급속도로 바뀌었다. 몇 달 전부터 유니세프(the United Nations Children's Fund, UNICEF, 국제연합아동기금-역주)에서 내게 전세계 아이들의 권리 보호를 위해 친선대사로 일해 달라는 요청을 해왔다. 내가 너무나 존경했던 오드리는 나에게 자기 대신 그 일을 해달라고 부탁했다. 나는 즉시 승낙했고, 공식적으로 임무가 시작되기도 전에 열정을 가지고 그 일을 시작했다. 어릴 때부터 나는 늘 아이들이 비극의 첫 번째 희생자라고 생각했고 늘 그들의 아픔을 기억했다. 나는 아이들을 위해 뭘 해야 할지 반드시 알아본 후에야 빈곤 국가로 공연을 하러 갔고 항상 병원과 학교를 방문하는 것을 잊지 않았다. 이 일은 나의 가수 생활에 새로운 방향을 제시해줬다. 나의 음악이 가장 위대한 대의명분을 위해 사용

될 수 있다는 것을 보여준 것이다.

여기서 먼저 내가 오드리 헵번을 어떻게 만났는지 이야기해야겠다. 80년대 초에 파리의 파라디 라땡에서 리네 르노(Line Renaud)가 주최한 에이즈 자선 갈라 공연에서였다. 당시 파리 시장이었던 자끄 시라크가 초대 손님으로 와 있었고, 나는 그와 오드리 헵번 사이에 앉았다. 나의 친구 장-끌로드 브리알리와 세르주 라마도 같이 있었고, 엘리자베스 테일러도 동석했다. 참고로 그 날부터 나는 자끄 시라크와도 친구가 되었다.

그때, 나는 오드리 헵번에게 그녀처럼 살고 싶다는 소망을 말했고, 그녀는 국제연합의 일을 도와주라고 격려했다. 그래서 1987년에 펠로폰네소스 남부에 있는 칼라마타(Kalamata) 시에서 지진이 났을 때, 나는 이들을 돕고자 국제연합 총회 홀에서 자선음악회를 열었다.

그리고 1994년 3월부터 1년 동안 나는 친선우호대사로 활동했다. 이 시기에 볼리비아와 콜롬비아, 멕시코를 방문했다.

이때, 밀토스가 다시 내 인생에 끼어들었다. 덴마크에서 투어를 할 때였는데, 그가 호텔로 전화를 했다.

"나나! 잠깐만 내 얘기 좀 들어주겠어요? 지금 앉아 있습니까?"

"아뇨, 이제 막 앉으려고 했어요."

"좋아요. 그럼 내 얘기 시작하겠습니다. 만약 내가 당신을 유럽의회 선거에 지명한다면 뭐라고 말할 겁니까?"

"누구 놀리는 거예요, 밀토스?"

"오, 아뇨, 난 진담입니다."

"안 돼요. 당신도 내가 대학 졸업장이 없는 데다 우선 무엇보다도 정치라는 걸 하나도 모른다는 사실을 알 거 아녜요. 난 그냥 가수예요. 그리고 유럽의 미래를 계획하는 데에 가수가 필요하다고 생각하지 않아요."

"기분이 나빴다면 용서하세요. 하지만 당신이 모르는 게 있어요. 유럽에는 물론 전문 정치인들이 아주 많지요. 하지만 난 당신의 명성 때문에 부탁하는 겁니다. 당신은 유럽 모든 나라에서뿐만 아니라 세계적으로 유명하잖아요. 외국어도 잘하고요. 당신은 그리스나 그리스 사상을 전하는 사람이 될 수 있습니다."

"사실 외국어 몇 개는 말할 수 있어요. 하지만 난 세계가 어떻게 돌아가는지 전혀 몰라요. 자선음악회 준비하는 방법도 모르는데요, 뭐. 난 가난한 사람들을 위해 내가 어떻게 해야 하는지 몰라요."

"우리한테 다 생각이 있어요. 그리고 유럽이 돌아가는 상황을 가르쳐주는 사람들이 있을 겁니다. 나나, 당신이 해야 합니다. 나도, 그리스도 당신이 필요해요. 나는 그걸 말하고 싶었어요. 24시간 후에 다시 전화할 테니까 거절하지 않는 게 좋을 거요. 알았죠?"

난 이게 실제 일어나고 있는 일인지 어안이 벙벙했다. 차근차근 생각을 해보니 조금씩 조각들이 맞춰지는 게 느껴졌고, 나는 그것을 거절할 수 있는 적당한 이유가 필요했다. 나는 내일 카라만리스 대통령을 만나보기로 했다. 그분이 예전에 내게 정치에 관여하지 말라는 충고를 해줬기 때문이었다. 그런데 밀토스가 내게 24시간밖에 주지 않은 것이 마음에 걸렸다. 그래서 그냥 전화로 이야기하려고 수화기에 손을 갖다 대는 순간, 전화벨이 울렸다.

"나나! 요르고스 르벤다리오스(Yorgos Levendarios)입니다. 안녕하세요?" 그는 니코스와 마노스의 오랜 친구였다.

"다시 목소리 들으니까 좋네요."

"저도 그래요. 우리 다시 함께 일하게 된 거 알죠?"

"네? 무슨 일로요?"

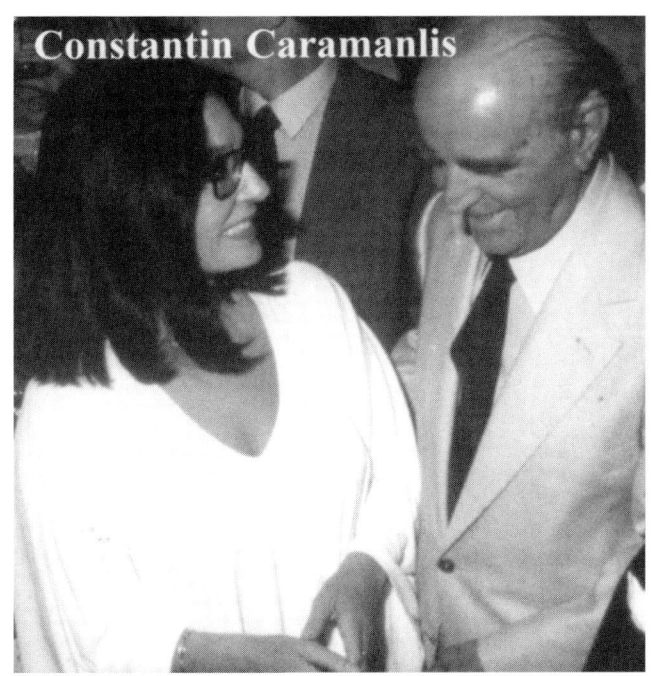

아테네에서 콘스탄틴 카라마리스 대통령을 다시 만났다. 망명생활을 하던 시절부터 알아온 분이다. 그에게 수많은 전쟁과 고통을 겪은 조국의 하늘 아래에서 노래를 부를 수 있다는 것이 얼마나 기쁜지 모른다는 이야기를 하고 꼭 싶었다. 나는 피 한 방울 흘리지 않고 민주주의를 재확립한 그를 존경하고 있었다.

"신민주당 명단에 당신 이름이 있어요. 기사 정리를 하다가 발견했습니다."

"뭐라고요? 내가 명단에 있다니요?"

"사실, 당신이 서열 3위인데요?"

"오, 이런, 밀토스가 미쳤나 봐요. 우린 내일 다시 얘기하기로 했는데……. 어제 제가 말도 안 된다고 그에게 말했어요."

"나나, 밀토스를 알잖아요. 그는 불도저 같은 사람이라 쉽게 포기하지 않을 겁니다. 아무튼 걱정 말아요. 우리가 도와드리겠습니다."

콘스탄틴 카라만리스 대통령의 소개로 그의 측근이던 밀토스 에버트(오른쪽)를 알게 되었다. 1992년에 내가 유럽의회 대표가 되었던 데에는 그의 강요와 부추김이 많이 작용했다.

나는 전화를 끊자마자 바로 밀토스에게 전화를 걸었다.

"밀토스, 이건 절대 웃을 일이 아니에요. 당신은 나한테 앙드레나 카라만리스와 상의해볼 시간도 주지 않았잖아요. 난 가수를 그만두지 않을 거라고요."

"카라만리스에게 전화해도 별 소용없을 겁니다. 어쨌거나 그분도 당신에게 계속 버티지 말라고 했을 테니까. 그리고 누가 나나한테 가수를 그만두라고 했나요? 당신은 오히려 계속 노래해야 해요. 그게 그리스를 위해 할 수 있는 최선의 방법입니다. 또, 의회에 그렇게 자주 나오지 않아도 됩니다."

"그런 말씀 마세요! 내가 승낙을 하면 매일 사무실에만 있어야 할 걸요? 처음부터 다 배워야 하니까요. 당신은 날 바보로 만들었어요. 이제 친구라 부르지도 말아요."

"나나, 나한테 고마워해야 해요. 당신이 조금이라도 나라를 생각한다면 말이에요……."

"물론, 당신을 욕하는 건 아니에요. 그냥, 내 미래가 걸린 일을 당신이 내 대신 결정해버렸다고 말하는 것뿐이에요. 당신이 결정한 일이 내 일 같지 않게 느껴진단 말이에요. 그러니까 잘 들어요. 날 당장 명단에서 빼주세요."

"나라에서 당신이 필요하다는데 어떻게 그렇게 투덜댈 수가 있지요? 그리스는 이제 막 고통의 역사에서 빠져나오려고 합니다. 국민들의 도움이 절실하지요. 그런 점에서 당신은 최고의 대사입니다. 그런데 당신은 나라보다 당신의 편의만 생각하고 있어요. 나나, 우리는 멜리나를 잃었어요. 다시 생각해봐요. 정말 당신이 필요합니다."

나는 밀토스가 멜리나의 죽음을 언급한 것을 듣고서 화를 내지 않았다. 오히려 내가 이미 받은 사명을 무시했다는 사실에 내면 깊은 곳에서부터 부끄러움을 느끼고 얼굴이 확 달아올랐다.

나는 곧 앙드레에게 전화를 걸어 지금 상황을 말해줬다. 그런데 전혀 생각지 못한 그의 반응에 나는 놀랐다.

"왜 안 해요? 유럽은 멋진 곳이고, 당신은 그만한 능력을 펼칠 수 있는 자리에 올랐잖아요. 그리고 이미 유니세프 일도 하고 있고."

아, 내가 유니세프를 잊고 있었구나! 그런데 유럽의회 의원직을 친선대사 일과 병행할 수 있을까? 나는 역시 의원직은 포기하고 대사 일에 충실하기로 했다. 그래서 다시 밀토스에게 전화했다.

"다행히 그렇게 화가 나 있는 것 같진 않네요, 나나?"

내 결정을 들은 그는 내가 유니세프를 떠나지 않아도 된다고 했고, 유니세프측에서도 내가 유럽의회에서 일하도록 격려해줬다. 그리고는 내 의원직이 오히려 특정 임무를 수행할 때에 대사의 권위를 강화시켜줄 수도 있다고 설명했다.

"그럼, 하겠어요." 결국 나는 이렇게 말했다.

"고마워요. 그럴 줄 알았어요."

1994년 5월 말에 신민주당 당원들도 만나고 밀토스와 상의할 것이 있어서 그리스에 돌아갔다. 나는 그리스에 온 김에 마노스를 보러 갔다. 그는 멜리나의 죽음으로 받은 충격에서 여전히 벗어나지 못했다.

6월 12일에 나는 언니와 함께 제네바로 돌아왔다. 13일이 언니의 생일이어서 우리는 함께 생일축하를 할 수 있게 되었다.

도착하자마자 요르고스 르벤다리오스가 전화를 했다.

"나나, 다시 돌아가야 합니다. 밀토스가 모든 후보자와 지도자들 모임을 소집했습니다."

"안 돼요. 난 집에 막 돌아온 참이라고요."

"알아요. 하지만 당 의장님이 내일 보자고 하셨으니까 꼭 돌아가야 합니다."

회의는 6월 15일에 열릴 예정이었다. 나는 14일 오후 늦게야 아테네에 도착했다. 나는 제일 먼저 마노스를 찾아갔다. 그는 이전보다 더 쇠약해지고 더 우울해했다. 다행히 내일 회의가 마노스의 아파트에서 가까운 곳에서 열리기에 나는 그에게 내일 다시 오겠다고 약속했다.

"끝나는 대로 올게요. 같이 저녁 먹을 수 있을 거예요."

별로 기분이 좋지 않은 회의였다. 처음으로 모든 동료들을 볼 수 있는 자리였는데, 이상하게도 꼭 내가 뱀의 소굴에 들어온 것만 같았다. 오직 밀토스만 나를 반기는 것 같았고, 다른 사람들은 그저 형식적으로 나에게 웃어줬다. 나는 나중에야 내 배경 때문에 다른 당원들이 기분 나빠했다는 걸 알게 되었다.

연설을 들으면서 다른 생각에 빠져 있을 때, 밀토스가 갑자기 좀 보자고 했다. 그는 울음을 터뜨리기 일보 직전이었다. 나는 얼른 일어나 그에게로 갔다. 그는 내게 몸을 숙이며 말했다.

"마노스가 죽어가고 있어요, 나나! 빨리 가 보세요. 어서!"

나는 방을 가로질러 회의장을 빠져나갔고, 밀토스의 경호원들과 운전기사가 나를 이끌고 기자들을 뚫고 나가서는 차에 태웠다. 잠시 후 나는 마노스의 집 앞에 도착했다.

"너무 늦었어요. 앰뷸런스가 마노스 씨를 태우고 갔어요." 경찰이 말했다.

우리는 숨을 돌리지도 않고 곧바로 병원으로 갔다.

안으로 들어가자마자 요르고스가 울면서 걸어 나오는 걸 봤다.

"죄송해요. 끝났어요."

"안 돼! 안 돼!"

"앰뷸런스 안에서 돌아가셨어요. 그를 살리려고 모든 수단을 다 써봤는데……. 죄송해요."

기자들이 내게 끊임없이 질문을 던졌지만, 나는 아무것도 대답할 수가 없었다. 앰뷸런스 안에서 고통스러워했을 그의 곁에 있어주지 못했다는 생각이 들자 나는 내 자신이 너무 원망스러웠다.

그 날 밤 우리는 잠들지 않고 모두 마노스의 집에 모였다. 줄스 다신, 마누엘라, 그의 여동생 미란다, 그리고 요르고스와 나……. 나중에 오래된 전형적 그리스식 건물인 요르고스의 집에 간 적이 있는데, 그의 집 안 모든 가구 위에는 마노스와 니코스의 사진이 있었다.

마노스는 생전의 바람대로 요르고스의 집이 있는 마을에 묻혔다. 장례식 미사는 아주 감동적이었고, 추억으로 가득 찼던 시간이었다.

26
전세계의 아이들

    1994년 6월에 나는 유럽의회에 그리스 대표로 선출되었고, 한 달 뒤에는 스트라스부르의 유럽의회에 참여했다. 새로 선출된 그리스 대표 사무실은 신참 의원들보다는 아무 할 말도 없는 나를 취재하려고 모여든 기자들로 온통 둘러싸였다. 그들은 내게 왜 유럽의회에 들어왔는지, 유럽의 미래를 어떻게 생각하는지, 이제는 가수 활동을 완전히 그만둔 것인지 등 여러 가지 질문을 던졌다. 그런데 이 모든 것은 그리스 동료들의 질투심을 유발했다. 나는 결국 내게 조언해줄 사람을 찾지 못한 채, 다른 나라의 대표들에게 시선을 돌려야 했다.
    달리 말하면, 나의 정치 입문은 내게 그다지 좋지 않은 기억으로 남아 있다. 하지만 어쨌거나, 나는 그 속에서 끈질기게 버텼고, 마침내 모든 장애물을 극복해내고서 내가 원했던 문화위원회에 들어갈 수 있었다. 내 목표 중 하나는 파르테논 신전의 대리석 기둥을 복구하려고 했던 멜리나의 역할을 계속하는 것이었다.
    나는 많은 꿈을 갖고 참여했다. 25년 동안 평화와 예술을 노래한 나에겐 이제 구체적인 열매를 맺어야 할 의무가 있었다. 하지만 나는 효과적인 행동을 지속할 만한 수단이 부족해 늘 좌절감을 맛보았다는 걸 인정해야겠다. 겨우 이런 작은 성과를 얻어내려고 그렇게나 많은 에너지를 쏟았다니! 하지만 그것도 정치의 일부였다. 그래서 난 후회하지 않는다.

그러나 난 정치 생활이 내 가수 생활에 미친 영향을 과소평가했다. 사실 나는 그 문제를 생각해볼 틈도 없이 바빴고, 의원직 임기가 끝날 무렵에야 비로소 그런 문제가 분명하게 드러났.

잠도 충분하게 못 자면서 바쁘게 생활하면 목소리가 상하는 것은 당연한 이치이다. 나는 노래를 계속할 결심이었기에, 유니세프 대사로서 전세기를 이용해 독일, 캐나다, 핀란드로 날아가서 계속 공연을 했다. 그런데 나는 이 공연들을 하면서 점차 내 목소리가 예전 같지 않다는 걸 깨닫게 되었다.

처음엔 너무 겁이 났다. 그러다가는 또 의회 일에 정신없이 시달리면서 그 문제를 더는 생각하지 않으려 했다. '내 상태가 심각한 걸까? 아냐, 아닐 거야. 그냥 지나가는 거겠지.' 하지만 내 목에는 또다시 문제가 생겼고, 무대에 오를 때마다 점점 피가 마를 지경이 되었다. '내가 뭘 하고 있는 거지? 내겐 음악이 인생의 전부였는데……' 이제 정치를 하는 나는 나 자신과 음악을 모두 배반한 것이나 다름없었다. 가수가 아닌 내가 이 세상에서 할 일이 뭘까? 설상가상으로, 나는 리허설을 할 시간도 없었다. 나는 그동안 항상 완벽주의자였지만 이제는 모든 것을 성급하게, '닥치는 대로' 할 수밖에 없는 상황이었다.

가수가 자신감을 잃으면 목소리에서 바로 드러난다. 나 자신이 처음으로 내 목소리를 믿을 수 없게 되면서 지진이 내 몸을 마구 흔들고 지나가는 것 같은 불안함이 엄습했다. 내 안의 내가 부서져 갔다. 앙드레는 알고 있을까? 우리는 몇 시간만이라도 함께 보낼 수 있게 되면 아무 걱정 없이 그저 즐겁게 지내려고 노력했다. 난 나의 고통을 그에게 알리는 것보다 우리가 공유하는 기쁨을 지키는 게 더 중요하다고 생각했다. 사실, 내가 거리낌 없이 내 이야길 할 수 있는 사람은 니코스밖에 없기도 했다. 나는 니코스가 너무 그리웠다.

그리고 제네바에서도 나는 완전히 혼자였다. 페르낭드는 이미 세상을 떠났고, 엘렌느는 런던에서 공부를 하고 있을 테고, 카메라맨이 된 니콜라스는 어딘가에서 촬영을 하고 있을 것이다. 텅 빈 집에는 행복한 옛 기억들만이 메아리쳤다.

1996년 여름이 되어서야 비로소 나는 여러 개의 일을 동시에 해내려는 결심 때문에 내 영혼만 망가져가는 게 분명하다고 느꼈다. 그리고 그런 일이 자주 반복되니 생명 자체가 스스로 경보를 울렸다.

마누엘라가 제네바에서 나와 함께 지내고 있었다. 8월이라 날이 너무 더워서 우리는 풀장에서 더위를 식혔다. 나는 와인을 좀 많이 마셨는데, 아무래도 나의 두려움을 없애는 한편으로 이런 정신 나간 생활을 끌고 나갈 힘을 얻어 보려고 그랬던 것 같다. 나는 몇 주 전에 자크 시라크와 밀토스를 만나게 해준 일을 생각했다. 그리고 유럽의회가 다시 열리면 처리해야 할 서류들도 머릿속을 떠나지 않고 계속 맴돌았다. 나는 이런저런 생각을 하면서 풀장을 나왔다. 늦은 시간이라 불빛도 희미한 데다 그새 와인에 취해버린 나는 미끄러져 넘어지는 바람에 팔이 부러지고 말았다.

몇 주 동안, 부러진 팔을 보면서 나는 지금의 내 상황을 명확하게 볼 수 있었다. 결국 나는 정치를 할 수 없는 사람이란 걸 깨달았다. 하지만 5년 임기 의원에 선출된 이상 사임할 생각이 없었다. 나는 그저 이 5년을 가수로서 앞으로 내달리기만 했던 나의 삶에 괄호를 한 번 쓰는 것이라 생각하고 겸허히 받아들이기로 했다. 그리고 이 괄호를 닫으면 그동안 돌보지 않았던 내 목소리도 원래대로 돌아올 거라 스

유니세프로부터 세계 각국 어린이들의 권리를 지키기 위해 힘써달라는 부탁을 받았다. 나는 그 일에 모든 열정을 바쳤고 1993년에는 유니세프 친선대사로 공식 임명을 받았다. 1992년, 나는 거리에서 헤매는 아이들을 돕기 위해 멕시코로 떠났다.

스로 위로했다.

반면, 나는 유니세프를 통해서는 일종의 성취감을 느꼈다. 친선대사의 직무는 사실, 내게 사랑을 퍼부어줬던 전세계의 팬들에게 그 빚을 갚는 최상의 방법이라는 생각마저 들었다.

나는 유니세프를 대신해서 라틴 아메리카의 대부분 국가들, 칠레와 브라질, 콜롬비아, 온두라스를 방문했고, 케냐, 부르키나파소, 수단, 그리고 남아프리카 공화국에도 갔다. 나는 또, 동유럽과 아시아의 거의 모든 국가들도 방문했다.

1996년 12월에 유니세프는 국제연합 창설 50주년을 기념하고자 모든 대사들을 뉴욕 본부로 초청했다. 거기에는 해리 벨라폰테, 리브 울만(Liv Ullmann), 잔느 모로(Jeanne Moreau), 페테르 우스티노프(Peter Ustinov)도 있었다. 대사들은 저마다 자신의 활동을 보고하고 함께 진행된 공연에도 참여했다(난 뉴욕시 어린이 합창단과 함께 노래를 불렀다). 나는 이 행사에서 우리 대사들의 활동이 얻어낸 성과를 확실하게 보면서, 정신적으로 육체적으로 어려운 시기에 다시금 희망을 찾을 수 있었다.

행사가 끝난 그 날 저녁, 나는 베트남 유니세프 위원회의 초대를 받아 베트남으로 날아갔다. 나는 우리가 그곳의 보건과 교육 부문에서 거둔 성과를 평가하고, 국가의 가장 시급한 문제를 해결하기 위한 정부 정책을 검토하는 일을 해야 했다.

뉴욕—싱가포르—하노이로 이어지는 비행과 계속되는 모임에 비록 몸은 무척이나 피곤했지만, 한편으로는 아주 행복한 시간이었다.

내가 유럽의회에 참여하게 된 목적 중 하나는 바로 종교의 역할을 강조하는 것이었다. 현재는 대부분 국가에서 정치와 종교가 분리되어 있지만, 종교가 정치적 갈등의 원인이 된다면 해당 국가는 그 갈등을 해결해야 할 의무가 있다. 나는 유럽의회가 다양한 종교의 지도자들을 모아서 대화를 통해 서로 더 잘 이해할 수 있도록 도와야 한다고 제안했다. 나의 제안은 수용되었고, 의회 대표단이 터키에 가서 콘스탄티노플의 바르돌로메오스(Bartholomeos) 주교를 만날 때 나도 그 자리에 초대를 받았다.

그리스 정교 신도인 나는 로마로 가는 여행길에서 주교를 알게 되었고, 그는 로마에서 교황 요한 바오로 2세(John-Paul II)에게 나를 소개해줬다. 이때, 미국 정교회가 곧 있을 바르돌로메오스 주교의 미국 방문 때 노래를 불러줄 수 있냐고 내게 물었다. 나는 그 주교를 좋아했기에, 그와 교회를 위해 노래 부를 수 있게 되어 기쁘다고 말하며 초대에 응했다.

주교는 1997년 10월에 미국에 왔고, 나는 그와 워싱턴까지 함께 가게 되었다. 그는 힐러리 클린턴 여사의 초청을 받고 백악관에서 열리

유럽의회는 여러 종교들 간의 화합을 위해 많은 애를 썼다. 유럽의회의 초대를 받은 자리에서 터키의 바르돌로메오스 주교를 만났다. 그리고 주교의 소개로 교황 바오로 2세와 인사를 나누고 종교 화합문제에 대해 이야기를 나누었다.

는 파티에 가는 중이었다. 나는 나이가 들어도 여전히 부끄러움이 많았던 터라, 숨을 수만 있다면 그렇게 하는 편이었다. 하지만 이번에는 숨지 않고, 대신 내 존재가 너무 눈에 띄지 않기만을 기도했다.

처음에는 내 소원이 이루어진 것 같았다.

"당신을 만나 기뻐요. 당신이 아주 유명한 그리스 가수라던데, 맞나요?"라고 미국 영부인이 물었다. 그녀의 말은 나의 부담을 좀 덜어줬다. 클린턴 여사에겐 나의 이름이나 얼굴이 별다른 의미가 없다는 것과, 이 세상 어딘가에는 지금처럼 유명하지 않은 평범한 사람으로 살 수 있는 곳이 있다는 걸 의미했다.

6주 후에, 나는 올림피아에서 컴백 무대를 열었다. 내가 파리에서 마지막으로 공연한 게 벌써 2년 전이었다. 나는 저녁 공연을 여섯 번

박쥐의 딸 351

만 하는 것으로 계약을 맺었다. 내가 한 달 동안이나 무대를 장악할 수 있는 시대는 이미 지나간 것이다. 게다가 프랑스 언론은 부담스럽게도 나에게 과장된 옷을 입히고 있었다. '슈퍼 나나'가 언론이 나에게 붙인 별명이었다. 사실 그런 대접을 받으면 머릿속이 빙빙 돌고 아프기만 했다. 내 인생이 그렇게 정신없었나? 나를 아는 평론가들은 내가 공연할 시간을 어떻게 만들어내는지 궁금해했다. 나는 목소리에 일어난 변화 때문에 고통스러워한다는 걸 아무에게도 말하지 않았다. 그런데 올림피아 공연 바로 전날, 목이 다시 아파왔다!

또다시 내 인생에서 경고가 울렸다. 이전에는 팔이 부러졌고, 그 다음은 목소리였다. 미국에서 파리로 비행기를 타고 돌아올 때 후두염에 걸려서 나는 전혀 말을 할 수가 없었다. 내 목소리는 내게 반항을 하고 있었고, 나의 영혼은 나를 점점 포기해갔다. 며칠 전에 나는 《르 피가로》지의 음악 평론가에게 "난 이제 정치하는 가수가 아니에요. 노래하는 정치인도 아니고요. 나는 그저 인간의 생명을 지키는 일에 나의 인기를 바치려는 가수일 뿐이에요."라고 말했다. 그런데 내가 이제 노래할 수 없게 된다면, 앞으로 어떻게 다른 사람의 생명을 지키고자 일할 수 있을까?

운명은 이런 나를 나중에 형제처럼 친해질 한 남자에게로 이끌었다. 그의 이름은 장-끌로드 브리알리였다. 우리가 처음 만난 건 몇 년 전이었지만, 그때는 둘 다 너무 바빠서 서로 잘 알고 지낼 기회가 없었다. 하지만 우리는 브리알리의 친구 브루노 핑크(Bruno Finck)를 통해 다시 만나게 되었고, 이젠 절대 떨어질 수 없는 사이가 되었다.

사실, 장-끌로드가 니코스의 자리를 대신했다고 여기에 쓸 수도 있다. 하지만 그건 아마도 거짓말일 것이다. 니코스는 아직도 내 가슴 속에 살아 있으니까. 하지만 장-끌로드도 마치 니코스 같은 그런 친구

나의 친구, 나의 형제 장-끌로드. 장-끌로드와는 몇 해를 알고 지냈지만 각자 다른 일에 매여 있었기 때문에 서로를 발견할 시간을 갖지 못했다. 우리가 서로를 알고 절친한 사이가 된 것은 그와 함께 지내던 브루노 덕분이었다.

였다. 똑똑하고 친절한, 내 모든 걸 부끄러워하지 않고 말할 수 있는 유일한 사람이었다. 나는 그가 선입견을 가지고 판단하지 않을 사람이라 확신했다. 그리고 내가 나 자신과 다시 화해할 수 있도록 위로의 말을 해줄 사람이었다. 10년 동안 그는 내가 계속 노래할 수 있는 힘과 의지를 얻을 수 있는 거울과도 같은 사람이 되어줬다.

1997년에 나는 앨범을 세 장 발매했다. 북아메리카와 영어권 국가에서 〈사랑으로 돌아가리 Return to Love〉가 발매되었고, 훌리오 이글레시아스(Juleo Iglesias)와 함께 〈나나 라티나 Nana Latina〉를 스페인어로 불렀다.

루이 아장의 뒤를 이어 유니버설(Universal) 음반 회사에서 나를 도와준 사람은 파스깔 네그르(Pascal Negre)였다. 1971년에 출생한 그를 보며 내가 벌써 40년 동안이나 노래를 불러왔다는 걸 깨달았다. 나는 63살이고, 이제는 내가 좋아하는 시인들의 시에 곡을 붙인 노래들을 부르고 싶었다.

그런데 절벽 가장자리를 걷는 것같이 위태로웠던 나에게 또 다른 사고가 일어났다. 의회 임기가 끝나고 나서, 나는 더 넓은 세상으로 나아갈 준비를 하던 중이었다. 처음으로 아시아 투어를 계획했고, 동시에 오스트레일리아, 독일 투어도 준비했다.

햇살이 비치는 겨울 아침, 제네바에 눈이 왔다. 그 날 오후에 나는 파리에서 앙드레를 만날 예정이었기에 아침에 시내에 나가 물건을 사놓고 여러 가지 볼일도 봐둬야 했다. 사고는 내가 집 앞에 도착해 택시에서 내릴 때 일어났다. 길이 얼었다는 걸 미처 생각지 못한 나는 그대로 얼음판에서 미끄러져 버렸다. 그 몇 초 만에, 내 여행 계획은 산산조각이 났다. 다시 정신을 차리고 보니 나는 너무 아파서 땅바닥에 쓰러진 채 움직이질 못하고 있었다. 다행히, 도와달라는 내 목소리를 듣고 오데뜨(Odette)가 달려왔다. 나는 일어날 수조차 없어서 불쌍한 오데뜨가 현관까지 끌고 가야 했다.

엑스레이를 찍어 보니 발목이 부러졌는데, 의사는 내게 빨리 수술을 해야만 부어오르는 것을 막을 수 있다고 말했다. 머릿속으로는 벌써 비행기를 타고 파리로 날아갈 판인데, 나는 여기에서 꼼짝도 못하고 몇 주를 보내야 했다.

"앙드레, 큰일났어요! 내 발목이 부러졌어!"

잠시 전화기 저편이 조용하더니, 그의 차분한 목소리가 들렸다.

"어디야? 아무 걱정 말아요. 다음 비행기로 갈게요."

27
나의 아이들, 나의 사랑

2차 대전 이후로 새롭게 변모한 독일은 부활 자체를 의미하는 나라로서 내겐 아주 특별한 곳이다. 나와 같은 세대에게 적나라한 야만성과 비인간성을 보여줬던 나라, 엄청난 죄를 저지른 나라이지만 훌륭한 일도 할 수 있다는 걸 보여준 나라이다. 그리고 독일은 그리스 다음으로 나를 인정하고 사랑해준 나라이다. 베를린은 이제 내가 좋아하는 도시가 되었다.

아무튼, 딸 엘렌느가 독일 투어에 함께 가겠다고 했을 때, 나는 행운의 징조로 여겼다. 이제 30살이 된 그 애는 런던의 드라마예술 왕실 아카데미(Royal Academy of Dramatic Arts)에서 5년 동안 드라마와 노래, 춤을 공부한 후, 가수가 되겠다고 결심했다. 그녀는 1995년에 결혼하고 나서 다른 젊은 가수들처럼 '레누(Lenou)'라는 예명으로 활동을 시작했다.

레누는 나의 명성을 이용해서 성공하고 싶어하지 않았다. 그녀는 우리 관계를 비밀로 해주면 독일 투어에 함께 가겠다는 단서를 달고서 다른 합창단원들과 같은 자리에 섰다.

아마 레누가 있어서인지, 어쩌면 독일을 다시 방문할 수 있어서인지 독일 투어의 분위기는 너무 좋았고, 나의 자신감도 빨리 회복되었다. 사실, 처음 며칠간은 무대에 올라가면서 여전히 덜덜 떨었다. 발이 옆으로 처지는 걸 막으려고 의사가 특별한 뒤축을 만들어줬지만, 아직도 발목에 나사를 조인 상태였던 터라 나는 최악의 상황을 두려워할 수밖에 없었다. 무대에서 넘어지면 어쩌지? 만약 발목이 다시 부러지면? 그러나 나는 다시 3시간 동안 무대에서 노래할 수 있다는 게 너무 기뻐서 그런 걱정거리 따윈 훌훌 잊어버렸다. 대신 휴식할 때마다 얼음물에 발을 담가야 했지만 말이다.

공연의 마지막에 나는 감정의 물결에 휩싸여 레누의 목소리를 듣는 여유를 즐겼다. 레누의 목소리는 아주 따뜻하고, 내 목소리와는 많이 달랐다. 나는 딸이 날 닮고 싶어하지 않는다는 걸 알고 있었다. 그애는 내 그늘에서 벗어나 스스로 서고 싶어했다. 나는 그애가 유명한 가수의 딸이라는 부담감을 이겨낼 힘을 가졌다는 게 자랑스러웠다.

투어가 끝나갈 즈음의 어느 날 밤, 우리는 오스트리아 인스브루크(Innsbruck)에 있었다. 내가 공연장에 들어갔을 때, 사진기자들과 기자들이 지켜보는 가운데 레누가 연습을 하고 있었다. 레누가 그들과 이야기하는 것을 본 나는 나중에 그애에게 물어봤다.

"내 딸이라고 말했니?"

"아니, 그런데 저 사람들이 알아차리지 못했는지 궁금하긴 하네."

"오늘 발표하는 건 어때? 투어도 벌써 끝나가잖아."

"엄마는 한 번만 말하면 끝이지만, 결국 소문은 금방 퍼질 거야!"

"알아, 그래도 이제 네가 관객을 모으는 데 내가 도와주지 않아도 되잖아."

"음, 좋아. 엄마가 원한다면 그렇게 해."

"반대하지 않을 거지?"

1990년대 덴마크에서 나의 코펜하겐 공연을 보러 와준 아이들과 함께. 레누가 가리키고 있는 것은 왕자와의 사랑을 이루기 위해 목소리를 내주고 다리를 얻은 인어 동상.

"응."

그 날 밤 공연 마지막에 레누가 무대로 올라왔을 때, 나는 말했다.

"제 딸 레누를 소개해 드릴게요!"

순간, 놀란 관객들로 공연장 안은 소란스러워졌다. 그들은 레누를 다시 불렀고, 그애는 무대에 올라와 노래를 해야 했다. 그렇게 해서 독일 투어가 끝이 났다.

몇 달 후에 시작한 아시아 투어에도 딸이 함께 갔는데, 이번에는 그녀만이 아니었다. 앙드레와 장-끌로드, 브루노도 함께 투어를 떠났다. 내 발목이 부러져서 이 투어를 연기해야 했을 때, 나는 다시는 무대에 오르지 못할까봐 두려워했다. 이 투어는 하느님이 내게 주신 선물이었다.

이젠 모든 공연들이 나에게 특별한 사건처럼 다가왔고, 마치 나의 영혼과 몸을 완전히 음악에 바친 것처럼 열정적으로 노래를 불렀다.

그리고 앙드레와 나의 결혼 문제가 다시 거론되었다. 아마 장-끌로드가 그 문제를 다시 끄집어냈을 것이다.

"당신 둘이 같이 있으면 참 행복해보여. 이젠 결혼하는 게 어때?" 그가 물었다.

앙드레는 웃기만 하고 아무 말도 하지 않았다. 그는 내가 무언가 말을 하기를 기다리는 중이었다.

"장-끌로드의 말이 맞아, 앙드레. 우리 결혼해요."

신기하게도 때마침 하늘이 맑아지고 태양이 앙드레와 나를 비춰줬다. 갑자기, 그동안의 힘들었던 시간들을 보상하는 방법은 오래 미뤄왔던 결혼 계획뿐이라는 생각이 들었다.

"앙드레, 우리 결혼해요."

그가 내 귀에 입을 대고 말했다.

"비밀 하나 알려줄까요? 나는 당신에게 또다시 물어볼 용기가 없었어요."

2002년은 내 인생에서 가장 행복한 한 해였다. 내 소속사인 유니버설이 예전에 퀸시 존스와 함께 녹음한 음반을 다시 발매하기로 결정했다. 이 앨범은 출시된 즉시 히트를 쳤는데, 특히 오스트레일리아, 미국, 캐나다에서 인기가 많았다. 그리고 곧 영국과 스칸디나비아, 독일에서 황금 음반이 되었다.

독일에서 친구 엘케(Elke Balzer)가 이 소식을 들었다. 엘케는 20년 전에 독일 매니저 프리쯔 라우(Fritz Rau)의 소개로 알게 된 아가씨이다. 우리는 서로 잘 통해서 종종 세계 투어에 함께 했다. 그렇게 15년을 함께해온 그녀는 결혼하고 나서 슈투트가르트에 자리를 잡았다.

그녀는 거기서 재즈 페스티벌을 주관해 하룻밤 사이에 엄청난 성공을 거두었다. 그녀가 내게 전화를 걸었을 때쯤엔 재즈 페스티벌이 몇 년째 진행되어온 참이었다. 나는 파리에서 전화를 받았다.

"나나, 당신이 퀸시랑 녹음한 음반이 여기서 엄청나게 팔린다는 거 알아요?"

"정말요? 잘됐네!"

"왜 그 앨범 얘길 안 했어요?"

"글쎄, 몰라요……. 늘 바빴잖아, 안 그래? 어떻게 지내? 뭐하는지 말해줘요."

"잠깐만. 나중에 얘기할게요. 지금은 물어볼 게 있어요. 나나, 이번 재즈 페스티벌 때, '재즈를 위한 밤'이라는 공연을 해줄 수 있어요?"

"재즈를 위한 밤? 재즈는 너무 어려워. 나보고 하룻밤 사이에 클래식 성악곡을 부르라는 거나 같은 거야!"

"나나, 난 당신 노래를 들어봤잖아요. 그리고 당신이 노래를 부를 때 쏟아 붓는 그 감정도 다 알아요. 몇 번만 연습하면 당신도 재즈를 느낄 수 있을 거라고 믿어요."

"하지만, 어떤 재즈 연주자들이 나랑 공연하고 싶겠어……."

"그래서 전화한 거잖아요. 한 사람 있어요. 랄프 스미스(Ralf Smith)라는 멋진 피아니스트인데, 당신 음반도 들어봤대요. 내 생각에 그가 당신 노래에 반주해줄 수 있을 것 같아요. 그리고 베를린의 빅 밴드(Big Band)와 함께 저녁 공연을 할 수도 있어요."

"정말?"

"잘 들으세요, 나나에게 부탁이 하나 있어요. 슈투트가르트로 와서 나하고 만나요. 내가 이 피아니스트와 약속을 잡아 놓을게요."

나는 그게 미친 짓인 줄 알면서도, 하고 싶었다. 마치 어린 시절로 돌아갈 수 있는 마법처럼…….

내가 그곳에 도착한 건 늦은 밤이었는데 벌써 엘케는 호텔 바에서 랄프와 만나기로 약속을 잡아 놓았다. 어두운 불빛과 함께 재즈의 분위기를 느낄 수 있는 곳이었다.

눈을 반짝이며 우릴 바라보는 엘케를 옆에 앉혀두고, 랄프와 나는 이야기를 시작했다. (그는 고작 34살이었다.)

사람들이 점점 바를 떠나기 시작했고, 피아노를 치는 사람도 없었다. 그러자 랄프가 그 앞에 앉아 연주를 시작했고, 난 곁에 서서 노래를 불렀다. 아, 음악의 신비한 힘이란! 내게 다시 재즈의 느낌이 돌아온 듯했다. 내가 그 날 밤 얼마나 오랫동안 노래를 불렀을까? 노래를 부르면서 나는 가끔 엘케와 눈이 마주쳤다. 그녀는 꼼짝도 하지 않고 우리의 음악에 푹 빠져 있었다.

내가 노래를 마쳤을 때, 그녀가 말했다.

"그렇게 하면 돼요, 나나. 그럼 우리 페스티벌에서 만나요!"

페스티벌은 정말 즐거웠다. 재즈를 들으면, 가진 것 모두를 가만히 내려놓고 다른 사람들의 음악을 듣게 된다. 아마 그게 재즈의 마력이 아닐까? 모든 사람들이 음악만 생각하게 되니까. 페스티벌에는 앙드레와 장-끌로드, 브루노, 피에르 사트제(Pierre Satge), 이브 비에(Yves Billet)가 와줬다. 이브 비에는 전에 유니버설사에서 예술 감독으로 일했는데, 지금은 내 일을 돕는다. 그리고 그 날 저녁 공연에서 또 하나의 재즈 실황 앨범 〈나나 스윙즈 Nana Swings〉가 만들어졌다.

2002년에 앙드레와 장-끌로드, 브루노 그리고 나, 이렇게 네 사람은 러시아로 떠났다.

그동안 세계 곳곳의 대도시들은 다 가봤지만, 러시아는 처음이었다.

어떻게 그럴 수 있었을까? 물론, 내 잘못도 한 부분을 차지했다. 80년대 말에 나는 동독에서 여러 번 노래를 할 기회가 있었고, 그때 소런 관리들이 내게 소련에서 공연할 수 있는지 물어본 적이 있다. 나는 그 자리에서 바로 초대를 받아들였고, 앙드레와 함께 구체적인 계획을 짜기 시작했다. 우리는 그렇게 소련으로 떠날 날만 기다리고 있는데, 이상한 요청을 받았다. 소련 관리들은 내 프로그램을 미리 알려달라고 했다. 나는 여태 그런 편지는 처음 받아봤다. 이런 게 관료들이 일하는 방법일까? 아니면 검열하려는 것일까? 예전에 밥 딜런이 소련 입국을 거부당했다는 얘기도 들은 적이 있고, 앙드레 역시 내가 소련에서 〈자유를 위한 노래〉를 부르기는 어려울 거라고 말해주긴 했다. 답장에 곡목을 적어 보내야 했지만, 나는 대신에 이 세상 어떤 나라도 내 공연 프로그램을 좌지우지할 수 없다며 차라리 소련에서 공연하지 않는 쪽을 택하겠다고 썼다.

우리는 모든 계획을 취소했다. 내 공연을 기대하며 티켓을 사려고 했던 사람들에게는 아마 큰 슬픔이었을 것이다. 내 생일에, 500명 정도 되는 사람들이 모스크바 주재 프랑스 대사관 앞에 꽃다발을 갖다놓았다. 소련 정부에 보내는 저항과 아쉬움의 표현이었다.

하지만, 이번에 나는 앙드레의 팔짱을 끼고 마치 여행객처럼 러시아에 간다. 그리고 그곳에서도 유니세프 대사의 임무를 수행할 예정이다.

그런데, 결혼은?

장-끌로드가 또 질문을 해댔다.

"당신들 평생 얘기만 하다 끝나겠어."

그러자 앙드레가 말했다. "그럼 날짜를 정하자. 그게 당신이 원하는 거지?"

"그렇지, 내가 하려던 말이었어."

그리고 또 한 가지 이유로, 갑자기 우리의 결혼식 진행이 급해졌다.

아들 니콜라스도 2003년 8월에 결혼하려고 했기 때문이다.

"앙드레와 내가 니콜라스보다 먼저 할게. 니콜라스의 결혼식날, 죄인처럼 있고 싶지 않아."

한데 나의 공연이 진행 중이라는 게 문제였다. 나는 2003년 봄에 캐나다 투어가 예정되어 있고, 장-끌로드도 공연을 하려고 계획하는 중이었다. 우리는 서로 일정을 맞춰본 후에 마침내 유일하게 가능한 날짜를 정했다. 2003년 1월 13일. 13일에 태어난 나에게 그 날짜는 하느님의 사인으로 여겨졌다.

"그럼 1월 13일에 결혼식을 올리자!"

모든 친구들이 제네바에 모였고, 앙드레가 직접 점심 식사를 준비했다. 만약 음악에 종사하지 않았다면, 그는 유명한 요리사가 되었을 것이다.

장-끌로드, 브루노, 니콜라스와 레누, 앙드레의 동생 폴(Paul)과 그의 아내 릴레뜨(Lillette), 마누엘라, 이본느 리틀우드, 그리고 미네 바랄-베르게즈(Mine Barral-Verguez)가 와줬다. 니콜라스가 태어날 때에도 나는 기쁜 마음을 너무 앞서서 티내지 않으려고 온갖 방법으로 마음을 다잡으며 기다렸다. 그리고 지금, 제네바 시청에 가기 전까지 나는 그때만큼 긴장하고 흥분되는 감정을 누르고 또 눌렀다. 너무 긴장되고 한편으로 걱정도 됐지만 마치 아무 특별한 일도 없는 것처럼 행동했다. 혹시나 우리 결혼을 방해하는 어떤 재앙도 일어나선 안 되니까……. 앙드레도 나처럼 아무 일 없는 듯 행동하긴 했지만, 그 역시 긴장한 것 같았다.

그때, 전화벨이 울렸다.

"무스꾸리 여사, 결혼식이 몇 시입니까?"

"20분 후에 떠나려고 하는데요."

앙드레가 서서히 내 인생의 한 자리를 차지하게 되었다. 그와 알게 된 건 1960년대 초반, 그가 음향기사로 일하던 때였다.(오른쪽 사진. 22살 때의 앙드레, 블랑키 스튜디오에서) 나도 모르게 그를 사랑하게 된 것 같다. 그렇다. 봄기운에 잠이 깨듯 그렇게. 1988년 가을, 처음으로 용기를 낸 우리는 감히 큰 소리로 말했다. 둘이 결혼하고 싶다고. 10년간 남모르게 키워온 사랑을 마침내 공개할 수 있었던 것이다. 나는 우리를 아끼는 사람들을 모두 불러 성대한 축하파티를 열 생각이었다. 그러나 결혼식은 2003년에 가서야 올릴 수 있었다!

"이런…… 결혼식에 쓰일 꽃이 아직도 우리 가게에 있어요. 앙드레 씨가 들러서 가져가기로 했는데……."

"앙드레! 당신, 꽃을 잊어먹었잖아!"

사실, 크게 문제될 건 없었다. 시청에 꽃이 먼저 도착하게 해두면 되는 것이었으니까.

우리는 차를 탔는데, 장-끌로드도 마누엘라와 함께 탔다.

"이번에는 빠뜨린 게 없겠지, 앙드레?"

"걱정 마. 난 어린애가 아니야."

"그럼 반지는 챙겼어?"

"이크, 나 잊고 있었어."

불쌍한 앙드레. 우리는 돌아가서 반지를 가지고 왔다.

하지만 시장은 마음 넉넉한 표정으로 웃으며 우릴 기다려줬고, 그날 밤 앙드레와 나는 평생 함께 하기로 약속했다.

몇 주 후에, 앙드레는 내가 그의 가족이 된 것을 축하해주려고 고향 버건디에서 화려한 결혼식 파티를 열었다. 그렇게 해서 우리의 사랑은 서로의 마음을 확인한 지 25년도 더 지나 비로소 공식적인 승인 도장을 받아냈다.

에필로그

오랫동안 2000년을 아이처럼 기다려왔다.

하지만, 발목이 부러져버렸다.

나는 더 안 좋을 수도 있었다고, 머리가 깨질 수도 있었고, 차에 치여서 아무도 모르게 죽었을 수도 있다고 스스로 위로했다. 발목이 부러진 건 하늘의 뜻이 있어서라고 생각했다. 나는 그때 65세였다. 내가 얼마나 더 살 수 있을까? 하느님이 내 생명이 얼마 남지 않았다고 암시하는 걸까?

내가 병원에 입원하자 기자들이 끊임없이 전화를 걸어 무대로 돌아올 수 있는지를 물었다. 무대에서 다시 노래할 수 없을 거라는 두려움이 물밀듯 몰려왔지만, 나는 애써 생각하지 않으려 했다. 의사들도 다시 걸을 수 있다고 날마다 나를 격려해줬다. 그래서 자신감이 생기긴 했지만, 물론 조심해야 한다는 걸 잘 알았다. 난 자신에게 이젠 떠날 준비를 하고 싶다고 말했다.

이 세상을 떠나는 것……. 세상을 떠날 때가 가까이 왔다는 걸 나는 여태 알지 못했다. 하지만 그 사실을 겨우 깨닫게 되자, 문득 모두에게 작별 인사를 하고 싶다는 마음이 생겼다. 왜 내가 그 생각을 좀더 일찍 하지 못했을까?

"앙드레, 내가 다시 걸을 수 있게 되면 마지막으로 세계 투어를 하면서 작별 인사를 하고 싶어요."

"무슨 뜻이에요, 작별 인사라니?"

앙드레는 눈이 동그래져서 물었다. 앙드레도 처음에는 내가 절망감에서 한 말이라고 생각한 것 같았지만, 점점 나의 말을 이해하게 되었다.

만약 내가 절망했다면, 그건 내가 여러분에게 얼마나 빚을 졌는지 말하지 못하고 떠나게 될까 하는 이유에서일 것이다. 아니, 한 번도 고맙다고 인사를 하지 못한 것일까? 갑자기 이런 말들도 내게는 부적절하게 느껴진다.

그렇다, 이 책을 쓰면서 나는 비로소 여러분이 내게 준 모든 것을 확실하게 고백할 수 있게 되었다. 그때 병원 침대에서 누워 지내면서 책을 쓰겠다는 생각을 하게 되었다. 아마도 발목이 부러지는 사고를 계기로, 나라는 사람의 내면을 들여다볼 마지막 기회를 얻은 것 같다. 만약 여러분이 날 사랑해주지 않았다면, 난 무엇이 될 수 있었을까? 아마 1957년 7월 4일에 미국 항공모함 포레스탈로 가는 배에서 나의 미래가 보였다고 말할 수 있겠다. 그 날, 타키스 캄바스는 반짝이는 스타를 원했다. 그는 내 뚱뚱한 몸매와 안경을 보고는 참지 못하고 "완전 망했어!"라고 내뱉었다.

나는 그때 겨우 22살이었을 뿐인데, 그는 날 보자마자 '실패'라고 결론지었다. 보통 여자아이였다면 그 자리에서 울고 말았을 것이다. 그럼 나는 왜 안 울었지? 나는 몇 년 후에야 그 답을 알았다. 도망가거나 우는 거나 모두 내가 누릴 수 없는 사치였던 것이다. 내가 그 날 집으로 그냥 돌아갔다면 나는 평생 그 콤플렉스를 극복할 수 없었을 것이다.

우리 모두 마음속에 보물을 지니고 산다. 그런데 내가 22살이었을 때 내 보물은 내면 깊은 곳에 숨겨져 있어서 보이지 않았다. '아니, 당신이 틀린 거야, 난 '실패'가 아니라고요.' 나는 캄바스에게 말해주고 싶었다. '내게 기회를 주면 알게 될 거예요.' 하지만, 나는 무척이나 쑥스러웠고 적당한 말을 찾지 못해서 그냥 이렇게만 말했다. "전 형편없는 가수가 아니에요. 그렇게 흥분하실 필요 없습니다."라고.

해병들과 제6함대 장교들 4,000명 앞에서 공연할 사람이 나 외에는 없었다는 게 행운이었다. 캄바스는 절벽 아래로 떨어지는 심정으로 내게 노래하라고 했고, 결국은 기대하지 못했던 일이 일어났다. 해병들이 나의 노래를 좋아했던 것이다!

그들이 처음으로 날 인정했고, 이 세상에 내 자리를 마련해줬다. 그리고 그리스, 스페인, 독일, 프랑스, 영국의 관객들…… 처음에 나는 너무 무서워서 차마 눈을 뜨고 관객들을 쳐다보지도 못했다. 내가 검은 드레스를 입고 뿔테 안경을 쓰고 무대에 올랐을 때 관객들이 어떤 생각을 했는지는 더더욱 알고 싶지도 않았다. 그래서 눈을 꼭 감아버렸다. 나 자신에게도 멋없어 보이는데, 어떻게 그들에게 멋있게 보이겠어? 나는 박수소리를 듣고서야 눈을 떴다. 늘 관객들이 보여주는 반응은 내게 마치 기적과도 같았다. 그들은 내 안경, 내 몸매에는 신경 쓰지 않았던 것이다. 여러분은 내 목소리에 감동받아 사랑해줬다. 이것저것 조건을 따지지 않고 그냥 사랑해준 여러분을 통해 나는 스스로 자신을 사랑하는 법을 배웠다. 여러분은 내게 살아가고 싶은 욕구를 불러일으켰다. 한 마디로 날 구출해낸 것이다.

그게 바로 내가 여러분에게 진 빚이다. 살아 있는 것, 그리고 열정적으로 삶을 사랑하는 것. 여러분은 이해할까? 그건 전혀 사소한 게 아니라 엄청난 빚이었다. 이 책을 쓰도록 할 만큼, 그리고 여러분께 작별 인사를 할 수 있는 마지막 투어를 가능하게 만들어준 빚이다. 여러분에게 정말 감사하는 마음을 담아 보낸다.

2004년 10월에 독일에서 투어가 시작되었다. 나에겐 상징적인 의미가 있는 달이었다. 나의 70번째 생일이 다가오고 있었다. 10월 4일에는 20년 전에 헤르베르트 폰 카라얀(Herbert von Karajan)이 날 초청했던 곳에서 베를린 필하모니와 노래를 불렀다. 그리고 11일과 12일에는 아테네의 음악 홀에 있었고, 12일과 13일엔 킹 조지 호텔에서 내 생일 파티를 열었다. 내가 1959년 9월 3일에 그리스 노래 페스티벌에서 1위를 했던 장소였다.

나는 프랑스와 그리스를 제외한 유럽의 모든 국가들을 방문했다. 나는 2008년 여름에 그리스의 헤로두스 아티쿠스 극장에서 고별 공연을 하고 싶다. 그리고 제2의 고향인 프랑스에서 오래된 오페라 가르니에(Opera Garnier)에서 작별 공연을 할 계획이다.

2005년에 나는 유럽을 떠나 아시아로 갔다. 싱가포르, 홍콩, 대만, 대한민국. 나는 내가 대한민국에 알려졌다는 걸 몰랐는데, 매일 밤 공연 때마다 관객들이 5~6천 명씩 모였다. 대한민국에서는 서울과 대구, 부산에서 공연을 했다. 10월 13일에 부산에 도착하자 7천 명이나 되는 관객들이 내게 영어로 생일축하 노래를 불러주기도 했다.

중국과 일본은 나중에 오기로 하고, 나는 오스트레일리아와 뉴질랜드로 떠났다. 크라이스트처치에서 공연할 때에는 정말 말로 표현할 수 없는 감동이 밀려왔다. 고별 공연이기에 나는 일종의 의식을 진행하기로 했다. 〈코르푸 섬의 흰 장미〉를 기념하고자 마이크에 흰 장미를 달고, 밥 딜런의 〈당신을 기억할게요 I'll Remember You〉를 부르면서 공연을 시작했다. 그리고 관객들에게 작은 장미를 선물하면서 공연을 마쳤다.

그 날 밤, 나는 요청받은 앙코르곡을 전부 불렀다. 관객들도 놀라운

장-끌로드 브리알리는 2007년 5월 30일에 세상을 떠났고 그 즈음 나는 내 인생을 정리한 이 책을 마무리 지었다. 쿠바와 카이로, 모스크바, 그리고 뉴욕으로 함께 다니며 그가 말했었다. 아무리 절망적인 것이라 해도, 혹은 아무리 못난 것이라 해도, 모든 것의 뒤에는 아름다움이 숨겨져 있다고. 그는 나에게 단순한 눈으로 세상을 바라보는 법을, 순간을 즐기고 사랑하는 법을 가르쳐주었다.

열기에 푹 빠져 있었다. 그들은 첫 앙코르를 외칠 때부터 일어서 있었고, 그들에게 너무 감동을 받은 나는 무대 뒤에서 울고 말았다. 하지만 난 어떻게든 공연을 마쳐야 했고, 작별 인사를 해야 했다. 나는 이제 돌아오지 않을 거라는 표시로, 〈마이 웨이 My Way〉를 부른 후 흰 장미를 마이크에서 뽑아 관객들에게 던졌다.

장미를 던졌을 때는 이미 어두워져서 연주자들도 떠나고 무대에는 나만 홀로 있었다. 하지만 관객들은 여전히 서서 박수를 쳤다. 나는 등을 보이고 싶지 않아 손을 흔들며 뒤로 걸어서 퇴장했다.

막 무대 뒤로 들어왔는데 갑자기 박수소리가 그쳤다.

"이상하네? 한 번도 이런 일이 없었는데." 나는 커튼 뒤에서 밖을 내다봤다.

관중석에서 웅성거리는 소리가 들렸다. 뭐지? 그 웅성거림은 점점 커졌고, 나는 그들이 노래를 하고 있다는 걸 알아차렸다. 한 목소리로 말이다. "나를 위해 노래를 부르고 있어!"

갑자기 알 수 없는 감정이 몰아쳐 도저히 참을 수가 없어진 나는 무대로 돌아갔다.

가수 생활 50년 동안 한 번도 꿈꿔보지 못한 일이었다. 무대에서 홀로 울고 있는 가수를 위해 수천 명의 관중들이 일어서서 노래를 불러 줬다. 계속 울고 있는 나를 위해……

그들은 이 노래를 불러주었다.

〈이제 시간이 되었어요 Now is the hour〉

"이제 우리가 작별해야 할 시간이에요
곧 당신은 바다를 건너가겠지요.

당신이 돌아올 때
내가 여기서 기다리고 있는 걸 볼 수 있을 거예요
당신이 떠나 있는 동안, 제발 날 기억해 주세요."

"Now is the hour when we must say goodbye.
Soon you'll be sailing, far across the sea.
While you're away, oh please remember me.
When you return, you'll find me waiting here."

그리고 난 울고, 또 울었다.
안녕, 그리고 감사합니다.

감사의 말

운명이 내 삶의 여정에서 만나게 해준 친구들에게
여러분들은 제가 슬픔과 기쁨을 표현할 수 있도록 도와줬습니다.
그리고 빛과 자유, 희망을 갈망하는 저를 만족하게 해줬습니다.
여러분들은 저의 가수 인생에서 이정표가 되었습니다.

베르나르 픽소(Bernard Fixot)와 열정과 젊음으로 가득 찬 그의 팀에게 감사를 표합니다.
베르나르, 나를 믿어주고 또 이 자서전 집필을 도와준 리오넬 듀로이(Lionel Duroy)를 만나게 해줘서 고마워요.
인생이란 목적이 아니고 여행입니다.
내가 이 멋진 여행을 다시 할 수 있도록 격려해줘서 고마워요. 이 여행에서 난 나의 상처와 실패를 받아들이고 앞으로 남은 생을 더 즐기게 되었습니다. 그리고 내게 인생의 길을 보여준 분들에게 더 감사할 수 있게 되었습니다.
사랑하는 나의 친구들인 장-끌로드 브리알리와 브루노 핑크, 베르나르 픽소를 소개해줘서 고마워요.
루이 아장과 오딜 아장에게 진심을 다해 감사함을 표합니다. 나를 믿어줬고, 내게 음반 녹음의 첫 단계를 가르쳐줬고, 제2의 가족이 되어줬어요. 저를 통해 얻어야 했던 걸 다 얻었길 바랍니다.

그리고 자끄 까이야르, 조르주 마이에르스타인, 제라르 다부스트에게 감사함을 표합니다.

나의 위대한 친구들, 퀸시 존스, 어빙 그린, 바비 스코트, 해리 벨라폰테, 샤를르 아즈나부르, 미쉘 르그랑, 에디 마르네이, 세르주 라마, 세르주 갱스부르, 질베르 베꼬, 자끄 브렐, 미크 미쉘(Mick Michelle), 그리고 리네 레노(Line Renaud)에게도 감사를 표합니다.

아테니안 멤버들에게도 감사를 전합니다. 조지, 스피로스, 필리포스, 코스타스, 그리고 나의 충실한 유씨(Youssie) 모두 고마워요.

또한 모니끄 르마르씨스(Monique Lemarcis), 로저 크라이처스(Roger Kreichers), 필립 부바르, 미쉘 드뤼커(Michel Drucker), 프랑소와즈 꼬께(Francoise Coquet), 마리띠 & 질베르 까르펑띠에 부부, 알베르 엠 살렘(Albert Em Saalem), 자끄 메제스(Jacques Medjes), 로베르 뚜떵(Robert Toutan), 파트릭 사바띠에(Patrick Sabatier), 파트릭 세바스띠앙(Patrick Sebastien), 장-피에르 푸꼬(Jean-Pierre Foucault), 제라르 루뱅(Gerard Louvin)에게도 감사의 말을 전하고 싶습니다.

그리고 영국에 있는 친구 중 특별히 제가 정말 사랑하는 BBC 방송국 프로듀서 이본느 리틀우드에게 꼭 고마움을 전하고 싶습니다. 그리고 피터 나이트(Peter Knight), 잭 배버스톡(Jack Baverstock), 토니 비스콘티(Tonny Visconti), 로버트 패터슨, 앤드류 밀러, 존 코우스트(John Coast), 짐 아이켄, 올라프 비퍼, 스티브 고트리프(Steve Gottlieb), 프레드 막스(Fred Marks), 대니 비텐쉬(Danny Bittensh)에게도 감사하다고 말하고 싶습니다.

독일에 있는 친구들, 에른스트 페르히, 하인쯔 알리쉬, 프레드 바이리히(Fred Weirich), 볼프강 크레취마르(Wolfgang Kretschmar), 오씨

드레히슬러(Ossie Drechsler), 위르게 자우어만(Jurgen Sauerman), 롤란트 코프렐(Roland Komerell), 프리드리히 크라머(Friedrich Krammer)와 그리트 비쎄(Gritt Wisse)에게도 고마움을 전합니다.

그리고 알랭 레비(Alain Levy), 얀 티머(Jan Timmer), 데이비드 파인(David Fine), 외르겐 라르센(Jorgen Larsen), 더그 모리스(Doug Morris), 프리쯔-라우, 헤르미요 클라인(Hermjio Klein), 엘케 발쩨, 샘 제써, 해럴드 레벤탈(Harold Leventhal), 솔 후록, 아르네 바르소(Arne Warsaw), 롤랑 리베, 호르스트 슈탐러(Horst Stammler), 프레디 버거(Freddie Burger), 질베르 꿀리에(Gilbert Coullier)에게도 감사의 표시를 전하고 싶습니다.

밥 딜런, 레너드 코헨, 후안 배스, 훌리오 이글레시아스, 호제 루이스 모레노(Jose Luis Moreno), 마놀로 디아즈(Manolo Diaz), 로베르또 리비(Roberto Livi), 아말리아 메가빠누(Amalia Megapanou), 콘스탄틴 카라만리스 대통령, 딘 메트로폴로스(Dean Metropoulos), 마리안 메트로폴로스, 안나 마리아 왕비, 콘스탄틴 국왕께도 감사의 말씀을 드리고 싶습니다.

그리고 나에게 꿈을 심어주었던 마리아 칼라스, 엘라 피츠제럴드, 빌리 홀리데이, 주디 갈란드, 냇 킹 콜, 그리고 애니 레녹스에게도 감사의 마음 전해드립니다.

예술가이자 내 친구들인 페르 스푸크와 미네 바랄-베르게즈, 정말 고맙습니다.

피에르 들라노에, 끌로드 르메즈, 장-루 다바디(Jean-Loup Dabadie), 알랭 고라게, 로제 루베(Roger Loubet), 그램 올라이트(Graeme Allwright), 미쉘 주르당(Michel Jourdan), 루치아노 디 나폴리(Luciano Di Napoli), 앙드레 아쎄오, 루이 뉴스라, 미쉘린 브뤼넬

(Micheline Brunnel), 조르주 로베르(Georges Rovere), 도미니끄 세갈(Dominique Segall) 모두 고맙습니다.

내 노래를 아주 멋지게 녹음해준 롤랑 기요뗄(Roland Guillotel) 고마워요.

유럽의회에서 아주 많이 도와준 아지타(Azita), 정말 고마웠어요.

마노스 하지다키스와 니코스 갓소스, 나에게 길을 열어주고 진리, 자유, 정의를 노래를 통해서 가르쳐줬던 두 분을 잊지 못할 거예요. 나의 영적인 부모님이셨어요.

나의 부모님과 언니, 사랑과 신실함, 지혜, 열정과 간결함을 전해주신 가족들에게도 진심으로 고맙습니다.

페르낭드, 나의 아이들 레누와 니콜라스를 보호해줘서 정말 고마웠어요. 아이들이 주는 사랑이 날 보호하고 있어요. 그들이 엄마인 나를 자랑스러워하면 좋겠는데……

안드리코(Andriko), 늘 나를 믿어주고, 내가 쉬지 않고 예술가의 길을 갈 수 있도록 도와줘서 고마워요.

귀겐뷜(Guggenbuhl) 부부, 내가 놀러갈 때마다 나와 내 아이들을 챙겨줘서 정말 고마워요.

줄리에뜨(Juliette), 고마워요.

마지막으로 우리 회사에서 가장 젊은 파스깔 네그르, 처음부터 늘 한결같이 대해 줘서 고맙고, 우리 팀원들, 특히 장-이브 비예와 피에르 사트제 고마워요.

그리고 리오넬에게도 고맙다고 말하고 싶어요.